George A. Bournoutian
A Concise History of the Armenian People: From Ancient Times to the Present

ジョージ・ブルヌティアン

アルメニア人の歴史

古代から現代まで

小牧昌平監訳　渡辺大作訳

藤原書店

George A. Bournoutian

A Concise History of the Armenian People: from Ancient Times to the Present

6th edition, Mazda Publishers

1　アララト山の双峰（右が大アララト、左が小アララト）

2　翼をもち人の顔をしたライオンの像（ウラルトゥ時代）

4　ネムルト山（トルコ）の神像

3　ウラルトゥ時代の兜

5　ベヒストゥーン碑文（イラン。アケメネス朝〜エルヴァンド時代）

6　ヘレニズム様式のブロンズの女神像
（アルタシェス朝時代）

7　ティグラン２世（大帝）のテトラドラクマ銀貨

8　ガルニ神殿（アルタシェス朝時代）

9　エチミアズィンの大聖堂（4 世紀）

10　エレルイクの教会（4～5世紀）

11　マスタラの大聖堂（6世紀）

12　ズヴァルトノツ大聖堂跡（7 世紀）

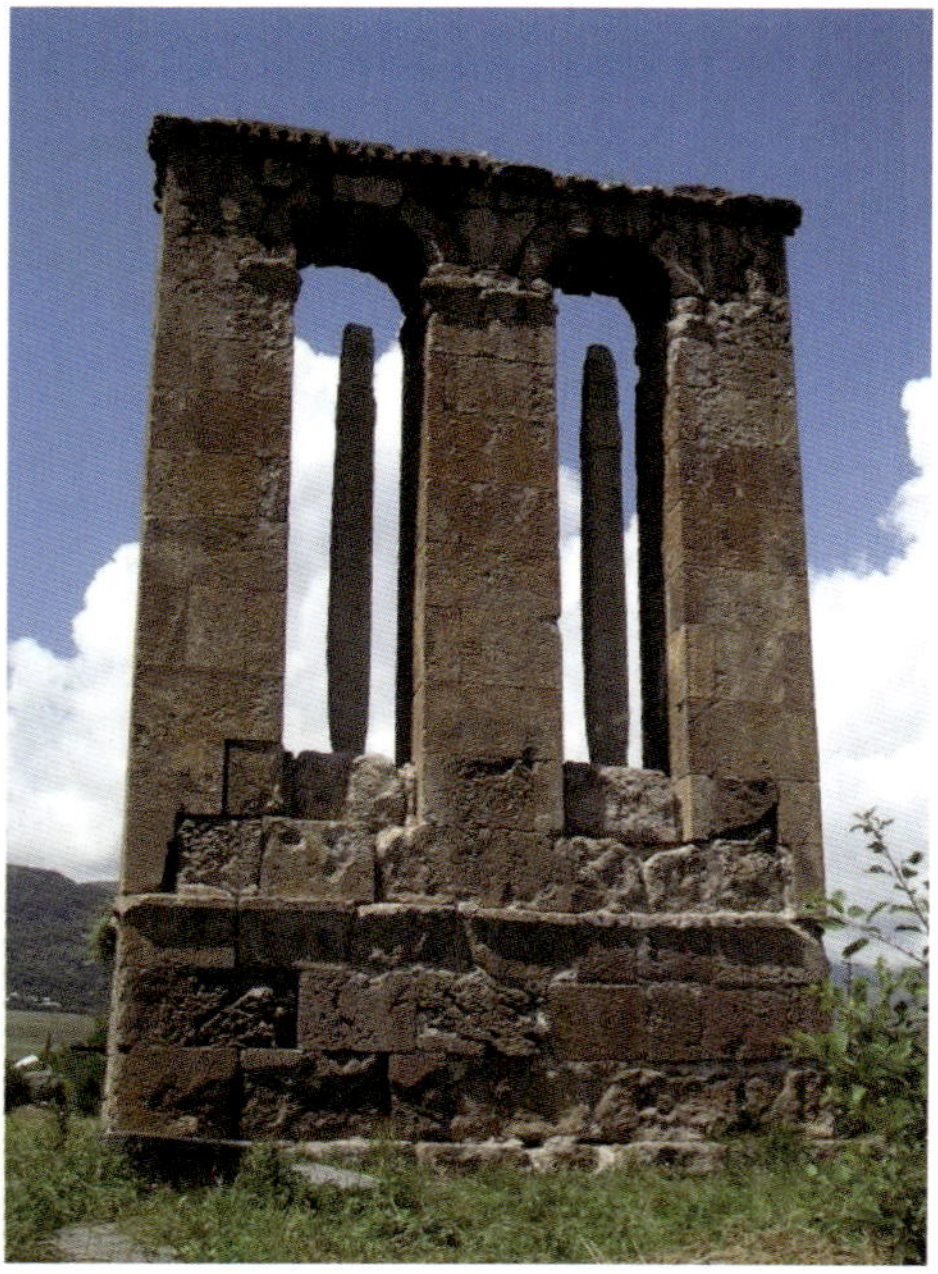

14　オズンの教会の碑（7 世紀）

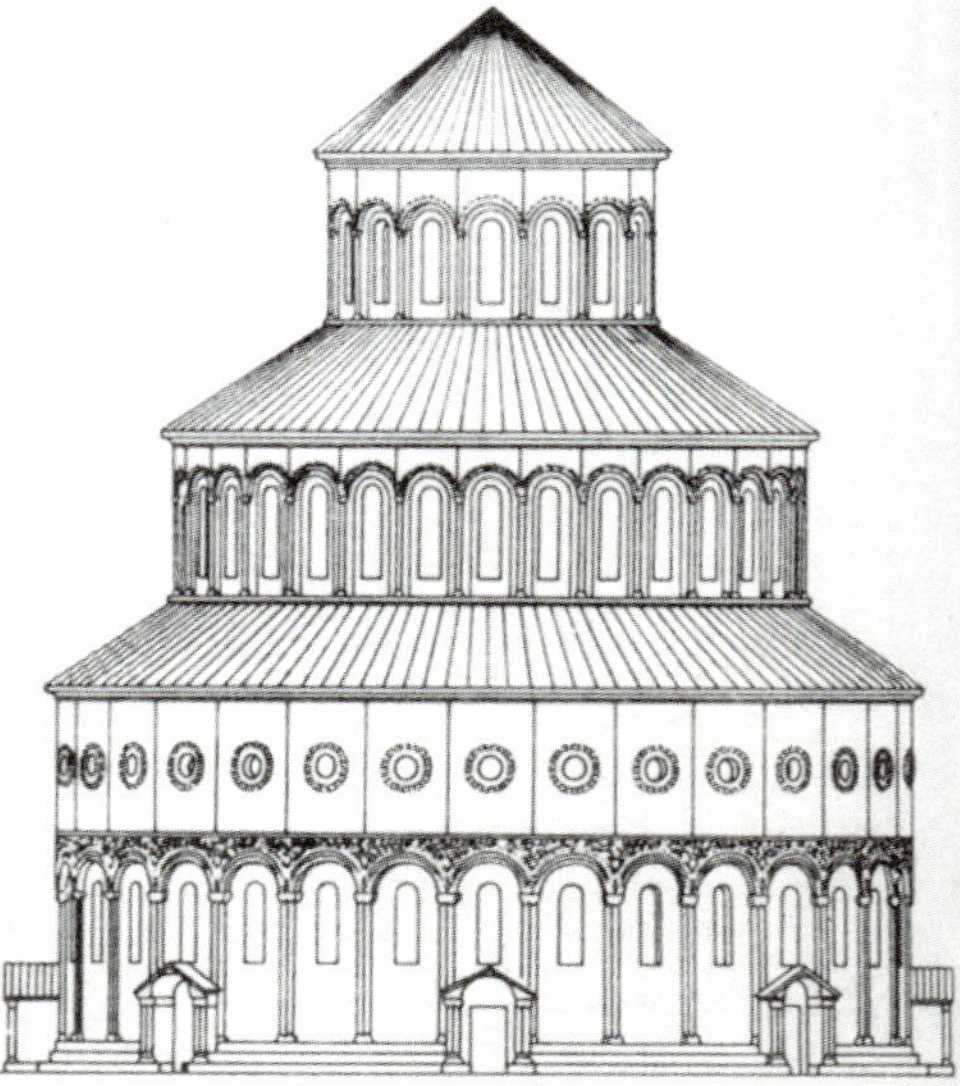

13　ズヴァルトノツ大聖堂の復元図

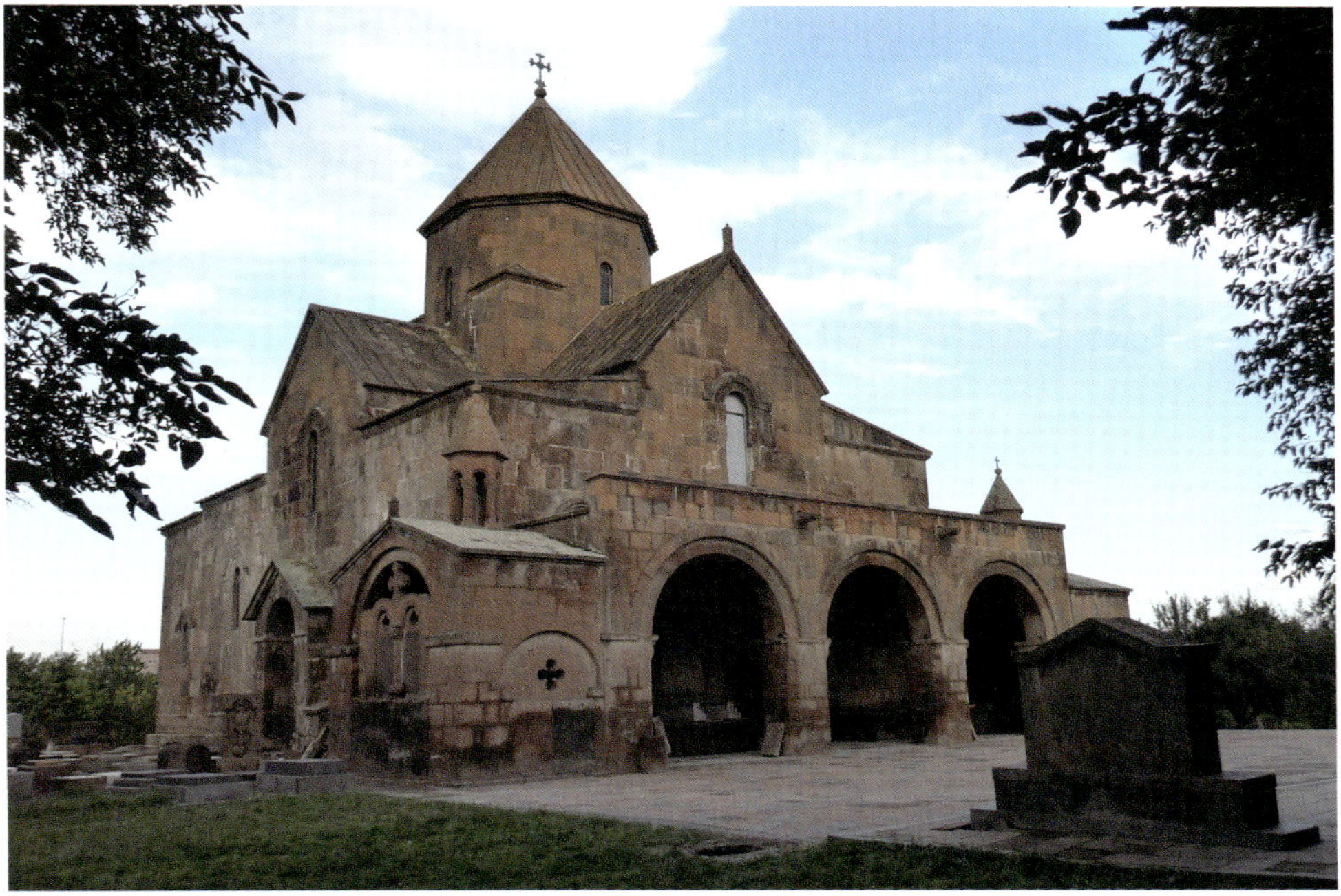

15　聖ガヤネ教会（7世紀）

16　セヴァン湖とセヴァン教会（9世紀）

17　アフタマル島の聖十字教会（ヴァン湖。10 世紀）

18　ダビデとゴリアテ
（アフタマル島の聖十字教会）

19　聖使徒教会（カルス。10 世紀）

20　アニの教会（10 ～ 11 世紀）

21　フツコンク修道院（9 〜 11 世紀）

22　サナヒンの修道院の救世主教会（10 〜 13 世紀）

23　ハガルツィンの修道院（11 〜 13 世紀）

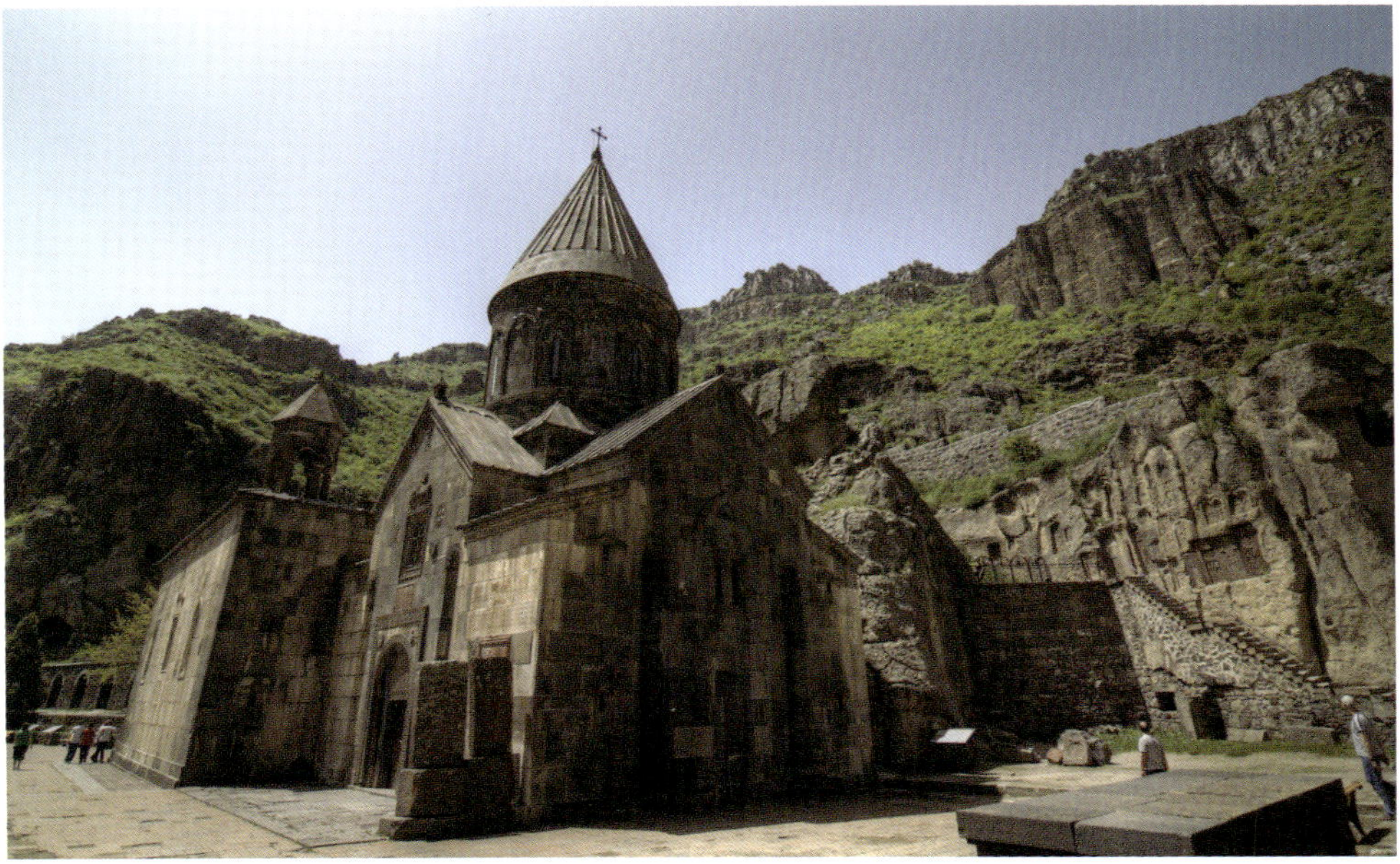

24　ゲガルド修道院（12 〜 13 世紀）

25　ガンザサルの大聖堂（カラバフ。13 世紀）

26　ヴァフカ要塞（キリキア）

28　ハチュカル（十字架石）（12 〜 13 世紀）

27　レヴォン 1 世の硬貨
（キリキア時代）

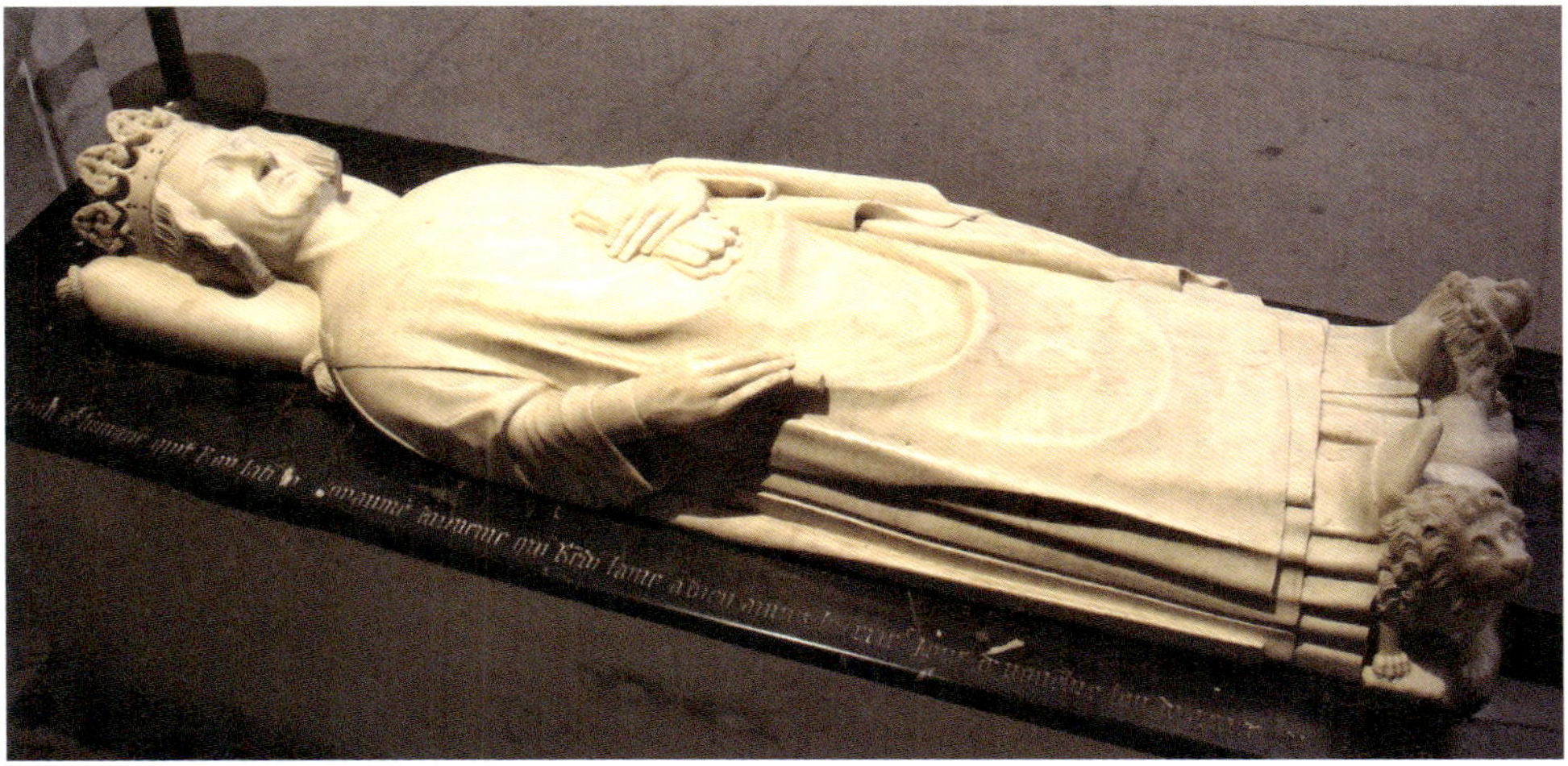

29　レヴォン 5 世の墓（パリ）

31　アムステルダムで初めて印刷された
アルメニア語聖書（1664 年）

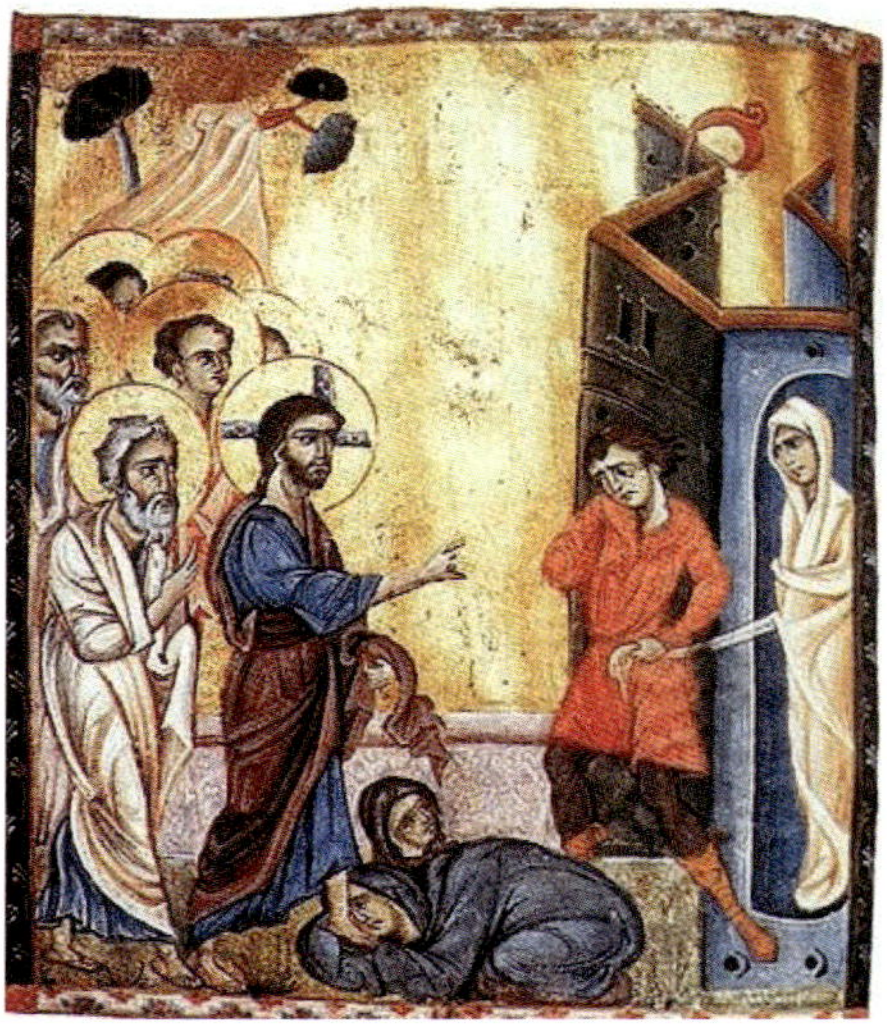

30　トロス・ロスリン画『ラザロの復活』
（キリキア。13 世紀）

32　ベツレヘムの聖誕教会と、アルメニア教会
（人物のいる前の建物）（1950 年撮影）

33　アルメニア教会総主教の教会堂への入場
（エルサレム。1941 年撮影）

34　サン・ラッザロ島（ヴェネツィア）のアルメニア・カトリック修道院

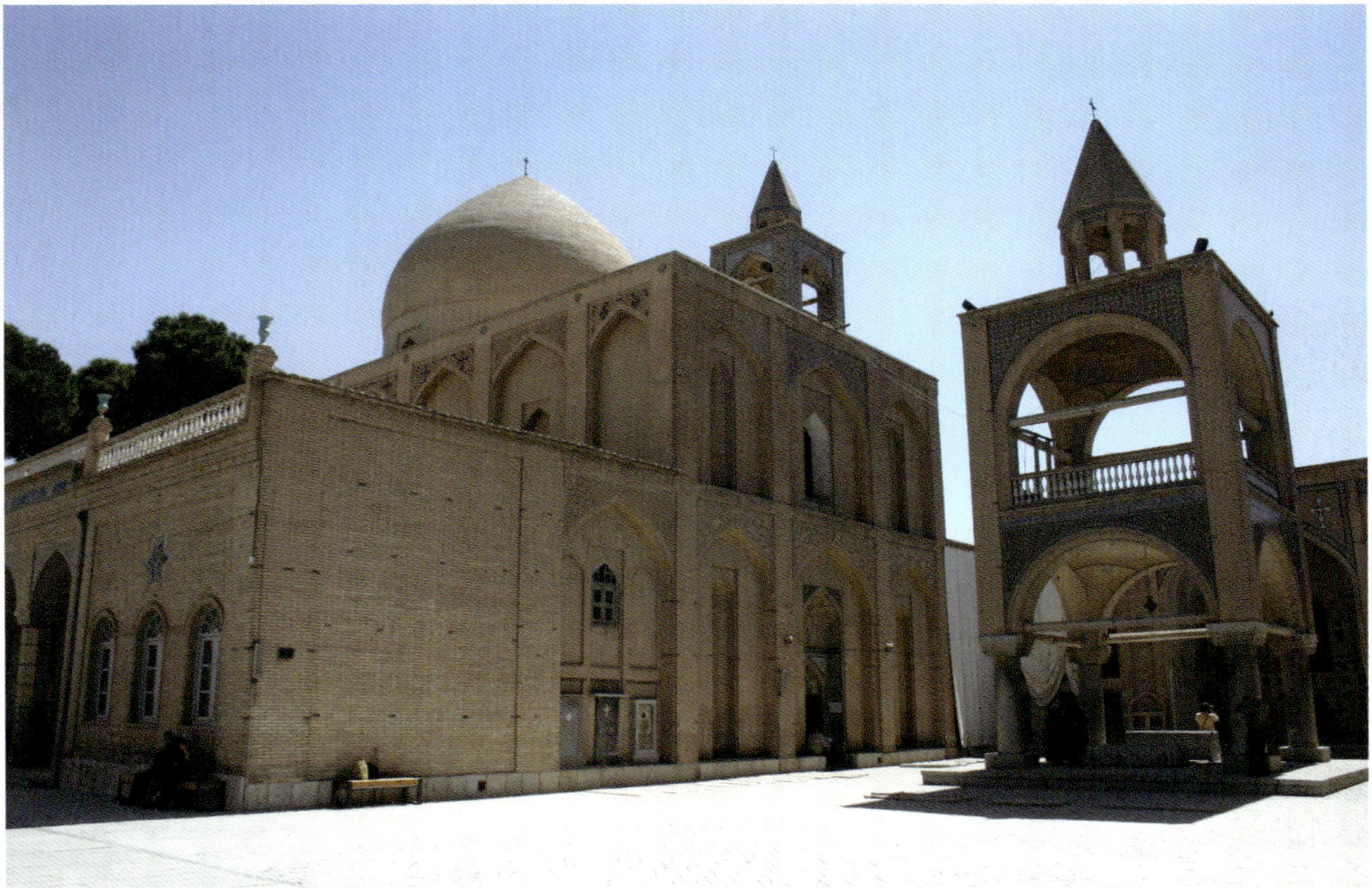

35　エスファハーン（イラン）のアルメニア教会

36　聖グリゴル・ルサヴォリチ大聖堂（エレヴァン）

37　現在のエレヴァン市街。背後はアララト山

日本語版序文

過去三千年の間、アルメニア人たちは——彼らの歴史的故地の小さな部分(一〇パーセント)とはいえ——今日アルメニア共和国を成す地域において途切れることなく歴史的に存在してきた。したがって、彼らは旧ソ連領において最も古い民族集団なのである。

東西の間に位置し、アルメニアは回廊を成し、まさに最初から頻繁に侵略や征服に晒された。アルメニア人たちはその特質を他の諸文明から採用したものの、彼ら自身の独特の文化をなんとか維持した。実際、非アルメニア語の古典時代や中世の史料の多くは、それらのアルメニア語訳においてのみ残存してきた。アルメニア人たちは彼ら自身の独特のアルファベットや建築を発達させた。

アルメニア人たちは彼ら自身を「ハイ」、彼らの言語を「ハイエレン」、彼らの土地を「ハイアスタン」と呼ぶものの、アルメニア人たちは、「アルメノイ」や「アルミニ」という彼らのギリシア・イラン式呼称によってより知られており、それらはやがて西洋人たちによる「アルメニア人」という語を形成した。この点で彼らは自らの土地をJapanではなく「日本」と呼ぶ日本人と似ている。

大学の卒業生はもちろんのこと、教師でさえもアルメニア人たちもしくは彼らの歴史についてほとんど知らない。

約一千年前に彼らの歴史的故地における独立を失い、多くのアルメニア人たちは地球上のあちこちに移住を余儀なくされた。彼らは民族の離散集団をアジア、ヨーロッパ、アフリカ、アメリカ大陸、オーストラリアに形成した。彼らの土地に残った者たちはアラブ人、トルコ系諸民族、イラン人もしくはロシア人の支配下に入った。したがって、アルメニア人の歴史を十分に学ぶためには、アルメニア語や古典諸語に加え、アラビア語、ペルシア語、トルコ系諸言語、ロシア語の史料の読解能力が必要である。それゆえに、アルメニア人たちの歴史に関する本格的な書籍はほとんどないのである。

今から二〇年前、アルメニア慈善協会から、コロンビア大学で私が行っていた講義に基づくアルメニア人たちの歴史に関する本を執筆してはどうかという提案を受けた。当時、アルメニア人の起源から二十世紀までの三千年の歴史を網羅する英語の書物は存在していなかった。その他の特定の集団の概説史と違って、私はアルメニア人たちの歴史を単独の存在としてではなく、その他の世界との関係において考察することを決意した。私は二巻から成る『アルメニア人の歴史』と題された本を上梓した。この本は広く受け入れられ、やがてアメリカの相当数の大学で必須教材として採用された。アメリカ、カナダ、そしてオーストラリアの一般の読者もその本に関心を持ってくれた。幾多の版を重ねたのち、私は二巻をひとつにまとめ、大幅に増補することに決めた。その一巻にまとめられた『アルメニア人の略史』と題された本〔本書〕もまた多くの版を重ね、スペイン語、トルコ語、アラビア語、アルメニア語に翻訳されてきた。

二〇一二年二月、アルメニアでの学会発表の際に、エレヴァンで日本の若き研究者、渡辺大作氏に出会った。彼は私の研究に精通しており、彼の恩師である上智大学の小牧昌平教授と共に、『アルメニア人の略史』を日本語に翻訳することに興味を示してくれた。

二〇一二年七月、小牧教授は、東京の上智大学で私がイラン史、ロシア史、アルメニア史に関する研究や出版物に基づいた二回の講義を行うために招待してくれた。私は日本の歴史や文化に特別の関心を持っていたので、直ちに引き受け、イラン史やコーカサス史を専門とする著名な日本の研究者たちと交流する機会を得た。東京滞在中に私はまた、藤原書店代表取締役、藤原良雄氏と会う栄誉を得た。彼は渡辺氏と小牧教授による二〇一二年に出版された英語最新改訂版からの日本語訳を出版することを了承してくれた。

私は長く興味深いアルメニア人の歴史が日本の読者の手にも届くようになることを喜ばしく思っている。本書が「アルメニア人という」小さな民族の歴史や文化や、その弾力性があって順応力があり、進取の気性に富んだ人びとのことを日本の読者が知るきっかけになることを望んでいる。

二〇一三年三月二十七日

ニューヨーク、アイオナ大学
歴史学主任教授　ジョージ・ブルヌティアン

第六版へのまえがき

一九九二年から一九九四年にかけて、アルメニア慈善協会の前総裁ルイーズ・マヌージアン・シモン氏の提案で、私は二巻から成る『アルメニア人の歴史』を書いた。この作品の目的は、英語圏のアルメニア人に彼らの過去を客観的に見ることができるようにすることと、歴史的領域の大半を失って世界中に離散したアルメニア人という古い民族の歴史を非アルメニア人に普及させることだった。

アルメニア慈善協会後援による講演旅行によって、この本はアメリカ、カナダ、オーストラリアのアルメニア人共同体に注目され、初版はすぐに売り切れたほどであった。追加の版は一九九五年から一九九七年にかけて出版され、結果的に約一万部が印刷された。一巻にまとめられた『アルメニア人の略史』という題の改訂版は二〇〇一年に出版され、新版が二〇〇二年、二〇〇三年、二〇〇五年、二〇〇六年に出版された。

古代から現代までのアルメニア人の歴史の初の包括的な英語による概説書であるこの研究は、まもなく高校生や大学の新入生のための教科書として採用された。歴史学者や地理学者の中にはこの本を学生に割り当て、地図や年表を利用する者もいた。

在庫の減少、友人や評者に指摘された誤り、いくつかの章における適切な史料の欠如、より包括的な文献リストと索引の必要性から、私は新たな版を用意することを決意した。私は新たな史料を文献リストに加え、旧版には抜けていた追加の記述を加えた。さらに、この新版は私の友人であるアリス・セヴァグ氏の編集・校正技術に依っている。この本は今やスペイン語、トルコ語、アラビア語の翻訳でも利用でき、アルメニア語版は準備中である〔二〇一三年刊行済〕。

この本は、いま一度、アルメニアとアルメニア人の歴史を世界の残りの地域との関係の中で検討する。年表と地図は読者がアルメニア史を他の国家の歴史と関連づけるのを助けるだろう。本作はアルメニア史の伝統的な見解の新鮮な解釈を含んでいる。その主な目的はアルメニア人、非アルメニア人双方にたいていの歴史の授業や教科書から抜け落ちているアルメニア人やその文化を普及させることである。

二〇一二年七月二十三日

ニューヨーク、アイオナ大学
歴史学主任教授　ジョージ・ブルヌティアン

アルメニア人の歴史　目次

第I部　独立から外国の支配へ——古代から西暦一五〇〇年まで　21

第II部　外国の支配から独立へ 177

アルメニア人の歴史

古代から現代まで

凡例

暦法について

世界的な展望を与え外見上のキリスト教的または西洋的偏重を取り除くために、ＢＣ（Before Christ〔キリスト生誕前〕）の代わりにＢＣＥ（Before the Common Era〔西暦前〕）を、ＡＤ（*Anno Domini*〔キリスト紀元〕）の代わりにＣＥ（Common Era〔西暦〕）を使用することに決めた大学の教科書もある。私は従来ＢＣ、ＡＤを使用してきたが、年表にはＢＣＥ、ＣＥを用いてきた。しかしながら、さまざまな文化圏で異なる暦法を有していることを明記することが重要である。例えば、アルメニア教会暦は、今日西洋で用いられている暦と五五一年分の差がある。中国、ヘブライ、アラブ、イラン、革命前のロシアの暦も我々の〔西洋の〕暦と異なる。問題を分かりやすくするために、全ての日付は西洋で用いられている暦に統一した。

古代の歴史的事件や統治者の統治期間の中には正確な年代が特定できないものもあるということも述べておかなければならない。このような場合は、おおよその年代が用いられている。王やカトリコス〔アルメニア教会の首長〕らの名前のあとの年代表記は彼らの在位期間を示す。他の全ての場合、年代表記は生没年を示している。

地名について

ヨーロッパ偏重を正そうとするもう一つの試みは、全てではないにしても、一般的に用いられている地名のいくつかを変えることである。中東、近東あるいはレヴァントの代わりに、より正確な術語である西アジアを用いる歴史学者もいる。極東あるいはオリエントは時に東アジアに、インド亜大陸は時に南アジアとして言及されることもある。トランスコーカサスも時に南コーカサスと呼ばれる。しかしながら、このような概念は例外なく受け入れられているわけではないので、私は伝統的な地理的術語を使い続けるか、いくつかの例では、報道機関で現在用いられているものを使っている。したがって、中東あるいはアラブ世界という術語は、今日のエジプト、シリア、トルコ、レバノン、イラク、ヨルダン、パレスティナ、クウェート、サウジアラビア、イエメン、その他の湾岸諸国の領域を含んでいる。小アジアあるいはアナトリアは今日のトルコの領域を表す。また、西アルメニアは今日のトルコの東部を示す一方で、東アルメニアは今日のアルメニア共和国にアゼルバイジャン、ジョージア〔グルジア〕両国の領域を加えた範囲を示す。トランスコーカサスは今日のアルメニア、ジョージア、アゼルバイジャンの各共和国を示す。メソポタミアは今日のイラクの領域を表す。バルカン諸国は今日のギリシア、アルバニア、ブルガリア、ルーマニア、旧ユーゴスラヴィア諸国を意味する。レヴァントは主にレバノン及びシリアの沿岸地方を含んでいる。アゼルバイジャンという語が二十世紀以前の文脈で用いられる場合、ペルシア領アゼルバイジャン、つまりアラス川の南側のイラン北西部を表している。ペルシアという語はこの本の第Ⅱ部ではイランに置き換えられている。

翻字法について

アルメニア語の単語は、西アルメニア語を創作に用いた著名な作家の何人かを除いて、東アルメニア語に基づいて翻字されている。ペルシア語の単語は現代ペルシア語の発音に従って翻字されている。発音を区別する記号や合字の無い簡略な翻字方式が双方の場合に利用されている。外国語の名前や術語は、特にそれらが『ウェブスター大辞典』に掲載されている場合、英語化されている一方で、それ以外の場合は、原形を保っている。最後に、アルメニア語の名前や一般的な名前の変種をローマ字化したものがあれば、（ ）で括られている。

訳者から

訳者がおぎなった部分は〔 〕で示した。アルメニア語には、アルメニア共和国の公用語であり旧ロシア帝国領以東のアルメニア人共同体で用いられている東アルメニア語と、旧オスマン帝国領以西のアルメニア人共同体で用いられている西アルメニア語があり、発音・正書法の面で開きがある。その点を鑑み、本書では混乱を避けるために、アルメニア人の人名・アルメニア関連の地名については全て東アルメニア語の発音に基づいて表記した。

第I部

独立から外国の支配へ

——古代から西暦一五〇〇年まで

第Ⅰ部への序文

三千年の歴史の中で、アルメニア人は侵略者の役割を果たしたことはめったになかった。むしろ、彼らは農業、芸術、工芸、交易の分野で能力を発揮した。アルメニア人はユニークな建築遺産、彫刻、彩色写本、文学、哲学・法律の体系を生み出してきた。さらに、他の文化のいくつかの重要な哲学的、科学的作品は、それらのアルメニア語翻訳のみにおいて生き残ってきた。それに加えて、アルメニア人は、その位置と国際貿易への参加によって東西双方の文化的、科学的発展に寄与してきた。しかしながら、大学の卒業生は言うに及ばず教員でさえ、アルメニア人や彼らの歴史について知るものはほとんどいない。歴史家は伝統的に他の国家を支配した征服者たちの記録に研究を集中してきた。大学のキャンパスで使われている世界史のテキストはアルメニア人について一、二の言及をするのみである。したがって、彼らの功績にもかかわらず、アルメニア人は概説史のテキストにおいて、モンゴル人やその他の文明の破壊者たちよりもわずかにしか紙幅を与えられずにいる。

確かに、アルメニアの歴史は再構成するのが難しいものである。西暦五世紀のアルメニア文字の考案以前に記された史料は、アラム語、ギリシア語、中世ペルシア語、シリア語へ精通することを必要とする。その後の史料は古典アルメニア語、現代アルメニア語と同時にアラビア語、ラテン語、ジョージア語、トルコ語、現代ペルシア語、モンゴル語、ロシア語、フランス語、ドイツ語の知識を要する。アルメニアへの度重なる侵略と地震は疑いなく貴重な歴史的証拠を破壊してきた。さらに、歴史的アルメニアの近代の近隣諸国による分割から、文書学的・考古学的研究は政治的にデリケートなものとなり、さらには、しばしば困難なものになってきた。その上、現代の歴史研究方法論のアルメニア史研究への体系的な応用はつい最近の現象である。

アルメニアは度重なる侵略、破壊、迫害を生き延びることができた数少ない小規模な国家の一つである。アルメニア人は何世紀もの間、順応性ある、回復力のある、進取の気性に富んだ、忠実な者として描かれてきた。より強大な国家が滅亡したにもかかわらず彼らが生き延びた方法、それと同時に、彼らが世界文明に重要な貢献をしてきた方法こそがアルメニア人の驚くべき歴史なのである。

1　高原と十字路

アルメニアの大地

アルメニアは平均して海抜九〇〇メートルから二一〇〇メートルに達する内陸の山がちの高原に位置する。アルメニアの領域は、西は小アジアの高原まで、南西はイラン高原まで、北は南コーカサスの平原、南、南東はそれぞれカラバフの山地とモガーン・ステップまで広がっている。アルメニア高地はおよそ東経三八度から四八度、北緯三七度から四一度の間に位置し、三〇万平方キロの面積を有している。現代の言い方では、歴史的アルメニアは、アルメニア共和国の全領域だけでなく、トルコ東部の大半、イラン北西〔原文、北東〕辺、アゼルバイジャン・ジョージア両共和国から成っている。

アルメニアは多くの自然の境界によって限定されている。クラ川とアラス川はアルメニア高地を東部でカスピ海に隣接する低地と隔てている。小コーカサス山脈に連なるポントス山脈は、アルメニアを黒海とジョージアから隔て、北部の境界を成している。上ザーグロス山脈とイラン高原へと連なるトロス山脈はアルメニアをシリア、クルディスターン、イランから隔てて、南部の境界を成している。アルメニアの西部の境界は一般的に西ユーフラテス川とアンティ・トロス山脈の北辺とされてきた。また、アルメニア人はクラ川の東側のカスピ海までの地域に共同体を、ユーフテラス川西側の地中海岸のキリキアに至る地域には国家を築いた。

　およそ五万年前、アルメニアの地質構造は多くの段階を経て、大規模な山脈や現在は休火山である高山を高原の至る所に作り出した。例として、大アララト山〔アララト山の高い峯〕(五〇八四メートル)、シュパン山(四三六二メートル)、アラガツ山(四〇二三メートル)、小アララト山〔アララト山の低い峯〕(三八五二メートル)、アラス川やユーフラテス川の水源であるビンギョル山(三二三一メートル)などが挙げられる。ゼイトゥン、サスン、カラバフ、スィウニク、ヴァルデニス、アレグニ、セヴァン、ゲガム、パムバクを含むアルメニア内の数多くの山地や高原、そしてアルメニア山脈は、高原をそれぞれ別個の地域に分け、その結果、これらの地域は重大な政治的、歴史的な分枝という現象を経験することになった(**地図1**)。地質には石灰岩、玄武岩、石英、黒曜石が含まれている。また、山地には銅、鉄、亜鉛、鉛、銀、金などの鉱石が豊富に埋蔵されている。建設現場に用いられるホウ砂や火山性の石灰石だけでなく、大規模な塩鉱も存在する。

　多くの山々は無数の航行不可能な河川の水源となっていて、それらが険しい峡谷や渓谷、滝を形成してきた。もちろん、最長の河川はアラス川で、西アルメニアの山脈地帯に端を発し、クラ川と合流したのちカスピ海へと注いでいる。アラス川はアルマヴィル、エルヴァンダシャト、アルタシャト、エレヴァン、ドヴィン、アニ、ナヒチェヴァン、ヴァガルシャパトなどのアルメニアの主要都市が位置するアララト平原を流れ、その地を潤している。第二に重要な川は、東西二つの支流から成るユーフラテス川である。両支流は西方に流れ、やがて南に転じてメソポタミアへ向かう。ユーフラテス川は大アルメニアと小アルメニアと呼ばれる地域を分ける古代の境界であった。クラ川とティグリス川およびそれらの支流はアルメニア内を一時的に流れている。アラス川の支流であるアフリアン川とセヴァン湖から流れ出るフラズダン川の二つの川は、川がなければ干上がってしまうような森林を欠いた岩だらけの地形に水を供給している。西部や北部の小規模な河川はクラ川とセヴァン湖のいずれかに注ぎ込む。

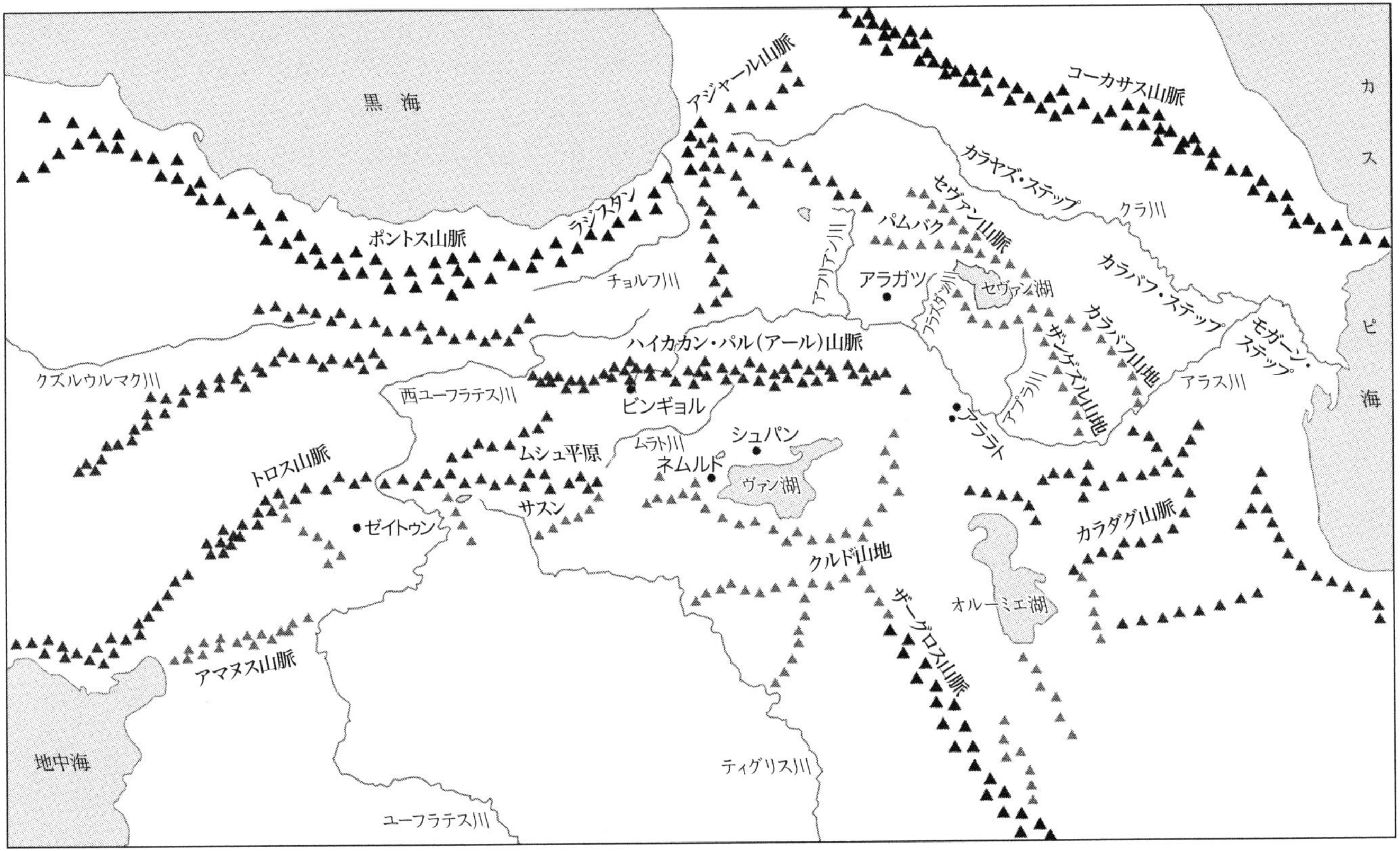

地図１　アルメニアの自然地図

数多くの湖がアルメニア高原には存在し、その中で最も重要で大きなものが現在のトルコにあるヴァン湖である。ヴァン湖の水にはホウ砂が含まれているので飲むことはできない。海抜一八九〇メートルの、標高のもっとも高いところに位置するセヴァン湖は今日のアルメニア共和国内に位置する。今日のイランに位置するオルーミエ湖は最も浅く非常に塩分濃度が高い。また、西アルメニアには数多くの小規模な湖が存在する（**地図1**）。

アルメニアは温帯に位置し、気候は変化に富んでいる。概して、冬は長く厳しいものになることが多く、一方で夏はふつう短く非常に暑い。平原のいくつかの地域は、標高が低いことから、より農業に適しており、何世紀もの間、人口密集地を育んできた。気温が変化に富むことから、西アジアやトランスコーカサスと共通する多様な植物相や動物相をこの土地にもたらした。

全般的に乾燥したアルメニアの気候のおかげで、歴史を通して人工的な灌漑が必要とされてきた。実際、火山性の土壌は非常に肥沃で、十分な水があれば集中農業が可能である。農業が低地で普及している一方で、高地では羊や山羊の牧畜が盛んである。

アルメニア人は職人や商人として知られてきたものの、アルメニア人の大部分は近代まで主として農業に従事してきた。アルメニアでは、穀物に加えて野菜、さまざまな脂肪種子、そして特に果物が栽培された。アルメニアの果物は古代から広く知られており、ザクロやローマ人に「アルメニアのプラム」〔アンズの学名は*Prunus armeniaca*〕として言及されたアンズは非常に有名である。

小アジアの巨大な断層の上にあることから、アルメニア高地は地震の揺れにさらされる運命にある。そこでは巨大な地震が九世紀以来記録されており、その中には町々を完全に破壊したものもあった。この地方における直近の地震は、一九八八年十二月七日に起こったもので、約二万五千人が死亡し、数えきれない共同体を破壊した。

地理は多くの国家の歴史を決定づけるものであるが、このことがアルメニアほど如実に示された地域はない。アジアとヨーロッパの間の回廊というアルメニアの他に例を見ない位置は、しばしば侵略者を引きつけ、その結果、アルメニアは長期にわたる他国に支配されることになった。アッシリア人、スキタイ人、ギリシア人、ローマ人、ペルシア人、アラブ人、クルド人、トルコ人、モンゴル人、トルクメン人、ロシア人たちは、皆一様にこの土地とそこに住む人々に影響を及ぼしてきた。一方で、アルメニアの地理的位置は、そこに住む人々が物質的に繁栄し、文化を発展させることも可能にした。実際、アルメニアは古代から商人たちの主要ルートとしての役割を果たしてきた。その代わりにアルメニア人は、(古代や中世において)ヨーロッパがアジアから学ぶ際の、そして、(現代において)アジアがヨーロッパの技術を取り入れる際の通り道の役割を担ったのである。

アルメニアの数多くの大小の隣国たちが歴史から消え去ったが、アルメニアやアルメニア人はなんとか生き残ることができた。皮肉にも、他国の侵略を招き、その一方で、自治的諸公の自立を可能にした同じ光景は、アルメニア人がアイデンティティを維持できた一因にもなったのである。なぜなら、アルメニアをたくさんの谷間に分断している無数の山々が、歴史の大部分において、強力な中央集権的指導者のもとで統一国家が樹立されることを妨げたわけだが、この事実こそが姿を変えた天の恵みだったのである。つまり、首都ニネヴェの陥落によって文化が丸ごと消えてしまったアッシリアのような高度な中央集権国家とちがって、アルメニアの政治的一体性の欠如は、アルメニアの王たちが退位させられ、首都が破壊された時ですら、その文化の存続を意味したのである。

2 アラとセミラミス

アルメニアの最初の王国、ウラルトゥ（前八七〇～前五八五年）

歴史的アルメニアの領域は、メソポタミアと並び、初期農業文化をもった最初の地域の一つだった。それは、人間が旧石器時代・中石器時代の狩猟・食料採集生活に代わって、新石器時代の食料生産を始めた歴史上の一段階であった。ほどなくして、銅器の使用がこの地域で始まったが、それ以降の二千年間、銅器の使用は小アジア、トランスコーカサス、メソポタミア、エジプトに限られていた。前三〇〇〇年までに、メソポタミアでは銅と錫の合金である青銅が産み出され、それはすぐにコーカサスの住民にも採用された。定住生活、農業、そして、金属器の使用によって、トランスコーカサスや小アジアは文明の揺籃の地の一つとなっただけでなく、富がもたらされ、そのことからさまざまな侵略者がつけ狙うことにもなった。

前三〇〇〇年から前一五〇〇年までの間に、アラル海、カスピ海、黒海沿岸地域に集中していたインド・ヨーロッパ系の諸部族が鉄器の製造技術を学び、古代世界のより古い歴史があって、より豊かな地域へと移動し始めた。アジアからやってきた「東方の」インド・ヨーロッパ系民族とヨーロッパからやってきた「西方の」インド・ヨーロッパ系民族がそれぞれトランスコーカサスや小アジアに入った。前者は、フルリ人、カッシート人、ミタンニ人などのコーカサスの原住民と対面し、新たな言葉と神々をもたらし、混成文化を生み出した。後者は小アジアにヒッタイト王国を築いて、この国家は前一三〇〇年までにユーフラテス川まで広がる帝国へと発展した。

同時期には、セム系のアッシリア人が南部に王国を興し、しだいにメソポタミアにそれ以前から存在したセム系文化と混ぜ合わさったり、それに取って代わったりした。地元のコーカサスの人々や小アジアの住民は「東方の」インド・ヨーロッパ系部族と同盟し、新たな連合を組み、ヒッタイトやアッシリアと交易したり戦ったりした。ヒッタイトの王、シュッピルリウマ〔一世だとしても他の文献と生没年の開きあり〕(前一三八八年頃~前一三四七年頃)や有名なアッシリアの王、シャルマネセル一世(前一二七五年頃~前一二四六年頃)、ティグラト・ピレセル一世(前一一一五年頃~前一〇七七年頃)の時代の史料は、ハヤサ地域やそこの住民、アルメ・シュプリア、ナイリ、ウルアトリ(ウラルトゥ)やその他の連合について言及している(**地図2**)。前一二〇〇年までにヒッタイト帝国は崩壊し、おそらくフリギア人に取って代わられた一方、アッシリア王国は停滞の時期に入った。

ウラルトゥの起源

前十三世紀のヒッタイト帝国の崩壊の後、西アジアに有力な国家が存在しなかったことは、おそらくフルリ人系のウラルトゥ人がアルメニア高地のさまざまな原住の部族や「東方の」インド・ヨーロッパ系部族を吸収し、新たな連合国家を築くことを可能にした。前一一〇〇年頃のこの地域における鉄器時代の夜明けと、隣接するアッシリアの脅威は、明らかにウラルトゥの主導による小アジアとトランスコーカサスの各地域の統一を招いた。前九世紀までには、自らをビアイナと称し、自らの土地をビアニリと呼ぶウラルトゥ人は、後にアルメニアとなる地域に最初の王国を形成した。

ヴァン王国と呼ぶ歴史家もいるウラルトゥ王国が存在した時期(前八七〇年頃~前五八五年頃)には世界中でいくつも

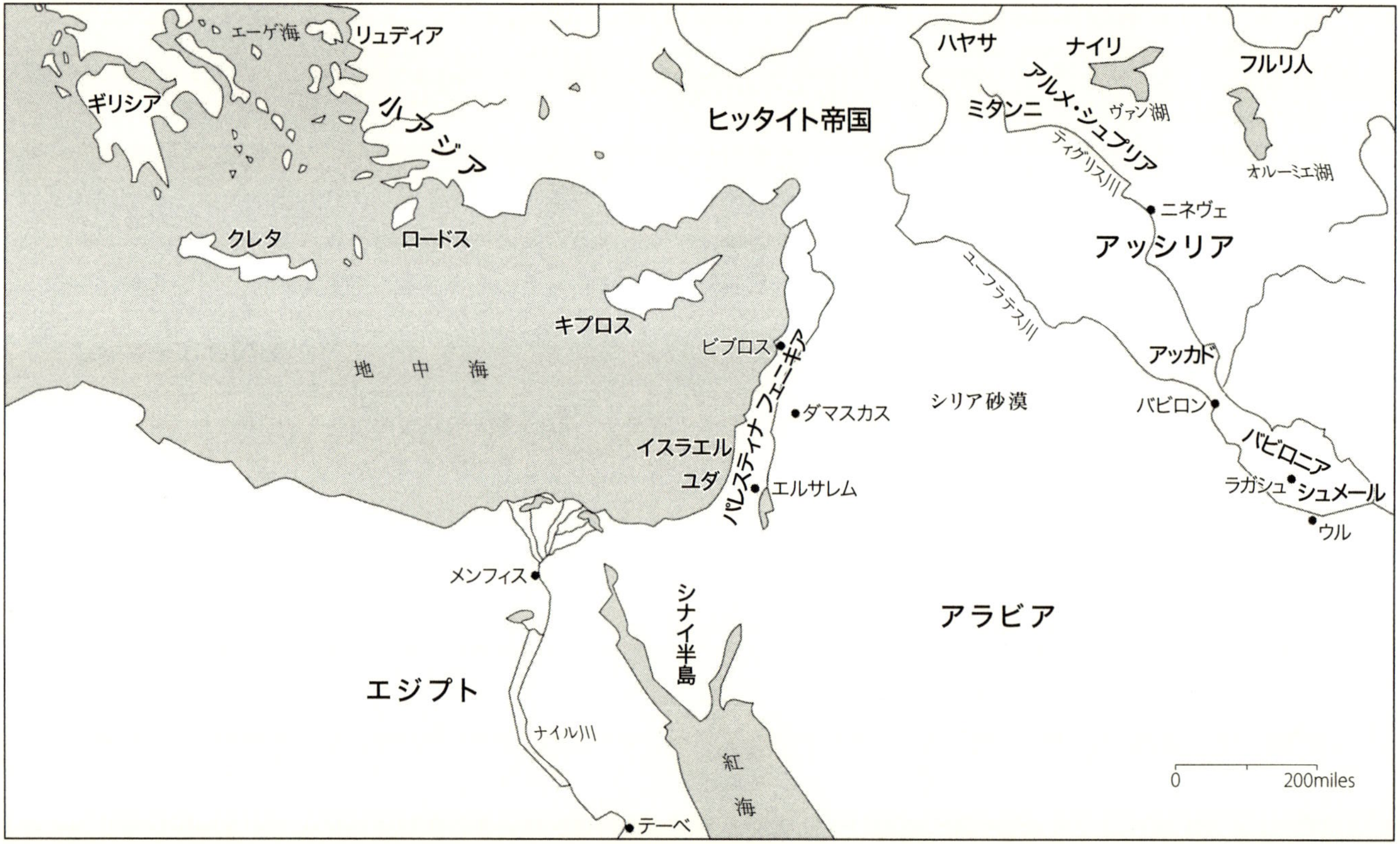
エーゲ海
リュディア
ギリシア
小アジア
クレタ
ロードス
ヒッタイト帝国
ハヤサ
ナイリ
フルリ人
ミタンニ
アルメ・シュプリア
ヴァン湖
ティグリス川
オルーミエ湖
ニネヴェ
アッシリア
ユーフラテス川
キプロス
ビブロス
フェニキア
地中海
アッカド
ダマスカス
シリア砂漠
バビロン
イスラエル
ユダ
パレスティナ
エルサレム
バビロニア
ラガシュ
シュメール
ウル
メンフィス
シナイ半島
アラビア
エジプト
ナイル川
紅海
0
200miles
テーベ

地図２　古代世界

の新たな発展があった。ギリシアが暗黒時代から目を覚まし、アテネやスパルタが生まれた。『イリアス』や『オデュッセイア』が創作され、ドーリア様式の建築が発達した。ゾロアスターは彼の教えをペルシア〔イラン〕で伝え始めた。エジプトが古代の栄光を失い、リビア人、ヌビア人、アッシリア人、そして最後にエチオピア〔およびスーダン地域〕のクシュ人に支配された。インドでは『ウパニシャッド』が書かれ、ヒンドゥー教が興りカースト制の枠組みが作られた。中国では封建制が発展し、一方メキシコではオルメカ文明が花開いた。

アッシリアの対抗者としてのウラルトゥ

ウラルトゥの建国は前九世紀のアッシリア王国の再勃興とも時期を同じくする。事実、ウラルトゥに関する情報の多くはこの隣国で敵国〔であるアッシリア〕からもたらされたものである。ウラルトゥ王国についての最初の言及は、そこ〔ウラルトゥ〕に遠征をおこなったアッシュールナツィルパル（前八八四年頃～前八五九年頃）によるものである。それに続く三世紀の間、アッシリアとウラルトゥは相争い、時にアッシリアが限定的に成功を収めることもあったが、その隣国〔ウラルトゥ〕を完全に征服することはできなかった。ウラルトゥはアッシリアの小アジア、ペルシア北部、トランスコーカサスへの拡大を防ぐうえで大きな役割を果たした。ウラルトゥ王国の歴史を新しいインド・ヨーロッパ系民族と古いセム系民族の抗争の一部とみる者もいるかもしれない。両者が新たな国家を築くために連合した地域もあったが、その他の地域では文化、言語、宗教的相違が長期にわたる抗争へとつながった。中国を除いて、ユーラシア世界全体が大きな過渡期を迎えた。結局、インド・ヨーロッパ系民族が優勢になり、ギリシア、ペルシア、インドの古代文明を築いた。

アッシリア王シャルマネセル三世（前八六〇年頃～前八二五年頃）によって言及された最初のウラルトゥ王は、前九世紀前半にこの国家を治め、領域をメディアへと拡大したアラムであった。アラムは統一国家を樹立する功績を残した一方で、〔彼のあとを継いだ〕サルドゥリ一世（前八四五年頃～前八二五年頃）は、前六世紀まで存続することになった王朝を創設するという功績を残した。彼の最初の仕事はヴァン湖の東岸に首都トゥシュパ（今日のヴァン）を建設したことだった。ウラルトゥはイシュプイニ（前八二五年頃～前八一〇年頃／前八二八年頃～前八一〇年頃）、メヌア（前八一〇年頃～前七八五年頃）、アルギシュティ一世（前七八五年頃～前七五三年頃）、そして、彼の息子のサルドゥリ二世（前七五三年頃～前七三五年頃）らの治世のもとで絶頂期をむかえた。〔前〕九世紀末、アッシリアが一時的に衰退したことから、ウラルトゥはこの地域の支配を確立した。

前八世紀までに、ウラルトゥ王国は、西方はユーフラテス川、東方はカスピ海沿岸の低地、南方はオルーミエ湖、北方はコーカサス山脈にそれぞれ囲まれた地域にまで領土を広げた。つまり、これは後に大アルメニアと呼ばれることになる地域の範囲である（**地図3**）。アッシリアは数多くの遠征の際に、小都市、砦、多くのウラルトゥ人の居住地について言及している。メヌアの治世には大規模な灌漑用運河が建設され、その中のいくつかは現在も使われている。ブドウ、果樹園〔が造られ〕、さまざまな穀物も栽培され、ウラルトゥは食料生産地域となった。

銅や鉄が産出されることや初期の冶金術の知識を有したことから、職人たちによって銅や鉄製の武器、その他の戦いや交易のための道具が製造されることが可能になった。これら全ての活動の結果として人口も増加した。オルーミエ湖の西方に位置するムサシルの町がウラルトゥによって征服され、王国の宗教的中心地に造りかえられたのはこの時期であった。ウラルトゥは多くの戦争でアッシリアを破り、戦利品や捕虜を得て、その支配権をシリア北部まで拡大させた。遊牧民やアッシリアの侵略から王国を守るために、多くの砦が建設された。アルギシュティ一世は二つの最も重要な砦を建設した。前七八二年には、アララト平原にエレブニ（アリン・ベルド）要塞が築かれた。これは今日の都市エレヴァンの前身であり、このことによってエレヴァンは世界でも最も古くから人間の住み続けている都市の一つとなっている。また、前七七五年には、エレヴァン西方のアラス川岸にアルギシュティヒニリ〔〔現在の〕アルマヴィ

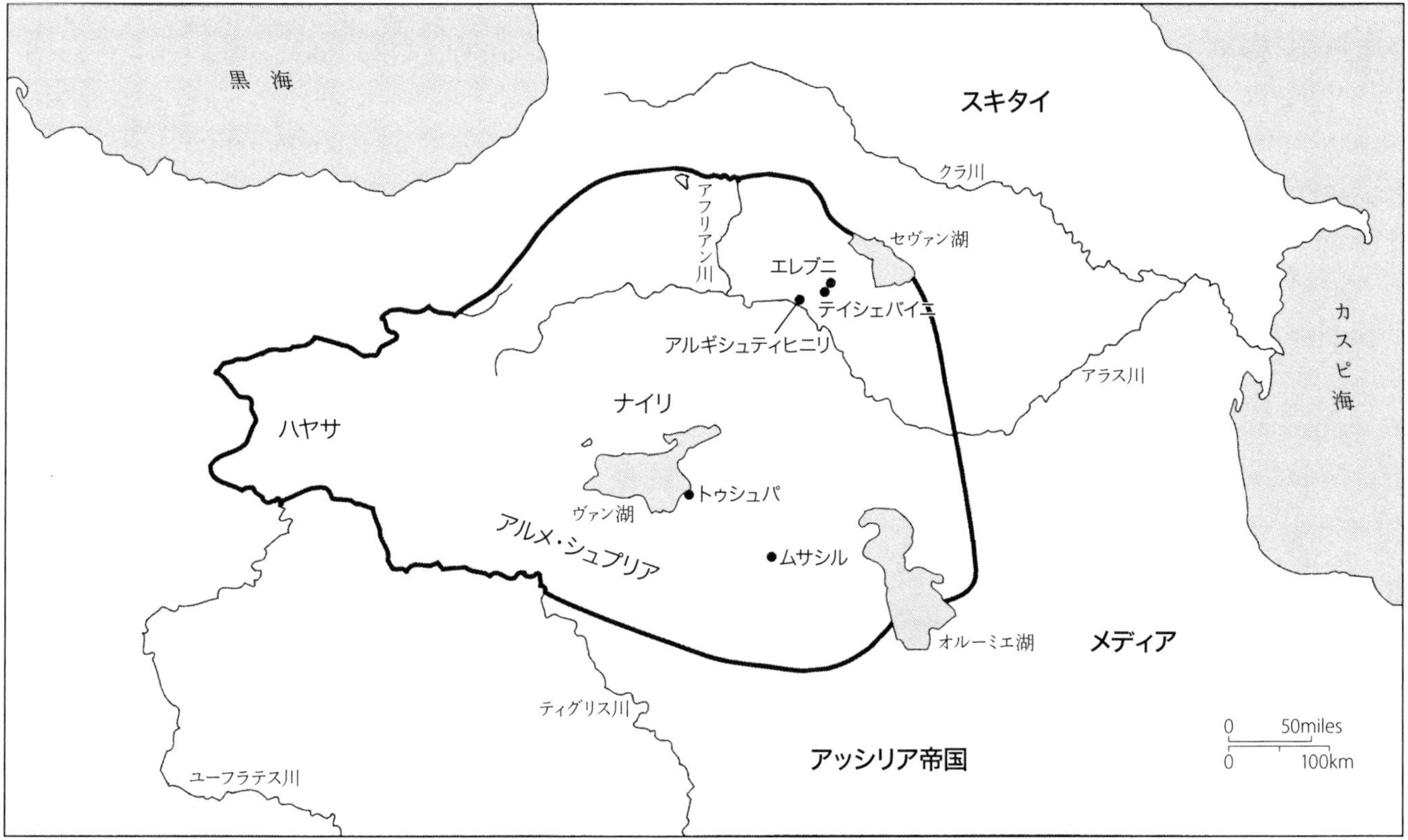

地図 3　ウラルトゥ（紀元前 750 年頃）

ル）が造られた（**地図3**）。

ティグラト・ピレセル三世（前七四五年頃～前七二七年頃）及びサルゴン二世（前七二一年頃～前七〇五年頃）の治世には、アッシリアは衰退に歯止めがかかるとともに、新たな帝国へと変容し、ウラルトゥの多くに侵入して町々を破壊・略奪し、捕虜を連れ去った。サルゴン〔二世〕はスパイ網をもちいて、北方の隣国〔ウラルトゥ〕について報告させた。これらの報告のいくつかは現在まで伝わっており、歴史家が起こった事件のいくつかをつなぎ合わせることを可能にしている。その中ではウラルトゥの支配者たちはアッシリアと北方から侵略してきたキンメリア人という二つの敵と戦わなければならなかったことが述べられている。前七一四年までに、この二つの侵略者はウラルトゥ各地を破壊し、ルサ一世（前七三五年頃～前七一四年頃）を自殺に追い込んだ。ウラルトゥはキンメリア人の侵略に対する緩衝地帯としての役割を果たしてきたが、それが衰退すると、キンメリア人は小アジアやシリアに流入し、アッシリアを攻撃した。

ウラルトゥの衰退

前七世紀、新バビロニアがしだいに台頭し、エジプトでも小規模な復興がみられるとともに、インド・ヨーロッパ系の勢力がペルシアでも出現した。ともに衰退期にあったウラルトゥとアッシリアは互いに和約を結び、コーカサス山脈を越えてこの地域に侵入してきた新たな遊牧系侵略者であるキンメリア人やスキタイ人に対処しようとした。ウラルトゥの王、アルギシュティ二世（前七一四年頃～前六八五年頃）とルサ二世（前六八五年頃～前六四五年頃）はアッシリアに貢納をおこない、遊牧民の放逐に集中した。

最後の有力なアッシリア王はアッシュールバニパル二世（前六六八年頃～前六二四年頃）であった。彼はペルシア西部のエラム王国を破壊し、アッシリアの強大さを誇示しようとしたが、この行為はエラムの隣国、メディアの台頭を許した。それと時を同じくして、ウラルトゥの勢力も一時的に回復し、アルギシュティ〔二世〕やルサ〔二世〕はエレブニの北の丘の上にテイシェバイニ（またはテイシュバニ）（カルミル・ブルル）の砦を建設し、この砦には王国の宝庫がおかれ、また、スキタイ人の攻撃から守る避難所の役割を果たした。

ウラルトゥ王国末期の歴史はよく分かっていない。内外の紛争の結果、多くの指導者が台頭した。その中には、ウラルトゥ連合のアルメニア系集団に属していたかもしれず（3章参照）、隣り合う諸部族と同盟を結んだと思われるエリメナもいる。エリメナはウラルトゥの指導層に対して反乱を率いたが、その行為は、新たなスキタイ人の攻撃とも重なり、王国のかなりの弱体化につながったにちがいなかった。それと同時に、ウラルトゥとアッシリア両者の衰退は、新たな勢力としてメディアが台頭することを可能にした。前六七〇年頃、メディアは首都エクバタナを建設し、ペルシア各地を占領した。メディアとバビロニアはメソポタミアでのアッシリアの優勢に終止符を打つため同盟した。前六一二年、彼らはアッシリアの首都ニネヴェを攻略し、前六一〇年までにアッシリアは滅亡した。

メディアとバビロニアはアッシリア帝国やその衛星国家を分割した。バビロニア人は地中海までのティグリス川の西側の地域を手にいれて、新バビロニア王国を建設した。メディアはティグリス川の東側の地域を併合し、ウラルトゥを侵略した。メディアはウラルトゥを支配したか、または、この頃にはおそらくアルメニア人であった有力な部族と貢納協定を結んだ（3章参照）と思われる。いずれにしても、前六〇五年から前五八五年の間に、ウラルトゥ連合はメディア帝国の朝貢国となった。

ウラルトゥ文化

ウラルトゥが存在した三世紀の間に、水路や宮殿、都市や要塞が築かれ、それらの中には現代に発掘がおこなわれてきたものもある。それに加えて、道具や武器、宝石、陶器が製造され、それらの断片は保存され、アルメニアの博物館やロシアのサンクト・ペテルブルグのエルミタージュ美術館に展示されている。ウラルトゥの神々には固有の神々、インド・ヨーロッパ系の神々、アッシリアの神々が含まれていた。バビロニアの女神ナナは英知の女神ナネとしてウラルトゥでも採りいれられた。ハルディは主神であり戦争の神であった。テイシェバイニは雷神、シヴィニもしくはアルディニと呼ばれる神は太陽神であった。馬は経済・軍事両面において非常に重要であり、馬の姿はウラルトゥの盾にも描かれていた。アッシリアや初期エトルリアの影響はウラルトゥ芸術の中にもみられ、古代世界の交易の広がりが明らかになりつつある。鍋や釜、燭台、装飾が施された盾などのウラルトゥの銅・鉄製品は高く評価され、トランスコーカサスやギリシア世界全体を通して発見されてきた。当初は多くがアッシリアやヒッタイトの模倣であったが、まもなく他の多くの芸術様式が統合されたウラルトゥ特有の様式が登場し、それはエレヴァンのエレブニ要塞の宮殿の壁面装飾にもみられる。ウラルトゥの碑文は、初めウラルトゥ式象形文字で、後にアッシリア式楔形文字で刻まれていたが、最後はヴァン式楔形文字にとって代わられた。この楔形文字は五百以上の形があり、そのうちの多くは複数の意味を有している。交易と戦争によってウラルトゥは富み、それはスキタイ人やアッシリア人がウラルトゥに対する戦役で得た膨大な富についての記録が物語っている。

比較的不寛容でもっぱら軍事力に頼っていたアッシリアとは違い、ウラルトゥは他の文化から〔いろいろと〕借用し、交易や外交に関わっていた。アッシリアは中央集権的な官僚機構を誇っていたが、ひとたびその中心が奪われると、アッシリア帝国は崩壊した。しかしながら、広く地方分権的で寛容な国家であったウラルトゥ連合は生き残ることができた。アルメニア人から成る新たな指導層は、これらの特徴を受け継いだ。

一千年以上の後、アルメニア人の歴史家たちが自分たちの民族の歴史を記録し始めた時、ウラルトゥの存在は彼らに知られていなかった。アルメニアの偉大な歴史家モヴセス・ホレナツィ（ホレンのモヴセス）は、ハイクとベルなど英雄たちや悪党たちについての口頭伝承や叙事詩的物語を用いて、アッシリア人に対するアルメニア人の戦いを描いた。彼はまた、ウラルトゥの最初の支配者であるアラムを、伝説上のアルメニアの王、美麗王アラに変容させた。アッシリア人は悪の化身として、さらに誘惑的に描かれ、セミラミス女王（シャンムル・アマト、前八一〇年頃〜前八〇五年頃）はアラに欲情し彼を死に追いやったとされた。しかしながら、アラムとシャンムル・アマトは同時代人ではなく、この二つの国家の戦いはホレンのモヴセスの語りの中で象徴的に描かれたのである。皮肉にも、ウラルトゥ王国の偉大さを記録した楔形文字の断片を彼らの歴史的な末裔たちは解読できず、これらの記録は彼らの前で沈黙した。ウラルトゥは他の多くの古代文明と同じように、古代、中世の文明の層の下に消え、それが再発見されるのは十九世紀、二十世紀になってからであった。

3 ノアの箱船から考古学へ

アルメニア人の起源

多くの古代の民族と同様に、アルメニア人の起源には神話的要素や未解決の学問的議論が含まれている。そして、それはギリシア的解説、アルメニア的解説、そして近年の学術的解説という三つの解説に分類され得る。

ギリシア的解説

ギリシアの史料の中にはアルメニアがイアソーンのアルゴナウタイ〔イアソーンに率いられたアルゴー船の一行〕の一人、テッサリアのアルメヌスの名を取った、または、〔彼によって〕建国されたと主張する者もいる。しかしながら、アルメニア人の出現からかなり時を経て記述したギリシア人の歴史家は、アルメニア人による年代記が書かれるかなり前に、アルメニア人の起源について多くの歴史的解説を残している。その中ではヘロドトスとストラボンの二説がよく引用される。前五世紀の歴史家ヘロドトスによると、アルメニア人は、元来トラキアに居住していたものの、そこから小アジアのフリギアに渡ったとされる。彼らは当初フリギアに定住したが、しだいに後にアルメニアとなるユーフラテス川の西側に移動していった。彼らの言葉はフリギア人のものに似ている一方で、名前や衣装はメディア人のものに似ていた。

歴史家で地理学者であったストラボンは、アルメニア人は、それぞれ西方のフリギア、南方のザーグロスという二方面から前一世紀末にやってきたと述べた。換言すれば、古代ギリシア人によれば、アルメニア人はこの地域の本来の住民ではなかったのである。彼らは、前十三世紀のヒッタイト帝国の滅亡に続くフリギア人の小アジアへの移動から前八世紀のキンメリア人のウラルトゥの侵略までのある時期に、到着したようである。ウラルトゥの衰退によってアルメニア人はこの地域の主な住人となった。前四〇一年にアルメニアを通過したクセノフォンによると、その時までにアルメニア人はこの地域の原住の人々の大半を吸収していたという。

伝統的なアルメニア的解説

西暦五世紀から八世紀までのある時期に書かれたアルメニアの最初期の記述によれば、アルメニア人はノアの息子の一人ヤペテの子孫とされる。ノアの箱船がアララト山に漂着した後、ノアの一族はまずアルメニアに定住し、その後、世代を経て南方のバビロンの地へと移動した。ヤペテの子孫でアルメニア人の指導者であったハイクは、バビロンの圧政と悪を嫌い、反乱を起こして、箱船の地へ戻ることを決意した。バビロニア人の指導者で悪の権化ベルはハイクの後を追った。それに続いて起こった戦いで、ハイクはベルを殺して善が悪に勝利を収め、アルメニア民族を創造した。ハイクは最初のアルメニアの指導者となり、彼の子孫たち（アルメニア語で「アルメニア人」を表すハイ）が、ハイクの子孫の一人で、最初のアルメニア王国を築き強力なアッシリアという敵に立ち向かわざるをえなかったパルイル王まで、アルメニア人を主導し続けることになった。

ギルガメシュが登場するメソポタミア神話と同じくらい古いこの神話は、史実を伝説と織り交ぜるだけでなく、アルメニア人を聖書的伝説の中で有力な地位に置こうと試みている。結局、ノアは「第二のアダム」であり、彼の子孫たちは大地に再び居住するために神に選ばれ祝福された者たちなのだ。したがって、アルメニア人はユダヤ人と同じように、邪悪なバビロニアと戦い神の掟に従って生きるという使命を持っていたのだ。メソポタミアで周期的に起こる洪水は、西アジアに生きる人々に強烈な記憶を残したに違いなかった。この地方へのたび重なる侵略、特にアッシリアのそれやアッシリアと前アルメニア時代の支配者との衝突は、コーカサス系、インド・ヨーロッパ系の固有の住民の民間伝承に刻み込まれたに違いなかった。したがって、我々のように歴史的・考古学的な情報を持たないホレンのモヴセスに代表される五世紀の初期アルメニアの歴史家が、バビロニアをアッシリアと置きかえ、また、ハイクの王朝をアルメニアにおけるウラルトゥの支配者たちと置きかえて口承を記録したのも驚くにあたらない。彼はまたティグラン大王〔二世〕とアジュダハク〔半人半竜のメディアの王〕の伝説、アルタシェスとサテニク〔アルタシェスと結婚したアランの王女〕、〔その子〕アルタヴァズドの神話をアルメニア人の歴史を形成させるために用いた。その目的は正確さというよりはむしろ、その時までにアルメニア人が全身全霊で信仰するようになったキリスト教の歴史の中でアルメニア人に確かな地位を与えることにあったのである。

近年の学術的解説

コーカサスや小アジアにおける近代の考古学的発見によって、アルメニア人のあり得べき起源に関する断片的で不完全な解説が示されてきた。一九八〇年代まで、アルメニア人はインド・ヨーロッパ系で、この地域にアラル海沿岸地方から原イラン系とともにやってきたか、ヒッタイトの滅亡の後バルカン半島からフリギア人とともにやってきたという研究者の見解は完全に一致していた。研究者の中には〔アルメニア人を意味する〕「ハイ」という語が、「ハイ・ヨス」（ハッティ人）に由来すると主張する者もいる。この場合、アルメニア人はヒッタイトの土地への移住の際に、この帝国の名を借用したことになる。他の研究者の中には、アルメニア・フリギア系の人々が小アジアへ渡り、ムスヒという名を取り入れ、ユーフラテス川の東側のアルメ・シュプリア地方に集まり、その地で非インド・ヨーロッパ系の単語が彼らの語彙の一部になったと主張する者もいる。彼らはキンメリア人とスキタイ人の侵入が権力構造を変えるまでこの地域に留まった。その後、アルメニア人はウラルトゥに対する支配権を固め、そのうちに原住の人々の大半を同化し、アルメニア民族を形成したのである。従って、アルメニア人に対するペルシア・ギリシア語系の名称であるアルメニアやアルメニア人という呼称は、「アルメ・シュプリア」に由来するのである。

より最近の研究は、アルメニア人は後にやってきた移住者ではなく、この地域の固有の住民の一部であるというもう一つの可能性を提示している。この見解は過去二〇年間で（アルメニアにおける新たな考古学的発見に基づく）いくらかの信用性を得てはいるが、そこには多くの未解決の問題も残されている。初期アルメニア人の間で話されていた言葉は何なのか、アルメニア人は非インド・ヨーロッパ系のコーカサス語を話す集団で、後にインド・ヨーロッパ語族の一方言を取り入れたのか、それとも多くの者が信じているように固有のインド・ヨーロッパ語を話す集団の一つなのか、などがそれである。

多くの言語学者は、アルメニア人がフルリ人、カッシート人、その他の人々と同じように、インド・ヨーロッパ系民族の到来までアルメニア北部のハヤサ地方に居住していた小アジアやコーカサス固有の人びとであると主張する。アルメニア人はこれらのインド・ヨーロッパ系民族の到来者の語彙のいくらかを取り入れた。これは、なぜアルメニア語がインド・ヨーロッパ語族の独特の一語派を成すのかを説明し、また、「ハイ Hai」や「ハイアスタン Hayastan」（アルメニア語で「アルメニア」を意味する）という語の起源も説明し得るかもしれない。これらの研究者たちは、根拠として、フルリ語の接尾辞、文法的性の欠如、その他の言語学的情報を挙げている。考古学者たちは〔前〕六世紀のペルシアの遺跡に描かれたアルメニア人の人種的特徴がコーカサスの他の民族のそれと共通しているということを付け加えている。

他の研究者たちも言語学的根拠に基づき、インド・ヨーロッパ語族がコーカサス起源の可能性があり、アルメニア人がヒッタイトやアッシリアなどの強力な帝国の圧力の結果、近隣の部族と混じり合い、セム系・カルトヴェリ系の語彙や神話を受け入れたと信じている。彼らは結果的にナイリと呼ばれる連合を形成し、それはウラルトゥ連合国家の一部となった。ウラルトゥの衰退と滅亡によってアルメニア人が優勢となり、前六世紀には、古代世界の新たな主要勢力であるギリシア人やペルシア人がアルメニアと呼んだ独立した存在を確立したのである。

さらなる言語学的・考古学的研究によって、いつの日かインド・ヨーロッパ系民族やアルメニア人の正確な起源が説明されるかもしれない。今のところ、西側の歴史学者はアルメニア人がトラキアやフリギアからやってきたと主張し続けている一方で、アルメニアの研究者は、特に、トランスコーカサス西部に最初期の原人がいたかもしれないということを示唆する近年の考古学的発見に基づいて、アルメニア人が歴史的アルメニア原住の人々であるという新たな解釈を支持して論じている。

4 サトラップから王へ
エルヴァンド家、最初の自治的なアルメニアの統治者たち（前五八五年頃〜前一八九年頃）

ウラルトゥ王国の終焉からアルタシェス（アルタキアス）朝アルメニア王国の成立にまで及ぶ四世紀は、アルメニア人だけでなく、当時の多くの民族や文化が発展した時期であった。今日の宗教、言語、芸術、哲学、法制度の多くはこの期間に発達し、インド・ヨーロッパ系諸民族が優勢になり、ユーラシアに古典時代が花開いた。

中東では最初の強大なペルシアつまりイラン帝国がメディア帝国に代わって台頭し、その後の二世紀の間、イランだけでなく、中央アジアやエジプトをも支配した。ヨーロッパでは古代ギリシアが黄金期を迎え、ギリシア都市国家が台頭した後、衰退期を経てマケドニアのピリッポス二世に征服された。〔続く〕アレクサンドロス大王は当時の文明世界の大部分を征服し、ペルシア帝国を破り、ヘレニズムをアジアや北アフリカにもたらした。ローマは共和制を確立し、イタリア半島の支配を固め、カルタゴと戦い、アレクサンドロスの後継者たちのギリシアを吸収し、アジアやアフリカでも彼らの権力に挑戦した。マウリヤ帝国がインドを統一し、仏教、ジャイナ教、ヒンドゥー教が南アジア全域で普及した。東アジアでは、中国が周・秦王朝期に、万里の長城を盾として、儒教、道教、法家思想、易経といった哲学的社会的指導の下に、統一を開始した。オルメカ文明がメキシコで発展し続けると同時に、サハラ砂漠以南のアフリカでは都市国家が出現し始めた。

数十年前まで、最初のアルメニア系王朝は前二世紀初めになって初めて出現したと信じられていた。しかしながら、メディアやペルシアに任命された総督としてアルメニアを統治したエルヴァンド家（オロント、エルアンド、エルヴァンド）という、より早い一族の新たな証拠が存在する。アレクサンドロス大王によるペルシア帝国の滅亡後、エルヴァンド家の総督たちは自立して行動しはじめた。

エルヴァンド家がウラルトゥ起源であると信じている者もいるが、彼らの正確な出自は不明である。彼らはおそらくアルメニア系の一族で、血統か婚姻によりペルシア王室と繋がっていたと思われる。仮にエルヴァンド家自身がアルメニア系でなかったとしても、彼らが結果的にアルメニア人と通婚したとの可能性もある。エルヴァンド家という語は、少なくとも四人の総督の名であったエルヴァンドに由来する。エルヴァンド家についてそれ以上のことは知られていない。その後の王朝や侵略によって、その当時のアルメニアの文化の多くが消し去られた。しかしながら、トルコ〔南東部〕のネムルト・ダウ遺跡にある、前一世紀にエルヴァンド家と関係のあるコンマゲネの支配者によって建てられた記念碑的碑文には、アルメニアを支配した多くのエルヴァンド家の祖先について記されている。

メディアとアルメニア

前述のように、前六一〇年までにメディアはバビロニアとともにアッシリア帝国を崩壊させ、その多くを分裂させた。新バビロニア王国はその後一世紀も存続しなかった。ネブカドネザル〔二世〕がこの王国の中で最もよく知られた支配者で、彼はエルサレムを征服し、多くのユダヤ人を奴隷として連行し、こうしてバビロン捕囚が始まった。それと同時期に、メディアはウラルトゥやメソポタミアの各地を併合し続け、前五八五年までに有力な勢力となったのであった。メディアはエラム、カッパドキア、パルティア、ペルシア、そしてウラルトゥ／アルメニアなどを含む広大な領土を統治するために、各地域で現地の総督を任命した。エルヴァンド家はこの最後の地域を統治したのである。

〔アケメネス朝〕ペルシア帝国とアルメニア人

六世紀中頃までに、エルヴァンド家を含むこれらの臣下の集団の多くは、ペルシアのキュロス〔二世〕（大王）の指揮のもと、メディアに対して反乱を起こした。前五五三年までにキュロスはメディアを滅ぼし、アケメネス朝を樹立した。その後、キュロスとその子カンビュセス〔二世〕は、アルメニアやエジプトを含めたインドからエーゲ海、地中海へと広がる領域を征服した。その過程で、ペルシアはユダヤ人をバビロン捕囚から解放し、エルサレムの神殿の再建を許した。しかしながら、このような多民族が居住する領域を、前三三一年にアレクサンドロス大王に滅ぼされるまで存続することになる強大なペルシア帝国に造りかえたのは、アケメネス王家の別系統のダレイオス一世（大王）であった。

この時期のアルメニア人についてはほとんど知られていないが、おそらく彼らはかつてのウラルトゥ王国の領域に居住する他の住民と共に土地や軍事力を依然として共有していたようである。伝説によれば、キュロスがメディアの宮廷で人質になっていた際に、同じく人質であったアルメニアの王子エルヴァンド家のティグラン〔後のティグラン一世〕と親しくなり、その結果、アルメニア人とペルシア人の間で友好関係が結ばれ、それによってアルメニア人がかつてのウラルトゥの領域全てを統治することができたということである。

いずれにしても、前六世紀末までにアルメニア人の権力や文化的優勢は著しく増加した。実際、ウラルトゥの滅亡からわずか三世代ののち、アルメニア人は、前五二〇年頃にダレイオスの功績や征服を記念して彫られたベヒストゥーン碑文で、そこに刻まれた主要な州（サトラッピ）や民族の中に含まれるほどに重要であった。これが、アルメニアという名称（アルミナとして刻まれた）が記録された歴史に現れた最初の機会であった。しかしながら、前述のように、アルメニア人自身は自らをハイと呼ぶものの、非アルメニア人はペルシア語やギリシア語（後者ではアルメノイと呼ぶ）の用語を採用した。

新税に対して蜂起したアルメニア人に対してダレイオスが何回かの戦闘を行った証拠がある。次の〔前五〕世紀までエルヴァンド家のサトラップ（総督）としての言及がないため、ダレイオスはエルヴァンド家ではなく、ペルシア系もしくは他のアルメニア系の一族を新たなサトラップに任命したのかもしれない。

ダレイオスは彼の帝国を二三のサトラッピ（州）に整理し、これらの州のサトラップとして信頼できる一族の者や友人たちを任命した（**地図4**）。アルメニアはナグシェ・ロスタムのペルシア語碑文に一〇番目のサトラッピとして挙げられている。〔前〕五世紀に、ヘロドトスはアルメニア人が一三番目のサトラッピを占めており、一方、一八番目のサトラッピにはウラルトゥ人の生き残り（アラロド人）が居住していたと述べている。やがてアルメニア人はこれらのサトラッピで支配的な勢力となり、他の集団を従属させるか同化した。

最初のアルメニア人総督たち、エルヴァンド家

ペルシア帝国はやがてペルシア中央部の〔王都〕スーサと小アジア西部のサルディスを結ぶ王の道によって結ばれた。この幹線道路は王国の伝達使や旅行者のための宿駅を有していた。一一五の宿駅がアルメニア南部を通過する約二四〇〇キロに及んでいた（**地図4**）。アルメニア人は重い年貢を銀や馬の形で支払うことを強いられるとともに、王国の軍隊に兵員を供出することを強いられていたものの、彼らがこの帝国に編入されたことと王の道によって可能になった通信網によって、かつてのウラルトゥの領域の大半の支配を次第に強めることができた。アケメネス朝は寛大で、平和が保たれ年貢が支払われる限り、アルメニア人を含む臣下の民族が土地の慣習や彼ら自身の神々を崇拝することを許した。

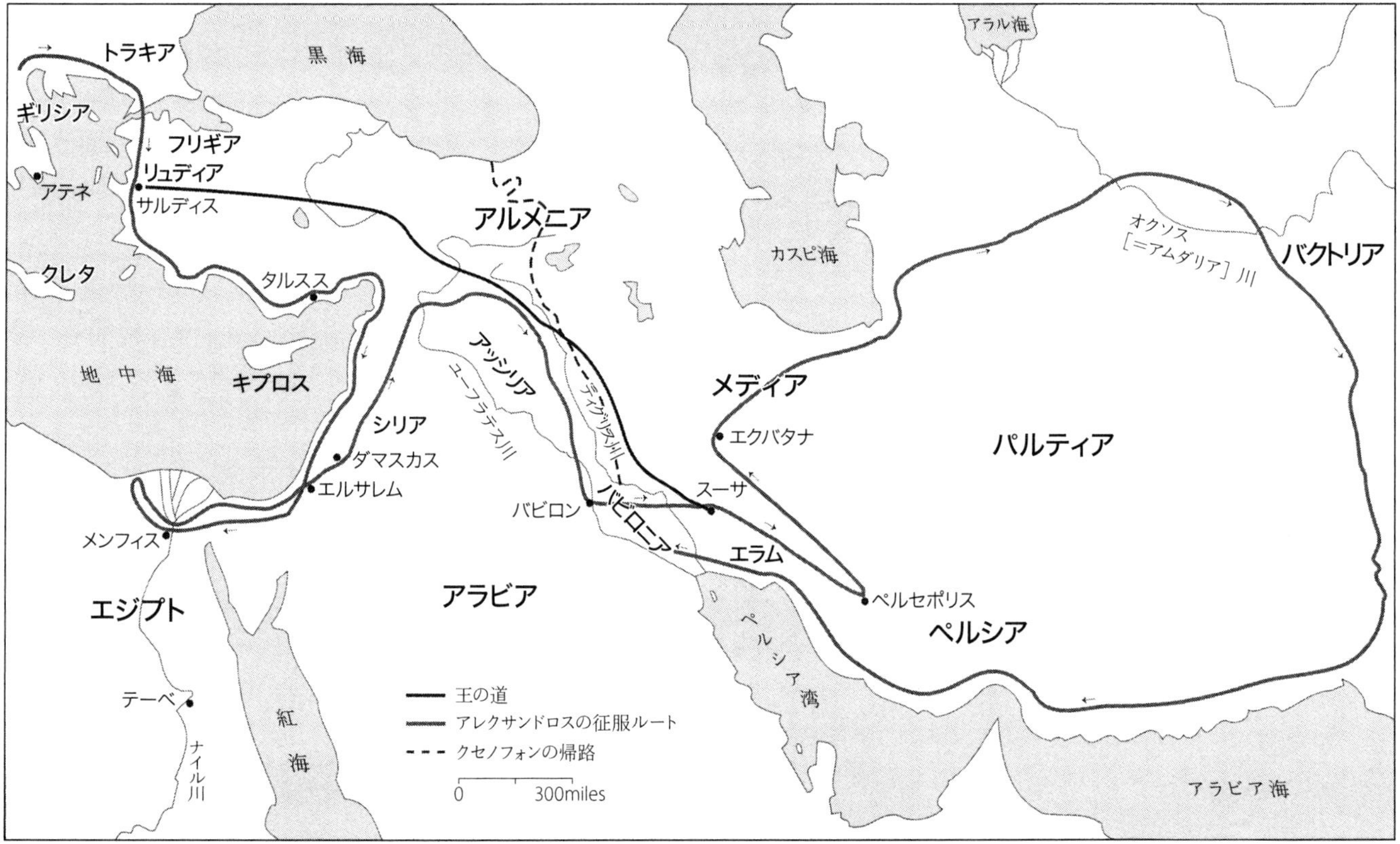

地図 4　ペルシア帝国（BC500 ～ BC330 年頃）

前五世紀末以降、アルメニアはサトラップに統治が任され、アケメネス朝の終焉までペルシア帝国内で概して平和に存在した。アルメニア人は前五世紀および前四世紀のギリシア戦役その他の軍事行動においてペルシア軍に仕え、ダレイオス三世がペルシア防衛のためにアレクサンドロス大王と対峙した戦いにも、ペルシア軍の一員として参加していた。

この時代のアルメニアに関する主な史料は、ギリシアの歴史家クセノフォンによる『アナバシス』（「内陸行」の意）である。クセノフォンは、前四〇一年に後継者争いの一当事者（アルタクセルクセス二世の弟キュロス）のために介入してペルシア入りしたギリシア軍の中にいた。ギリシア軍にとって不幸なことには、彼らの当事者が彼らの到着前に敗れてしまい、彼らはアルメニアを通って撤退することを強いられた（**地図4**）。クセノフォンは、ペルシア王アルタクセルクセス一世の娘婿のエルヴァンド家の者がアルメニアの東部地方を支配していたと述べている。彼はまた、この地方はアルメニア人だけでなくアルメニア人以外の住民も有し、彼らは孤立した高地に残存していたと記している。彼が言及している多くの部族の中にはカルドゥホイとハルドイオイがおり、後者はおそらく同化に抵抗したウラルトゥの末裔であろう。また、彼らが今日のクルド人の祖先にあたると主張する歴史学者がいる一方で、他の歴史学者たちは、クルド人は古代メディアの末裔だと主張している。

クセノフォンはまた、アルメニア西部地方の総督でありペルシア王の個人的な友人で、ただ一人王がその馬に乗るのを助ける名誉に浴したティリバズスにも言及している。クセノフォンは、土地そのものの描写の中で、いかなる大きな都市の存在についても言及していないが、この地方が、地上部分と冬用の地下部分のある要塞化された住居を備えた村々から成るということを記録している。住民の多くはアルメニア語話者であったが、高地の人々は彼ら自身の方言を有していた。サトラップは、住民と地方統治者との仲介役である氏族の年長者と協働した。住民は主に農業や名高いアルメニア馬を含む畜産に従事しており、何千もの馬が年貢としてペルシアに送られた。クセノフォンはこの地がさまざまな肉、野菜、パン、油類、ワインなど食料に富んでいたと報告している。彼はまた麦藁に似たものから造られるビールの一種についても描写しており、これはこの種の飲料の記録された歴史の中で初期の言及の一つである。アルメニア人の特徴として、背が低く体型ががっしりしていること、濃い色の直毛の髪の毛、茶色の目、目立った鼻などが挙げられている。ペルセポリスのレリーフにはアルメニア人が馬や他の貢納物を貢いでいるのが描写されている。彼らの服装は当時のメディア人のものに酷似していて、頭髪を首の後ろで結んで、足首で結ばれたズボンの上に膝までかかるチュニックを身に着けていた。帝国の行政機構の言語であったアラム語がアルメニアにもたらされ、公式文書で数世紀にわたって用いられていた。一方、古代ペルシア語の楔形文字も大抵の碑文に使われていた。

クセノフォンは、アルメニア人との会話にペルシア語の通訳者を用いており、アルメニア人の村の中にはペルシア語で受け答えする者がいたことを述べている。ペルシア語の知識がアルメニア人の間でも広まっていたのは明らかである。ペルシアのアルメニア語への影響は明らかで、何千というペルシア語起源の単語が今日までアルメニア語に残っている。アルメニア人はほどなくペルシアの社会構造とゾロアスター教の神々を受け入れるようになった。その中には、天地の創造者アラマズド、光の神ミフル、愛の女神アストギク、戦争の神ヴァハグン、芸術と学問の神ティルが含まれていた。一方、アルメニアの豊穣と英知の女神アナヒトはペルシア人に受容された。ペルシア帝国で普及していたミトラ神崇拝は、他の崇拝や宗教的信仰とともに、徐々にアルメニアにも入ってきた。アルメニアにアナヒトの名を冠した多くの寺院や彼女に捧げられた祝祭があることは、この女神がアルメニア人の間で特に人気があり、彼女が彼らの守護者の役割を果たしたことを示している。しかしながら、メディアやペルシアの影響にも拘わらず、土地の伝統に影響されたアルメニア人の文化的アイデンティティが次第に形成された。

アケメネス朝が衰退するにつれて、サトラップの中には自治を要求する者も現れ始めた。前四世紀中頃までに、エルヴァンド家はアルメニアの大部分を単一の州に統合し、西方の隣人のコンマゲネ人との緊密な婚姻に基づく同盟関係を確立し、事実上、ペルシア帝国の中で一つの自治単位を築いたのであった。

アレクサンドロス大王とヘレニズム

この二世紀の間、ペルシアは繰り返しギリシア本土を支配下に置こうと試みて、この戦いはヘロドトスの『歴史』に記録された。ペルシアが勝利を収めることは決してなかったものの、相争うギリシアの都市国家に金を供給するなどしてギリシアを脅かした。この脅威はアレクサンドロス大王がアジア側へと渡り、ペルシア帝国を攻撃したことで取り除かれた。アケメネス朝最後の王ダレイオス三世は、エルヴァンド家のもう一人のアルメニア人サトラップを含む臣下たちとともに帝国の防衛を試みたが、前三三三年のイッソスの戦い、前三三一年のガウガメラの戦いで打ち破られた。後世のローマの歴史家によると、これらの戦いにおけるアルメニア軍団は相当な数であったという。文明世界のかなりの地域を征服する中で、アレクサンドロス大王は新しい都市や軍事的な居留地を創設し、ギリシア人やマケドニア人をアジアや北アフリカ全域に住まわせた（地図4）。ギリシア文化は固有の東方系の人々の文化と融合し、彼の死後、アルメニアでヘレニズム文化が登場した。

セレウコス朝（前三一二〜前六四年）

前三二三年のアレクサンドロス大王の死の後、彼のアジアやアフリカの征服地はやがて彼の部下の二人の将軍の間で分割された。セレウコスが旧アケメネス朝領を要求し、セレウコス朝を創設した一方、プトレマイオスはエジプトを得てプトレマイオス朝を開いた（地図5）。初期のセレウコス朝は寡頭制都市国家というギリシアの概念を持ち込んだが、このような西洋的思想が旧ペルシア帝国領全てで直ちに受け入れられることはなかった。ギリシア文化は本質的に都市の文化であったので、セレウコス朝はギリシア人の入植者や行政官を引きつけるために新たな都市を設立し

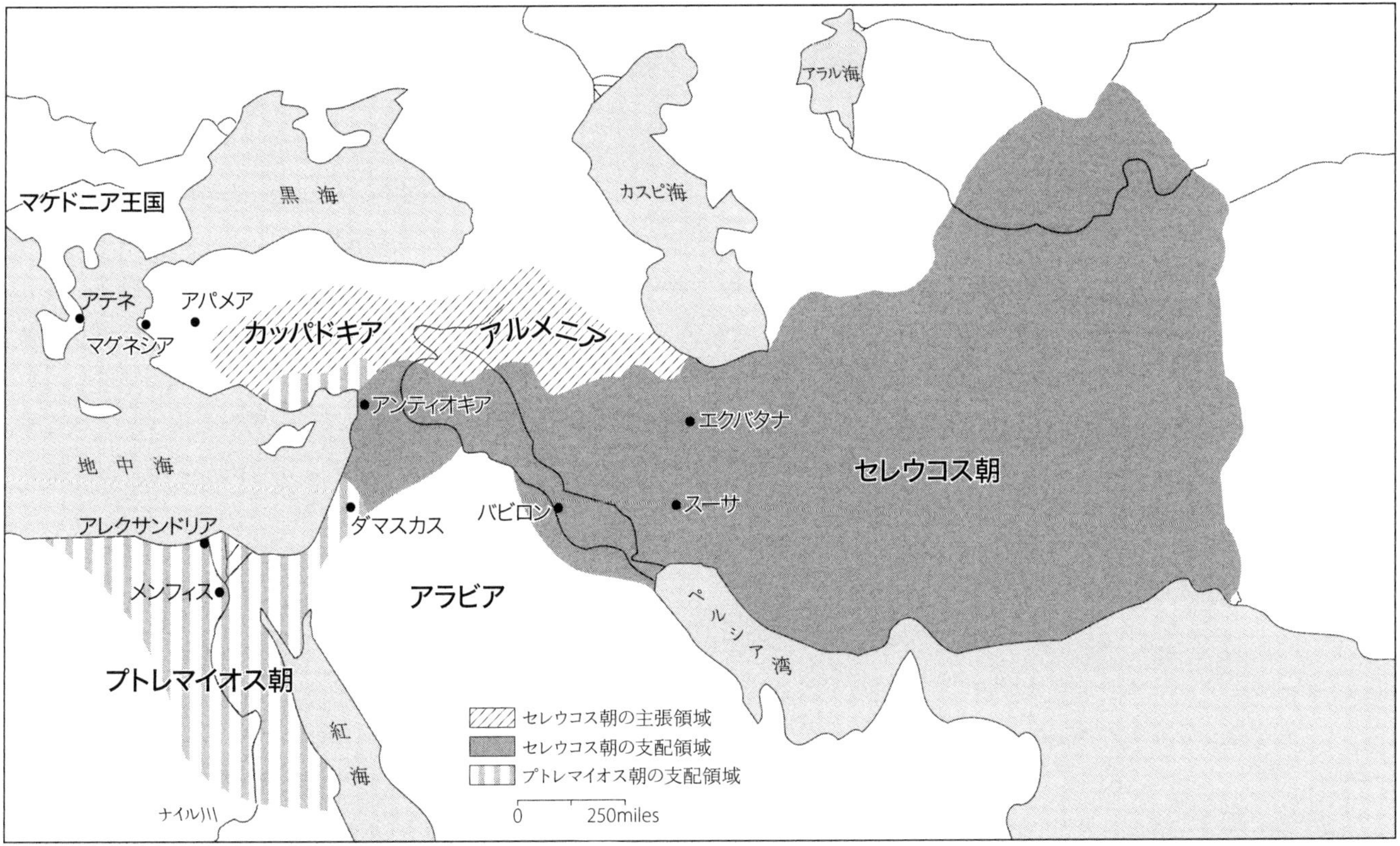

地図 5　ヘレニズム諸国（BC300 年頃）

なければならなかった。ギリシア人と非ギリシア人の間で、分断や差別が起こり始めた。セレウコス朝は結局はペルシア的概念である王政を採用したものの、大部分のヘレニズム的宗教や文化を維持した。

治世の初期、セレウコス朝はインドの支配地を、敵に対して使うための五百頭の戦象と引き換えにマウリヤ朝のチャンドラグプタに譲り渡した。五〇年後、ペルシア東部でパルティアが独立を宣言し、中央アジアがグレコ・バクトリア朝の下で離反し、セレウコス帝国はさらに衰退した。

アルメニアにおけるエルヴァンド家の統治

一方、アケメネス朝の崩壊は、エルヴァンド家が完全な独立を主張する機会を生み出した。アレクサンドロスはアルメニアに侵入することはなく、それゆえこの地域に〔ギリシア〕軍が存在することがなかったので、エルヴァンド家はギリシアへの貢納を拒否した。アレクサンドロスの死後も、アルメニア人はセレウコス朝が押し付けた総督に対してもこの立場を維持した。エルヴァンド家はアラス川渓谷の支配権を獲得し、セヴァン湖まで到達し、セレウコス朝の攻撃に対して脆弱であったアルマヴィルに替わって、アラス川とアフリアン川の合流点に新首都エルヴァンダシャトを建設した。伝説によれば、彼らはまたエルヴァンダシャト北方のアフリアン川東岸のバガランに新たな宗教的中心地を建設したという。エルヴァンド家はアルメニアの大半を支配したものの、さらにヘレニズム化された西方の地域を支配することは決してできなかった。

前三世紀までに、ユーフラテス川の北西の小アルメニア、大アルメニア、南西のソフェネまたはツォポクと呼ばれる地域からなる三つのアルメニアが出現した（**地図6**）。小アルメニアはヘレニズムの影響下に置かれ、時折セレウコス朝、ポントスの支配者たち、あるいはカッパドキアのいずれかの政治的統治下に入った。歴史的アルメニアの大部分を含む大アルメニアは、地理的に比較的孤立していたことやセレウコス朝とその宿敵との間で起こった戦争、セレ

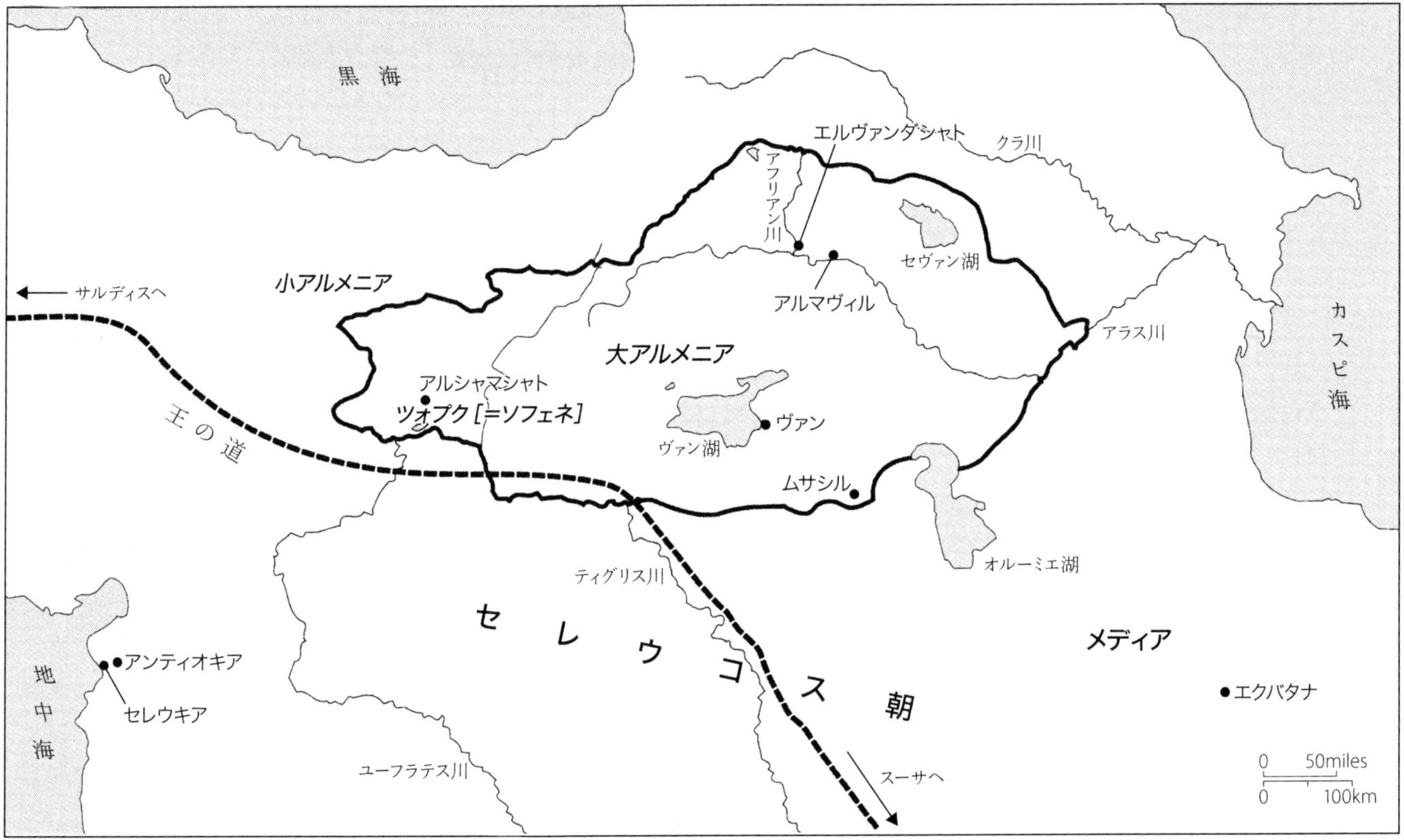

地図6　エルヴァンド朝アルメニア（BC250年頃）

ウコス朝の首都が遠く離れたシリアのアンティオキアへ遷都されたことなどから、その政治的自治を多く維持した。王の道上に位置していたソフェネは、さまざまな時期に政治状況に応じて、独立することもあれば、大アルメニアの一部になることもあった。エルヴァンド家は大アルメニアとソフェネを統治し続け、セレウコス一世を筆頭に多くのセレウコス朝の王たちが征服を試みたにもかかわらず、ほどなくしてエルヴァンド家の独立した地位を受け入れた。

エルヴァンド家のアルメニアにおける優勢にもすぐ後に終止符が打たれた。これはセレウコス朝がアンティオコス三世（前二二三〜前一八七年）の治世に、帝国を復興させ、アルメニアを従属国にしようと試みた時に起こった。おそらくエルヴァンド家と血縁関係があったアルメニア貴族のアルタシェス（アルタキアス）［一世］は、アンティオコスに促されて反乱を起こし、前一九〇年頃、もう一人の親族と共に、最後のエルヴァンド家の支配を転覆し、最初のアルメニア王国の基礎を築いた。

エルヴァンド家は頑強な支配者だったと判断し得る。彼らはダレイオス一世に数多くの反乱で抵抗し、ペルシア帝国の衰退期に一定の自治を達成し、ギリシアの総督を拒絶し、セレウコス朝も撃退し、全般的には独立を維持した。

社会と文化

セレウコス朝が存在した二世紀の間に、今や中東の商業と芸術の言語となったギリシア語は、アルメニアの行政言語として断続的にアラム語にとって代わり、上層階級によって頻繁に用いられた。アルメニアではアポロンやアルテミスに捧げられたギリシア様式の神殿が建てられた。ギリシア語が刻まれた貨幣がアジア全土同様にアルメニアでも登場した。国際交易路はアルメニアを通過し、それとともにアルメニアに東西双方の文化や学問がもたらされた。

ギリシアの暦、法、宗教的信仰が、劇場、哲学、芸術、建築などと同様に影響を及ぼしたという事実にも拘わらず、大アルメニアはごく部分的にヘレニズムの影響を受けただけだった。ペルシア（イラン）文化がアルメニアの言語や慣習と同様に優勢なままであった。最も重要な変化は、エルヴァンダシャト、エルヴァンダケルト、アルシャマシャト（アルサモサタ）などの都市が勃興したことであり、これらの都市は後に大アルメニアの統合を容易にすることになった。

5 ローマ軍団とパルティア騎兵の間で

アルタシェス朝とアルメニア王国の成立（前一八九年頃〜西暦一〇年）

キリスト生誕前の二世紀は地球上の文明において重要な時代であった。中国では漢王朝がその四百年以上の統治を開始し、大和氏族が最初の日本国家の基礎を築いた。プトレマイオス朝はエジプトの支配を続けた。インドではさまざまな侵略者がマウリヤ帝国を崩壊させ、ヘレニズムの要素がその北西部に伝えられた。ペルシアでは、イラン系のもう一つの集団であるペルシア東部のパルティア人が、アルサケス朝支配の下で新たな帝国を形成した。西洋における最も重要な進展は共和制ローマの勃興であり、アフリカでカルタゴを滅ぼし、ギリシアやマケドニアを征服し、シリアや小アジアでセレウコス朝に取って代わった。同じ時期には、初の認知されたアルメニア王国の誕生と、それを取り囲む列強にとってのその新たな戦略的重要性が目撃された。

前述のように、エルヴァンド家はセレウコス朝の侵略に抵抗し、大アルメニアの自治を維持した。ローマの勃興とそのギリシアやマケドニアへの前進によって、シリアでのセレウコス朝の地位は脅かされた。この王朝の最後の注目すべき支配者であるアンティオコス三世は、前二世紀までに次第にペルシア中央部にまで浸透したパルティアの進出を止めることで、セレウコス朝を復興させようと試みた。そして、彼は統治権を自らの領域に隣接する自立した地域へ伸ばそうと努めた。前二世紀初頭、アンティオコスは、エルヴァンド家の一部の者たちに彼らの支配者に挑戦し、彼らの忠誠をセレウコス朝に転じるよう説得することに成功した。アルタシェス（アルタキアス）とザレフ（ザリアドレス）〔前二一二～前一八八年〕は彼の提案を受け入れ、エルヴァンド家最後の王に対して反乱を起こし、アンティオコスから軍事的な称号を与えられ、アルメニアの総督としての自分たちの地位を確立した。アルタシェスはエルバンダシャトと大アルメニア全領域の支配権を得た一方、ザレフはソフェネを手にした。

東方におけるローマの影響力

東方の安定を感じて、アンティオコスはセレウコス朝主導の下での新たなヘレニズム帝国を構想した。彼は結果的にマケドニアやギリシアに進軍し、そこでのローマの影響力を排除しようと試み、アレクサンドロス大王の故郷までセレウコス朝の支配を拡大した。しかしながら、前一九〇年、彼はマグネシアの戦いでローマに破れ、アパメアの和約〔前一八九年〕によって、小アジアやシリア北西部の領土を失った。ローマのアジアにおける足場は今やさらに安定したものになった。ローマの存在はこの地域にその後八世紀の間、影響力を与えることになった。しかしながら、セレウコス王国は今やシリアとパレスティナに押し込められることになり、そこでも新たな問題に直面した。エピファネスとして知られるアンティオコス四世がエルサレムの神殿を冒瀆した際、ユダヤ人はユダ・マカバイの主導の下で前一六八年、反乱を起こし、その後三年の間セレウコス朝は紛争に対処することになった。この状況を好機とみて、パルティアはペルシアの支配権を奪い、東方における新たな勢力となった。ローマはセレウコス朝をさらに弱体化させ、それと同時に自身の保有地を防備する戦略を計画した。ローマは小アジアのかつてのセレウコス帝国をローマに対して友好的なより小さな国家に分割することを促進し、それらはメソポタミアの西へのさらなるパルティアの進出に対する緩衝国として行動するはずであった。その結果、アルメニア、カッパドキア、コンマゲネ、ポントスがローマの同盟国として出現し、マグネシアの戦いとアパメアの和約の後にローマによって正式に独立王国として認められた。

アルタシェスと新たな王朝の創設

前一八九年または前一八八年、ローマは、エルヴァンド家とペルシア貴族双方との血縁関係を主張するアルタシェス〔一世〕をアルメニアの王として承認した。アルメニアは今やペルシア・ローマ双方によって王権を有する国家として認められた。アルタシェスは自らの土地の調査を行うことによって支配を開始した。アルメニアにおいて最初に記録されたアラム語で記された彼の境界石は、セヴァン湖の地域において発見されている。

自らの国家の新たな地位を確立しエルヴァンド家の過去を断ち切るため、アルタシェスは今日のホルヴィラプに近いアラス川左岸に新首都アルタシャト（アルタハタ）を建設した。この念入りに計画されたヘレニズム都市は以降四百年の間、アルメニアの首都として存続した。さまざまなギリシアやペルシアの神々の彫像がアルタシェスによってエルヴァンド家のバガランの宗教的中心地から新都市に運ばれ、アルタシャトは新たなアルメニア王国の政治・宗教両方の中心地となった。都市の規模とその強固な防備は、カルタゴのハンニバルがその計画と建設を助けたという伝説を生むことになった。ストラボン・プルタルコス両者がこの主張を繰り返しているものの、それを実証する他の証拠は存在しない。アルタシェスは統治機構や徴税制度を確立し、土地を彼の親族や忠実な臣下の間で分配した。さらに、彼はメディア人、コーカサス系のアルバニア人、イベリア人（ジョージア人）が居住する地域を併合することで自身の領土を拡大した。しかしながら、ザレフからソフェネを奪うという彼の試みは失敗に終わった。ポントス支配下の小アルメニアもまたアルタシェスの領域の外に留まった（**地図7**）。

シリア沿岸地方とメソポタミアの支配を取り戻そうと試みていたセレウコス朝は、前一六五年、遂にユダヤ人を鎮圧し、ペルシアとアルタシェス治世末期のアルメニア両国を攻撃した。アルタシェスはアンティオコス四世に敗北し

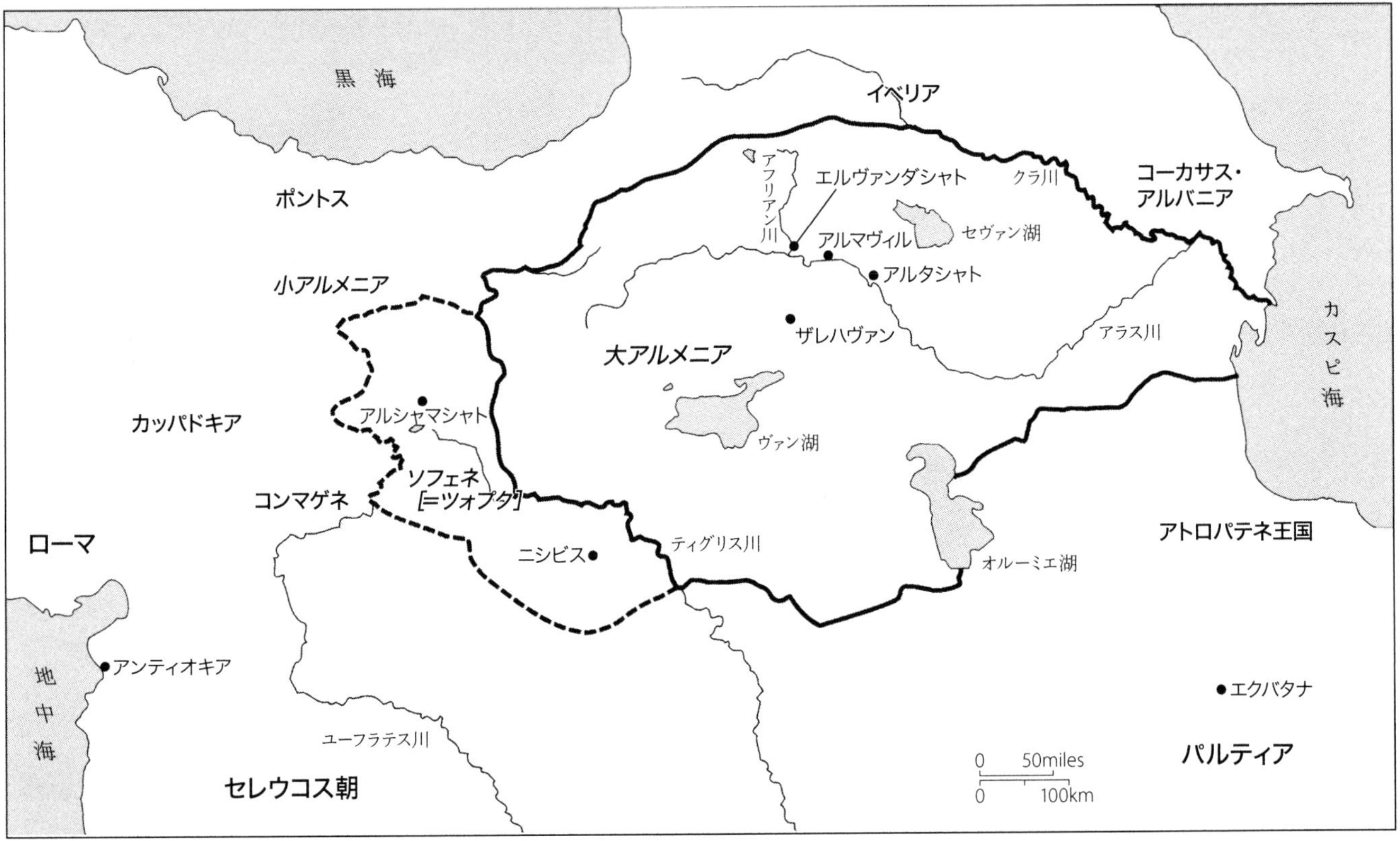

地図 7　アルタシェス朝アルメニア（BC150 年頃）

捕らえられたが、貢納と引き換えに解放され支配を続けた。アルメニアやその友好関係にある緩衝国家群を自身の同盟国、より適切には潜在的な従属国と目していたローマにとって、アルメニアにおける状況は好ましくないものであったが、その国内問題やカルタゴでの最終的な作戦に忙殺され、アジアでの問題に介入することは出来なかった。結局のところ、セレウコス朝は支配権を回復することは出来ず、その後の百年間シリアの一部を支配するに留まった。しかしながら、パルティアは権力の空白を手際よく埋めて、アルサケス家出身のミトラダテス一世（前一七一～前一三八年）の主導の下で、彼らの前身国家のペルシア・ヘレニズム双方の文化を採り入れて主要勢力となった。彼らはやがてメソポタミアにおける支配権を確立し、ティグリス川河畔のクテシフォンにもう一つの首都を建設した。その一方で、ローマは小アジアにおける自らの立場を強固なものとしたことに満足し、次第にユーフラテス川方面にその影響力を拡大した。したがって、二つの新勢力が三世紀以上続くことになる対立に巻き込まれるのは、ただ時間の問題であった。

差し当たり、ローマの介入の欠如から、アルタシェスの後継者であるアルタヴァズド一世（前一六〇～前一一五年）やティグラン一世（ティグラネス）（前一一五～前九五年）はパルティアの気まぐれに左右されることになった。アルタヴァズドはパルティアに敗れ、自分の甥を人質としてクテシフォンに送ることを強いられた。その世紀の残された期間、アルメニアが貢納を支払い、人質を供出する限り、ペルシアとの関係は平和的なものであった。平和は前一世紀における中国・ローマ・ペルシア間の交易を促進し、それはシルクロードによって可能となった。パルティアは交易の主要な中心地としてのアルメニアの重要性を悟り、アルタシャトは東西貿易の重要な中継地となった。アルタシェス朝は交易をさらに促進するためにアルメニアに造幣所を創設した。交易と新たな諸都市の興隆はヘレニズムの影響を招いた。それと同時に、ソフェネの南方・西方への拡大は、二つのアルメニアの大地が文化的に互いにより緊密になることに寄与した。ギリシア語とペルシア語はアルメニアの上層階級の言葉として残った一方で、両アルメニア地方の民衆はアルメニア語を話した。多くのペルシア語の用語を取り入れたアラム語は行政の言語として存続した。

紀元前最後の世紀は、ローマとパルティアとの間の勢力争いに影響され、両者が分裂したセレウコス朝やアルメニアの領域の支配権を得ようと試みた。カルタゴを滅ぼし、多くの国内改革を実行した後、ローマはその目を今一度アジアに向けた。ローマ軍団はシリアに到来し、地元の支配者たちにローマの権威を受け入れるよう強いた。小アジアの安定化を求め、ローマはカッパドキアとコンマゲネの支配権を得た。前九六年、ローマのキリキア総督スッラとパルティアの代表者たちはメソポタミアにおける係争地域を影響圏に分割するために会合を持った。しかしながら、ローマのアジアにおける行動は、セレウコス朝の帝国の復興を望むポントス王国の指導者でありペルシア系ヘレニズム貴族のミトラダテス六世エウパトルを苛立たせ、やがて彼は小アジアやギリシアをローマから解放するための作戦に乗り出した。

一方で、ローマにおける状況は安定とは程遠いものであった。グラックス兄弟の社会改革は完全には実施されておらず、非ローマ人は完全な市民権の問題を巡って蜂起した。短期間で広大な領域を征服したため、ローマにはそれを統治するための体制が整っていなかった。軍人と元老院は権力を争っていた。特に対外作戦で名声や成功を得た将軍たちが国家の支配権を得ようと試みて、共和制は繰り返し試練を受けた。

ティグラン大帝

前九五年のアルメニアのティグラン一世の死に続いて、クテシフォンで人質になっていた彼の子ティグラン二世は自身の自由と引き換えに、アルメニア南東部の多くの渓谷をペルシアに割譲することに同意した。ティグランの故郷での権力掌握後の最初の行動は、ソフェネを征服し、二つのアルメニアの地方を政治的に統一することであった。それから先、短い期間を除いてソフェネは大アルメニアの一部として留まった。しかしながら、小アルメニアはアルメニア王国の領域外に留まり続け、実際、大アルメニアとしての同一の支配者の下に置かれることは決してなかったのであった。ティグランとポントスのミトラダテスは、この地域におけるローマやパルティアの存在が、常に彼らの統治権の脅威となることを悟った。ローマにおける内戦とペルシアにおける王位継承を巡る問題によって、彼らにこの地域に第三の勢力を築くことを促進させ、ポントスとアルメニアの連合はペルシアとローマに立ち向かうことになった。同盟はティグランとミトラダテスの娘の婚礼によって確認された。自身の東側を確保し、ミトラダテスはカッパドキアと小アジアの沿岸部を併合した。このような同盟が自らの計画に不利益であると悟ったペルシアとローマは、不和を乗り越えて新たな脅威の排除に集中することに合意した。これが二つの勢力がアルメニアやその周囲の地域の分割を計画した初の機会であって、〔このような機会は〕その後も続くことになった。その後のローマの指揮官と同様に、スッラは東方作戦の成功を政治的にも物質的にも利益を得る機会と目して、ポントスの支配者をカッパドキアから排除するために引き返した。前八四年、彼はミトラダテスをギリシアから追い出すことに成功し、執政官の地位を確保するためにローマに帰還した。しかしながら、ミトラダテスは自身の追求を断念したわけではなく、その後一〇年の間、ローマにギリシアの侵略に没頭させ、小アジアにおいてローマの権力に挑戦した。

ミトラダテスがローマを食い止めて西側を確保する一方、ティグランは東方に集中した。パルティア王の死と中央アジアからペルシアへの遊牧民の侵入は、ティグランが前九〇年、パルティアに割譲した渓谷を取り戻すことを可能にし、次に彼は南方へ展開してメソポタミアの各部を手にした。前八五年までに、ティグランはペルシアの称号である「王中の王」を用い始め、公式の場に四人の副王を有していた。シリアの貴族の集団がティグランを統治に招いた際、彼はコンマゲネ、シリア北部、キリキア、フェニキアを併合した。ティグランの帝国はこのようにして地中海からカスピ海まで広がり、短い期間アルメニアは帝国であった（**地図8**）。

壮大なセレウコス朝の中心地でシリアの首都であるアンティオキアは、レヴァントにおけるティグランの本拠地と

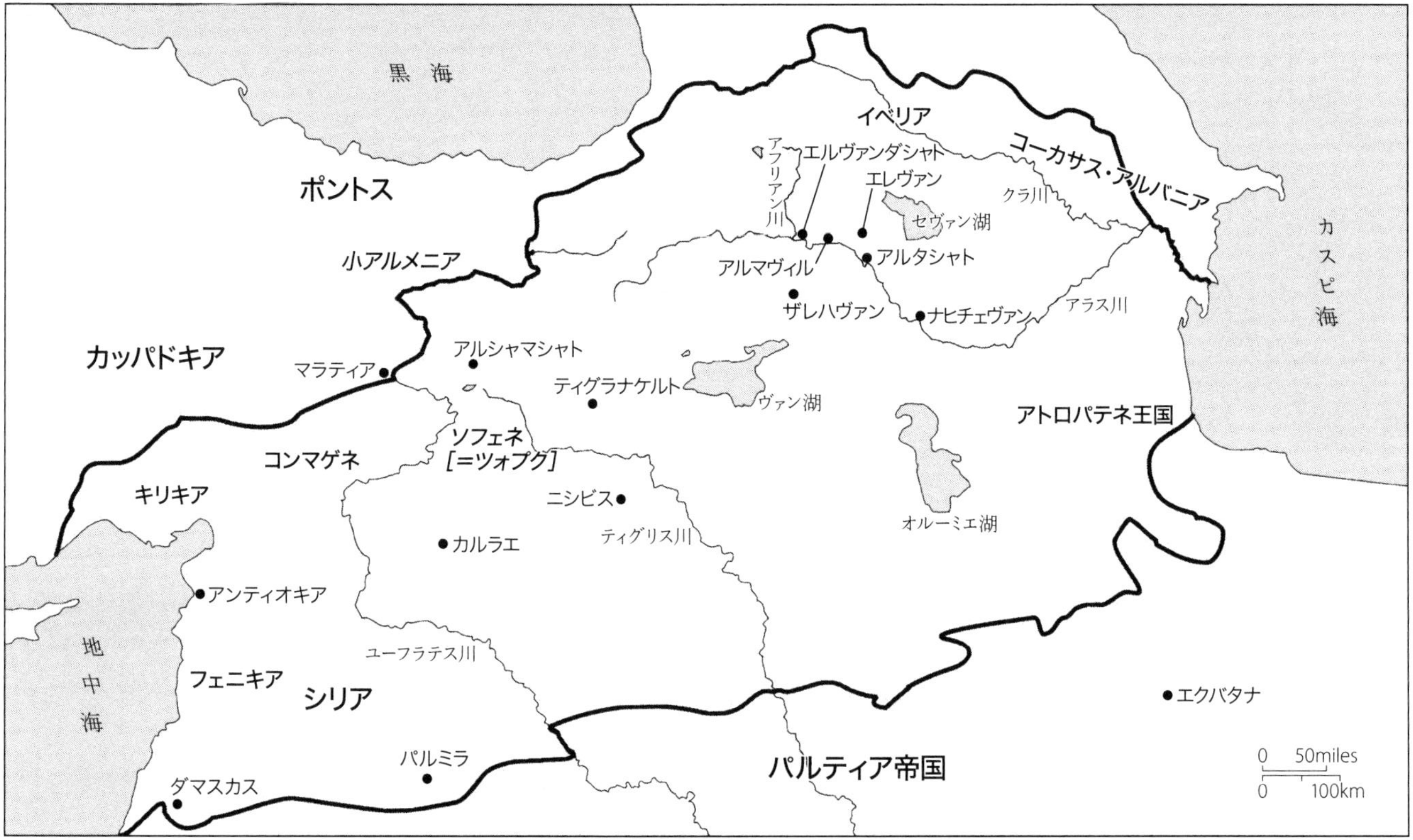

地図 8　アルメニア帝国（BC80 年頃）

なった。このようにしてティグランはユーフラテス川の西のかつてのセレウコス朝の領域の多くの支配権を手にした。しかしながら、自身の大帝国をより良く管理するために、ティグランは新首都ティグラナケルト（ティグラナセルタ）を建設し、アルメニア貴族がそこに彼らの臣民を住まわせることを拒んだ際には、彼は強制的にユダヤ人、アラブ人、ギリシア人をメソポタミア、キリキア、そしてカッパドキアからその地やその他の新たなアルメニアの都市に住まわせるために移住させた。ティグラナケルトは城壁を備えた大都市であり、伝えられるところによるとその中に貯蔵庫や厩舎が建てられるほどに大きかった。ギリシア演劇が上演された劇場も建てられた。庭園や猟場が都市を囲んでいた。不幸なことに、ティグラナケルトの遺跡は発見されておらず、その位置は議論されているが、おそらくテッル・エルメン、アーミダ（今日のディヤルバクル）、そして新史料に依れば、マルティロポリス（今日のミヤファルキン）の近くに位置していたという。今日のカラバフ（アルツァフ）地方のものを含む多くの別のティグラナケルトがアルメニア帝国の隅々に建設された。

ティグランが主要なヘレニズムの諸中心地を占領するにつれて、ヘレニズムはもはやアルメニアの片隅にあったのではなく、アルメニア人の生活の大抵の側面に浸透した。ティグランのミトラダテスの娘との婚姻や彼の帝国へ多くのギリシア人が到来したことは、ペルシア語と共にギリシア語が上層階級の言語として留まったことを意味する一方で、アルメニア語は庶民によって話され続けた。ギリシア劇場は娯楽の主な形式となった。しかしながら、ペルシアの影響はティグランの宮廷の儀礼や貴族たちに必要とされた儀式の中に留まったが、両者ともギリシアまたはローマの伝統とは全く共通するところがなかった。

スッラが前七九年に公職から引退した時、新たな軍司令官たちが自らの地位を高めようと試みた。ローマ元老院は、市民の不満を減らし、ローマの東部領域の棘であるミトラダテス戦争を終わらせるために、喜んで対外作戦を認可した。前七四年、ローマの将軍ルクルスはポントスを侵略し、ミトラダテスはアルメニアへの避難を余儀なくされた。ローマに対するアルメニア・ポントス同盟を壊すことを望まないティグランは、自身の義理の父親を引き渡すことを拒み、アルメニアに対するローマの攻撃に直面した。前六九年、ルクルスはティグラナケルトを包囲した。大多数が非アルメニア人であったこの都市の住民が門を開けた時、ティグラナケルトはローマ軍の手に落ちて略奪された。ティグランの現地の総督たちは自らの運命をローマに託し、ティグランはシリアとメソポタミアの支配権を失った。ルクルスはアルタシャトを占領しようと試みたが失敗し、ペルシアと同盟を形成することが出来ず、ローマに帰還した。ティグランとミトラダテスはその後、ポントス、シリア北部、コンマゲネの再征服を開始した。

しかしながら、ローマはその請求権を放棄せず、ポンペイウスを派遣し、彼はミトラダテスを破り、東方へ逃れることを強要した。その後ポンペイウスは、アルメニア方面へ前進した。その合間に、ティグランの二人の息子が彼を裏切り、一人はポンペイウスに、もう一人はパルティア陣営に加わった。アルメニアにおけるローマの存在はまた、ユーフラテス川東側の土地の支配権確保を望むパルティアを激怒させた。アルメニアとローマの脅威を絶ちその領土を回復するため、ペルシアはアルメニアの脆弱さを利用し、東方から攻撃した。ティグランはアルタシャトでパルティアの攻撃に抵抗したが、ポンペイウスが到来した際、ローマに抵抗することの無意味さを悟り、前六六年、アルタシャトの和約に合意した。ポンペイウスは、アルメニアをローマの友好国として、そしてペルシアに対する緩衝地帯として保つために、アルメニアを無傷で残し、ティグランがペルシアの称号である「王中の王」を保持することを許した。ティグランはさらに一〇年間統治し、前五五年に死去した。アルメニアにおける事態を解決して、ポンペイウスはミトラダテスを追跡し、ミトラダテスは黒海沿岸沖の島で自殺を遂げた。その後、ポンペイウスは小アジアとシリアをローマの属州と諸保護国に再編成した。さらに彼は、おそらく僭称者による最後のセレウコス朝の支配を終結させ、ヘレニズム下の中東史の一章を閉じた。

アルメニア人はティグランを彼らの最も偉大な支配者として崇敬している。彼はアルメニアを小さな民族から評価されるべき勢力へと変容させた国家、無比のアルメニア帝国を築いた。彼らの誇りにおいて、アルメニア人は誤って民族的特質をティグランに帰してきた。実際には、ティグランはギリシア語やペルシア語を話し、現代的意味でアルメニア人たるべきものをほとんど持っていなかった。彼は、同時に自らの宮廷に多くのペルシア的な威厳を持ち続けたヘレニズム君主であった。彼はこの時期にアジアにおける慣習であった一夫多妻を実践し、自分の反抗的な息子たちを処刑した。これら全てにおいて、彼に同時代の他の支配者たちとの違いはなかった。ティグランの偉大さは、独立した政体を作り上げ、その地理によってアルメニアに課された制約から脱却しようと試みたことにある。彼の初期の成功は第一に、広く行き渡った政治的空白に依るものであって、維持されることは出来なかった。ティグランの帝国は、強制的に移住させられてアルメニア人への愛情を持たないさまざまな民族から成っていた。文化的には、完全にヘレニズム的で都市化されたシリアはおそらく、よりペルシアの影響を受けて農村的なアルメニアと共存することは出来なかった。最終的に、ティグランの長い治世は一族の陰謀や彼の息子たちによる裏切りを助長した。ティグランの勇気や努力は確かに賞賛に値するものの、その結末はそのより強力な隣国たちの間でアルメニアを休止状態に留めた。

ティグラン大帝後のアルタシェス朝アルメニア

ティグランの生き残りの息子、アルタヴァズド二世（前五五～前三五年）は、ローマの友好国として自身の治世を開始したが、彼の父が有していたものとは非常に異なる政治的傾向の下でであった。セレウコス朝の終焉と中東におけるローマの足場を確保するポンペイウスの勝利によって、ローマの態度は同盟国というよりもより征服者のものとなった。シリアにおけるローマの軍事的存在とペルシアの問題における攻撃的な介入によって、後者はこの地域における新たな友好国を模索することになった。ペルシアの交易路沿いに位置する直接の隣国であり、ペルシアとの民族的、言語的、文化的紐帯を有するアルメニアは、最終的にペルシアの勢力圏に引き込まれた。

第一回三頭政治として知られるカエサル、クラッスス、ポンペイウスの間の対立により、アジアにおけるローマの一貫した政策は妨げられた。ユリウス・カエサルの西ヨーロッパにおける作戦の成功から、裕福なクラッススはペルシアに対する作戦で名声を得ようとした。アルメニアに対するクラッススの支援要請によってアルタヴァズドは困難な状況に置かれた。パルティアは明らかにローマとのいかなる軍事的協力もアルメニアによる敵対的行為として見るはずであった。しかしながら、ローマはアルメニアを同盟国と見なした。一部の史料に依れば、アルタヴァズドはクラッススにシリア方面からペルシアを攻撃するのではなく、むしろ彼が糧食や支援を受けることが出来るアルメニアを通して攻撃するように勧めた。アルタヴァズドの戦略はローマを支援するものであったが、見返りに、パルティアの報復に対してアルメニアを守るためにローマの軍事的存在を要求するものだった。クラッススは即座にアルタヴァズドの提案を拒絶し、シリアを通して進軍した。その後、アルタヴァズドは自発的に、または、プルタルコスに依れば、パルティアがアルメニアを占領した際に強制されて、自身の忠誠をローマからペルシアに切り替えた。前五三年、クラッススとローマ軍団はカルラエの戦いに派遣された。クラッススは戦死し、パルティアはローマの軍旗を奪った。アルメニアとパルティアとの間の友好関係はアルタヴァズドの妹とパルティアの王位継承者との婚約によって確認された。ローマの史料に依ると、クラッススの首が銀皿で供された結婚式典で、アルタヴァズドとパルティア王はギリシア演劇を観ていた。ローマは今やアルメニアを信用しなくなったが、カエサルのポンペイウスとの反目や彼のクレオパトラとの関係によって、クラッススの仇を討つことやローマの軍旗を取り戻すためのいかなる行動も妨げられることになった。

一方、アルタヴァズドは、ペルシアの同盟国として留まりながら、ローマに対する親善交渉に全ての努力を払った。カエサルの暗殺に続いて、マルクス・アントニウス、オクタウィアヌス（後のアウグストゥス）、レピドゥスから成る第二回三頭政治がローマに出現した。前四一年、マルクス・アントニウスは、クレオパトラに説得されて、パルティアからローマの軍旗を取り戻すことで、ローマにおける自身の立場を強化しようと試みた。クラッススと同様に、アントニウスもまたアルメニアの援助を要求した。アルタヴァズドは当初アントニウスと協力したものの、前三六年、アントニウスの軍が後退を経験した際に、ローマ軍がアルメニアで越冬するのをアルタヴァズドは歓迎したが、軍を戦争に送ることは拒絶した。アントニウスは自身の敗北の責任をアルタヴァズドに負わせ、前三五年、アルタシャトに進軍し、アルタヴァズドや彼の一族の何人かをエジプトへ連行し、そこで後にアルタヴァズドは処刑された。アントニウスは特別に貨幣を鋳造することで「アルメニアの征服」を祝い、象徴的な行為として、アルメニアをクレオパトラによる彼の若い息子に与えた。アルタヴァズドの息子、アルタシェス二世はペルシアへ逃れ、前三〇年、パルティアの助けで、ローマの守備隊全てを追い出すことで、国家の支配権を手にした。前二〇年のアルタシェスの死は、アルメニアを今やローマ皇帝となったアウグストゥスかパルティアのどちらかに目を向けるさまざまな国内の派閥に開かれたものとした。その後、エラトと呼ばれる女王を含む（彼女の肖像が貨幣に彫られている）ローマかパルティアのどちらかを志向するアルタシェス家の多くの者がアルメニアを統治した。数々の競争者を排除した権力闘争の時期の後、紀元一〇年頃までにこの王朝は滅亡した。その後、アウグストゥスや彼のすぐ後の後継者たちの下でのローマ帝国が、紀元一世紀前半の大半の間アルメニアを支配した。

社会と文化

アルタシェス朝期、ヘレニズムは大アルメニアにさらに影響を及ぼした。ペルシア・アルメニア系の神々のギリシアでそれに相当する者たちが、より一般的になった。ゼウスはアラマズドに、ヘーパイストスはミフルに、アルテミスはアナヒトに、ヘラクレスはヴァハグンに、アフロディテはアストギクに、そしてティルはアポロンにそれぞれ取って代わった。芸術的傾向は、アケメネス朝とギリシアの伝統が混ぜ合わさったコンマゲネで発見されたものと同類であったに違いない。ギリシアの神官や祭儀は疑いなくさまざまな彫像をアルメニアにもたらし、その中ではアフロディテのブロンズの頭部が（これがアナヒトもしくは他の神を表現していると主張している史料もあるが）唯一の残存している例である。この時期からは絵画や建築的遺物は何も残されていない。ササン朝や初期キリスト教徒の両者によるヘレニズム文化の破壊やアルメニアへの幾多の侵略によって痕跡はほとんど残らなかった。ギリシアやペルシアの影響にも拘らず、アルメニア人は彼らの言語と慣習を維持し続けたが、これはおそらく発生期の自己アイデンティティの兆候と同化への恐怖であり、そうした兆候や恐怖はコンマゲネとカッパドキアに降りかかったのであった。

この時期に関する私たちの情報の大半は、古銭学史料とローマの史料からのものである。後者はアルメニア人に関係する政治的問題に関して必ずしも客観的ではなかった。貨幣、特にティグラン大帝のそれは、アルメニアの王冠やティアラを描写し、そのデザインにおいて類のないものであった。王冠は、八つの先端を持つ星のそれぞれの側に鳥で装飾された先端を切られた円錐状の形の帽子に似たかぶり物をまとい、頂には肩まで落ちる垂れ縁を有していた。この時期のアルメニアの王たちは、大多数のヘレニズム時代の支配者と同様に髭のない姿で描かれていた。この時代の文学は残存していないが、史料は、著名なギリシア人たちがアルメニアに避難し、アルタヴァズドがギリシア語で悲劇、弁論、歴史を書いたということを言及している。ギリシア演劇がティグラナケルトやアルタシャトで上演され、多くのアルメニア人がローマで学び、その中の一人でティランという名の者はキケロの友人となった。

貿易は、特にティグラン大帝の治世の間、経済の主な基盤となった。プルタルコスはティグラナケルトの巨大な宝物庫やアルメニアのあらゆる富に言及した。ティグラナケルト、アルタシャト、ダマスカス、アンティオキアには造幣所が存在した。アルメニアは常備軍を維持し、傭兵を雇用しなかった。住民の大多数はおそらくまだ完全には土地に縛り付けられていない農民だったが、彼らの地位は次第に農奴に似たものになりつつあった。土地は王や貴族、または村の共同体に属していた。奴隷は存在したが、重要な制度ではなく、経済の基盤を成したわけではなかった。ナハラルという貴族はこの時期に初めて登場した。ティグランは何人かを彼の帝国の中心から離れた地方の総督として任命した一方で、他の者たちは、四大貴族または副王のように、彼に宮廷で仕えた。いくぶん分裂した統治構造がアルタシェス朝期の末に出現し始め、それは封建制に似た制度へと発展し、その後十五世紀の間、アルメニアの政治と社会に重大な影響を及ぼすことになった。

最初のアルメニア王朝は二百年の間存続し、短い期間この地域の主要勢力であった。ローマのアジアにおける関与やユーフラテス川へのその支配の拡大は、近郊に位置するパルティアの首都クテシフォンを脅かした。パルティアはローマの存在を排除できず、ローマは中東におけるその経済的、政治的利権を放棄することはなかった。アルタシェス朝は当初、この二重の脅威に挑むに十分強力な国家を築こうと試みた。その崩壊は二つの勢力との関係を釣り合わせるための失敗に終わった努力に繋がった。西暦の初めに、最初のアルメニア王国の独立は、西アジアにおける東西対立の犠牲となったのである。

6 アルサケス／アルシャク朝

I パルティアの属国、ローマによる戴冠
――アルメニアにおけるアルサケス朝（西暦六六～二五二年）

古典時代の最後の四世紀は世界の諸文明にとって輝かしい時代であった。アメリカではテオティワカン、モチェ、マヤの文明が形成された。インドではグプタ朝がインドにおける古典時代に先導役を果たし、その影響を南アジアの遥か辺境にまで拡大した。中国では漢王朝がさらに二世紀の間支配した。その組織化された行政は、政治的な分裂や三世紀以上続く遊牧民の侵入にも拘らず、中国を文化的に統合させた。大和氏族は日本の支配を強固にし、朝鮮〔半島〕に侵攻し、文字を含む中国文化のいくつかの側面を採用し始めた。しかしながら、最大の変化はペルシアとローマで起こった。パルティアはさらに二世紀の間、支配することが出来たものの、遊牧民の侵入、貴族の間での反目、疫病、イナゴ、ローマによる攻撃に苦しめられた。三世紀初頭、彼らは新たなより強力なペルシア王朝であるササン朝に取って代わられた。新たな国家はヘレニズムの排除に努め、それをアレクサンドロス以前のペルシアの宗教と文化に置き換えた。

疑いなくローマは、最大の政治的、文化的影響をヨーロッパや中東に残した。共和国に取って代わったローマ帝国は、安全、秩序、調和、繁栄する文化、経済発展の時代であるパクス・ロマーナを招いた。四世紀までに、キリスト

教と東ローマ帝国の隆盛は、ローマの遺産がさらに一千年の間続くことを確かにした。ローマに対して反乱を起こし、二千年間の離散を強いられたユダヤ人によって示されるように、その地域のより小さな民族の運命は明らかにローマの政策次第であった。アルメニア人にとって、この時代は彼らの民族宗教と言語の形成で全盛を極めた。

アルメニアにおけるペルシア・ローマの対立

西暦一六年の皇帝アウグストゥスの死に続いて、ペルシアのアルサケス朝の支配者たちは、アルメニアやメソポタミアに対するローマの支配を排除しようと試みた。アウグストゥスの治世の間にローマの軌道に引き寄せられた小アルメニアは、今や確実にローマの手の中にあった。ローマはそれを統治するために多くのアルメニア系や非アルメニア系の支配者を任命した。北方、西方において大規模なローマ軍と近接していることは、ペルシアの安全を脅かした。ローマの陰謀は、皇帝ティベリウス、カリグラ、クラウディウスによる人質の要求と同様に、絶えずペルシアの国内平和を混乱させた。したがって、その後の五〇年間、アルメニアはローマとペルシアとの間の争いの舞台に留まった。ローマ、イベリア（ジョージア）、またはその他の外国の総督たちがアルメニアを支配する一方で、パルティアは彼ら自身の候補者たちを任命しようと試み、アルメニア人住民がローマに対して立ち上がるよう促した。アルメニア東部に住むアルメニア貴族たちは、すぐにパルティアの領域に引き寄せられた一方で、アルメニア西部に住む者たちは、保護のためにシリアのローマ総督たちをあてにし続けた。

西暦五一年、ヴォロゲセス一世がペルシアの王位に就き、彼の弟トルダト（ティリダテス）のためにアルメニアの王位を得ることを求めて、公然とローマに挑んだ。イベリア王の息子がアルメニアに侵攻し、ローマが任命した支配者であった彼の叔父からガルニの要塞を奪った際にその機会は訪れた。イベリアの侵略と略奪は、ローマの失政と相まって、アルメニア人を憤慨させただけでなく、ヴォロゲセスがアルメニアを侵略し、アルタシャトやティグラナケルトを占領することを促した。しかしながら、冬の訪れによってパルティアは撤退を余儀なくされ、イベリアの王子はアルメニア人住民に対して徹底的に迫害を行い、彼らは結果的にローマ支配に対して一丸となって反乱した。その後、パルティアはアルメニアを占領することが出来、トルダトを王として任命した。

西暦五四年、皇帝ネロはシリアの軍を統率させ、アルメニアに対するローマの支配を回復させるために、将軍コルブロを派遣した。コルブロはペルシアを支持するアルメニア地方に侵入し、イベリアとコンマゲネの支配者たちがアルメニアの国境地帯を攻撃するよう促した。それと同時に、パルティアはローマ陣営に侵入し、アルメニアにおけるローマの支持者たちを脅かした。西暦五九年までに、ペルシアでの国内反乱を封じ込めると共に、東方におけるクシャーナ朝の勢力拡大に対処しなければならなかったヴォロゲセスは、トルダトを支援せず放置した。ローマはアルメニアを侵略し、都市を燃やし、住民を殺害し奴隷にした。コルブロはティグラナケルトを占領し、首都であるアルタシャトを灰燼に帰した。トルダトはペルシアへ逃避し、ネロは、ヘロデ大王の子孫で小アルメニアの支配者であったティグラネスという人物をアルメニアの王として任命した。

コルブロはシリアへ去り、新たな司令官であるパエトゥスが、アルメニアを併合するという命令と共に任命された。パルティアは彼らの国内問題を解決して、彼らの要求を再び主張するために動いた。西暦六二年、ランディアにおいて、パルティア軍はローマ軍を包囲し、ローマはアルメニアからの撤退に同意した。ヴォロゲセスはネロに使節を派遣し、トルダトが大アルメニアの王になるものの、ローマから戴冠を受けるという妥協案を提案した。コルブロによる別の軍事的勝利の希望を抱いていたネロは、その提案を拒んだ。しかしながら、ローマの戦役は何の結果も生まず、手詰まりが続いた。最終的に西暦六四年に、再びランディアにおいて、ローマは共同宗主権の妥協を受け入れた。それ以降、アルメニアの王たちはペルシアのアルサケス王室から出たものの、ローマが彼らに権威を授けたのであった。西暦六六年、トルダトはローマへ赴き、盛大な祝祭でネロによってアルメニア王として戴冠された。ネロはアルタシャトを再建するために資金を与え、この都市は彼に敬意を表して一時的にネロニアと改名された。大アルメニアとソフェネはアルサケス朝アルメニア王国を形成するために併合された。小アルメニアはヘロデの家系の者に支配されるローマの属国のままであった。

アルメニアにおけるアルサケス朝

このようにして、西暦六六年、トルダト一世はアルサケス朝パルティアのアルメニア分家を創設し、これは二世紀の後、アルシャク朝（アルシャクニ）として知られるアルメニア王朝になるのであった。アルサケス／アルシャク朝の年代順配列には疑問の余地がある。アルシャク朝の王たちは、個人の治世の年代を特定するために歴史家によって用いられる必須の工具である貨幣を残さなかった（アルメニアのアルサケス朝は鋳造する権利を与えられていなかった）。後に述べるように、アルサケス朝パルティアとそのアルメニアの同族に対する特別の嫌悪を有していたササン朝によるヘレニズム文化の熱心な根絶のために、この時代の史料はほとんど残存しなかった。さらには、初期のアルメニアのキリスト教徒はササン朝の浄化を生き残った多くの記念碑や記録を破壊した。

アルメニアのアルサケス朝はアルメニアを再建することでその治世を開始した。ガルニの要塞は修復され、トルダトの妹〔または姉〕はそこに新たな神殿を加えた。パルティアの政治的、社会的、文化的影響がアルメニアにおいて優勢になった。コーカサスから下ってきたアラン人からの脅威やイベリアに対する戦役を除いて、トルダト一世の治世について何も知られていない。アジアとヨーロッパとの間の交易が復活し、アルメニアはその独立を守ることを可能にした。ペルシアは西暦二世紀に衰退し始めるものの、ネロに続くローマの皇帝たち（ガルバからネルウァ）は、アルメニアの王に関する彼の協定を尊重した。西暦七二年、アラン人がアルメニアとペルシアを侵略した際、皇帝ウェスパシアヌスは小アルメニアをローマ属州のカッパドキアに編入し、その国境を強化することを決意した。

ランディアの妥協を破ったのは皇帝トラヤヌスであり、西暦一一四年、ペルシアで内戦が激化した際に、アルメニアに侵略した。彼の正当化は、ローマに承認されていない候補者によって置き換えられていた正当なアルメニア王を復活させることであった。承認されていない候補者がその後出頭し、トラヤヌスに彼を戴冠させるように求めたものの、トラヤヌスは拒絶し、彼を殺害させ、アルメニアをローマの属州として併合した。その後の三年間、トラヤヌスは東方に留まった。西暦一一六年までに、ペルシアの首都であるクテシフォンもまた占領され、トラヤヌスは新たなペルシア王に戴冠し、彼はローマの臣下となった。このようにしてローマはその国境をユーフラテス川を越えて拡大させ、帝国の最大版図であるペルシア湾に達した。しかし、勝利は短命であった。軍事的敗北、反乱、そして一一七年のキリキアにおけるトラヤヌスの死によって、新たな皇帝であるハドリアヌスはかつてのユーフラテス川の国境までの後退を余儀なくされた。ランディアの妥協は、別のパルティアの王子であるヴァガルシュ一世(一一七〜一四〇年)がアルメニアの王位に就いた際に回復された。彼の長い治世の間に、交易と繁栄が回復され、今日のエチミアズィンであるヴァガルシャパトの町が創設された。

アルサケス朝アルメニアの社会構造

一方、アルメニアの社会構造は変化した。トルダトとその後のアルサケス朝のアルメニアの支配者たちは、パルティアの貴族たちやその一門の者たちをアルメニアに招き寄せ、そこで彼らを新たに創設された封土に定住させた。その他の貴族の家系は、特にペルシアのアルサケス朝の崩壊の後、アルメニアへの移住を続けた。これらの家系の中にはマミコニアン家やカムサラカン家が含まれていた。ギリシアの言語、神々、劇場、そして、その他のヘレニズムの側面は、アルメニア・ペルシア両方の上層階級に馴染みあるものであった。したがって、パルティアの貴族はくつろぎ、貴族の間での通婚は一般的なものとなった。ペルシア語とパルティア語もまた話されており、アラム文字はアラム文字から派生したパルティア文字に取って代わられた。より多くのペルシア語の単語がアルメニア語の語彙に入った。古典アルメニア語における二千のペルシア語の借用語や派生語の大半はこの時期に由来し、主に戦争、狩猟、交易、宮廷、政治組織に関係している。

前述のように、ローマは、アルメニアに侵攻することで、時折、アルメニアの王位をパルティアが選出することに挑戦した。支配権の存続を確保しローマの干渉を妨げる唯一の方法は、高位の貴族たちを世襲制の宮廷や行政上の地位に任命し、軍務と引き換えに彼らに封土を割り当てるパルティアの慣習を採用することであった。こうして、自らの地位や土地をアルサケス朝に依存する忠実な貴族層が形成された。アルメニアは結果的に一五の州に分割された。そこには王が先頭に立つ精巧な階級制が出現し、王が代表格で、アルメニアの中央の州を支配した。彼の下にはナハラルとして知られる貴族たちがいた。ナハラルの彼らの土地や称号への権利は譲渡できず、長子相続の法を通じて相続された。主要なナハラルたちは、戦争の際に一万の騎兵隊を招集することができた。このようにして、封建的軍隊がアルタシェス朝の常備軍に取って代わった。ナハラルたちのうちの四名はブデシュフ（副王または侯爵）という称号を与えられ、広大な領域とアルメニアの北部や南部の国境を防備する責務を与えられた。大アルメニアの残る一〇州はその他のナハラルたちの支配下にあった（地図9参照）。ナハラルたちに対して厳しい統制を保つために、西欧の封建制において後に慣習的であったように、王は彼らにさまざまな地位を与えた。例えば、コロナントの職はバグラトゥニ家に与えられ、マミコニアン家は武装軍の司令官であるスパラペトとなり、グヌニ家は徴税や食料生産を担当する官職であるハザラペトとなった。王の宮殿、宝物庫、王家を担当する王室の侍従であるマルドペトも存在した。マルドペトは常に宦官であり、王室のハレムの存在を暗示していた。

ナハラルたちは全く対等であったわけではない。王室の食卓における彼らの位置または座席は彼らの序列を示し、これはもう一つのペルシアの慣習であった。ガフナマクと呼ばれた序列の表は、明らかに事あるごとに変化した。下

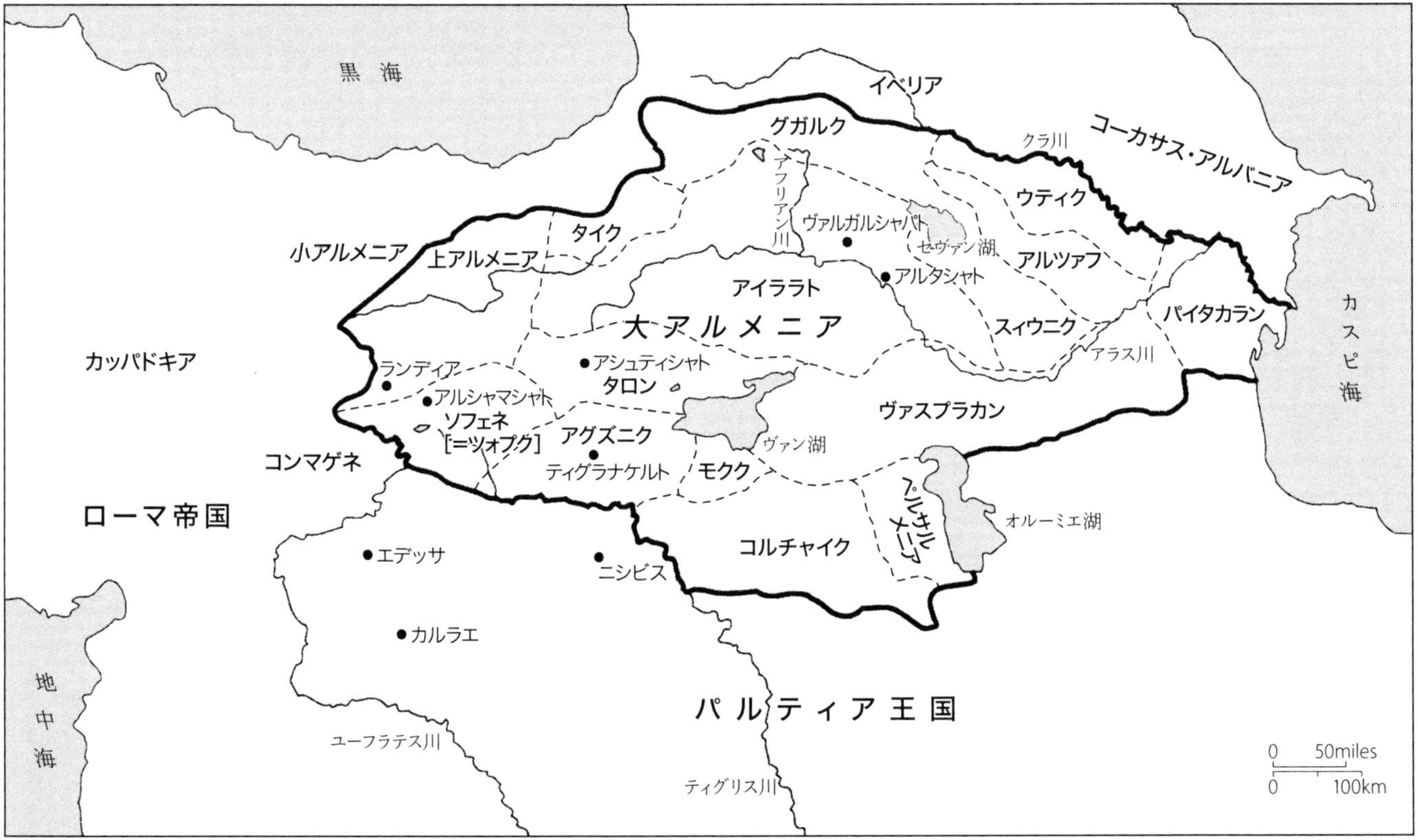

地図 9　アルサケス朝アルメニア（西暦 150 年頃）

位の王子であるセブフたちはナハラルたちに続き、小規模な封土を所有する騎士であるアザトたちは騎兵隊を形成した。これらの三集団は全て体罰を免除されており、アザトの例外を除いて、税も免除されていた。社会の残りは都市住民を含むラミクと農奴(シナカン)に分類された。ラミクは戦争の際には歩兵として仕え、税の大半を支払った。一部が外国人である職人や商人は都市に居住していた。奴隷制度はこの時期までに衰退していた。

アルメニアにおけるアルサケス朝支配の第二世紀には、ローマ・パルティアの対立の継続とイベリア人とアラン人の断続的な脅威が見られた。ナハラルたちは、山の多い地形に助けられ、彼らの地域を適切に防御し続け、パルティアの支援も加えて、アルメニアを自立した状態に保った。ヴァガルシュの後、多くのローマやペルシアの候補者たちがアルメニアを支配した。一八六年、ヴァガルシュという名のもう一人のパルティアの王子がアルメニアの王となった(ヴァガルシュ二世)。一九一年、彼はペルシアの王位に就くためにアルメニアを去り、彼の息子のホスローをアルメニアの王として任命した(ホスロー一世)。ローマ皇帝セプティミウス・セウェルス、カラカラの時代の間支配したホスローは、メソポタミアにおける新たなローマの拡大に直面しなければならなかった。カラカラはまもなくホスローを捕らえ、その後、アルメニアを統治するためにローマの役人を派遣した。しかしながら、ローマもペルシアもその後に起こったことを予想しなかった。アルメニア人たちは武器を取って立ち上がり、彼らを鎮圧するために派遣されたローマの将軍をも破ったのである。アルメニア人住民は、三世紀初頭までに、明らかに彼らの問題におけるローマの干渉に辟易していた。さらに重要なことには、長期に渡ってアルメニアに留まったアルサケス朝の支配者たちは、アルメニア人となっており、アルメニアを彼らの故郷と見なした。一方、パルティアの慣習を受け入れ、彼らの言語が自らの言語とよく似たものであることを、そしてパルティアの支配がより寛大であることを見出したアルメニア人たちは、ローマ人よりもパルティア人を好んだ。ローマとペルシアとの間の新たな協定に続いて、ホスローの子のトルダト二世(二一七～二五二年)がアルメニアの王として戴冠を受けた。確立された伝統によって、彼は彼の王冠をこの場合はローマ皇帝のマクリヌスから受けた。しかしながら、トルダト二世はアルメニアで育ち、アルメニア王として父を継いだ最初のアルサケス朝の王であった。彼の長い治世は、ローマにおける内戦と結びつき、アルメニアを東西対立から一時的に脱させることができただけではなく、アルサケス朝ペルシアから自らを分離することができ、三世紀初頭に完全なアルメニア分家――アルシャク朝を樹立することを可能にした。

Ⅱ　十字架とペン――アルシャク朝（アルシャクニ）（二一七〜四二八年）

ササン朝とアルメニア

ペルシアにおけるアルサケス朝の勢力は二世紀末に衰退し始めた。これは、シリアにおけるローマの政策が、その軍事総督たちを、アルサケス朝を弱体化させるために絶えずペルシアの政治に介入するように仕向けたことに起因し、この戦略は大いに成功した。伝染力の強い天然痘が戦争の全体的な経済的消耗に加わり、二二六年、ササン朝の創始者アルダシールが彼らを転覆させるほどに、アルサケス朝の勢力を弱体化させた。ササン朝の革命は中東を変容させ、アルメニア・ペルシアの政治的、宗教的紐帯を切断した。

ササン朝は、いくつかの根本的な点でペルシアにおけるその前任者たちと異なり、この事実はアルメニアにとって重大な結果を持っていた。ササン朝はその行政を高度に中央集権化した状態に保ち、アケメネス朝ペルシア王国の一部としてのアルメニアの記憶に固執した。アルサケス朝ペルシアがそうであったよりもローマに対する強力な敵対者であるササン朝ペルシアは、ランディアの協定を破ることを躊躇せず、アルメニアに関して一方的に振る舞った。ササン朝の帝国の国教としてのペルシアのゾロアスター教の強烈な普及活動は、アルメニアにおけるその他の宗派の迫害だけでなく、ペルシアや、ある程度アルメニアにおいてもヘレニズム文化の根絶を意味した。もはやペルシアにおけるアルサケス朝の同族を頼ることができず、アルメニアは保護のために専らローマに依存することを余儀なくされた。ササン朝支配は一点においてはアルメニア人に益した。アルメニアは今や自身の王家の者を王として任命することができるようになり、アルシャク朝と呼ばれる真のアルメニア王朝を創設した。アルシャク朝がササン朝の下で二世紀の間支配することができたのは、彼ら自身の政治的能力、断続的なローマの支援、そして、アルメニア民族をかつてないほどに結びつけた二つの出来事、キリスト教の国教化とアルメニア文字の進化に因るのであった。

したがって、トルダト二世は、アルメニアやメソポタミアに関わるこの新たなペルシアの政策に直面しながら統治せねばならなかった。アルメニアは、アルダシールの拡大を未然に防ぐための皇帝セウェルス・アレクサンデルの戦闘の間にローマと協力した。しかしながら、二四四年までに情勢は劇的に変化した。ササン朝の卓越した王シャープール一世（二四〇〜二七〇年）は、メソポタミアでローマ皇帝ゴルディアヌスを破った。彼はその後、賠償金と年貢の支払いだけでなく、大アルメニアのローマの保護の放棄にも同意した皇帝ピリッポスと和睦した。一六年後、ローマは、シャープールがシリアのカルラエ（今日のトルコのハッラーン）で皇帝ウァレリアヌスを破り捕虜にした際に、さらに屈辱を与えられることになるのであった。二五二年、シャープールはアルメニアを侵略し占領した。トルダト二世はこの時おそらくローマに逃れ、シャープールはアルメニアをペルシア帝国に編入し、彼自身の子ホルミズドをアルメニアの王位に就けた。ホルミズドは、二七〇年の彼の父の死までアルメニアを統治し、その際、彼はペルシアの王位に就くために去り、二九三年までアルメニア各地を支配した彼の弟のナルセが取って代わった。ペルシアの勢力と大アルメニアに対するササン朝の直接的な支配は、アルシャク朝の独立した支配を中断させたものの、長期に渡る平和の時代をアルメニアにもたらすという恩恵を持っていた。

ローマの運命はシャープールの死後好転し、三世紀末までに、ローマはディオクレティアヌスの下で、大アルメニアの西部やメソポタミアにおけるその影響を再び主張することが出来た。ペルシアとの妥協によって、ローマはアルメニアのアルシャク朝を復活させ、二七九年から二八七年までの間に大アルメニアの西部諸州を支配していたと思われる王ホスロー二世を任命することができた。アルメニア全土をその領域と見なし続けるササン朝は、王の弟を通してホスローや親ローマ的なナハラルたちに対して陰謀を企て、その弟はホスローを殺し、その他の親ペルシア的なアルメニア人たちと共に、大アルメニア全土の支配を再主張するためにササン朝と協力した。ローマに逃れたか既にローマにいたホスローの息子のトルダト三世は、そこで、ローマのその他の同盟国の子息たちと同様に、ローマの慣習を教育されていた。ホスローの殺害者は、二九三年、ナルセがペルシアを統治するために去った際、大アルメニアの支配者となった。一方、トルダトは、ローマがナルセを二九八年に破るまでディオクレティアヌスの宮廷に留まり、そして、ローマ軍に支援されて、彼の殺された父親の王座を要求した。ニシビス（ムッビン）の和約によって、ペルシアとローマは再び独立したアルシャク朝アルメニアを緩衝国として承認した。しかしながら、アルメニアの国境は、またしても再整理された。ソフェネの大半は大アルメニアから分離された。そのナハラルたちは独立したサトラップでローマの同盟者となった。小アルメニアは南方へ拡大され、カッパドキアから切り離されて、単独の属州となった。

ディオクレティアヌスの退位、帝国内での分裂、コンスタンティヌスのそれを統一しようとする試みに、ローマ人たちは四世紀の早い年代、忙殺された。アルメニアは、ササン朝がもう一人の強力な王シャープール二世（三〇九〜三七九年）を得たにも拘らず、保護されずにいた。シャープールはアルメニアやシリアへのペルシアの攻撃を再び開始し、彫像を破壊し、偶像崇拝を禁ずることで、地元の異端派を正統派のゾロアスター教に同調させ、アルメニアでゾロアスター教への改宗を促進した。これは、トルダト大帝として知られるトルダト三世の治世の間に、アルメニアがその国教としてキリスト教を採用した最初の国家となったという背景に対するものである。

アルメニアにおけるキリスト教

アルメニア史における最も決定的な出来事の一つがアルメニアのキリスト教への改宗であった。四世紀に新たな宗教を採用することによって、アルメニアはその東洋もしくはペルシアに影響された過去を捨て、自身の独特なキリスト教的性格を確立し、そして同時に、西洋世界と同一化されることになった。

改宗の伝統的な説明は、一世紀の後にアガタンゲロスとして知られるアルメニア人の年代記編者によって記録された事実と創作の混ぜ合わさったものに基づいている。それは、アルメニア王のホスロー〔おそらくホスロー二世〕の、ササン朝ペルシアに対する戦争とアルメニアのアルシャク朝を滅ぼそうとするペルシアの試みを物語っている。ペルシア王はアルメニア王を殺すためにアナク〔おそらくホスローの弟〕という名の反逆者を雇い入れた。ササン朝に報酬を約束されて、アナクはアルメニアに住み着き、ホスローの友人となり、彼や彼の家族の大多数を殺した。アナクと彼の家族は、逆に、怒ったアルメニアの廷臣たちに殺された。二人の男児だけが死から救われた。〔その二人は〕ローマに連れて行かれたホスローの子のトルダト〔おそらくトルダト三世〕と、カッパドキアのキリスト教徒たちと暮らすために連れて行かれたアナクの子〔後の開明者グリゴル〔グレゴリウス〕〕であった。

アガタンゲロスによれば、数年後トルダトは父の王座を取り戻すためにローマの助けでアルメニアに戻った。カエサリアを通過する際、彼はキリスト教徒の指導者たちにグリゴルの名を与えられていたアナクの子と出会い、彼の真の正体に気づかず、彼を仕えさせるために連れて行った。アルメニアを奪還後、トルダトはグリゴルに卓越した能力を見出し、宮廷で彼の名声を高めた。もちろんグリゴルはすでにキリスト教の信仰を受け入れており、異教の儀式を避けた。そのうちに彼の出生についての噂が表面化し始め、嫉妬深い貴族たちによって広められ、それによって彼は拷問とホルヴィラプ〔「深い穴」〕での投獄に至った。数年が過ぎ、トルダトは彼の名付け親であるディオクレティアヌス同様に、彼のキリスト教徒への迫害を続けていた。殉教者の中にはトルダトの誘惑を拒み処刑された二人の処女、ガヤネとリプシメも含まれていた。アガタンゲロスによれば、トルダトは彼の罪からイノシシに変身することで罰せられた。彼の妹のホスロヴィドゥフトが、一人の天使が彼女に長い年月隔離されていたにもかかわらず、神または人間の助けで穴の中で生き延びていたグリゴルを解放するように指示した夢を見るまで、この変身から彼を治療できる者は誰もいなかった。グリゴルは王を治癒し、三〇一年、キリスト教を唯一の国教と宣言し、アルメニアを最初のキリスト教国とした。グリゴルはその後ギリシアの主教に叙階を受けるためにカエサリアに行ったが、この行為は後にアルメニア教会に対する深刻な再迫害をもたらすのであった。彼の帰還に際して、グリゴルは王や全アルメニア貴族に洗礼を施し、異教の神殿を破壊し、その場所に教会やアルメニア人の殉教者たちのための聖堂を建立した。ヴァガルシャパトで、幻覚においてキリストによって彼に示された地点に、彼はアナヒト神殿の廃墟の上にエチミアズィン（「神の唯一の息子が降臨した地点」）の大聖堂を建設した。

この伝説上の物語は、アルメニアにキリスト教を採用した最初の国家となる動機を与えた原動力を的確に描写しているかのように、現代まで受け入れられてきた。しかしながら、大抵の物語と同様に、それは完全な話を説明してもいないし、事件の正確な年代も示していない。アルメニアのキリスト教化の理由を理解するためには、前世紀の間のペルシア、ローマ、アルメニアにおける社会的、政治的展開に目を向けるべきである。使用できる史料は乏しく、散在し、混乱させるが、外的な圧力、特にゾロアスター教のペルシアとその新たな狂信的なササン朝〔からの圧力〕が、アルメニアの君主にキリスト教の背後でその人々を結束させる衝動を与えたのは明らかである。

キリスト教は、地下の禁制の宗教として、パレスティナやシリアのローマ属州、特にエデッサの都市で実践されており、そこから早くも一世紀までにはアルメニア南部に広まっていた。もう一つのアルメニアの伝説によれば、エデッサのアプガルという王が、ある病気から彼を癒すために彼の王国に来るようにイエスに求めたのであった。キリストの復活の後、使徒のタダイとバルトロマイはシリアでキリスト教を広めるためエデッサに行った。タダイはその後アルメニアへ行き、そこで伝道し、アルメニア王の命令で殉教した。アルメニア教会が使徒の伝承を主張するのはこの伝説に由来する。二世紀までに、アルメニアは多くの地下キリスト教細胞を南部や西部の諸州に有し、何人かの土地の貴族の保護を確保していた。三世紀までにキリスト教はアルメニアにおいて実践されていたが、ヘレニズムや前ヘレニズムの信仰やもう一つの二元的信仰であるマニ教と並んで、なおも半秘密の形であった。エウセビオスによると、ムシェグと呼ばれるアルメニア人の主教がおり、彼は二五〇年にアレクサンドリアのキリスト教徒と合同したのであった。元来パルティア王家の出身であるグリゴルが、三世紀後半の間にアルメニアのキリスト教徒と接触したということはあり得る。

ササン朝がゾロアスター教を上層階級の宗教からペルシアの国教に変容させた後、情勢は劇的に変化した。公認の正統派が出現し、熱心な宣教活動によって煽られ、それはアルメニアの宗教的アイデンティティだけでなく政治的なそれをも脅かした。一方で、ローマ帝国では、公然のキリスト教徒の迫害はディオクレティアヌスの引退と共に緩和され、キリスト教はシリアやローマ帝国の東部属州において人気を増した。三一三年、皇帝コンスタンティヌスはミラノ勅令を発布し、その中で彼はキリスト教徒を異教の儀式から免除し、彼らの宗教にその他の全ての宗教に与えられているのと同様の寛容を認め、彼らの没収された財産を返還した。

三〇一年という伝統的な年代は疑問の余地がある。ディオクレティアヌスの軍がトルダトを王位に留めていたが、そのトルダトがディオクレティアヌスに忌み嫌われた宗教を受け入れることはありそうもない。よりあり得そうなのは、トルダトや彼の高官の何人かは三〇一年に改宗したが、ミラノ勅令の後まで公然と行動しなかったということである。伝統的に定められている年代の三〇一年ではなく、そのすぐ後の恐らく三一四年に、アルメニアは公式にそして公然とキリスト教を国教として採用する最初の国家となる準備が政治的に整ったのであった。エチオピア教会、コプト教会、シリア教会もまた最初のキリスト教組織であると主張していることも述べられなければならない。歴史家の中には、ニケーア公会議〔三二五年〕のすぐ後からキリスト教をローマ帝国の主要宗教と見なしている者もいる。しかしながら、皇帝テオドシウスが最終的にキリスト教をローマ帝国の唯一の国教として採用したのは三八〇年であり、〔翌年〕コンスタンティノープルで第二全地公会議を催した〔三八一年〕。

アルメニアの指導者たちはキリスト教の中に、最強の同盟者〔ローマ帝国〕に許容されると共に、ゾロアスター教に対抗するに十分強力なメシア的熱情をも有する宗教を見出した。異教信仰はしばらくの間存続し、多くのアルメニアの教会指導者たちの殉教にすら繋がったものの、新たなキリスト教という宗教は、皆に押し付けられた。ちょうどローマの教会が後に異教の聖堂の上に建設されたように、ヘレニズムの神殿は破壊され、それらの上に教会が建設された。同じことはエチミアズィンの聖堂にも当てはまり、それはグリゴルの神聖な夢に続いて、ヴァガルシャパトのアナヒトの大神殿の上に建設された。キリスト教の伝道団は新たな信仰をアルメニア、ジョージア、コーカサス・アルバニアの隅々にまで広めた。これらの努力は、アルメニアの宗教でありペルシアの二元的信仰であるものに対して抑止するキリスト教の永続性を確かなものにした。

教会組織は封建制に倣った。開明者グリゴルの家族の者がしばらくの間、教会の最高主教であるカトリコスの地位を受け継いだ。主教はナハラルの家系から選出された。下級聖職者はアザト階級の一部であり、出仕の見返りに主教から封土を受けた。主教や司祭は裁判官として仕え、カトリコスは最高位の裁判官であった。教会はアルメニアにおける主要勢力となり、明確なアルメニア人のアイデンティティを創造することを助けた。ほぼ一世紀の後、アルメニア文字の創造はこのことをさらに強化するのであった。

四世紀のアルメニア――ニケーアとコンスタンティノープルの公会議

三二五年、トルダト三世の治世の間に、皇帝コンスタンティヌスは小アジアのニケーアで会合するために第一回全地公会議を招集した。グリゴルの子のアリスタケスがアルメニアを代表した。公会議の主な目的は、キリスト教の信条を定義し、アリウスとアレクサンドリアの主教アレクサンドロスとの論争を解決することであった。アリウスはキリストが神と同質ではなく、したがって神性はないと主張したが、その一方で、アレクサンドロスや彼の後継者のアタナシオスは、同質論の教理を主張した。公会議はアリウス主義を却下したものの、ニケーアの全ての決定を受け入れることを好まない主教たちも存在した。主教たちを分裂したままにしておくことは、教会に対する皇帝の持続的権力を確かにすることから、コンスタンティヌスや彼の多くの後継者たちは、アリウス主義論争を継続させることを許した。アルメニアの王たちはローマの支配者たちの例に倣い、彼ら自身の教会の指導者たちと繰り返し衝突した。アタナシオス主義を支持したコンスタンティノープルでの第二回全地公会議の決定を、皇帝テオドシウスが受け入れたのは、三八一年になってからであり、それによってアルメニアやギリシアの教会を最終的に彼らの君主たちと和解させた。

アルシャク二世

四世紀はアルメニアにとって混乱の時期であった。シャープール二世の七〇年の治世とローマの存在をアルメニアやメソポタミアから排除する彼の試みによって、アルメニアの経済は荒廃した。アルメニアにおける政治的、社会経済的状況によって、ナハラルたちが内政において主要な役割を果たすことが可能になった。ローマを好むナハラルたちもいれば、ペルシアを好む者たちもおり、その一方で、未だに彼ら自身の独立の道を追求する者たちもいた。

アルシャク朝の年代記の多くの場合と同様に、トルダト三世とアルシャク二世の間の支配者たちについての明確な情報は存在しない。ホスロー三世（「コタク」または「チビ」として知られる）は、三三〇年から三三八年まで統治し、新首都ドヴィンを建設したとして多くの史料で言及されている。アルシャク二世の治世についてはより多くのことが知られている。歴史家の中には、アルシャク二世が彼の統治を三三八年に開始したと主張する者もいるが、より確実なのは、彼がローマに対するシャープールの三度目の戦闘の後の三五〇年に彼の統治を開始したということである。アルシャクについて知られていることのほぼ全てが教会の史料からであり、後述のように、この支配者の実際より悪い印象を与える肖像が描かれる理由となっている。アルシャクは、皇帝コンスタンティヌス二世とシャープールとの間の妥協の上で王位に就けられたようである。アルシャクの治世の間に宮廷が首都のドヴィンに存在していたことはほとんどなく、再建と再組織が彼の指針上の最初の項目となった。

再建と規制は教会の関心事でもあった。グリゴルの家系の新たなカトリコスのネルセス一世はアシュティシャトにおいて最初のアルメニア教会会議を招集した。その結果、病院や孤児院が設立され、異教やゾロアスター教の儀式の実践は禁止された。この時代の間に、既婚男性は高位聖職者の階級に加わることが許され、彼らがこれ以上彼らの妻と暮らすことは出来ないと規定された。しかしながら、それと同時に、独身の高位聖職者と妻帯の下級聖職者という二層から成る階級制度が発達した。

ローマ皇帝たちの例に倣い、アルシャクは親アリウス主義的立場を維持し、ネルセスが異議を唱えた際に、アルシャクは彼をより協力的なカトリコスと交代させた。彼はその後、彼に反対した者を殺すことで、封建領主たちを彼の支配下に至らせようと試みた。貴族たちは反乱を起こし、アルシャクや彼の支持者たちは新都市アルシャカヴァンに避難したが、そこはまもなく破壊された。未亡人のパランゼムはアルシャクの問題を悪化させた。一部の記述によれば、彼は最初の妻がまだ存命の間にパランゼムと結婚した。一部の者はパランゼムと結婚するために彼の最初の妻を殺した廉で彼を非難した。

アルシャクの地位は西アルメニアにおけるローマの存在と結びついており、ローマがシャープールに抵抗できる限り、彼は安全であった。しかしながら、シャープールが皇帝（背教者）ユリアヌスを破り、三六四年、皇帝ヨウィアヌスに西アルメニアの割譲を余儀なくさせた際、アルシャクの運命は決定された。王と彼の将軍ヴァサク・マミコニアンはペルシアに行くように命じられ、そこで盲刑に処され、拷問されて殺された。パランゼムは英雄的に抵抗したが、彼女もまた命を失い、一方でアルシャクの子パプはポントスへ逃れた。シャープールは多くのアルメニアの都市を略奪し、何千もの捕虜をペルシアに連行し、以前のようにアルメニアをペルシアの州に変更させた。一部の教会の代わりにゾロアスター教の寺院が建立された。ペルシア王家と関係があり、恐らくゾロアスター教に改宗していた二人のナハラルがササン朝の臣下としてアルメニアを統治するために任命された。

アルメニアの分割

ローマはペルシアが支配するアルメニアを許容することが出来ず、三六七年、ローマ帝国の東部属州の支配者となっていた皇帝ウァレンスは、パプとアルメニア人の将軍ムシェグ・マミコニアンに資金と軍隊を提供した。アルメニア・ローマ軍はバガヴァンでペルシア人たちを破った。パプはカトリコスのネルセスに再任するように求め、教会やナハラルたちと和解しようと試みたが、ウァレンスや先代の自身の父親と同様に、パプは親アリウス主義者であった。教会やナハラルたちとの争いがそれに続いた。ネルセスはまもなく殺され、ムシェグ・マミコニアンを含むナハラルの多数派は、王の敵に回った。ニシビスの協定以来、独立を維持していたソフェネのナハラルたちは、王を見捨て、五国連合または南部サトラッピと改名されたソフェネの五地方をローマ保護下の独立した地域として宣言した。三七四年、パプはローマの黙認の下で殺害された。パプの後継者の彼の甥は長く統治せず、マミコニアン家に代わったが、その統治は短命であった。シャープールが三七九年に死去し、その一方で、ローマ帝国がまもなく西と東（ビザンツ）の部分に分割されたことは、アルメニアにとって幸運であった（**地図10**）。マミコニアン家は結果的にアルシャク朝の王位をパプの二人の若い息子に戻したが、彼らをマミコニアン家の女性たちと結婚させることで、権力の中枢との緊密な関係を保持した。

パプの年少の子のアルシャク三世は、三八五年、親ペルシア派のナハラルたちによって国の西部への逃亡を余儀なくされ、ビザンツの保護を求めた。ナハラルたちはその後、親ペルシア派のアルシャク朝の王子、ホスロー四世をアルメニア王として擁立した。手詰まりの結果となった長い戦争に辟易して、皇帝テオドシウスとシャープール三世は三八七年、アルメニアの分割を決意した。コンスタンティノープルは、北方ではテオドシオポリス（今日のエルズルム）の西まで、南方ではマルティロポリス（今日のシールヴァーン）まで延びる、そして非常にヘレニズム化された小アジアを含むより少ない方の割当てを受け取った。アルシャク三世は王でありコンスタンティノープルの臣下として統治した。ペルシアは、アルタシャトやドヴィンの都市を含む大アルメニアの大半を受け取った。ホスロー四世は王でありササン朝の臣下として統治した。アルメニアの政治的、経済的な力をさらに弱めるために、大アルメニアからその六州が取り除かれた。グガルクは東ジョージアの一部と、アルツァフ、ウティクはコーカサス・アルバニアの一部とされ、パイタカラン、コルチャイク、ペルサルメニアはペルシア本国に加わった（**地図11**）。

アルシャク三世の死に際して、ビザンツは他のアルメニアの王を任命せず、ビザンツ領アルメニアにおけるアルシャク朝の系統は途絶えた。アルシャクのナハラルたちの一部はペルシア領アルメニアへ去った一方で、残りの者たちはビザンティウムの臣下となった。ギリシアの総督たちと文化がビザンツ領アルメニアを侵食し始めた。ペルシア領アルメニアでは、ヴラムシャプフ（三八九〜四一七年）がホスロー四世を継ぎ、グリゴルの系統の最後のカトリコスであるサハクを任命した。ヴラムシャプフは、アルメニア文字の創造の陰で原動力となったと信じられることから、アル

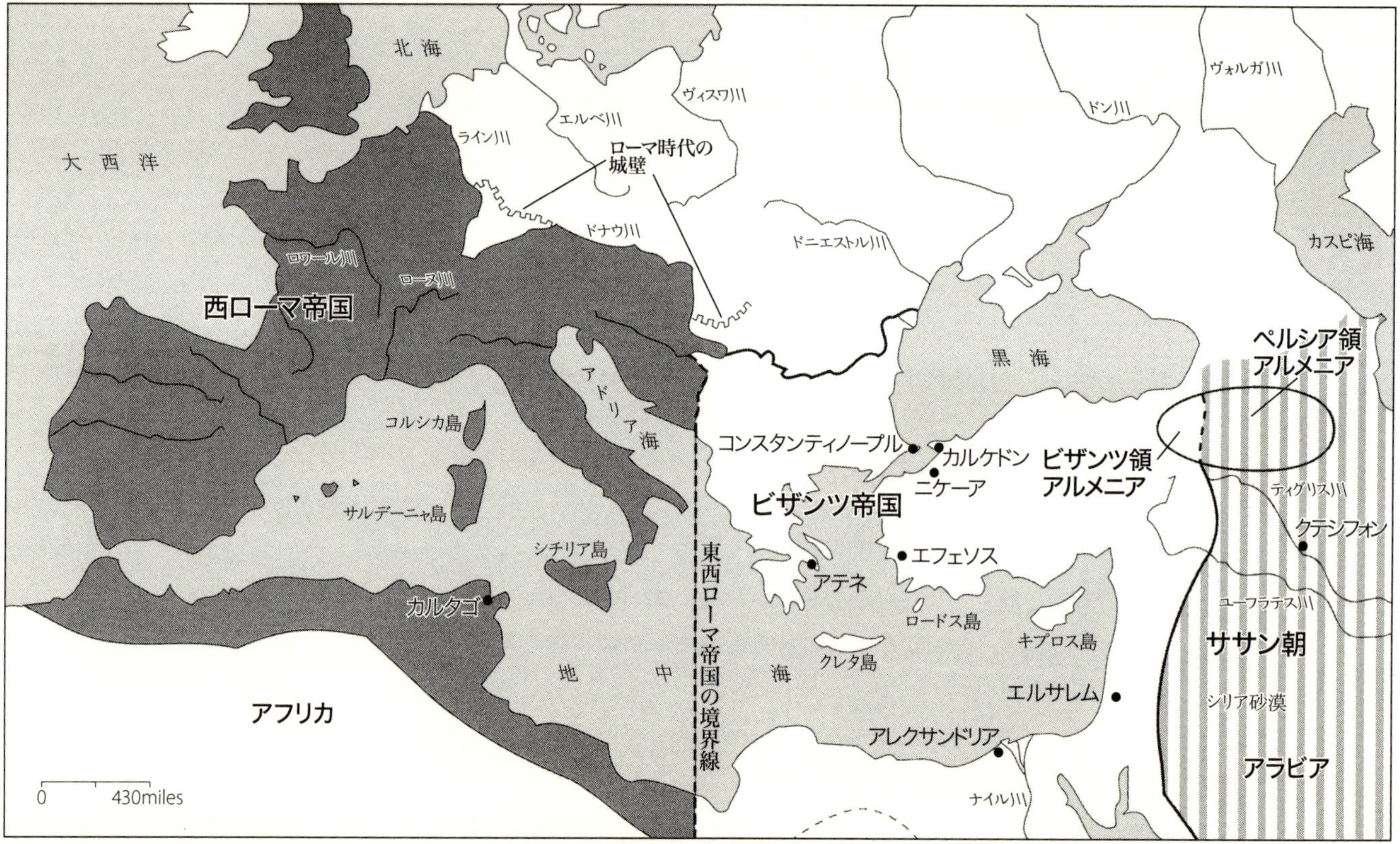

地図 10　ローマ帝国（西暦 387 年頃）

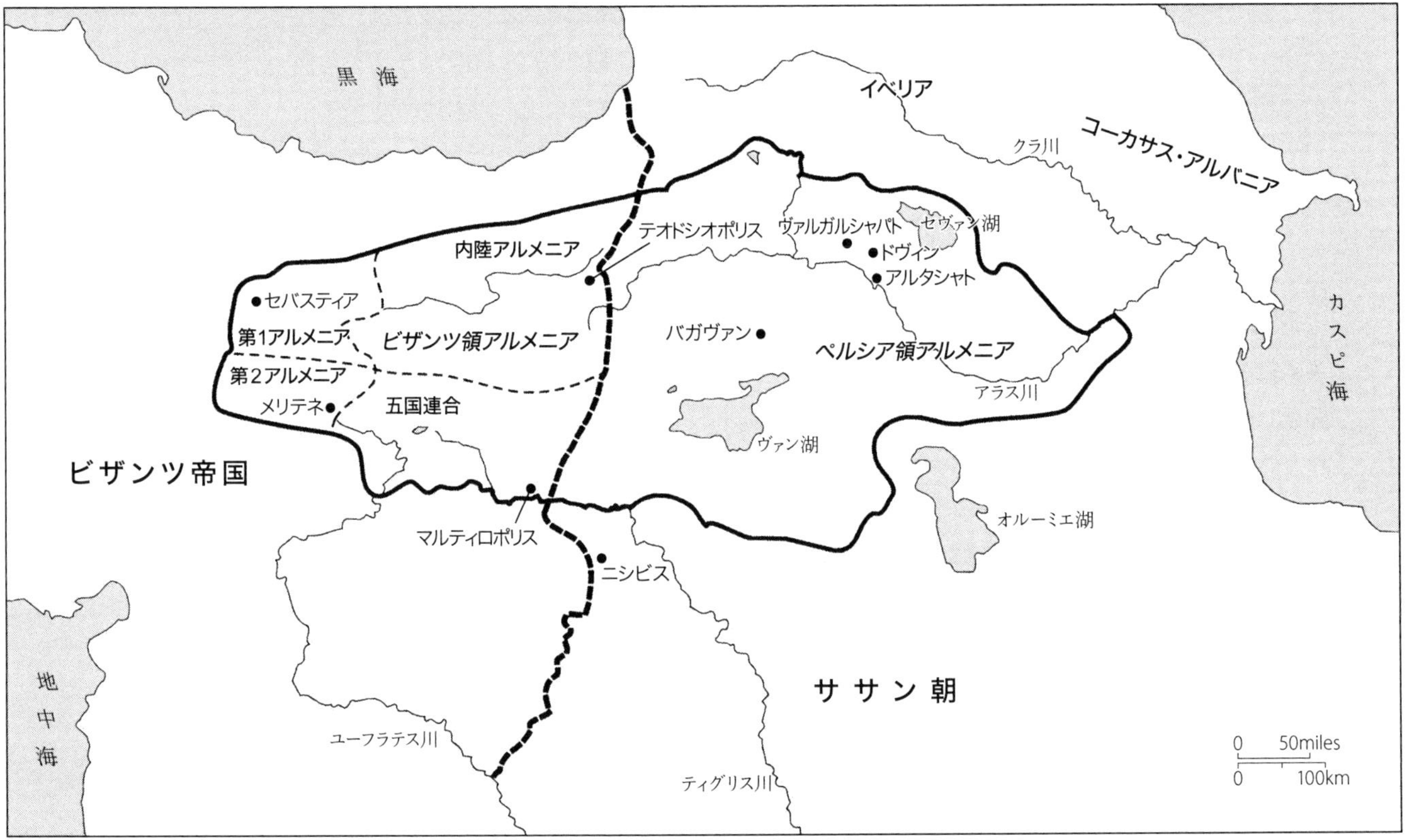

地図 11　第一次アルメニア分割（西暦 387 年）

メニア史において重要な人物である。

アルメニア文字の発展

アルシャク朝時代の最も重要な出来事は、アルメニア文字の考案であった。五世紀以前、アルメニア人はギリシア語を芸術的、文化的表現に、ラテン語と中世ペルシア語（パフラヴィー語）の二つの文字を公的な連絡や碑文に、そして、シリア語を典礼に用いていた。アルメニア人の大多数は読み書きができなかったため、アルメニアは豊かな口承を有していた。歴史は記録されなかったが、記憶から暗誦され、アルメニアやペルシアのグサンというさまざまな吟遊詩人らによって詠まれた。

アルメニアの君主と宗教指導者の両者が、アルメニアの分割を破壊的な可能性のある事件と見なした。両者は、ビザンツとペルシアの行政的、宗教的支配の下でアルメニアへの危機を悟った。未熟なアルメニア教会はその他の問題にも直面した。一方で、アルメニア人によってその典礼が用いられていたシリア教会は、アルメニア教会の権威をますます侵食していた。他方で、全地公会議は地域におけるビザンティウムの教会組織の将来の優勢の前兆となった。さらに、通俗的な伝統に反して、キリスト教は住民全体を一度に支配したわけではなかった。異教信仰やゾロアスター教が未だに多くの追随者や改宗者を率いていた。

カトリコスのサハクと王のヴラムシャプフの両者が、分割された国家に対して教会組織的、政治的支配をある程度保つためには、アルメニア語を一体化させる要素が必須であると悟った。彼らは、学識ある学者で聖職者のメスロプ・マシュトツにアルファベットの創造を依頼し、それは取り囲む勢力からアルメニアを言語的、典礼的に区別させるものになるのであった。タロン州に生まれたマシュトツは、ギリシア語やシリア語を学び、宮廷の書記局でハザラペトに雇われていた。五世紀中頃に彼の師の伝記を書いた弟子のコリウンによれば、マシュトツは彼自身を宗教生活に捧げる以前、世俗法や軍事技術に精通していた。彼はアルメニア中を旅しており、同化の脅威を十分に認識していた。マシュトツと彼の弟子の多くは旅行し、アルメニア語のアルファベットのより初期の試みの見本〔シリアの主教ダニエルによる作品が最も有名〕を含むさまざまなアルファベットを調査し、書家に助言を求めた。ギリシア語、シリア語、そして、その他の文字体系からの文字を用いて、マシュトツは四〇五年頃、アルメニア語アルファベットの三六文字を作った。新たなアルファベットに神聖な霊気を与え、それをより受け入れやすくするために、十戒のように、それが聖なる幻覚の中でマシュトツに授けられたと主張する伝説が流布された。しかしながら、奇跡は、アルメニア語の多くの特有の子音を表し、実質的に一六〇〇年の間変化せずに残ったアルファベットそのものであった。マシュトツの弟子たちは新たなアルファベットを教えるためにアルメニアの諸州の至る所に学校を開いた。幸運なことには、この時代のササン朝君主はたまたま極端なまでに寛容であり、皇帝テオドシウス二世もまたマシュトツの弟子たちにビザンツ領アルメニアで学校を運営することを許した。アルメニアの伝説によると、マシュトツはその後、ジョージアやコーカサス・アルバニアのためにもまた、アルファベットの開発を続けた。

そのすぐ後、アルメニア人たちは、主要なキリスト教や哲学に関する原典をアルメニア語に翻訳する段階に入った。翻訳されるべき最初の作品は当然のことながら聖書であった。翻訳はシリア語版やギリシア語版から行われ、聖書学者たちから高く評価されている。カトリコスや王は、初期キリスト教教父の著作や教会会議の法典、さまざまな典礼作品を翻訳しようとする司祭や写本筆写者の取り組みを熱心に支援した。アルメニア人でアテネ、エデッサ、ニシビス、アンティオキアで学び、ギリシアの文法、論理学、哲学、修辞学に精通していた者たちは、とりわけポルフィリオス、ディオドクス、プロブスやその他の新プラトン主義哲学者〔の著作〕を翻訳した。アリストテレスは特に好まれ、アルメニアの文書館の中に三百以上の彼の作品の写本があることによってそれが証明されている。

翻訳者たちは西欧文明のためにもまた遺産を残しており、多くのシリア語、ギリシア語の原典は彼らのアルメニア語の翻訳においてのみ保存されてきた。ヒッポリュトスの『モーセの祈禱への諸注釈』、エフレムの『ディアテサロンへの注釈』の完全なテクスト、エウセビオスの『年代記』の最初の部分、ティモセオス・アエルルス（アレクサンドリア総主教）の『カルケドン公会議の定義への反駁』、偽カリステネスによる『アレクサンドロス大王のロマンス』がその中に含まれる。中世盛期やルネサンスの間に、西欧が古典世界の文学や文化を「再発見する」際、これらのアルメニア語の翻訳は過去の知識への重要な結びつきを果たした。

アルメニアの翻訳家たちは（黄金時代として知られる）五世紀に彼らの多量の生産活動を開始し、アラブの侵略が彼らの歩調をいくぶん緩める七世紀後半まで続けた。歴史を含む原典の作品は、四二八年のアルシャク朝の崩壊の後に書かれた（7章参照）。

貿易、芸術、建築

この時代から生き残っている唯一の前キリスト教時代の記念碑はガルニの複合体である。紀元一世紀に建てられた神殿は、一六七九年に地震によって破壊され、一九七五年に復元された。原型の砦、ガルニ要塞と浴場の一部もまた保存されてきた。ガルニはまた、海の神々や魚を描いている浴場のモザイクの形で当時の装飾芸術の唯一の例を提供している。無名のアルシャク朝の王たちを表す石灰石から作られた多くの未加工の浮彫や人頭像が、この時代の彫刻芸術のうちで残されたものの全てである。アルメニアにおける最初の教会は、ヴァガルシャパト、アシュティシャト、そしてセヴァン湖の近郊に建設された。これらは単一身廊の建造物で、しばしば、初期のアルメニアのキリスト教徒によって破壊された異教の寺院の基礎の上に建設された。一部の神殿は、後陣を伝統的な東向きに移転させることで、簡単にすっかり改装された。五世紀には、中央にドームの置かれた大聖堂やドームの置かれたバシリカ聖堂が数多く出現し始めた。四世紀に建設された初期の教会はほとんど残っていない。アルメニアの母なるエチミアズィンの大聖堂は、この時代に遡るものの、五世紀末に完全に再建されており、その歴史を通して拡張された。エレルイクの教会もまたこの時代のものであり、アルメニア共和国の領域に位置する初期のアルメニア教会と同様に修復されている。しかしながら、トルコ、ナヒチェヴァン、アゼルバイジャン、イラン、ジョージアにあるものは、一部の例外を除いて、荒廃したままである。

アルサケス朝やアルシャク朝の間、クテシフォンからアルメニアや黒海への経路に沿って交易が繁栄し、商人たちや職人たちにローマやペルシアで彼らの商品を売ることを可能にした。クテシフォンからアルメニアや黒海、そしてアルタシャト、ドヴィン、ナヒチェヴァンやテオドシオポリスの諸都市へ伸びる経路は、インド、イベリア、ペルシア、ヨーロッパの間の主要な交易の中心となった。特にドヴィンは商人たちが商取引を行うために行き交う玄関口となった。

ヴラムシャプフの死後、ササン朝はペルシア領アルメニアを統治するために、まずペルシアの王子を、そして後にヴラムシャプフの子のアルタシェス四世を任命し、彼は西暦四二八年まで統治した。彼ら自身で統治することを望んだナハラルたちは、首尾よく王の排除とカトリコスのサハクの交代を求めた。アルメニアはこうして、民族の指導者なき、コンスタンティノープルとペルシアとの間で分断された土地となった。

ササン朝以前、ペルシアと関係するアルメニアの王たちは、まずローマに対処しなければならなかった。ササン朝がペルシアを得た後、アルメニアは再び強力なローマとペルシアという帝国の間で駆け引きしなければならず、その分割とその第二の王朝の終焉という結果になった。ペルシアとコンスタンティノープルの絶え間なく激しい争いやアラブ人の登場は、アルメニアを分裂状態の下に置き、四世紀以上の間、指導者なき状態にするのであった。しかし、アルメニア人は三つの強力な武器を手に入れた。それは、新たな宗教、文字、宗教指導者たちであり、それら全てがアルメニアに来るべき嵐を切り抜けることを可能にするのであった。

7 拝火教寺院とイコン

ペルシアとビザンツ支配下のアルメニア（四二八〜六四〇年）

第二のアルメニア王国の崩壊とアラブ人の到来との間の二世紀以上〔の期間〕は、古代世界の没落及び中世初期の夜明けと時を同じくした。西ローマ帝国は滅亡して分解し、次第に西ヨーロッパ中でさまざまな王国として台頭した。アフリカではソバ王国が勃興した。巨大なインドのグプタ帝国は北方からの侵略者の手に落ちた。仏教が日本に到達し、中国はようやく隋・唐王朝の下で、帝国の秩序を回復した。東ローマ帝国、つまりビザンツ帝国は、アルメニアやメソポタミアにおいてササン朝ペルシアに対するその戦いを続けた。ゾロアスター教の不寛容やギリシアの階級制度は中東に住むその他の宗教集団に影響を与えた。さらに、絶え間ない戦争状態はペルシアとビザンツ両者の資源を枯渇したままにした。このような情勢が、アラブとイスラームという新たな政治的、宗教的勢力の勃興の土壌を準備した。

キリスト教の普及、アルメニア文字の考案、そして、ナハラルたちの拡大する自治によって、極めて重大な時代が出現した。今や分割されたアルメニアは、その運命を支配するさらに強力な文化から生き延びるため、それが奮い起こすことが出来る全ての民族的アイデンティティを必要としたのであった。これは、より寛容なササン朝とビザンツの支配者たちの短い治世が終わった五世紀中頃に、より現実的な問題となった。ペルシアとビザンツは、それぞれのアルメニア諸州を治める際に、異なる方針を採用した。従って、分割に続く二世紀以上の間、二つのアルメニアの地域は非常に異なる政治的、宗教的、社会経済的状況に直面した。

ペルシア領アルメニア

ササン朝は、その首都ドヴィンを含むペルシア領アルメニアを統治するためにマルズパン〔マルズバン〕という辺境地域の総督を任命した。マルズパンは現地の守備隊を率いて、行政上、司法上の、さらには宗教上の問題にまで完全な権限を有していた。彼は、アルシャク朝時代のかつてのハザラペトたちよりもさらに権限を有したハザラペトに補佐された。マギ（ゾロアスター教の祭司）たちの長であるマグペト〔モウバド〕はドヴィンに居住した。徴税官たちはアルメニアのあらゆる地区に住んでおり、特別の管理官がアルメニアの金鉱を監督した。ドヴィンは行政上、宗教上の首都であると共に、交易の中心地に留まり、ペルシア人とビザンツ人の両者が彼らの隊商の通過地としてアルメニアを利用した。アルメニアで生産された織物、陶器、宝石類は隣接する地域へと輸出された。

アルメニア人のナハラルたちは、なおも多くの高原地域を支配し、大抵の場合、自治を保ち、ペルシアに税を支払い、ペルシア王から自らの任命を受けた。多くの有力なナハラルたちはマルズパンやスパラペトの地位を与えられ、マミコニアン家はナハラルの軍事派遣団を率い続けた。史料には、壮麗な住居やアルメニア人のマルズパンや高級官吏が身に着けた宝石や衣装が写されており、彼らはペルシア側の同等の者のそれを再現していた。

多くのキリスト教徒が、ペルシア帝国、特にメソポタミアやペルシア西部に居住していた。しかしながら、ビザンツ帝国が一旦教会の主導権を確保すると、ペルシア支配下に暮らすキリスト教徒たちや異端の宗派でさえもが脅威と見なされ、時折ビザンツ人によって迫害された。ペルシアの君主はまもなくアルメニア教会の指導者を任命し始めた。

グリゴルの家系は、王国の復興やより中央集権的なアルメニア統治体制を支持しているとしてペルシアとナハラルたちの両者から疑いを持たれて解任され、何人かの非アルメニア人を含むその他の候補者たちがカトリコスの称号を与えられた。教会の問題に対するペルシアの統制の結果、教会は西側との関係を失い、その仲間のキリスト教会からますます孤立した。この孤立は、続く年月に深刻な宗教的、政治的帰結をもたらすのであった。

エフェソス公会議

四三一年、もう一つの異端であるネストリウス派が、キリスト教会の支配層を今回はエフェソスで第三全地公会議を招集することに駆り立てた。コンスタンティノープルの総主教であるネストリウスは、キリストの人性と神性の分離を信じ、論争を開始した。公会議は彼を非難したものの、問題は続き、二〇年後、結果としてキリスト教徒の間で最初の分化が生じた。エチミアズィンのアルメニアの宗教的支配層は当時まだペルシア支配下にあり、恐らくエフェソス公会議に参加しなかったのであろう。ネストリウス派は、エフェソスに続いてビザンツ帝国の敵としてペルシアに迎えられた。ササン朝は時にアルメニア教会をペルシアにおけるネストリウス派教会の一部と見なした。

ヴァルダナンク戦争

分割に続く最初の五〇年の間、アルメニアはその宗教的、文化的問題において概して単独で残され、自身で教会会議を開いた。状況は四三九年にヤズデギルド二世の即位と共に劇的に変化した。彼や彼の宮廷の者たちは、彼の帝国に住む全ての非ペルシア系の人々にゾロアスター教を強制することを試みた。アルメニアが抵抗した際、税は増大され、一部のナハラルたちはペルシアを脅かす中央アジアの遊牧民と戦うために送られた。最後の一撃は、住民を改宗させるために、ペルシア王がゾロアスター教の祭司たちを派遣した際にやって来た。アルメニアの農民や特にドヴィンの住民は、拝火教寺院を首都に建設するために送られたゾロアスター教の祭司たちの到着に怒った。ナハラルたちと聖職者たちの一部は四四七年、アルタシャトに参集し、彼らがペルシアに忠実であるものの、彼らの教会に対してもまた忠実であるということを述べる声明を王に送った。しかしながら、ナハラルたちのもう一つの集団の反応は、そこまで強くなかった。親ペルシア派の派閥は彼らの専制者との対話や妥協を模索した。これらはアルメニアのマルズパンのヴァサク・スィウニに主導されており、彼らの家系は時に副王の地位を保持し、彼は自分自身をアルメニアの人々の公と目していた。山の多い彼の領域はペルシアと接し、彼の二人の子はクテシフォンで人質となっていた。彼に反対したのは聖職者の大半、住民の大部分、そしてその他の多くのナハラルたちで、彼らは全てスパラペトのヴァルダン・マミコニアンに主導されていた。

ペルシア人への抵抗は小さな規模で一〇年間続いた。四五〇年までに、アルメニア人はペルシア人に対する公然とした反乱の中にあり、ペルシアからの同じような圧力の下にあったジョージア人やコーカサス・アルバニア人と共に、ササン朝軍を破った。より強力な同盟者を求めて、アルメニア人はコンスタンティノープルからの支援を得ようとした。ビザンツ帝国からの支援は実現せず、ヴァサクや彼の追随者たちは、ペルシア人の代表者としての彼らの公式の地位にとって疑いなく有害と彼らが見なした反乱に反対し続けた。四五一年、主要なペルシア軍はアルタズ（今日のイランのマーク一近郊）のアヴァライルの平原で反乱者たちと対峙した。ヴァルダン・マミコニアンと彼のほぼ全軍が滅び、アルメニア教会の殉教者となった。ヴァサク・スィウニは戦いに参加せず、それ以来教会の歴史家から裏切りで非難され続けてきた。しかしながら、当時、彼はその他の親ペルシア派のナハラルたちと並んで反乱に責任があると見なされ、ペルシアによって投獄されていた。歴史家の一部は今日ヴァサクをより賢明な政治家と見なしている。

ヴァルダンの死やより強力な勢力に対する彼の抵抗は、彼やその他の戦死した英雄たちを宗教的、民族的殉教者の地位にまで高め、生前に彼らが有することがなかった重要性を彼らに与えた。戦いの報告は広がり、住民をペルシア人に対して結集させることを促進した。ペルシアの迫害、中立的な、さらには忠実なナハラルたちすらの逮捕、そして、多くの聖職者の処刑は、アルメニア人の決意を固くし、現地のアルメニア人の抵抗を煽った。ササン朝はアルメニア人の粘り強さに驚いたに違いなく、ヤズデギルドはまもなくナハラルたちの多くを釈放し、アルメニアにおいてより寛大な政策を実行した。

しかしながら、その後二〇年の間、アルメニア人たちはアルメニアやジョージアにおける一連の反乱において、アヴァライルの殉教者たちのために復讐しようとした。アルメニア教会に支援され、争いはヴァルダナンク戦争として知られるようになった。四八一年、もう一人のマミコニアンであるヴァハンの主導下の反乱者たちは、マルズパン座であるドヴィンを手にし、四八二年、ペルシア軍を破った。ジョージアとは異なり、アルメニアは敗北し、ヴァハン・マミコニアンは一年間、ゲリラ戦士として彼の戦いを続けざるを得なかった。一方、ササン朝は彼ら自身の国内問題を有していた。彼らは遊牧民の侵入者に攻撃され、継承を巡る紛争に直面し、〔原始〕共産主義的、禁欲主義的な教義を信奉するマズダクや彼の従者の異端信仰に対処せねばならなかった。結果として、四八四年、ヴァハン・マミコニアンがスパラペトに任命され、ササン朝の候補者の即位への支援と引き換えに彼の封土が回復された際に、平和的な関係が回復された。アルメニアは宗教の自由やマルズパンを無視してペルシアの宮廷に直接訴える権利を認められた。一年後、ヴァハン自身がマルズパンに任命され、二〇年の間、統治した。興味深いことに、アルメニアの史料でヌヴァルサク条約として知られる協定は、ペルシアの史料には言及されておらず、アルメニアの反乱がペルシア史において些細な事件と見なされたか、それを物語るペルシアの史料が残存しなかったかどちらかであるということを示している。それにもかかわらず、今日のアルメニア人はアヴァライルやヌヴァルサクを精神的な勝利として祝福している。マサダでのユダヤ人の経験のように、アルメニア人たちは、この戦いを圧倒的な勢力に対する彼らの宗教的、文化的アイデンティティの生存の象徴と見なしている。ヴァハンの死後、断続的に統治したその後の八人のアルメニア人のマルズパンは、アラブ人の侵入までゾロアスター教徒たちからの圧力に直面し続けた。ヌヴァルサクに続いて、再建の時代が始まった。ナハラルたちと教会の両者がアルメニアの再組織、再建を遂行した。ヴァガルシャパトやドヴィンは修復された。交易が再びビザンツ帝国まで広がり始めるにつれて、アルメニアは経済的に復興した。ペルシア・ビザンツ諸戦役の間のいくつかの中断にもかかわらず、アルメニアの復興は六世紀中頃まで続いた。

カルケドン公会議

一方で、四五一年、カルケドンにおいて第四回全地公会議が開かれた。公会議は、キリストの二つの本性が、ネストリウスが主張したように分かれることも、またエウテュケスが主張したように混合されることもなく、変化することも、分割されることもなく、結合していると布告した。多くの東方教会、とりわけ、アレクサンドリア総主教に主導されたコプト教会やエチオピア教会は、カルケドンの両性論の布告をネストリウス派の変形、それゆえに異端として拒絶した。彼らはキリストがただ神性のみを有すると主張した。彼らは単性論教会と見なされるようになった。キリスト教の宗教指導者たちは、状況の深刻さを悟り、意見が異なる集団を和解させる方策を見出そうと試みた。四八二年、彼らは皇帝ゼノンにヘノティコンすなわち統一令を発布するよう説得した。布告は最初の三つの全地公会議の宗教的基礎を完全に充分なものとして承認した。それは、「キリストは神たる主と同一の本性、人間たる我々と同一の本性にある」と述べて、「一つの本性」や「二つの本性」という言い方は避けられた。

当初、妥協によって単性論教会の指導者たちはなだめられたものの、単性論派や両性論派はまもなくそれを拒絶した。単性論派はそれをあまりに漠然としたものと見なし、両性論派はそれを単性論の教理への譲歩と見なした。断言している者もいるように、アルメニア人は、カルケドンと同年に起こったヴァルダナンクの闘争とアヴァライルの戦いによって、会議に参加しなかった。会議の規範やゼノンのヘノティコンはさまざまな見解の形でただゆっくりとアルメニアに到達した。ペルシアの脅威が鎮まった後の五世紀末になってようやく、四九一年にアルメニアの主教たちがヴァガルシャパトに参集し、カルケドンの決定を拒絶した。数年後（五〇六年）、ドヴィンにおいて、彼らはジョージア人やコーカサス・アルバニア人と共に、彼らの反対を反復した。しかしながら、ゼノンのヘノティコンは拒絶されず、アルメニア教会とギリシア教会との対話の維持を促進した。アルメニアの三分の一がなおもビザンツ管理下にあったことから、決定は慎重なものであった。同時に、アルメニア教会は、自らが単性論派ではなく、むしろ、キリストの二つの本性を不可分と見なす自身の独特の解釈に従っていると主張した。キリストの人性は強調されなかったものの、それが完全に無視されたわけではなかった。多くの宗教の専門家はアルメニア教会を単性論派として分類している。しかしながら、厳格な単性論の教義を通して見ると、アルメニア人は真の単性論派ではない。より寛大な定義を採用するならば、アルメニア人は単性論派の教義をもう少しで保持するところであることになる。カルケドン公会議を拒絶する決定は、政治的なもの、または宗教的なものであったのだろうか？　それは恐らく両方であった。アルメニアの主教たちが、西アルメニアに対するビザンツの支配を目撃して、コンスタンティノープルの強力な宗教的階級制度が結局は彼らの教会を飲み込んでしまうことを恐れたということはあり得ることである。アルメニア教会の使徒の伝統は、カエサリアのギリシア人の主教がグリゴルを叙階して以来、アルメニア教会はコンスタンティノープル総主教に従属すると主張したギリシア人に長く挑戦されてきた。同時に、ペルシア人は、ネストリウス派やその他の異端キリスト教徒集団に寛大さを広げていた。独特の教義的立場と彼らの使徒の伝統を肯定することで、アルメニア人は彼らの民族教会を維持しただけでなく、ペルシア人をなだめた。

しかしながら、ビザンツ帝国からの圧力はその後の数十年間続き、皇帝ユスティニアヌスの治世の間に増大した。アルメニア人は最終的にコンスタンティノープルと分かれることを余儀なくされた。五五二年、アルメニア教会は自身の暦を採用し、五五四年、ドヴィンの第二の会議でコンスタンティノープルからの完全な断交を検討し、決定は六〇八年か六〇九年までには公式なものとなり、それは完全に独立したアルメニア教会の確立に帰着した。それはまたジョージア教会とアルメニア教会の分離にも帰着した。

ビザンツ領アルメニア

ビザンツ人たちは次第にビザンツ領アルメニアをその帝国の残りと似た領土に変形させようと試みた。既にビザンツ帝国の軍司令官であるドゥクス・アルメニアエ〔アルメニアの総督〕の強固な支配下にあって、部分的に同化されていた小アルメニアは、セバスティア〔スィヴァス〕を中心地とする第一アルメニア〔属州〕及びメリテネ〔マラティア〕を中心地とする第二アルメニア〔属州〕という行政単位に細分化された。三八七年の分割によってビザンツ帝国に与えられた大アルメニアは、内陸アルメニアとして知られるようになって、そこでは、コメス・アルメニアエ〔アルメニア伯〕として知られる文民総督がペルシアのマルズパンと同等の地位を有していた（**地図11**参照）。住民の協力を得るため、このビザンツの総督はその地方に残された数少ないナハラルたちを頼っていた。マミコニアン家やアルシャクニ家のような多くのナハラルや公たちは彼らの領土を有していたが、ビザンツ帝国に税を支払い、軍団を提供した。

カルケドンまでキリスト教会は統合されており、ギリシア語は上層階級の文章語に留まっていた。ナハラルたちは干渉されずにおかれ、大抵は帝国の行政を担った。内陸アルメニアの南部地区の、ソフェネ地方における特に今や五国連合または南部サトラップ管区として知られるナハラルたちは、同盟者、ペルシアに対する緩衝国と見なされ、前に述べたように、ビザンツ帝国の軍事的または行政的支配から独立していた。アルメニア人に対するペルシアの圧力もまた、ビザンツ人たちをより肯定的な光の中に描いた。これらの状況は、小アルメニアやビザンツ領アルメニアの諸地域の漸進的な同化に寄与した。民族を糾合すべき挑戦も、彼らの民族的アイデンティティに対する明白な脅威もなかった。

しかしながら、アルファベットの導入やそれに続く文学的、教育的活動は、アルメニア教会の独立した立場と結びつき、雰囲気を変化させた。コンスタンティノープルと緊密な関係を有する五国連合のナハラルたちが四八五年、反乱を起こした際、状況は悪化した。ペルシア領アルメニアのアルメニア人の反乱や抵抗がこれらのナハラルたちに彼らもまた反抗するように刺激したか、彼らがペルシアからの約束に誘惑されたのであった。反乱に続いて、ビザンツ帝国は五国連合を併合し、それを帝国の官吏によって統治されるべきアルメニアの残りと同様の地位の下に置いた。

別個の行政を有していたにもかかわらず、ペルシア領とビザンツ領のアルメニアは数多くの連絡経路を有していた。中国やペルシアからの交易はアルタシャトやニシビスを経由し、ビザンツ領アルメニアへ至った。ペルシアのネストリウス派たちは大規模な神学校や翻訳所をエデッサに維持しており、ペルシアからのアルメニア人たちはそこで学んだ。二つの地域の境界に暮らすアルメニア人たちの通婚はありふれたものであり、制限されていたものの旅行は許されていた。

皇帝ゼノンはビザンツ領アルメニアにおいて最初の主要な変化を開始した。彼は第一アルメニアや第二アルメニアと一致させるために、多くのローマ法を内陸アルメニアに導入し、国境のより厳格な管理を命じた。エデッサの学校は閉鎖され、ペルシア帝国のニシビスへのその移転を強要した。ビザンツ帝国のスパイたちは国境地域における彼らの活動を強め、ペルシア人に旅行の制限を強要した。ビザンツ人たちは、帝国の宮廷で大きな需要のある素材であった中国の絹のペルシアによる独占を打破することをことさら望んだ。ビザンツ帝国の敵対的な行動や遊牧民の侵入に対してコーカサスの山道を警備するための費用の彼らの分担の支払い拒否のために、ペルシアとの新たな闘争が始まった。

戦争（五〇三〜五〇五年及び五二四〜五三一年）はビザンツ領アルメニアとメソポタミアで戦われ、彼らはビザンツ帝国に対して優勢であったものの、ペルシアにおける国内問題によって、ビザンツ帝国の弱点に完全に付け入ることが彼らにはできなかった。しかしながら、五三一年、ササン朝ペルシアは異端者のマズダクや彼の信奉者を殺すことでそのマズダク教徒の問題を解決した。加えて、ホスロー一世は、一人を残して彼自身の兄弟たちやその男子全員を殺害することで王家の紛争を終わらせた。五三三年、アヌーシールヴァーンとして知られるホスローは、遂に皇帝ユスティニアヌスと「恒久和平」を締結し、その中でビザンツ人たちは、コーカサス防衛の維持に対して膨大な金額の金を支払い、彼らの東方国境に対して不十分な攻撃的姿勢を保たなければならなかった。

ユスティニアヌス時代のビザンツ領アルメニア

ペルシアとの戦争を解決して、ユスティニアヌスは、ビザンツ領アルメニアにおいて主要な変化に着手し、帝国の再編を開始した。五三六年、彼は、アルメニアにおけるさまざまな行政職が全て廃止され、テオドシオポリスに本拠を置く単一の軍事司令官（マギステル・ミリトゥム・ペル・アルメニアム）の下に併合されることを宣言した。ビザンツ帝国とペルシアを分離する新たな要塞によって、ビザンツ領アルメニアは事実上、その隣国から封鎖された。二つのアルメニアの住民たちは、もはや、混ざり合ったり、商業的、文化的交流を通したいかなる程度の結束をも維持することができなくなった。

ユスティニアヌスはビザンツ領アルメニアを四つの行政単位に区分した。それは、テオドシオポリスを中心地とする第一アルメニア（内陸アルメニアに加えて旧第一アルメニアの大半）、セバスティアを中心地とする第二アルメニア（旧第一アルメニアの残りに加えて北西の追加分の領土）、メリテネを中心地とする第三アルメニア（旧第二アルメニア）、マルティロポリスを中心地とする第四アルメニア（五国連合すなわち南部サトラップ管区）である（**地図12**参照）。ビザンツ領アルメニアの帝国の残りへの併合を確実にするために、それぞれの地域に総督や徴税官が居住した。

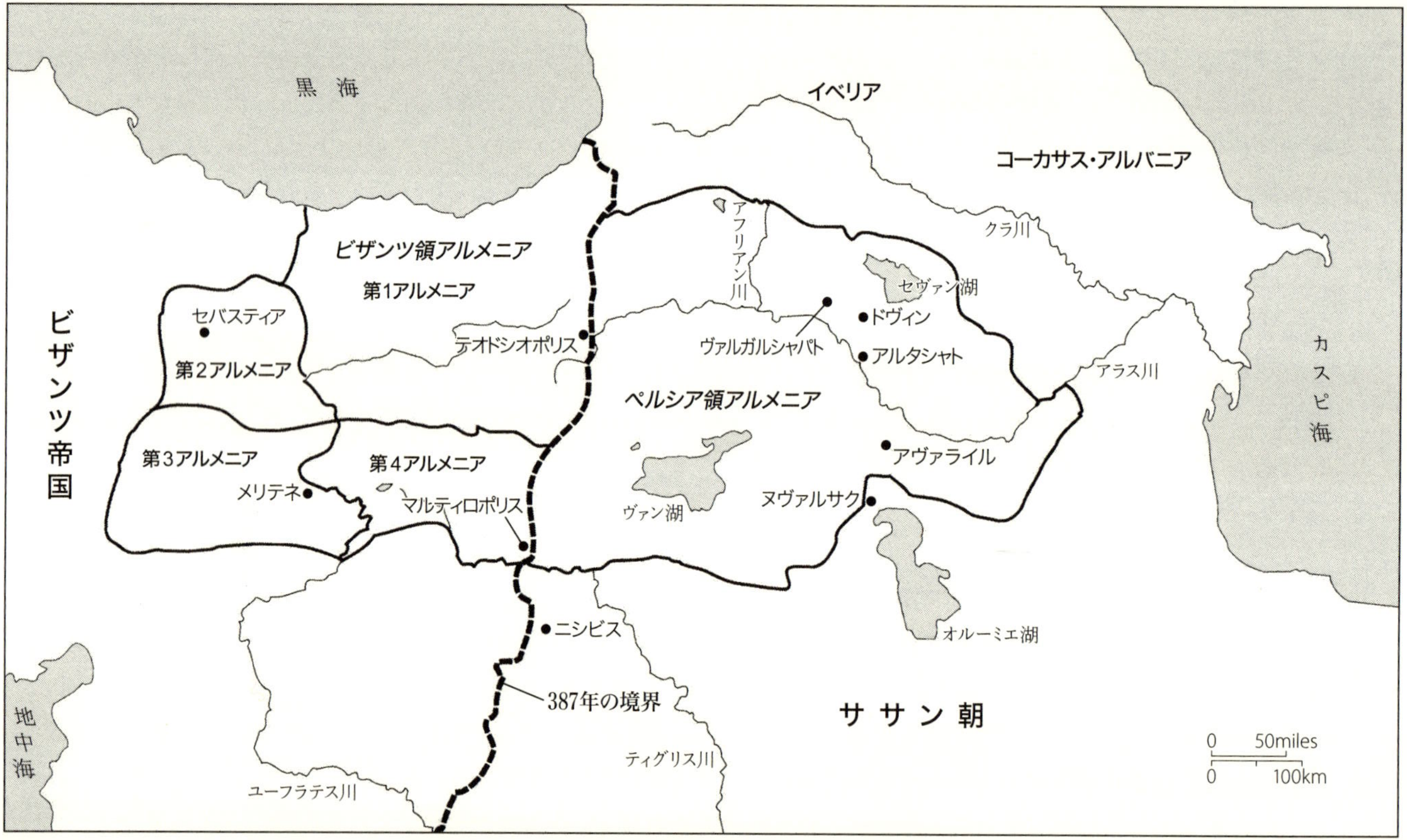

地図 12　ユスティニアヌス時代のアルメニア（西暦 536 年）

ナハラルたちは自治権を失い、ビザンツ人たちはアルメニア人たちを可能な限り同化させるための法案を導入した。ローマ法はビザンツ領アルメニアの全てに完全に拡大され、ナハラルたちに深刻な結果をもたらした。ローマ法の下では、女子たちや年少の男子たちは相続できた。したがって、家の最年長の男性すなわちタヌテルの統率の下に幾世代にも渡って彼らの土地を無傷で保ってきたアルメニア人のナハラルたちは、今やそれらを子供たちの間で分配することを強要された。ナハラルたちの土地は、結局のところ、力なきより小さな保有地に分割されるのであった。多くのアルメニア人貴族たちは公然の反乱に立ち上がり、ビザンツの官吏たちは殺され、支援を求めるためにペルシアを向くナハラルたちさえもいた。これらのナハラルたちはバルカン半島に追放されるか、ビザンツの官僚機構に招集された。以前から始まっていたアルメニア人の同化は、六世紀の間にも続いた。ビザンツ帝国の国境の武装要塞、その拡張主義政策、そして、特に、その絹製品の密輸入は、ホスローを憤慨させた。ビザンツ区域のアルメニア人ナハラルたちからの要請によって、ペルシア人たちが新たな戦争を五四〇年に開始するのを促し、それは五六二年まで長引いた。五〇年間の休戦がその後樹立され、それによって、ペルシアはコーカサスの山道の警備の費用を負担することになったが、ビザンツ帝国から金で年貢を受け取ることになった。

ペルシア・ビザンツ闘争と第二次アルメニア分割

両アルメニアにとって、状況は六世紀の最後の四半世紀までに悪化した。五七一年、ペルシア人のマルズパンはドヴィンに拝火教寺院を建設した。ペルシアのアルメニア人たちは、「赤い」ヴァルダンとして知られるもう一人のヴァルダン・マミコニアンの主導の下、反乱を起こし、皇帝ユスティヌス二世の保護を求めた。ペルシアに金で膨大な年貢を支払うことを望まない皇帝は、五七二年、休戦を破った。彼はペルシアのアルメニア人たちに援助を申し出たが、戦争がビザンツ帝国に不利になると、ユスティヌスは退位し、彼の後継者たちは五七五年、メソポタミアの諸地域を保持するために、ペルシアと和議に達した。ヴァルダンや多くのアルメニアのナハラルたちは、彼らの追随者たちと共にビザンツ帝国へ逃れた。しかしながら、この休戦もまた続かず、二つの敵対勢力は再びビザンツ領アルメニアで戦った。皇帝マウリキウス（五八二～六〇二年）は、ペルシア人との戦いにおいてより成功を収めた。彼はペルシアとの国境地帯について焦土作戦を命じ、両アルメニアを犠牲にして広大な無人地帯を造り出した。それらの地域で自らの住居を失ったアルメニア人たちは、その後キプロスに移送された。五九一年、バフラーム・チョビーンがパルヴィーズとして知られるホスロー二世を退位させた際、マウリキウスはビザンツ帝国の国境を広げる機会を見出した。同年、マウリキウスは介入し、ペルシアの王子が王位を取り戻すのを助けた。ペルシアの国内問題において新たに獲得した優越によって、ビザンツ帝国は今や年貢を無効にすることだけでなく、ペルシア領アルメニアの大部分を受け取ることが可能になった。この二回目の分割において、二つの区域の間の境界は今やヴァン湖の北東端からフラズダン川を昇ってセヴァン湖の北西端まで伸びた。ドヴィンはペルシアの領域に留まったが、エレヴァンはビザンツ側に落ちた。追加された領土は内アルメニア、低アルメニア、深アルメニアと名付けられた。

事態を複雑化させることには、ビザンツ人たちは、彼らの旧アルメニアの所有地を再命名した。第一アルメニアは大アルメニアとなり、第二アルメニアは同じままで、第三アルメニアは第一アルメニアと再命名され、第三アルメニアという語は使用されなくなった。そして、ユスティニアナと呼ばれた第四アルメニアは、五国連合だけでなく、北方や東方の追加の領土を包含した（**地図13**参照）。マウリキウスとホスローの両名はアルメニアの人口を激減させ、そのナハラルたちをアフリカ、バルカン半島、中央アジアで戦わせるために彼らの帝国のさまざまな部分に派遣する政策を実行した。

六〇二年のフォカスによるマウリキウスと彼の子たちの殺害により、ペルシアとの新たな戦争が始まった。ホスロー二世は徹底的にビザンツ人たちを破り、コンスタンティノープルから一・六キロ以内まで迫った。戦争はフォカスの

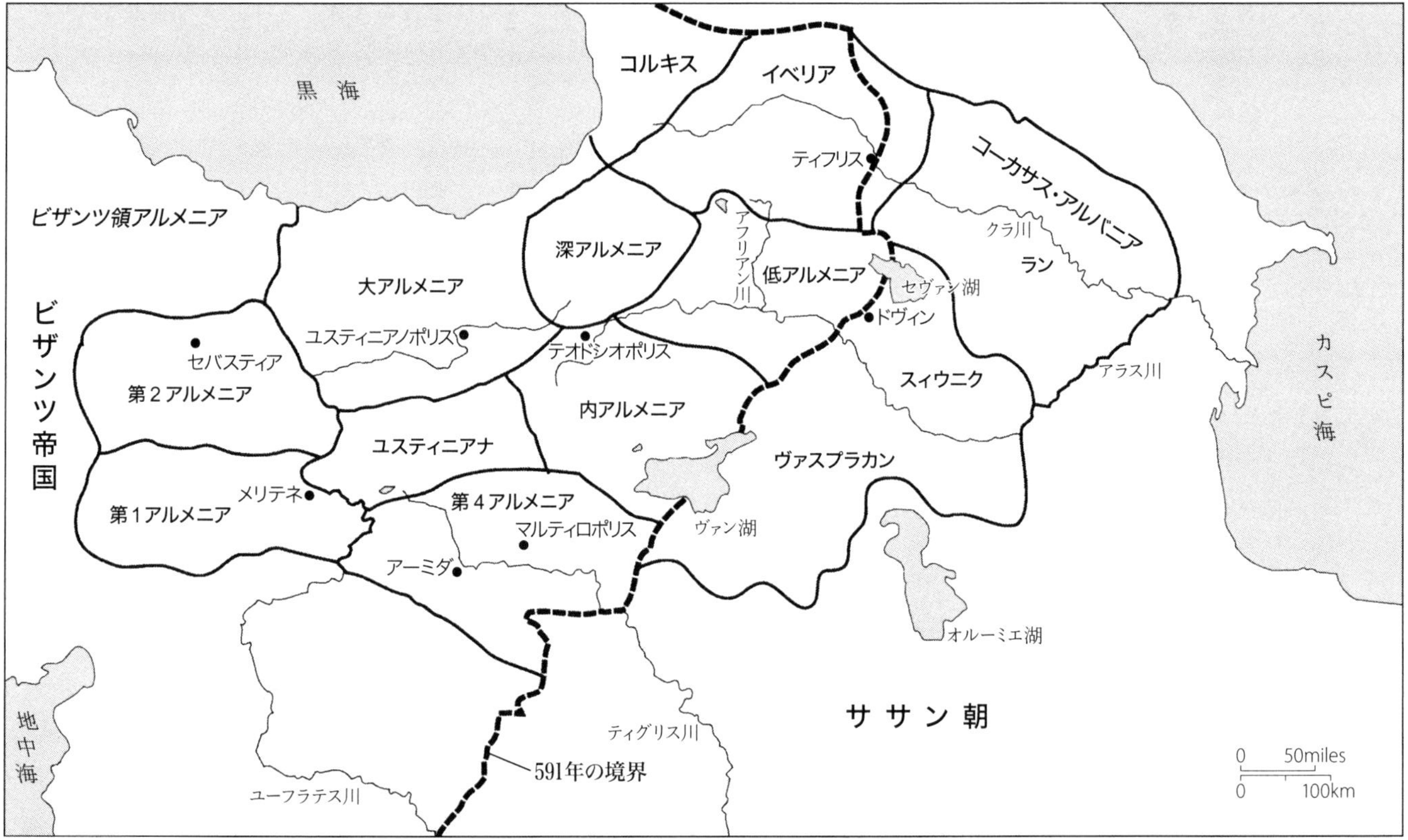

地図 13　第二次アルメニア分割（西暦 591 年）

死や六一〇年のヘラクレイオスの即位の後も続いた。六二〇年までにペルシア人たちはアルメニア全土、中東、小アジアの大半を征服し、（その上でキリストが磔刑にされた）聖十字架をエルサレムからクテシフォンへ持ち去った。皇帝ヘラクレイオスがペルシアの前線のより近くまで軍団を輸送するために彼の海軍を用いることを決定した際、ビザンツ帝国における状況は絶望的であった。六二二年のビザンツの攻勢は成功となり、六二八年までに小アジア、中東、アルメニアはビザンツの手に落ちた。ホスロー二世は彼自身の軍隊に殺された。その後、彼の子はヘラクレイオスと和平を結び、聖十字架を返還し、五九一年の協定と国境を受け入れた。それ以来、ササン朝はビザンツ帝国を脅かす立場ではなくなり、急速に衰退した。

ヘラクレイオスは彼の前任者たち以上に、アルメニアの戦略的重要性を悟っていた。ビザンツ帝国の西方国境で今や頻発するアヴァール人やスラヴ人の侵略に集中するため、彼は強力な同盟者と彼の東方側翼における安定したアルメニアを必要とした。したがって、彼は「アルメニア公」という地位を創設し、アルメニアの行政を支配するために、マミコニアン家の者ではなく、弱小のナハラルの家系を選んだ。彼が選んだ男は、アルメニア史の次の時代において重要な役割を果たすことになるテオドロス・ルシュトゥニであった。

文学、学問、芸術

二世紀に及ぶ荒廃、国外追放、交易の中断は両アルメニア、とりわけビザンツ領アルメニアに影響した。それゆえに、これらの世紀を通して芸術的、科学的、文学的活動が継続されただけではなく、活発化したことは驚くべきことである。

建築はその表現をこの時代に建設された数多くの教会において見出し、それはバシリカ式で十字形の中央に丸屋根を配した構造であった。マスタラの聖ホヴァネス、アヴァン、聖リプシメなどの大聖堂や、オズン、聖ガヤネ、アルチュなどの教会は、全てこの時代のものである。多くの建築史家は当初、アルメニア人が角支えの上の石から丸屋根を建設した最初の者であると主張した。この見解は、同じような構造が同時にさまざまな国で設計されたと主張する新たな意見によって取って代わられた。それにもかかわらず、アルメニアの建築設計がジョージア、コーカサス・アルバニア、バルカン半島の教会建築に影響したということは事実である。この時代の主な彫刻は、祈りの場のいくつかの浮彫で、エレヴァンの北方に位置するプトグニの教会が好例であり、教会の創設者であるナハラルのアマトゥニがライオンを狩る装飾が詳細に施されている。絵画はわずかな例が現存するのみで、その最重要のものは、ビザンツとササン朝の芸術を独特のアルメニア様式に巧妙に混合した挿絵入りの福音書である。

ペルシア領アルメニアにおける政治的、社会・経済的状況の方が文学活動にとってより好ましいものであったが、ビザンツ側もまた、アルメニア語に翻訳された多くのギリシア語の哲学的、科学的作品で貢献した。

文学、特に歴史、神学、哲学におけるアルメニア独自の作品は、この時代では非常に重要だった。実際、五世紀は、アルメニア文学の「黄金時代」と呼ばれている。最初の歴史的作品は恐らく、パヴストス・ブザンド〔ビザンティウムのパヴストス〕の作品と考えられているものである。彼の『叙事詩』は四世紀の出来事を三八七年のアルメニアの分割まで描写している。著者はマミコニアン家の猛烈な支持者であり、ペルシアやビザンツ帝国についての価値ある情報を提供している。彼の作品は四世紀にギリシア語で書かれ、次の世紀にアルメニア語に翻訳されたか、あるいは、五世紀のある時期にアルメニア語で書かれたかのどちらかである。ダヴィト・アンハグト（無敵の）は、ギリシアの哲学的作品に関する注釈と共に、独自の哲学的文書を書いた。コグブのエズニク〔エズニク・コグバツィ〕は、ゾロアスター教、マニ教、グノーシス主義を論破する論文『異端に対して』を書いた。歴史家のアガタンゲゴス（アガタンゲロス）は、『アルメニアの改宗の歴史』を書いた。コリウンは彼の師であるメスロプ・マシュトツの伝記を書いた。アヴァライルの戦いや四三〇年から四六五年までの時期の出来事は、エギシェの感動的な『ヴァルダンの歴史』で年代記となった。三八四年から四八五年までの時期のアルメニアの分割やゾロアスター教に対するアルメニアの戦いは、『パルピのラザルス（ガザル・パルペッツィ）の歴史』の中で描かれた。アルメニアの殉教者たちを描く文学作品もまたこの時期に書かれた。その中で最も注目すべきものは、ヴァルダン・マミコニアンの娘についての『シュシャニクの殉教』である。

この時代の最も野心的な作品は、ホレンのモヴセス〔モヴセス・ホレナツィ〕のもので、彼の『歴史』は、アルメニア民族の起源で始まり、四四〇年に終わる。ホレナツィの作品に関しては活発な議論がなされてきており、この作品が五世紀に書かれたということはどうしてもあり得ず、約三世紀後に創作されたと主張する研究者たちもいれば、それが確かにこの時代のものであると主張する者たちもいる。いずれにしても、その多くの年代学上の不正確さにもかかわらず、恐らく五世紀に創作されたその作品は、アルメニア史の初期の情報に満ちている。

この時代の厖大な文学的活動、翻訳活動は、民族意識の高まりやペルシア及びビザンツ両者の文化的、宗教的圧力に対する闘争において、鍵となる要素となった。さらに、それはアルメニア人たちを、さらに重大な挑戦であるアラブの侵略及びイスラームの到来に備えさせた。

8　啓典の民
アラブ支配下のアルメニア（六四〇年頃〜八八四年）

アラブによるアルメニアの占領の二世紀半〔の期間〕は、中東全域、北アフリカ、スペイン、シチリア、キプロスのムスリムによる征服と時を同じくした。ムスリムの成功の大きさに対するその最初の衝撃の後、ヨーロッパは、コンスタンティノープルとトゥールでアラブ人たちを破ることで、ようやく彼らの拡大を中断させることに成功した。この時代の終わり頃、シャルルマーニュが皇帝として戴冠された際に、ヨーロッパはローマ帝国の復活を試みた。インドでは、サンスクリット演劇の絶頂期や最良の石造建築の時代が目撃された。それはシンドからの最初のムスリムの攻撃に抵抗し、短命のハルシャ王国〔ヴァルダナ朝〕を建国した。唐王朝は中国における新たな勢力として自身を揺るぎなく確立した。日本は大化の改新の詔に続いて、その天皇政権を創設した。アメリカ大陸では、マヤ文明がその絶頂期にあり、ティアワナコ・ワリ時代がペルーで始まった。

アラブのアルメニア侵略

六四〇年の襲撃によって始まり、八世紀末にアルメニアの大半の支配で終わったアラブの侵略によって、初めて大アルメニアの民族構成に多少の変化が始まった。以前の侵略者や征服者の中でアルメニアに定住した者はいなかった。むしろ、前の攻撃者たちは、彼らの帝国を東方または西方の彼らの対抗者たちのそれと隔てる小アジアもしくはメソポタミアを略奪するか、政治的支配を確立するために到来したのであった。彼らは組織化され中央集権化された官僚機構や帝国を代表し、その市民たちは、彼ら自身の住まいや文化を捨てて永久に異国の土地に定住する気はなかった。アラブ人たちは違った。彼らの軍勢は多くの部族の中から徴募されていた。これらの多くは中央政府から封土を受け取り、シリア、メソポタミア、ペルシア、アルメニアに定住した。それに続く八世紀の間、クルド人、トルコ人、モンゴル人、トルクメン人たちなどのその他の遊牧民たちはアラブの例に倣うことになった。彼らがアルメニアに定住するにつれて、今度はアルメニア人たちが殺されたり、改宗させられるか、移住させられ、現代のアルメニア史に著しく影響を与える状況が生まれた。

ペルシアを即座に征服したのとは異なり、アラブ人がアルメニアを従属させるのには半世紀を要した。アルメニアの山々やその分権的で分割された階級制度や行政機構は長年、抵抗する孤立地帯を守った。最初の襲撃は六四〇年に始まり、ドヴィンを占領することに成功した。ヘラクレイオス帝にアルメニア公（イシュハン）として任命され、一年前にペルシア領とビザンツ領のアルメニアを単一の存在に統一したテオドロス・ルシュトゥニは、さらなるアラブの襲撃に二年の間、抵抗した。六四四年、より大きなアラブ軍がアルメニア・ビザンツ軍を撃退した。ビザンツ人たちは敗北の廉でルシュトゥニを非難し、彼を交代させようと試みた。同時にビザンツ皇帝は、ペルシアやアルメニアにおけるアラブの戦闘を利用し、アルメニア教会に対してカルケドンの決定を押しつけようと試みた。ルシュトゥニと「建設者」として知られるカトリコスのネルセス三世は、ドヴィンにおいて教会会議を招集し、六四九年、これらの試みを拒絶した。

ウマイヤ朝とアルメニア

六五〇年、シリア総督のムアーウィヤは大軍を派遣し、それはアルメニアの大半に入り込んだ。ルシュトゥニはヴァスプラカンを防御し、アラブ人に対するササン朝またはビザンツ帝国の行動を期待した。しかしながら、ルシュトゥニが直面したものは、あらゆる支援の前提条件としてカルケドンの規範を受諾することへの引き続くビザンツ帝国の要求と、アラブ人の前でのササン朝の最終的な崩壊であった。六五二年、ルシュトゥニは多くのナハラルたちと共に、アラブ人と和睦するという運命的な決定を行った。

ムアーウィヤとの協定はアルメニア人にとって好都合なものであった。アルメニアは多年に渡って徴税を免除された。アラブ人たちは、戦争の際に、彼らが維持に同意したアルメニア人の騎兵を頼りにすることができた。アルメニアに配置されたアラブ総督はおらず、アラブの軍団はビザンツ帝国の攻撃に対してアルメニアを保護することになっていた。アルメニア人はジズヤすなわち人頭税を支払わなければならなかったが、「啓典の民」として彼らはまた信仰の自由を保障された。ルシュトゥニはしたがって、彼がビザンツ帝国のキリスト教徒の皇帝から手に入れることができなかったものをムスリムの支配者から手に入れることに成功した。

中東におけるこの新勢力の勃興は、アルメニアにとって重大な政治的変化を意味したが、それらの全てがアルメニアにとって損失というわけではなかった。ササン朝が滅ぼされ、ビザンツ帝国がユーフラテス川西岸に押し返されたことで、千年の間で初めてアルメニアでの、もしくはアルメニアを巡る重大な東西の争いが存在しなくなったのであった。さらに、三八七年以来初めて、大アルメニアが統一され、その人々が彼らの支配者によって単一の集団と見なされた。不幸にも、これはまたバグラトゥニ、マミコニアン、グヌニ、カムサラカン、アルツルニ、アマトゥニ、スィウニ、ルシュトゥニなどのアルメニア貴族の一族が、アルメニア人の指導者の地位を手に入れるために彼ら自身同士で戦うことを意味した。

ダマスカスとルシュトゥニとの間の条約は、ビザンツ人と彼らのアルメニアの支持者を怒らせた。マミコニアン家とカトリコスは協定を拒絶し、ルシュトゥニを追い出すためにビザンツ軍に加わり、彼はスィウニクの山岳地帯に逃亡した。ムアーウィヤは新たな軍を派遣し、それはその後ビザンツ人たちに撤退を余儀なくさせ、ルシュトゥニを復権させた。

六五四年のルシュトゥニの死は、カリフ位における危機やスンニー派・シーア派の対立と重なり合って、ビザンツ人たちにマミコニアン家の者たちを復権させる完全な機会を与えた。カトリコスのネルセスもまた復権し、ズヴァルトノツの教会の建設を急いで完成させた。しかしながら、六六一年までにカリフ位をめぐる争いは終わった。ムアーウィヤの率いるウマイヤ家はアリーや彼の信奉者たち（シーア派）を破り、王朝を樹立した。ウマイヤ朝は今やカトリコスやマミコニアン家の者たちに、アルメニアの統治と引き換えにアラブの宗主権を受け入れ、年貢を金で支払うことを強要した。

ビザンツ帝国は、アルメニアを政治的にも教会の見地からも従属させるために彼らの圧力を一新した。ユスティニアヌス二世と彼のハザールの同盟者たちは七世紀末にアルメニアを侵略したが、アルメニア・アラブ軍に敗れた。アラブ人たちはまだアルメニアに定住を始めていなかったので、アルメニアは差し当たり、広く自治権を有する状態に留まった。アルメニア人たちは教会や要塞を建設した。農業が発展し、交易は大いに増大した。政治権力は、共にアラブの宗主下にあるマミコニアン家とバグラトゥニ家との間で交互に担われた一方で、残りのナハラルたちは祖先から受け継いだ自らの土地を維持した。一般に信じられていることに反して、この時代の間、ムスリムによる宗教的迫害はなかった。カトリコスたちは自由に旅行し、ジョージア人の例に従いギリシア教会と連合しようと試みて失敗したコーカサス・アルバニア教会の管轄を維持した。

相対的な平和と繁栄は八世紀に終わりを迎えた。末期のウマイヤ朝や特に彼らの後継者であるアッバース朝は、一層の税を必要とする広大な帝国を形成した。税はアラブ帝国の隅々で引き上げられ、それらを徴収するために中央集権的支配が相当に強化された。引き続くハザールとビザンツ帝国のアルメニアへの侵入は、アルメニア人の指導者たちがアラブ帝国のアルメニアの国境を有効に防御できないことを明らかにした。六五二年の協定で規定されたように、アルメニア騎兵の維持の費用を支払わなければならなかったウマイヤ朝にとって、アルメニアは重荷となりつつあった。そこでの直接統治はさらなる支配とさらなる税収を保証するのであった。こうして、七〇一年、ウマイヤ朝カリフは彼の弟を大軍の長として送ることで、アルメニアの正式な併合を開始した。

ビザンツ帝国とアラブ人の両者が彼らの支配下にあるアルメニアの領土を再編成した。大アルメニアにおける自らの領域を失ったビザンツ帝国は、第一及び第二アルメニアをテマと呼ばれる軍管区に置き換え、その内の主要なものはアルメニアコンと呼ばれた。行政と軍事の問題を担当する司令官がそれぞれのテマを統率した。軍隊は現地で徴用され、彼らの軍事奉仕と引き換えに土地を与えられた。土地を売ることはできなかったが、その代わりに、彼らの子たちに受け継がれ、彼らは軍務の責任を引き受けた。結局のところ、これらのテマはより小さなものへ分解され、トルコ人の到来までビザンツ人の軍事総督たちの支配下に留まった。ウマイヤ朝は「アル・アルミーニーヤ」という州を創設し、それには大アルメニアの大半、ジョージア東部、コーカサス・アルバニアが含まれていた（地図14参照）。ドヴィンは地方の中心地となり、ムスリムの総督すなわちオスティカンの所在地となった。アラブ人たちは主要な町々に守備隊を駐在させた一方で、アルメニア人のナハラルたちは、ただ一つの一族が優越を得ることなく、オスティカンの下で自治を維持した。アルメニアにおいてイスラーム法が施行され、多くの宗教的、世俗的指導者たちが人質としてダマスカスに連行された。七〇三年までに、このような抑圧的な政策に不満を抱いたナハラルたちは反乱を起こし、ビザンツ帝国の支援を請い求めた。反乱はさらに多くのアラブ軍をもたらし、教会は留め置かれたもののナハラ

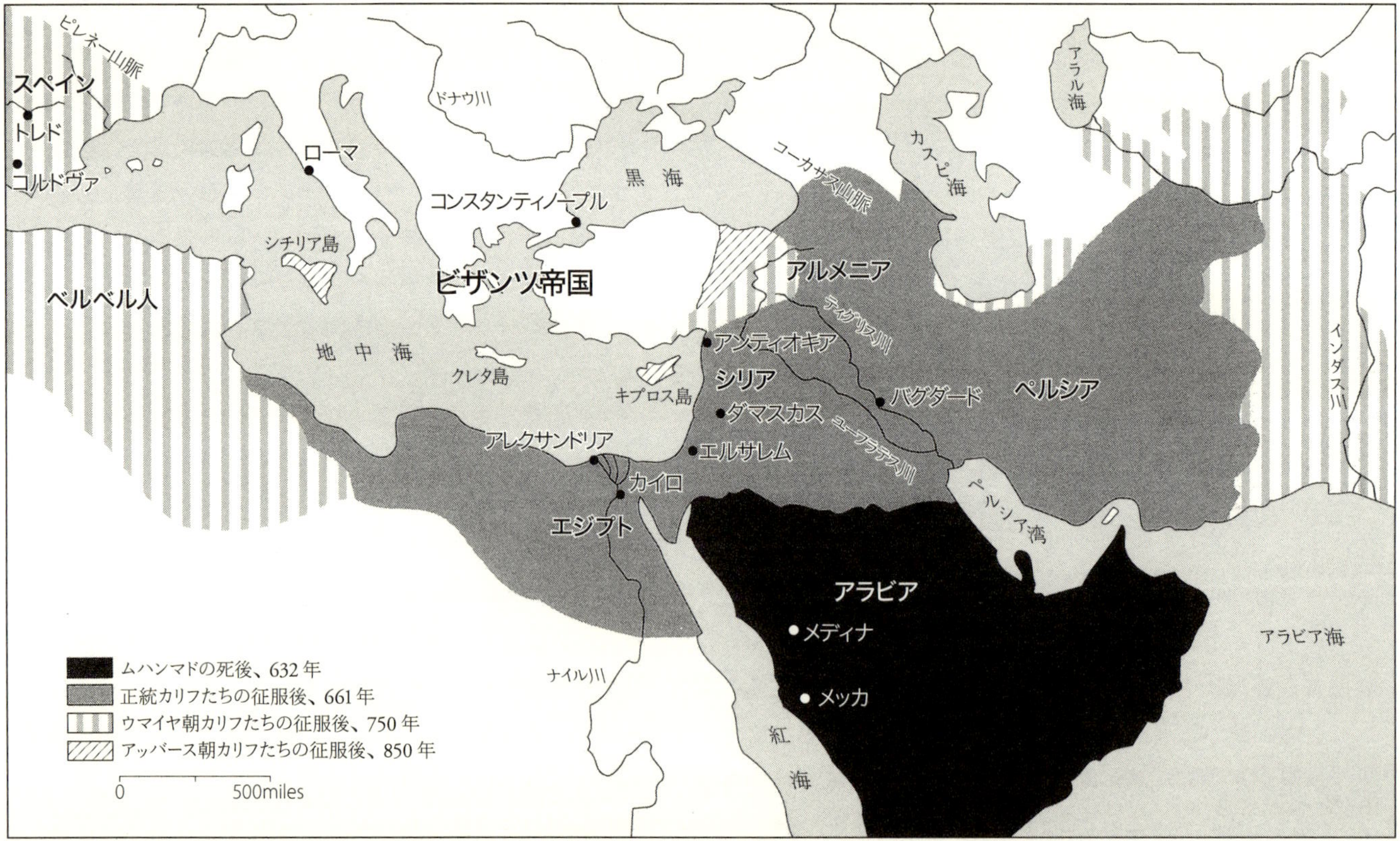

地図 14　イスラームの拡大

ルの身分の者たちはナヒチェヴァンの虐殺で大部分が殺された。

七〇五年までに、ハザール人に攻撃され、国内では不満をもつ非アラブ人ムスリムの住民に直面したウマイヤ朝は、規制を緩和し、再びアルメニア人たちに一定の自治を許した。ナハラルたちの中にはアラブ人たちと共にハザール人に対して戦う者もおり、その後の二〇年間はアラブ人たちとアルメニア人たちとの間の緊密な協力の時代であった。アラブ人たちは、反乱に参加せず、イスラーム法によればアルメニア人たちの第一の指導者と見なされた教会に対して、特に寛大であった。この風潮によって教会は初めて教会法典の収集を組織化することが可能になり、それはアルメニア教会史において画期的事件となった。

パウロ派

教会法典の収集の第一の動機は、恐らくパウロ派の出現であった。パウロ派の運動は六世紀末に始まったが、イスラームの勃興と既存の教会の勢力の弱体化の後の七世紀に勢いを増した。パウロ派は、二元論的な教理、つまり、善と悪という普遍的に相反する力への信仰を維持する、初期キリスト教やマニ教の異端派の後継者であった。パウロ派は下流階層の成員で、体制の伝統的な社会的価値観に反対した。彼らは生殖、肉食、財産の所有に反対し、地下運動を形成し、アルメニア人、アラブ人、ビザンツ人の宗教的、世俗的権威に対して武装攻撃を主導した。七世紀末までに、パウロ派の運動はアルメニア、ペルシア、メソポタミア北部の各地に広がっており、国家権力に対して重大な脅威となっていた。七一九年、ナハラルたちやアラブ人たちに支援されたカトリコス、オズンのホヴァネス〔ホヴァネス・オズネツィ〕はドヴィンで会議を招集し、そこで彼はパウロ派の抑圧を公に命じた。同様の布告は七二六年にもう一つの会議において制定された。パウロ派は結局アルメニアを去り、ユーフラテス川の北西に共和国を樹立し、そこで彼らはビザンツ帝国側における棘として留まった。七二六年にはまたビザンツ帝国において、イコンを巡る世紀をまたいだ論争の始まりが目撃され、それはしばらくの間、ギリシア教会によるさらなる干渉からアルメニア教会を解放した。

アッバース朝とアルメニア

七五〇年、ムスリム世界において一つの事件が起こり、それは新たな秩序をもたらし、アルメニアとのその関係を変化させた。それはアッバース革命であった。ウマイヤ朝と異なり、アッバース朝は単なるアラブ帝国というよりもむしろ、真のイスラーム帝国を形成した。ペルシア人、トルコ人、そしてキリスト教徒の改宗者たちでさえもが、アラブ人と同様に今や高い地位を手にすることができた。首都はアラブの中心地であるダマスカスからバグダードへと移され、行政はより帝国的なものになった。財政上の必要から、すでにウマイヤ朝時代末期の間に高まっていた税は増加された。

アルメニア人はダマスカスにおける混乱を利用して小規模な反乱を実行し、アラブ人に対するビザンツ帝国からの援助を求めた。マミコニアン家とバグラトゥニ家との間の対立は、ビザンツ帝国の聖像破壊論争と同様に、反乱の成功を挫折させ、アッバース朝はまもなくアルメニアに対するアラブ人の支配を回復させた。アッバース朝に親ウマイヤ朝派と見なされていたバグラトゥニ家も、親ビザンツ派と見なされていたマミコニアン家も、アッバース朝の当面の信用を得ることはなかった。交易の衰退、事実上の銀の消失、重税、アルメニア人騎兵の維持は、今やアルメニア人たちにふりかかり、アマトゥニのような一部のアルメニア人ナハラルたちは、コンスタンティノープルへの移住を余儀なくされた。しかしながら、八世紀の第三四半世紀までに、バグラトゥニ家はアッバース朝との関係を修復することに成功し、アルメニア人の指導者としての彼らの承認を勝ち取った。

マミコニアン家、アルツルニ家、そしてビザンツ人たちはこの友好関係を喜ばず、七七四年、アルメニアにおいて反乱を煽動し、その中で多くのアラブ人の徴税人たちが殺された。バグラトゥニ家はその他のナハラルたちに、バグダードを怒らせることに対して警告した。しかしながら、彼らの警告は無視され、アラブ人たちに立ち向かうためにアルメニア軍が招集された。七七五年のバグレヴァンドでのアルメニア人の敗北によって、ナハラルたちの有力な世代の大半の命が犠牲になり、ルシュトゥニ家、グヌニ家、マミコニアン家などの多くのアルメニアの一族を著しく弱体化させた。実際のところ、後者がアルメニア史において再び重要な役割を果たすことは決してなかった。その一方で、バグラトゥニ家はアルメニア人たちの指導者としての彼らの地位を確保し高めた。

ハールーン・アッラシードの治世（七八六～八〇九年）には、八世紀末までにアッバース帝国の統合が完成され、アルメニアやアラブ世界にとってもう一つの重大な変化が示された。初めて、アラブ人の兵士たちや商人たちが、アルメニアを含むアラブ人の保持する領土に定住し新たな共同体を築くことが積極的に奨励されたのである。交易はアフリカの沿岸諸都市や南アジアにイスラームを広めた。アッバース朝はアルメニアやトランスコーカサスのその他の地域を支配させるために、もしくはそこに入植地を創設させるために、アラブ人の一族たちを任命した。バルダ（パルタヴ）、ティフリス、ギャンジャ、ドヴィン、ナヒチェヴァン、ディアルベキル（ディヤルバクル）はアミール〔総督〕たちによって統治されるアラブの行政の中心地となった。通婚や強制または任意の改宗が行われ、シャイバーニーやジャッハーフのようなアラブ人の氏族中には、アルメニア人ナハラルたちの階層に同化する者さえいた。アル・アルミーニーヤ州は今やアルメニア、ジョージア、アラン（コーカサス・アルバニア）に分割された。アラブ人アミールたちはもはや臨時の総督つまり駐屯軍の司令官ではなく、ヴァン湖近郊に定住したカイスィート家のように、アルメニアの各地を彼らの新たな故郷とした。アルメニアにとって幸運なことには、これらのアラブ人アミールたちが人口の多数派を含むことも、彼らが統一されることもなかった。

ハールーン・アッラシードの死によって、カリフ国や中央のアラブ人の権力の長期の衰退が始まった。衰退の間、アミール国はアッバース朝から独立して行動し、オスティカンはドヴィンからアルメニア東端のバルダに移ることを余儀なくされた。アラブ人の権威の細分化によって、アショト・ムサケル（肉食の）（七九〇〜八二六年）の下でのバグラトゥニ家の指導力の復活の機会が提供された。

バグラト朝の台頭

九世紀初頭、アショトは弱体化したマミコニアン家とカムサラカン家を犠牲にして彼の領域を拡大した。彼はカリフ国と関係を絶ち、多くの独立したアミールたちと衝突し、「アルメニア公」の称号を与えられた。一方、彼の叔父はイベリア（ジョージア）・バグラトゥニ王家を樹立した。八二六年のアショトの死に際して、彼の最年長の子のバグラトが「諸公の公」の称号を引き受け、その一方で、彼の年少の子はスパラペトに任命された。その合間に、ヴァスプラカンにおいて、アルツルニ家もまた権力基盤を築き、一方で、スィウニクの公たちは、八一六年にバグダードに対して反乱を起こし、アランとアゼルバイジャンとの間のアルツァフのいくつかの部分において権力を樹立したマズダク教徒のペルシア人であるバーバクと婚姻同盟を結んだ。アルメニア人の一族の中には、バグダードに対して、さらにはその他のアルメニア人に対してすらムスリムたちと同盟した者もいたことを述べるのは重要なことである。同じことはムスリムたちについても真実であって、彼らはその他のムスリムたちに対してアルメニア人たちと同盟したのであった。バグダードにおいては、ハールーンのペルシア人の妻の子であるマームーンとトルコ人の妻の子であるアミーンとの間の後継を巡る内部争いが存在した。マームーンが結局は勝者となり、彼の弟のムータシムが跡を継いだ。

八三六年、ムスリムのペルシア人将軍であるアフシーンがムータシムによってバーバクを捕らえるために送られた。アフシーンはアルメニア人たちやペルシア人たちに、彼らがバーバクに対抗して協力した場合、一定の自治と税の免除を約束した。バーバクは裏切られ、一年後に捕らえられた。多くの彼の追随者たちはその後もう一人の指導者であるマーズィヤールの許に集まり、イスラームに改宗したカスピ海地方のペルシア人地主たちに対して社会革命を開始した。アゼルバイジャンで影響力を得たアフシーンは、反乱者たちを後押しした廉で非難され、八四一年、カリフによって殺された。結局、アゼルバイジャンにおいてサージー家から新たな将軍が任命され、この氏族はアルメニアに対して重大な影響を与えることになるのであった。トンドラク派として知られる異端の集団の出現と共に、ペルシアにおける社会的不安がアルメニアに広がったのもこの時期であった。トンドラク派は、彼らの共和国の崩壊後、ビザンツ帝国の迫害を逃れたパウロ派の残存者たちか、バーバクの追随者たちか、または、それらの集団のどちらかに影響された社会の下流階層の人々であったと思われる。

一方、ムータシムはトルコ人の奴隷と傭兵を彼の主力の軍隊のために採用し始めた。ローマにおいてますます増加する権力を確立したドイツ人のプラエトリアニの警護部隊と概ね同様に、この政策は、十世紀初頭のペルシア人のブワイフ朝の到来までに、トルコ人によるカリフ国の支配に帰着した。トルコ人、アラブ人、ペルシア人の派閥間の対立によって、ムータシムは八三六年、首都を北方のティグリス川東岸のサーマッラーへ移すことを余儀なくされ、八七〇年までそこに留まった。

八四七年、トルコ人たちはサーマッラーで新カリフとしてムタワッキルを任命した。新カリフはカリフ国の権力を回復するために最も厳しい手段を採用した。ギリシア語の哲学的作品の翻訳は中止され、ユダヤ人やキリスト教徒は迫害された。

アルメニアにおいて第二の主要な反乱が八五〇年から八五一年に起こったのはこの背景に対してであり、今回はムタワッキルの税と抑圧的な政策に対してであった。新たなオスティカンがアルメニアに送られたが、入境を拒絶された。その代わりに、アショト・ムサケルの子、バグラト・バグラトゥニは要求された税と共に使節をカリフ自身の許に送り、カリフの臣下ではあるものの、アルメニアがその自治的な地位を保つつもりであることを表明した。カリフはこの行為を反乱と見なした。オスティカンの軍隊はアルメニアを侵略したが、ヴァスプラカンのアルツルニ家と同盟したバグラトに破られた。カリフはその後、新たな軍隊を送った。アルツルニ家は贈り物を送り、それはヴァスプラカンのナハラルの母であるリプシメ夫人によって届けられ、彼女は彼女の領域のアラブ人の侵略を停止させることに成功した。バグラトは孤独に戦うことを強いられ、まもなく捕らえられてサーマッラーに送られ、そこで彼は殺された（八五二年）。アルメニア人の住民はその後、立ち上がり、アラブ人の将軍を殺し、タロンにおいてバグラトゥニ家の領域からアラブ軍を追い出した。反乱はナハラルたちの大半をムスリムに対して結束させた。カリフは反乱を鎮圧し全てのナハラルたちを一度に制圧するために大軍を送った。バグラトの弟でスパラペトのスムバト・バグラトゥニは、ことによるとアルメニア人の新たな指導者として、彼が忠実な臣民であり妥協を望んでいることをカリフに合図するために、反乱者たちに加わることを拒んだ。しかしながら、ムタワッキルは妥協を受け入れるつもりはなかった。アラブ軍はトルコ人の将軍ブーガの指揮の下、アルメニア、ジョージア、コーカサス・アルバニアを荒廃させた。八五三年までに、ブーガはスムバト・バグラトゥニを含む重要なナハラルたちの大半を捕らえ、彼らをサーマッラーへ連行した。スムバトを除く全てのナハラルたちは、自らの命を救うために棄教することに同意し、ムタワッキルの死後、故郷に戻ることを許された。スムバト一人が改宗を拒み、サーマッラーに留まり、そこでほどなくして死んだ。

ムタワッキルの軍事行動はアルメニアの直接支配に向けたカリフ国の最後の試みであった。トルコ軍団の手による八六一年の彼の殺害によって、アッバース朝のさらなる衰退は早められた。ナハラルたちが捕われている間にアラブ人のアミールたちは、自由に彼らの領域を拡大した。それと同時に、ビザンツ帝国はマケドニア朝のバシレイオス一世（八六七～八八六年）の下でようやく復興した。ナハラルたちはその帰還後、特にバグラトゥニとアルツルニはアラブ人のアミールに対する闘争を続けた。主要な衝突は南部地方の主にタロン、サスン、ヴァスプラカン、モククで起こり、そこでアルメニア人たちはアラブ人に対して持ちこたえた。

芸術、文学、建築

この時代の最も重要なアルメニアの歴史家は主教セベオス、ゼノブ・グラク、ホヴァン・マミコニアン（偽ホヴァン・マミコニアン）、ゲヴォンド・ヴァルダペトである。セベオスの『歴史』は六世紀末から七世紀初頭のビザンツ帝国やペルシアに関する価値ある情報を提供している。それはその後、イスラームの誕生やペルシア、アルメニア、ビザンツ帝国へのアラブの侵略を六六一年まで描写している。ゼノブ・グラクとホヴァネス・マミコニアンは『タロンの歴史』を書き、それはペルシア・ビザンツ戦争中のタロン地方での出来事やマミコニアン家の出来事を詳述している。ゲヴォンドの歴史書は六六一年から七八八年までアラブ人によるアルメニア支配を詳述している。

この時代のアルメニア・アラブ闘争の一つの結果は、民衆の口承叙事詩である『サスンの命知らず』とその主人公サスンのダヴィトの誕生であった。数世紀後に記録された物語は、ダヴィトに率いられたバグラトゥニ家、トロスおじさんの姿でのルシュトゥニ家、ムスリムの指導者を代表するムスル・メリクを描いている。ブーガとアルツルニ家もまた描写されている。アラブ人という、より強力な勢力に対するダヴィトの勝利は、善と悪との間のダビデとゴリアテの戦いの一種を描いている。

科学の分野においては、七世紀のアルメニアは、アナニア・シラカツィ（シラクのアナニア）を生み出し、彼はトラブゾンでギリシア人の教師と共に数学を学び、アルメニアへの帰還の際に、算術、年代学、度量衡、太陰周期、地理、宇宙論に関する著作を書いた。彼はアルメニアの暦の改良に寄与し、それを変動する体系から固定した体系に変化させた。トランスコーカサスやペルシアの地理、交易路、ペルシアで用いられた度量衡に関する彼の情報は、貴重で価値ある情報を歴史家に提供してきた。彼の『地理』はアルメニアの一五の州を描写し、ジョージア、ペルシア、コーカサス・アルバニアについてのその他の情報を詳述している。

この時代のその他の文学の大立者は、パウロ派に対抗して書いたカトリコスのオズンのホヴァネス〔ホヴァネス・オズネツィ〕と、ポルフェリオスについての注釈書を書き、デュオニシオス・トラクスの『文法〔の技法〕』を翻訳し、聖歌〔シャラカン〕を作曲したスィウニクのステパノス〔ステパノス・スィウネツィ〕である。シャラカンのその他の作曲家には女性が含まれていた。ゴグトンのホスロヴィドゥフトとスィウニクのサハクドゥフト〔サハクドゥフト・スィウネツィ〕は、両者とも八世紀の人物である。

建築の分野では、ズヴァルトノツ教会〔六四四～六五二年〕が、四ツ葉飾りとして知られる四つの丸屋根を備えた壁龕控え壁の完全な見本である。その他のそのような建築と異なり、ズヴァルトノツは円の外に四角形の小部屋を備えた円形の回廊を有していた。教会は十世紀に破壊されたものの、その遺構は建物の作業者たちや計画者たちの浮彫の形でのこの時代の彫刻の一番の見本である。絵画の分野では、八六二年にアルツルニ家によって依嘱された挿絵入りの福音書がその高度に様式化された作風で注目すべきものである。

アラブ人の侵入の二世紀以上の期間に続く九世紀末まで、アルメニア人たちはなお人口の多数派を形成しており、アラブ人のアミールたちはアルメニアにおける彼らの所有地を維持するのに困難を抱えていた。地域のナハラルたちに支配されたアルメニアの山々や谷々は、アルメニア人の自治の多様な避難所となっていた。スムバトの息子であるアショト・バグラトゥニは糾合する力となり、アラブ人のアミールたちに圧力を与え続けた。バグラトゥニ家の権威はアルメニア内で高まりつつあり、弱体化したカリフ国とビザンツ帝国において台頭しつつあったマケドニア朝の両者が、アルメニアとの同盟の価値を悟った。したがって、状況は新たなアルメニア王国の出現にとって相応しいものであった。

9　王権乱立の大地

バグラト朝と中世のアルメニア諸王国（八八四〜一〇四五年）

大アルメニアの諸地域におけるほぼ二世紀にわたるバグラト朝（バグラトゥニ）の統治期は、カロリング朝が分解し、個々の国家がイングランド、フランス、ドイツを形成し始めるのと時を同じくした。ロマネスク建築が発展しつつあり、クリュニーで始まった修道院改革は、修道院を宗教的、知的生活に不可欠の中心地とした。ヨーロッパはヴァイキングの襲撃の絶頂を経験した。レコンキスタがスペインで開始された一方で、ノルマン人はイングランド征服を準備した。ほどなくしてギリシア正教会とローマ・カトリック教会は分裂した。日本や中国では、書籍の木版印刷が始まった。中国では宋王朝が統治を行い、日本では武士道の価値基準が侍を生み出した。紫式部は世界初の評判となった小説『源氏物語』を書いた。アラブやペルシアの科学はアヴィケンナ〔イブン・スィーナー〕と共に頂点に達した。スーフィズムは中東において主要な文学的、宗教的勢力となった。キエフにおいて最初のロシア国家が創設され、ほどなくしてビザンツ帝国からの宣教師たちによってキリスト教に改宗された。イスラームがサハラ以南へ浸透した一方で、ガーナ王国やカネム王国もまたそこに出現した。ムスリムは北インドを征服した。インカ人はペルーのクスコ渓谷に定住し、古代マヤ文明は崩壊し、メキシコにおいてトルテカ人がオルメカ人に取って代わった。

アルメニア王国の復興

九世紀の後半、アルメニアは権力の空白を経験していた。ビザンツ帝国やアッバース朝は国内や国外の問題に悩まされて、アルメニアに彼らの注意を向けることはできなかったが、その状況を利用することができるほど充分な力をもったナハラルの一族はほとんどいなかった。アルメニアを去った者たちもいれば、彼ら自身の内乱によって死に絶えたり、弱体化した者たちもいた。サーマッラーでのナハラルたちの棄教や彼らの八年にわたるアルメニアからの不在によって、政治構造はさらに弱体化した。

この空白に足を踏み入れたのが、サーマッラーの殉教者スムバトの子のアショト・バグラトゥニであった。彼の父親の死の直後、彼はタヌテル（氏族の長）とバグラトゥニ家のスパラペトの称号を得て、アラブ支配に対するアルメニア人の抵抗の結集点となった。バグラトゥニ家の者たちは聖書のダビデ王からの血統を主張し、時にターバンを身に付けアラブ名を採用していた。

アショトはまもなくバグラトゥニ家の権力と権威の両方を高めることができた。八五五年から八六二年の間に、彼はマミコニアン家とカムサラカン家の両者の所有地を併合することで彼の領域を拡大し、婚姻を通じてジョージアのバグラト家やヴァスプラカンのアルツルニ家との同盟を形成した。したがって、大アルメニアの北部、南部、そして西部はバグラトゥニ家に統治されるか同盟しているのであった。それに加えて、アショトは東方のスィウニクの公たちとの友好的な関係の維持に努めた。彼の境界内にカトリコスが在住することで、アショトはまた教会の決定的な支持を享受した。

しかしながら、アショトやその後のバグラトゥニ家の者たちは、いくつかの内的、外的な障害に直面し、それは彼らが大アルメニアの全てをさらに再統一するのを妨げた。第一〔の障害〕は、スィウニ家とアルツルニ家というアルメニアに残されたいくらかの力をもったその他の数少ないナハラルの家系であり、彼らはしばしば彼らの支援を惜しむか、バグラトゥニ家に対抗して積極的に同盟した。第二のさらに急を要する内的な障害は、アラブ人のオスティカンとアラブの諸アミール国であった。オスティカンはその邸宅をバルダとドヴィンとの間で交互に行き来し、それによって一方でバグラトゥニ家に、他方でジョージアとスィウニクとの間に楔を打ち込んだ。諸アミール国はバグラトゥニ家とアルツルニ家との間の大アルメニアの中央部を占めていたので、アショトや彼の後継者たちはアルメニア人の有する土地をアラブ人に対する統一戦線に結びつけることが滅多にできなかった。さらに、とりわけドヴィンやナヒチェヴァンという重要な都市はその時代の大半の間、アラブ支配下に留まった。

外部の勢力はバグラトゥニ家にとってより明白な脅威となった。九世紀後半のビザンツ帝国におけるマケドニア朝の勃興と共に、コンスタンティノープルはアルメニアの問題において侵入者の役を再び演じ始めた。彼らに共通のキリスト教——そして、マケドニア朝の皇帝たちの場合、共通するアルメニア系の血統——が、アラブ人に対する強力なアルメニア・ビザンツ同盟を促進することはほとんどなかった。むしろ、ビザンツ帝国は、軍事援助と引き換えに神学的な妥協とアルメニアの大地の支配を要求する政策を維持した。さらに、アッバース朝カリフ国の確実な衰退によって、アルメニアの南部、南東部の国境地帯における小規模なムスリム諸王朝の台頭が可能となり、定期的にその安全を脅かした。

アショトは自らのスパラペトの称号を弟に譲ったものの、彼がナハラルの軍に対する完全な統制を維持したということはほとんど疑いなく、それは当時、いくらかの統一の外見を有していた。自らの地位をさらに確実にするために、アショトはビザンツ帝国との同盟を一新し、少なくとも公式的には、ギリシア正教会とアルメニア教会との合同に関する対話を承認した。アッバース朝カリフのムスタイーンは、バグラトゥニ家の増大する勢力がアラブの諸アミール国の高まる独立を阻み得ると悟った。八六二年、彼はアショトに諸公の公の称号を与え、歴史家の一部によれば徴税する権限も与えた。称号はジョージアやコーカサスのその他の地域に対する宗主権を含んでいたかもしれないが、バルダにおけるオスティカンの存在は、アショトの支配が大アルメニアの諸地域を超えて広がることは決してなかったということを意味した。アショトに支援されたアルメニア教会は再びコーカサス・アルバニア教会に対する管轄権を手にした。八八四年にカリフのムータミドが彼に王冠を送った際に、アショトはすでにアルメニアの支配者としてナハラルたちの大半や教会によって認められていた。五代目のバグラトゥニ家の公としてその名を持つべきアショトは、こうして王アショト一世として戴冠された。そのすぐ後、ビザンツ皇帝のバシレイオス一世もまた、新たな王朝に対して彼の影響力を維持するために、王冠を送った。さしあたり、アルメニアはもう一度、王国と王朝を有したのである。

その後の六年間、アショトは彼の政治的影響力を諸アミール国に広げただけでなく、ジョージアのバグラト家がイベリアにおいて彼らの支配を固めることを可能にした（**地図15**参照）。アショトはドヴィンの支配を獲得したが、バガランに拠点を留めることを好んで、そこ〔ドヴィン〕に宮廷を移すことはしなかった。この決定は、ドヴィンやアルメニアの中心を定期的に無防備のまま放置し、時にアラブの掌中に入れさせたために、深刻な結果をもたらした。

八九〇年のアショトの死によってすぐに多くの問題が明らかになり、それによってバグラト朝は絶えず苦しめられることになった。分割と分権化の五百年は政治的分裂と単一の国家としての枠組みの喪失に帰着したのであった。さらに、有力なナハラルの諸家系は六世紀以来、より弱小の分家に分かれ、彼ら自身の間で争った。それに加えて、ムスリムの手にあったナヒチェヴァンとアラクス渓谷は、東方のスィウニクの大地を南方のアルツルニの領域から切り離した。ドヴィン、ティフリス、ナヒチェヴァンや中央のその他の都市は、したがってアラブの支配下に留まり続けた。さらに、アミールたちは常にアッバース朝のカリフたちに従ったわけではなく、この問題はアルメニア人たちやバグラト朝に益することもあれば、害することもあった。

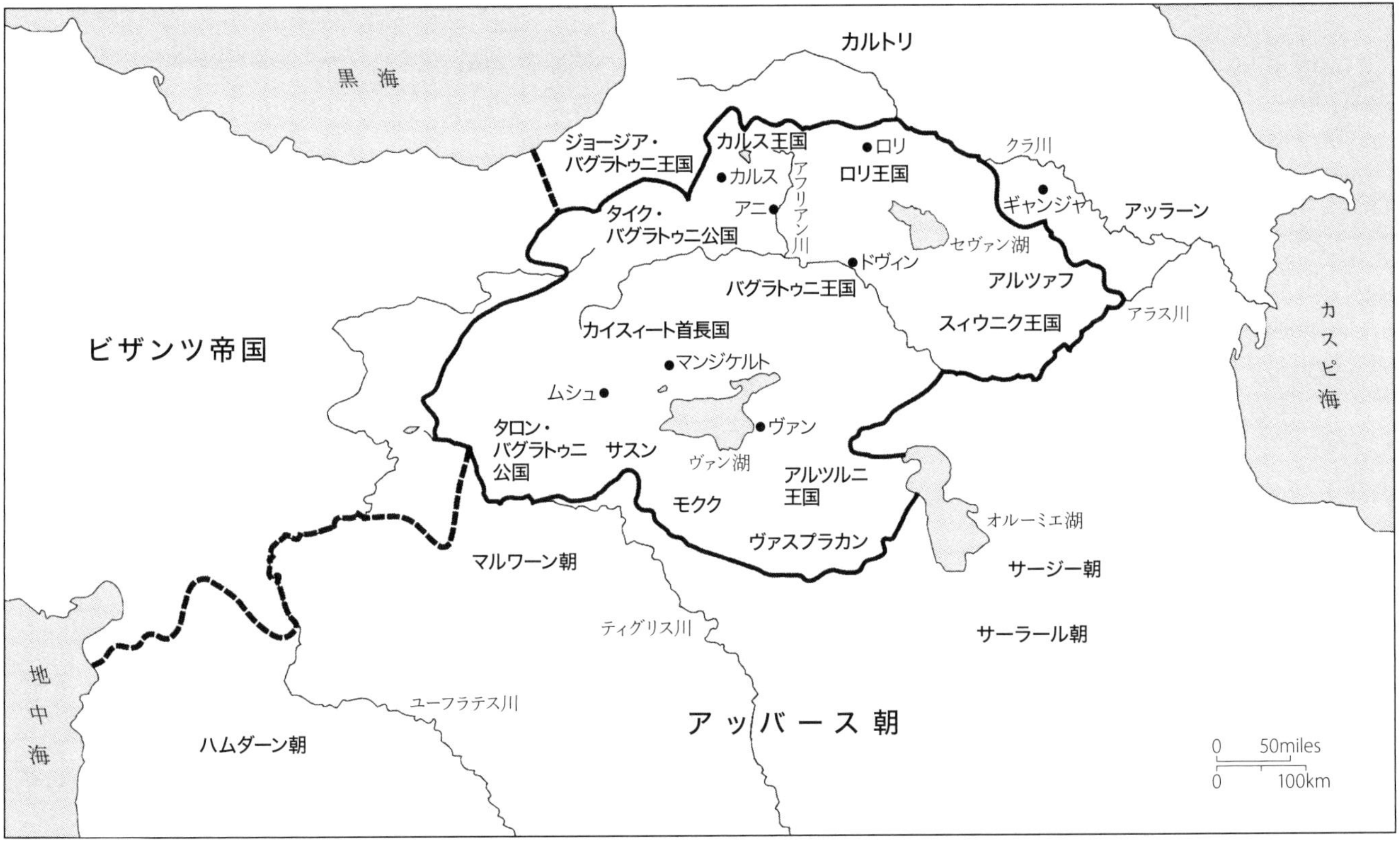

地図 15　バグラト朝とその他の中世アルメニア諸王国（西暦 1000 年頃）

アショトの死後、彼の子のスムバト一世（八九〇～九一四年）が王位に就き、すぐに彼の父親と同様の内的、外的な問題の多くに直面した。彼の父親のような個人的な権威を欠き、スムバトは教会もしくはナハラルたち、特にアルツルニ家を完全に統率することができず、彼の叔父でさえもが自身の甥を承認することを拒んだ。アルツルニ家は過去においてバグラトゥニ家がアルシャク朝の君主たちの伝統的なコロナントに及ぶものではなかったと述べて、今や王としてのバグラトゥニ家の正統性に異議を唱えた。しかしながら、彼の統治の前半において、スムバトはビザンツ帝国、彼のジョージアの親族、カトリコスの支持はもちろん、オスティカンであったアゼルバイジャンのサージー朝の支配者モハンマドの支持をも保つことに成功した。

アルメニアにおける対立する諸王国

スムバトの統治の後半は失敗であった。モハンマドはアルメニアを攻撃した。ドヴィンとナヒチェヴァンは奪われ、カトリコスたちは捕らえられた。スムバトはモハンマドと和平協定を締結し、カトリコスたちを身代金を払って受け戻し、カトリコスたちは今やムスリムの手にあるドヴィンの聖座に出発した。コーカサス・アルバニアは忠実なままであったが、スィウニクやヴァスプラカンのアルツルニ家はモハンマドに多くの友好的な提案を行った。後者は再びアルメニアを侵略するためにその状況を利用した。スムバトの妻は捕らえられ、王朝の宝物庫は奪われた。妻の解放と引き換えに、スムバトは長男のアショトを人質として送り、姪をモハンマドの妻の一人として与え、モハンマドの子であるドヴィンの総督に貢納を支払うことを余儀なくされた。モハンマドはその後、ヴァスプラカンを攻撃し、アルツルニ家を彼の臣下とし、ナハラルの弟を人質とした。

カリフのムクタフィーがサージド朝の勢力を恐れて、アルメニアをサージド朝の支配から解放したことで、状況は短い間改善された。スィウニクとヴァスプラカンの指導者たちはすぐにバグラト朝に対する彼らの忠誠を一新した。

しかしながら、モハンマドの弟のユースフが九〇一年にオスティカンとなった際に、状況は根本的に変化した。モハンマドの死を利用して、スムバトはオスティカンを通り越してカリフに対して直接の臣下となることを要請した。ユースフはカリフの優越を無視し、バグラト朝の領域を侵略した。バグダードの無為は九〇三年の協定に帰着し、それによってスムバトはユースフの権威を受け入れ、彼への服従と引き換えに王冠を受けた。スムバトがジョージア公とジョージアのバグラト朝の王との間の争いやスィウニ家とアルツルニ家との間の争いに介入し、両家を遠ざけた際に、彼の地位はさらに弱体化した。キリスト教徒の間の分裂を利用し、ユースフはスムバトによってバグダードに支払われる貢納に加えて、一層の税を要求した。スムバトをさらに弱体化させるために、ユースフは九〇八年、ガギク・アルツルニに王位を認めて、南部に自治王国を創設した。バグラト朝アルメニアは分裂の途上にあった。翌年、ムスリムとアルツルニ家の連合軍はスムバトの領域を攻撃し、土地を荒廃させた。スムバトはビザンツ帝国とカリフからの支援を模索したが、両者は国内問題に忙殺されていた。ユースフはスムバトの子や甥を含むアルメニアの公たちを捕らえ殺した。流血を止めるため、スムバトは降伏し、拷問され磔刑に処された。

しかしながら、スムバトの死は目的を果たした。スムバトやその他のナハラルたちに対するユースフの残酷さによって、ガギク・アルツルニやその他のアルメニア人の指導者たちの支持〔の喪失〕という代償を彼は支払い、今や彼らはエルカト（鉄）として知られるスムバトの子のアショト二世に合流し、大アルメニアの大半からムスリムたちを駆逐した。ジョージアのバグラト朝もまた元の状態に戻り、アショト二世は九一四年に戴冠された。しかしながら、アショトの従兄弟はユースフに忠実なままで留まり、ユースフは彼をドヴィンの総督に任命した。その直後、アルメニアでの諸事件を懸念したビザンツ帝国は、永久にムスリムの脅威を取り除く際の彼らの支援を申し出た。アショト二世はコンスタンティノープルに赴き、そこで共通の敵に対するキリスト教徒の同盟が議論された。九一五年、アショトはビザンツ軍と共に帰還し、ドヴィンを手に入れることはできなかったものの、彼はその影響をかなり拡大させた。

カリフに対するユースフの反乱と九一九年の彼の逮捕によって、最も危険なバグラト朝の敵が取り除かれ、それと同時にドヴィンにおけるアショトの従兄弟の自治が終わりを迎えた。ヴァスプラカンのガギク・アルツルニとアショト二世は大アルメニアにおける復興と再建の時代を開始した。

前述のように、バグラト朝にとって重大な問題はビザンツ帝国の態度であり、それは時に援助を与えるものの、引き換えに政治的、宗教的服従を要求した。アショト二世も容赦されなかった。彼が新たなオスティカンとの関係を修復するや否や、ビザンツ帝国はアルメニアを不安定化させるために軍勢を派遣した。一方、ユースフは監獄から解放され、オスティカンでの地位を回復し、彼の直接の隣接地域であるスィウニクやヴァスプラカンに対する新たな攻撃を開始した。アショトと彼の忠実なナハラルたちは、アラブ人とギリシア人の両者をなんとか破った。アショトの統治の最後の年月は穏やかなものであった。皮肉にも、アショトとユースフの両者は九二九年に死に、アゼルバイジャンにおけるサージド朝の幕間劇が終わった際、アルメニアにとって新たな時代が開始された。

アショトの弟のアバスは九二九年にバグラト朝の主導権を手にし、九五三年まで統治した。アゼルバイジャンやアルメニアの諸地域におけるラワッド朝などのクルド・イラン系諸王朝の台頭は、ビザンツ帝国やメソポタミアのアラブ人アミールたちからの不断の脅威と重なり合って、アバスを忙殺した。彼は自身の領域に留まり、首都であるカルスの要塞における防御を強化することを選んだ。ヴァスプラカンのガギクは今や最も強力なアルメニアの指導者となった。カトリコスたちの多くが彼によって選ばれ、ドヴィンがムスリムの手に留まっていたことが主な理由で、彼の宮廷に滞在した。ヴァスプラカンは主要な政治的、文化的な中心地となり、ヴァン湖のアフタマル島はアルメニアの聖座となった。十世紀中頃までに、ガギクの努力によって、アルメニアはかつての政治的、経済的な地位の大半を回復した。

「慈悲王」として知られるアショト三世の治世（九五三〜九七七年）によって、バグラト朝統治の七〇年に及ぶ絶頂期が始まった。ヴァスプラカンのガギクの死に続いて、アショトはアルメニア人たちの誰もが認める指導者となった。カトリコスたちはアショトの新首都アニにやって来て、彼を戴冠した。アショトはその代わりに教会を支援し、多くの新たな建造物を後援した。アショトはコーカサス・アルバニア教会が再びアルメニア教会の権威を受け入れることを確認した。彼はまたドヴィンを占領することに成功した。アルメニアは比較的強力で統一されており、ビザンツ皇帝のヨアニス〔一世〕ツィミスキスが九七四年に軍と共に到来した際には、彼は撤退を余儀なくされた。アショトは安全を感じたので、弟のムシェグにカルスの要塞を与え、彼に王の称号を用いることを許した。アショト三世の子の一人であるグルゲンはロリの支配者となった。そのすぐ後、もう一人のバグラトゥニ家の者がスィウニクの支配者となった。この方針は不幸にもヴァスプラカンにおいて繰り返され、ヴァスプラカンはガギクの継承者たちの間で分割された（**地図15**参照）。

称号や王位のこのような急増は、強力な支配者がアニからアルメニアを支配するというのであれば、ほとんど危険とならなかった。実際に、称号の授与は小競り合いを止めさせ、さもなければ王国に対して陰謀を企てたり、敵たちと同盟したり、王の死後に反乱を起こすかもしれなかった者たちを満足させたかもしれない。もちろん、弱い王たちの治世の間や外部の圧力が圧倒的になった際には、問題が生じた。それに加えて、これらの「諸王国」の主教たちは時にカトリコスの権威を無視することを選び、カトリコスを自称した。

アショト三世の死に続いて、彼の子のスムバト二世が王位に就くと、カルスの彼の叔父やムスリムたちに方策を採らざるを得なかった。ドヴィンは再び持ち主が変わったが、スムバトは彼の治世をアニの町を拡大することに費やし、そこは大聖堂や多くの教会を備えた重要な都会の中心地となった。ジョージアのバグラト朝の助けで、スムバトは彼の叔父と和解し、アルメニアのバグラト朝の主導権を確立した。ムスリムのアミールたちの間の対立もまた、スムバトがムスリムの進出を阻止し、彼の領域を拡大することを可能にした。

バグラト朝のガギク一世は九九〇年に王位に就いたが、ヴァスプラカンのガギクと混同してはならない。ヴァスプラカンは彼に挑戦するにはあまりに分裂しており、ガギクはアルメニアのさまざまな地域を支配する全ての自分の一族はもちろんのこと、その他のナハラルたちの支持や服従も受け入れた。不幸にもバシレイオス二世治下のビザンツ帝国はジョージア西部の支配権を得て、したがって将来の陰謀を企てるに十分なほどアルメニアに接近した。

バグラト朝の崩壊

一〇二〇年のガギクの死によってバグラト朝の急速な衰退と崩壊が始まった。王国の滅亡にとって潜在的な勢力はそこに以前からあったが、強力なバグラト朝の支配者たちの権力によって抑えられていた。ガギクの息子たちの間の対立は王国の分割に帰着した。これら全ては、トルコ人が登場し、バシレイオス二世がより弱い隣国を併合することで彼の帝国を拡大していた際に同時に起こった。一〇二二年に、子がいなかったヴァスプラカンの年老いた王であるセネケリムが彼の王国をバシレイオスに遺言で与えた際に、ビザンツ帝国はすでにアルメニアの南西部を手にしていた。アニのバグラト朝の王のホヴァネス・スムバトもまた、ビザンツ帝国の浸透を恐れて、彼の王国をバシレイオスに遺した。彼の死後の一〇四二年、親ビザンツ派が町を〔ビザンツ帝国に〕手渡そうとしたが、彼の後継者のガギク二世や彼の支持者たちは抵抗し、アニは独立した状態に留まった。ガギクは三年間統治したが、その間にドヴィンのアミール、ビザンツ帝国、そしてロリ出身の彼の親族たちが彼と争った。彼は自分の主張を嘆願するためにコンスタンティノープルに赴いたが、退位を強要された。したがって、一〇四五年、歴史的アルメニアにおける最後の主要なアルメニア王国は終焉を迎えた。ビザンツ帝国はアニを占領し、一〇六四年、カルスのバグラトゥニ王国もまた併合された。二つの山岳地帯の王国と一つの公国が自治の状態に留まった。スィウニク王国（一一六六年まで）、ロリ王国（一一〇〇年頃まで）、カラバフのハチェン公国（一四五〇年頃まで）がそれである。

ビザンツ帝国のアルメニア人たち

アルメニア人たちはキリスト教時代以前にローマ帝国の東部に定住し、重要な地位に上ったのであった。ヘラクレイオス帝すらもアルメニア系の出自であったと言われてきた。ユスティニアヌスはビザンツ帝国へアルメニア人家族たちを強制移住させることを始めたが、その数は非常に少なかった。赤いヴァルダン・マミコニアンが彼の追随者たちやカトリコスのホヴァネス二世と共に、不成功に終わったササン朝に対する反乱の後にコンスタンティノープルに逃れた六世紀末に、アルメニア人は大人数でビザンツ帝国に入り始めた。ヴァルダンと彼の従者は、伝えられるところによるとビザンツ軍に入り、ペルガモンに定住した。マウリキウスの治世やアルメニアの二度目の分割によって、何千人ものアルメニア人たちがビザンツ帝国へと強制的に移動させられ、彼らの大きな集団はキプロスに定住した。七世紀後半、アルメニア人のパウロ派たちは、アルメニアの彼らの故郷を追われ、ビザンツ帝国の領域の主にポントスに定住した。アラブの侵略の後や十世紀までには、さらなるアルメニア人のナハラルたちが彼らの全一族と共にコンスタンティノープルに移住し、一部はキリキアに定住した。十一世紀のバグラトゥニ王国の衰退と滅亡によって、さらなるナハラルたちがキリキアだけでなく、コンスタンティノープルや帝国のその他の都市部の中心地にもたらされた。さらに多くがトルコ・モンゴルの侵略に続いて到来することになった。アルメニア人たちは、ビザンツ帝国のトルコ人による崩壊に続いて、コンスタンティノープルにおいて重要な商業的、行政的な勢力となった。

歴史家たちはアルメニア人たちが多民族のビザンツ帝国において最も影響力をもった集団の一つであったと見なしている。アルメニア人たちは交易、行政、農業に従事し、彼らは軍における優勢な要素であった。六世紀のビザンツ帝国の歴史家であるプロコピウスによれば、ユスティニアヌスの軍だけで一六名の将軍がおり、そのアルメニア人の分遣隊は勇敢さで知られていた。多くのアルメニア人たちが八世紀から十一世紀にかけての間、軍において重要な地位を占めた。ペトロナス、クルクアス、ムセレのような彼らの多くは、アラブ人やその他の侵略者たちに対するビザンツ帝国の勝利の要因となった。アルメニア人の軍事指導者たちは地方の総督に任命された一方、その他の者たちは王位の背後の勢力となり、多くの皇帝たちを昇進させる助けとなった。ヘラクレイオスがアルメニア系の出自であっただけでなく、後期のマケドニア朝もまた、多くのビザンツ研究者によれば、アルメニア系の出自であった。その王朝の存続期間（九世紀から十一世紀まで）は、帝国の政治的、軍事的機構におけるアルメニア人優勢の絶頂期と見なされる。アルメニア人の皇帝たち、将軍たち、そして諸軍事分遣隊は、アラブ人たち、スラヴ人たち、そしてブルガール人たちに対して最大の軍事的成功を収めた。皮肉にも、バグラトゥニ王国の崩壊を主として招いたのはこの同じアルメニア系の王朝であった。しかしながら、次章で見られるように、彼らはまたキリキアにおける新たなアルメニア国家の台頭の間接的な要因となった。

アルメニア人はまたビザンツ帝国における知的生活においても重要な役割を果たした。その絶頂期のコンスタンティノープルのアカデメイアの長は哲学者レヴォン（数学者レヴォンとしても知られる）であった。レヴォンの叔父の文法家ヨハネスはもう一人の重要なアルメニア人学者であった。

交易、芸術、建築、教育

バグラト朝の王たちは貨幣をまったく鋳造しなかった。アッバース朝やビザンツ帝国の貨幣がアルメニアで広く用いられていた。この時代のアルメニアは手工芸品、銀、銅、鉄、ヒ素、ホウ砂、塩を輸出した。干物の魚はメソポタミアに輸出された。ハヤブサは貢物としてカリフに送られ、アルメニアの馬やラバは高く評価された。アルメニアは森林を有しており、クルミ材は、毛皮や皮革製品と同様にバグダードへ輸出された。アルメニアの絨毯もまたこの時代、需要があり、特に山羊から作られたものがそうであった。織物産業は、主にアルメニアの染料によって栄えた。

アラブ人によって「キルミズ」として言及された濃い赤紫色の染料は、古代から特に評価が高く、それはアララト山の斜面に育つ特定の植物の根を常食にする昆虫である介殻虫の乾燥された殻から作られた。加えて、アルメニアはアルツァフ、スィウニク、ギャンジャ地方において絹を産した。

バグラト朝時代には多くの重要な歴史家が出た。ラスティヴェルトのアリスタケス〔アリスタケス・ラスティヴェルツィ〕はアルメニア・ビザンツ関係やバグラト朝時代末期のトンドラク運動を描写し、彼の歴史書をアニへのセルジューク朝の侵攻やマンジケルトの戦い（一〇七一年）の詳細な記述で終えている。カトリコスのホヴァネス・ドラスハナケルトツィ（カトリコスのホヴァネス五世、「歴史家」として知られる）は『アルメニア史』を書いた。その年代順配列の正確さから、この時代の最も価値ある作品の一つは、タロンのステパノス〔ステパノス・タロネツィ〕（アソギクとしても知られる）の『世界史』である。この作品はアルメニア人の歴史を十一世紀まで詳述するだけでなく、ジョージア人、ユダヤ人、ペルシア人、ローマ人、ギリシア人、アラブ人、エジプト人、ブルガール人、アブハズ人に関する簡潔で価値ある情報を含んでいる。トヴマ・アルツルニの『アルツルニ家の歴史』はガギク・アルツルニ王の治世の間のヴァスプラカンにおける状況を詳述している。モヴセス・ダスフランツィ（一部の史料は彼をモヴセス・カガンカトヴァツィと言及）の『コーカサス・アルバニア人の歴史』は、結局はアルメニア人、ペルシア人、アラブ人によって同化されたこの民族に関する、いかなる言語においても唯一の現存する史料である。

その他の文学の大立者たちは、優れた神秘詩人で宗教注釈者のアンゼヴのホスロウ（ホスロウ・アンゼヴァツィ）、ジョージア教会とアルメニア教会の分離を描写した主教のスィヴァスのウフタネス〔ウフタネス・セバスタツィ〕、歴史家の偽シャプフ・バグラトゥニである。その他のそれに次ぐ文学作品は、グリゴル・マギストロス・パフラヴニの詩や注釈書、カトリコスのペトロス一世のシャラカン、アニのヴァルダン〔ヴァルダン・アネツィ〕の頌徳文である。最後に、哲学者ホヴァネスの哲学的作品や『嘆きの書』の著者で高名な神秘家であるナレクのグリゴル（ナレクの聖グリゴル）〔グリゴル・ナレカツィ」の詩が存在する。

バグラト朝時代はアルメニア教会建築が最も多作な時代であった。事実、今日のアルメニアに残存する教会の大半がこの時代のものである。バグラト朝の王たち、富裕な商人たち、ナハラルたちはアニにおける数多くの教会の建設を支援し、それらのうちのいくつかは残存している。セヴァン湖岸の諸教会、カルス、アルギナ、アニの諸大聖堂だけでなく、マルマシェン、フツコンクの修道院も完成された。タテヴ、サナヒン、ハグパト、ゲガルド、マカラヴァンクの諸修道院の建設はこの時代に始まり、その後二世紀の間、続けられた。アムベルドの城塞と教会、ブジュニの教会もまたこの時代のものである。最も印象的な建築上の記念碑の一つは、ガギク・アルツルニによって注文されたアフタマルの聖十字大聖堂である。建築や浮彫のこの宝石は、アダムとイヴ、受胎告知、最後の審判を描く印象的な壁画を含んでいる。その他の浮彫の傑作は数多くのハチカル、すなわち石に刻まれた十字に表されており、それは九世紀に登場し始め、十四世紀にその頂点を迎えるのであった。

この時代の挿絵入りの諸写本は多くの流派を表している。それらは人間の姿を犠牲にして装飾を強調するか、九八九年のエチミアズィンの福音書に描かれているように人間の姿の自然な外見を強調するかであった。写本彩飾の最も独特な例はムグニの福音書であり、それは固有のアルメニア様式に到達するためにさまざまな古代や同時代の様式を抜き出した。十一世紀までに、ヴェネツィアのムヒタル図書館のトラブゾン福音書やカルスのガギク王の福音書に見られるように、バグラトゥニ家によって注文された多くのより大規模な細密画においてビザンツ帝国の影響が浸透し始めていた。

バグラト朝はアルメニア王国を回復し、少しの間、どうにかアラブ人、ビザンツ帝国の、そして国内のアルメニアの圧力の均衡を保った。彼らはアルメニアの諸地域を独立した状態に保ち、アルメニアにおいて大規模なムスリムの居住地が設立されるのを防いだ。しかしながら、アルツルニ家はもちろんのことバグラトゥニ家をも最終的に滅ぼしたのはビザンツ帝国の容赦ない介入政策であった。皮肉にも、アルメニアに対するビザンツ帝国の政策は自身の帝国の滅亡に貢献した。それは、アルメニアという緩衝地帯の消滅やアルメニアの軍に取って代わることができなかったビザンツ帝国の無力によって、セルジューク朝がその地域に侵入する道が開かれたままになったためであった（11章参照）。アニは一〇六四年に陥落し、翌年にカルスが続いた。最終的に、一〇七一年、セルジューク朝がマンジケルトでビザンツ皇帝を破り、歴史的アルメニアはまもなくトルコ人の支配下に落ちた。しかしながら、ジョージアのバグラト朝は繁栄を続け、十九世紀までジョージアの諸地域を統治した。

10　東西の出会い

キリキア・アルメニア王国（一〇七五年頃〜一三七五年）

一一九九年の新たなアルメニア王国の樹立で全盛を極めるキリキア時代は、アルメニア民族の歴史において独特の一章を表している。初めてアルメニア人たちは彼らの歴史的故地の外の地域に独立国家を創設した。アルメニア人たちが海洋への直接の通路を持った地方に存在し、西欧で台頭しつつある諸国家やローマ・カトリック教会と緊密に接触したのもまた初めてのことであった。

キリキアは小アジアの地中海岸に位置する広大な平原である。三つの山脈（北西にタウルス山脈、北東にアンティ・タウルス山脈、東方にアマヌス山脈）に囲まれたキリキアは、キリキアの門が最も有名な細い山路群によって容易に侵略者たちに対して防御されたため、安全な孤立地帯を提供した。海岸線や航行可能な河川はもちろん、多くの交易拠点によって、この地方は十一世紀にアルメニアを去ることを余儀なくされたアルメニア人にとって理想的なものとなった。

キリキアのアルメニア人たち

キリキアは十世紀中頃以来、ビザンツ帝国の支配下にあった。アラブ人たちからその地を再征服した後、ビザンツ帝国はムスリムたちを強制退去させ、その地域を再植民地化させるために、キリスト教徒、特に小アルメニアからアルメニア人たちを連れて来たのであった。ビザンツ帝国とトルコ人のアルメニア侵略に続いて、さらなるアルメニア人たちがキリキアに到来し、彼らの家族たちや従者たちを連れて来た。バグラト朝の滅亡の後、ビザンツ帝国は、多くのアルメニア人の軍事司令官たちをキリキアに割り当てた。ビザンツ帝国の中心地域へ至るこの回廊をトルコ人やアラブ人の攻撃から守る義務を彼らに与えた。彼ら自身の封土を失い、ビザンツ帝国の中心からやや離れて、そして、山脈に守られて、多くのアルメニア人の領主たちが一定の自治を獲得することが可能となった。

これらの首領たちの中で、ルベン家とヘトゥム家という二つの一族が支配的な勢力として出現し、十一世紀の末までに、平原の支配をめぐって互いに対立した。後にバグラト朝との関係を主張したルベン家は、早くもビザンツ帝国の権威に挑戦し、ヴァフカ要塞を彼らの拠点としてキリキアの門の東側の山岳地帯を支配した。ヘトゥム家はビザンツ帝国の忠実な臣下として留まり、ラムブロンとバベロンの要塞を彼らの勢力基盤として維持した。ルベン家はほどなく交易路や港湾を備えた平原下方の南方へ彼らの支配を拡大しようと模索した。この攻撃的な政策によって彼らはヘトゥム家との紛争に至った。第一回十字軍の西ヨーロッパ諸勢力の到来（一〇九六〜一〇九九年）という、ルベン家の野望を助ける一つの事件が起こったのはこの時であった。

十字軍とアルメニア人たち

十字軍は西洋の政治的、宗教的、経済的野望のはけ口であった。一〇一〇年、エジプトのファーティマ朝の支配者であるハーキムは、八〇七年にハールーン・アッラシードとシャルルマーニュによって合意に達した、エルサレムのキリスト教施設への巡礼を認めた協定の精神を無効にした。ハーキムによるキリスト教徒の迫害や多くの教会の破壊は、シリアやエルサレムの統制をめぐるムスリムの策士たちの間の武装闘争と結び付いて、巡礼が極端に困難になった。十一世紀末のセルジューク朝のエルサレム征服によって、実際にはいくらかの秩序がもたらされたものの、苦痛の年月はヨーロッパにおいて悲観的な印象を残したのであった。

一〇九五年、セルジューク朝の攻撃下にあったビザンツ帝国はヨーロッパに軍事援助を求めた。彼らの目標の一つはエルサレムのキリスト教徒による統制の回復であった。一〇五四年にギリシア正教会とローマ教会が分裂していたので、旧ビザンツ領への十字軍は、再合同の条件のいかなる将来的な議論においてもローマに有利さを与えるはずであった。したがって、ビザンツ帝国の要請は教皇ウルバヌス二世にとって耐えきれないほどに魅力的なものであった。さらに、教皇制度はキリスト教ヨーロッパの主導権をめぐるドイツの皇帝たちとの辛い闘争に巻き込まれていた。もしも教皇がその他のヨーロッパの諸公国に対して、教会の旗印の下に軍を送ることを説得できれば、彼の地位は卓越したものになるはずであった。

一〇九五年、フランスのクレルモンにおいて教皇は聖戦を呼びかけた。その結果は、領主たちや騎士たち、聖職者たち、そして冒険家たちから成る大規模な軍の創設であった。秩序を確立することを試みる王たちは、厄介な諸集団から彼ら自身が免れるはけ口を十字軍に見出した。貴族の一族のより若く土地のない者たちは中東において封土を得ようという動機を抱いていたが、一方、その他の者たちは、糧食や商業からの金銭的な報酬を得ようとした。敬虔な者にとっては、教皇の免罪の無条件の保証が第一の動機であった。

ムスリムたちもビザンツ人たちも、敬虔なキリスト教徒たち、有能な戦士たち、略奪者たちから成るそのような集団を覚悟していなかった。ビザンツ皇帝は即座にいかなる略奪をも罰し、回復されたいかなる領土も彼の支配に復帰することを騎士たちに念押しした。ムスリムたちは、エジプトのファーティマ朝とバグダードのカリフの勢力との間のシーア・スンニー闘争や、独立した支配を熱望する現地のアミールたちの断固とした野心によって混乱していた。シリアやエルサレムへの回廊であるキリキアへの到着に際して、十字軍たちはアルメニア人たちを案内役、糧食の調達人、もしくは兵士と見なした。

一〇九九年までに、エルサレムはキリスト教徒たちの手に落ち、彼らはムスリムやユダヤ教徒の住民を虐殺した。教皇特使の死によって、地域は封建的領主たちの手に残され、彼らはやがてトリポリ、エデッサ、アンティオキア、エルサレムなどの十字軍国家群、すなわちラテン国家群を作り上げた。ビザンツ帝国もアラブ人たちも新参者たちに抵抗できるほど強力ではなかった。ルベン家は十字軍たち、もしくは地元の者たちの呼び方では「フランク人たち」に味方し、まもなくキリキアにおける支配的な勢力となった。

まさに始めから、アルメニア人と十字軍の指導者たちは彼ら自身の領土的野心に対処せねばならなかった。例えば、アルメニア人によって支配されていたエデッサは、ブローニュのボードゥアンに引き渡され、彼はエデッサ伯の称号を受けた。その他の弱小のアルメニア人、ビザンツ人、アラブ人の長たちは、まもなく彼らの土地をアンティオキアやトリポリの野心的な十字軍参加者の侯たちに引き渡した。ルベン家とヘトゥム家は自分の領土を支配する唯一のアルメニア人の侯に留まった。情勢を利用し、ルベン家はビザンツ人たちを犠牲にして拡大した。トロス（一一〇二～一一二九年）はバルヅベルド、アナザルバの要塞をギリシア人から奪い、それをルベン家支配の中心地とした。彼の弟のレヴォンもしくはレオ（一一二九～一一三七年）は、ルベン家の領域を海にまで拡大させた。ラテン人の支配者たちとの多くの同盟、特にアンティオキアのレーモン伯とのものによって、ルベン家の立場は安定を保った。一一三七年、ビザンツ皇帝のヨアニス〔二世〕コムニノスは、セルビアとハンガリーにおいてビザンツの権力を回復させた後、十字軍たちによってビザンツ帝国に譲られるはずであったアンティオキアへの途上でキリキア・アルメニアを侵略した。ヘトゥム家はルベン家の諸要塞やアンティオキアの占領において皇帝と協力した。レヴォン、その妻と二人の息子、ルベンとトロス、はコンスタンティノープルへ捕虜として送られ、一方、レーモン伯はビザンツ帝国の臣下としてアンティオキアに残された。

レヴォン、彼の妻、ルベンは全て捕われの身で死んだが、トロス（後にトロス二世）は首尾よく逃亡を遂げた。彼はキリキアに戻り、そこで数年後にルベン家の権力を回復することに成功した。彼の任務は一一四三年の皇帝ヨアニス〔二世〕コムニノスの死や、失敗に終わった一一四七～一一四九年の第二回十字軍を助長したエデッサのザンギー朝への陥落によって容易になった。エデッサのアルメニア人たちはキリキアやアンティオキアへ逃れ、エデッサ伯国はビザンツ帝国とムスリムたちの間で分割された。この頃に、貴族の女性によって、ユーフラテス河岸に位置するフロムクラ（ルーム・カルラト）の要塞がアルメニア人のカトリコスに与えられた。当時、大半はムスリムが握る領土の奥深くにあったという事実にもかかわらず、それはその後の百年間、アルメニア人たちの聖座となった。

トロス二世（一一四四～一一六九年）は彼の父の領域を再要求し、ビザンツ・アンティオキアの友好関係が後退に苦しんだ際に、アンティオキア公のルノー〔・ド・シャティヨン〕と同盟を結んだ。しかしながら、マヌイル〔一世〕コムニノス帝は従属国としてキリキアの服従を要求し、その地域を侵略した。今やエルサレム王で婚姻によってビザンツ皇帝とも姻戚関係となったボードゥアンが仲介し、トロスは名目的な臣下として彼の土地を保持した。

ザンギー朝国家の台頭やヌール・アッディーンの下でのそのダマスカス占領によって、キリスト教徒たちは彼らの中で差異を捨て共通の同盟を模索することを余儀なくされた。トロスはビザンツ帝国とムスリムたちの両者と友好関係に留まることに成功した。彼はルベン家とヘトゥム家との間の不成功に終わった婚姻同盟さえも試みた。彼の外交や諸同盟によって、ビザンツ帝国やラテン人の諸公国によって認められた強力なルベン家の国家が築かれた。

トロスは一一六九年に死去し、イスラームに改宗していたかもしれない彼の弟のムレフはトロスの子を殺し、ヌール・アッディーンと同盟してルベン家のキリキアを支配した。ザンギー朝の長の死によって、ムレフは無力にされ、トロスの甥のルベン二世（一一七五～一一八七年）によって追放された。ルベンはヘトゥム家やアンティオキアの新たな公であるボエモン〔一世〕と戦った。彼は有能な支配者ではなく、弟のレヴォンによって廃位され、一一八七年、彼が一族の命運を引き継いだ。再び、外部の出来事によってルベン家は好ましい立場に至った。ザンギー朝の軍務で出世したクルド人のサラーフ・アッディーンは一一七一年、ファーティマ朝からカイロを奪い、それをシリアと合わせて、アイユーブ朝を樹立した。一一八七年、彼はエルサレムを占領し、キリスト教徒を助命したものの、彼の行動によって第三回十字軍（一一八九～一一九二年）が始まった。この十字軍は教皇の取り組みであるにもかかわらず、元来、世俗的で国王の問題であった。ドイツの支配者のフリードリヒ〔一世〕バルバロッサ、イングランドのリチャード一世（獅子心王）、フランスのフィリップ二世尊厳王は騎士の大軍を率いアッコンを占領することに成功したが、エルサレムを奪還することには失敗した。フリードリヒの恐るべき軍勢は、彼がキリキアにおいて溺死した後に解体された。サラーフ・アッディーンの好都合な立場や、リチャードとフィリップとの間の対立のみならず、ヨーロッパの君主たちの最終的な帰還によって、アンティオキア、トリポリ、ティルスの沿岸諸国家の細長い地域のみがキリスト教徒の手に残された。第三回十字軍は失敗であったが、この挿話の一つの結末は、リチャードによるキプロスの占領とそれのギー・ド・リュジニャンへの売却であり、彼の一族が後にキリキア・アルメニアの支配者たちとなった。

新たなアルメニア王国の出現

ラテン国家群が脆弱なままで残されると共に、キリキアは今や新たな戦略的重要性を帯び、ヨーロッパの世俗の指導者たちは、十字軍部隊へのその軍事的、金銭的援助を要請した。レヴォンは王冠を求めることで自分に有利にこの情勢を用いようと模索した。フリードリヒ〔一世〕バルバロッサが、第三回十字軍の間のレヴォンの支援と引き換えに、彼に王位を約束したといういくつかの証拠が存在する。数回の通信の後、レヴォンは最終的にフリードリヒの後継者のドイツ皇帝、ハインリヒ六世から王冠を受けた。彼は一一九九年一月六日、タルススの大聖堂において、ルベン家、ヘトゥム家、十字軍の貴族たちの面前で、国王レヴォン一世（レオ一世）として戴冠された。彼はカトリコスによって聖別され、教皇と帝国の特使であるマインツの大司教コンラドから王家の紋章を受けた。ビザンツ帝国が今もキリキアとその支配者をその臣下と見なしていることの徴として、第二の王冠がビザンツ皇帝から届いた。

レヴォンの戴冠は危機を招き、それは王国が存続する間ずっと続いた。それはローマ・カトリック教会との宗派的な合同の問題である。レヴォンの王冠は神聖ローマ皇帝から届き、西ヨーロッパがキリスト教徒の長とみなす教皇から祝福された。レヴォンの戴冠より前に、彼がローマ教会の優位を認めたという証拠はない。しかしながら、この出来事の後、彼はアルメニア人の聖職者たちに、アルメニアの典礼において小さな変更を行い、聖ペテロの後継者として教皇への「特別な敬意」を容認するように求めた。ローマとのより緊密な結びつきに向かう動きは、主教のラムブロンのネルセス［ネルセス・ラムブロナッツィ］のような聖職者たちの一部からの支持は得たが、一一九九年のネルセスの死後、アルメニア人の聖職者たちはいかなる妥協をも拒絶した。亀裂は王朝を弱体化させ、教皇と十字軍たちの両者につけ込まれた。

レヴォンの王位への昇進とヨーロッパによる彼の承認によって、キリキアはヨーロッパの地図に載せられ、そこでそれは「小アルメニア」と記された。それはまた、レヴォンがキリキアの平原と諸港の支配を得ることを可能にした。彼はヘトゥム家の勢力を打ち砕き、新首都をスィスに設置し（**地図16**参照）、キプロス、アンティオキア、ビザンツ帝国との多くの重要な婚姻同盟を造り出すことに成功した。アンティオキアとのそのような同盟の一つは問題のあるものであると判明した。レヴォンの姪のアリスは、アンティオキアのボエモンの子と婚姻したが、まもなく未亡人となり子のレーモン・ルベンと共に残された。ボエモンの死後、レヴォンはアルメニア人摂政にアンティオキアを引き継ぎ、それをキリキアと統合することを欲したが、それはなおさら強力で重要なアルメニア人国家に帰着することになった。教皇と皇帝は初めのうちレヴォンの計画を支持したものの、アンティオキアのイタリア商人やトリポリを支配し

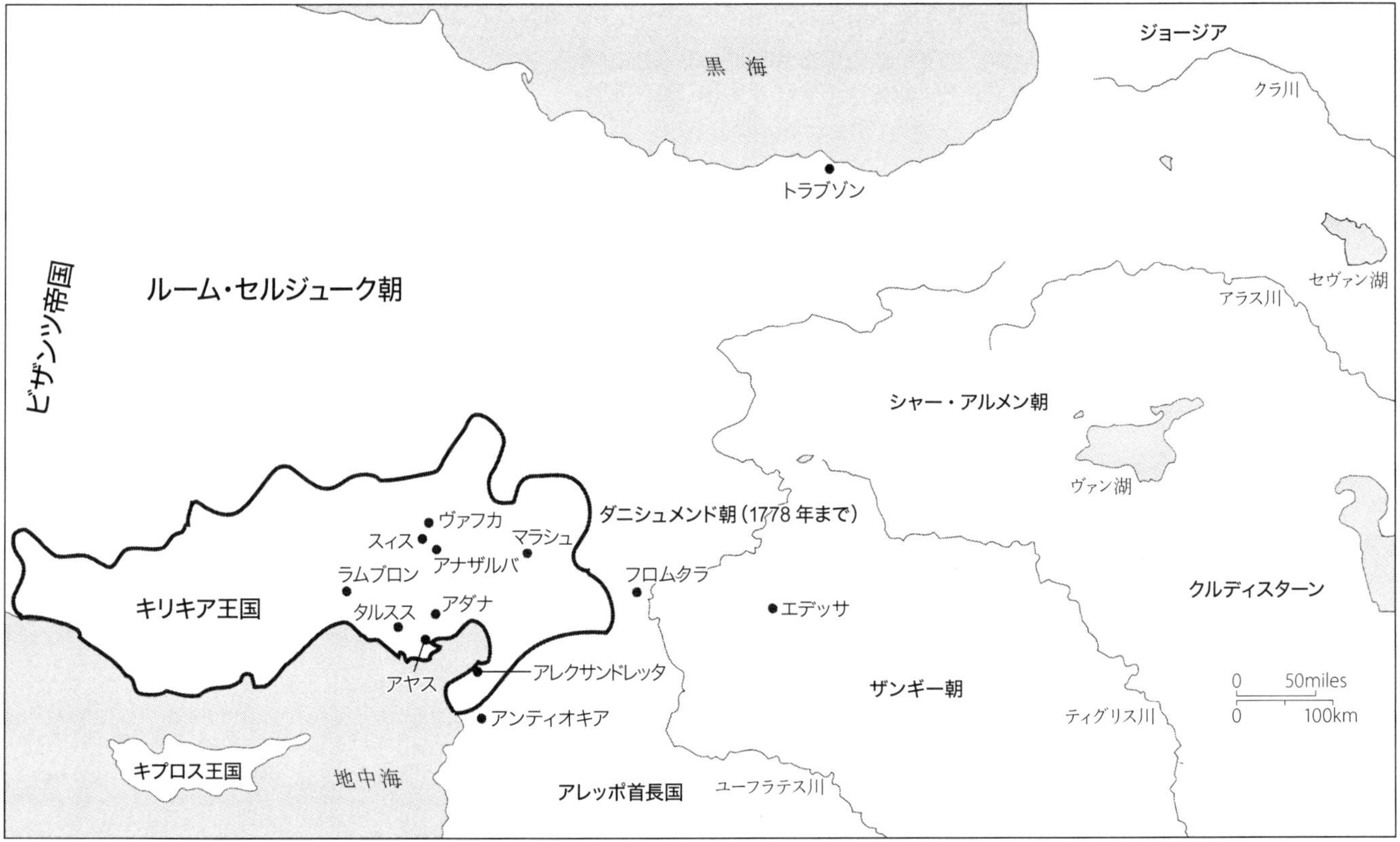

地図 16　キリキア・アルメニア王国（西暦 1200 年頃）

ていたボエモンの年少の子が反対し、三年間の戦争の後、若い跡継ぎのレーモン・ルベンを追放した。

そのような諸問題にもかかわらず、レヴォンの支配は、ほぼ二世紀の間存続することになる王国を築いた。彼の貴族との関係は、アルメニアのナハラル制度に基づくものではなく、臣下に対して絶対的な西洋の封建制に基づいていた。西洋の封建法は、宮廷や貴族に関する問題を裁くために用いられた。事実、十字軍国家で用いられた主な法典である「アンティオキア法典」は、そのアルメニア語訳のみが残された。貴族たちはヨーロッパの伝統に従って騎士に叙され、馬上槍試合や馬上試合が一般的になった。貴族や公的な諸称号を表すラテン語やフランス語の用語はまもなくそれらのアルメニア語の同等のものに取って代わった。例えば、ナハラルの代わりにバロン（男爵）、スパラペトよりもむしろコンスタブル（軍司令官）のようにである。フランス語やラテン語が宮廷での言語として受け入れられた。ヨーロッパ諸語によってもたらされた「o」や「f」の新たな音声に適応させるために、アルメニア語のアルファベットさえもが書き直された。西洋の封建的な衣装が標準となり、フランス語の名前が廷臣たちや彼らの妻たちの間で一般的となった。最終的に、ヨーロッパの同盟の慣習に倣って、アルメニア人の貴族たちはヨーロッパやビザンツ帝国の貴族と婚姻した。カトリックやギリシア正教の信仰への改宗は貴族たちの間で一般的となった。しかしながら、アルメニア人社会の残りがこれらの親西洋志向を模倣することはなかった。アルメニア商人の通婚は頻繁とは程遠いほど少なく、アルメニア使徒教会に主導された住民は全体として明確に反西洋であった。カトリコスは少なくとも一四人の主教の支援と共に、フロムクラからキリキアの宗教問題を監督した。多くのアルメニア教会の修道院もまた創設された。

レヴォンの成功した統治の最も顕著な結果は、商業の成長であった。キリキアは中央アジアやペルシア湾からのいくつかの交易路のための結節点であった。アルメニア人商人たちはその他の商人たちと関係を持ち、中国やヨーロッパに商館を開いた。ヨーロッパの宣教師たちは、当時、アルメニア教会が遠く離れた中国にまで建てられていたことを記録した。イスケンデルン湾のアヤス港は東西交易の重要な中心地となり、マルコ・ポーロによって中国への彼の旅の出発点として言及されている。そのバーザールでは染物、絹織物、香辛料、綿織物、ワイン、干しぶどう、絨毯、真珠が売られていた。キリキアの山羊の布地、塩、鉄、木材は輸出されていた。レヴォンはイタリアの都市国家のジェノヴァ、ヴェネツィア、ピサと協定を結び、交易と引き換えに彼らに免税を認めた。タルスス、アダナ、マミストラの港はほどなくして外国人で溢れる大都市となり、イタリア人が多数派を占め、彼らは協定にしたがって彼ら自身の商館、教会、法廷を有していた。イタリア語はまもなくキリキア商業の第二の言語となった。

レヴォンは一二一九年に死去し、イザベルまたはザペルという名の彼の娘たちの一人を相続人として残した。レヴォンの死の時点で中東における情勢は前世紀と大きく異なっていた。ヴェネツィア人たちに主導された第四回十字軍（一二〇二〜一二〇四年）は、ムスリムたちを攻撃したのではなく、コンスタンティノープルを占領して略奪し、ビザンツ帝国をかなり弱体化させた。サラーフ・アッディーンの王朝であるアイユーブ朝は、今やエジプトにおける主要勢力であって、不成功に終わった第五回十字軍（一二一八〜一二二一年）を誘発した。アンティオキアを追放されていた半分アルメニア系の王子、レーモン・ルベンは、教皇の支援でレヴォンの王座を得たが、彼らの支配を確立する機会と見なしたヘトゥム家に主導されたアルメニア人貴族たちによって即座に追放された。ザペルはその後、アンティオキアのフィリップがアルメニアの慣習を受け入れアルメニア教会の信徒になると理解して彼と結婚した。しかしながら、フィリップはアルメニアの慣習を見下し、彼の時間の大半をアンティオキアで過ごした。アルメニア人貴族たちはこの婚姻を終わらせることを決意した。フィリップは逮捕され結局は毒殺された。ヘトゥム家の支配者のコンスタンディンは今やザペルと彼の子のヘトゥムとの婚姻を取り決めた。フィリップを好んでいたと思われるザペルは王国を逃れ、ヘトゥムとの婚姻の後でさえ、しばらくの間、彼女の夫と暮らすことを拒んだ。しかしながら、二人は一二二六年、スィスで戴冠され、ルベン家・ヘトゥム家系統が誕生した。

ザペルとヘトゥムは一二二六年から一二五二年まで統治した。彼らの共同統治は彼ら両者の肖像を有する貨幣において記念された。これはアルメニアの貨幣において女性の肖像が登場した二度目のことにすぎない。ザペルの死後、ヘトゥムは一二七〇年まで統治を続け、これはあらゆるキリキアの王の中で最長の統治期間であった。ヘトゥムの弟のスムバトは軍司令官として仕え、王に対する親密で賢明な相談役であった。アイユーブ朝や後にはセルジューク朝と同様にマムルーク朝がキリキアに対して周期的な急襲を行ったものの、その時代は芸術の全盛期として知られている。しかしながら、この時代の最も重要な政治的事件は中東におけるモンゴル人の到来であった。

モンゴル人とキリキア・アルメニア

チンギス・ハーンは、一二〇六年、モンゴル人たちを統一し、アジアの大部分を短期間で征服した。一二二七年の彼の死に続いて、彼の子や孫は中国やロシアの征服を完了し、東ヨーロッパに入って、そこでポーランド、ハンガリー、ドイツにおいて西洋の諸軍を破り、アドリア海に達した。このような帝国は一人の支配者にとってはあまりにも広大で多様なのは明らかであり、モンゴル人たちは結局、彼らの帝国を四つの単位に分割した。第一の集団はモンゴル、西シベリア、そして中央アジアを支配した。イル・ハーン国として知られる第二のものは、ペルシア、アルメニア、ジョージア、そして中東を支配した。ジョチ・ウルスと呼ばれる第三のものは、ロシア、ウクライナ、ポーランドの諸部を占領した一方、第四のものは中国へと移動し、フビライ・ハーンの下で元王朝を形成し、彼はモンゴル人たちの長として行動し、国際交易を促進するために多くのことを行った(地図17参照)。大半がシャーマニズムを信仰していたイル・ハーン国は、中東においてムスリムのセルジューク朝やマムルーク朝と戦った。したがって、教皇や十字軍、そしてアルメニア人たちはイル・ハーン国と同盟するあらゆる努力をし、それと同時に彼らをキリスト教に改宗させるあらゆる努力を行った。

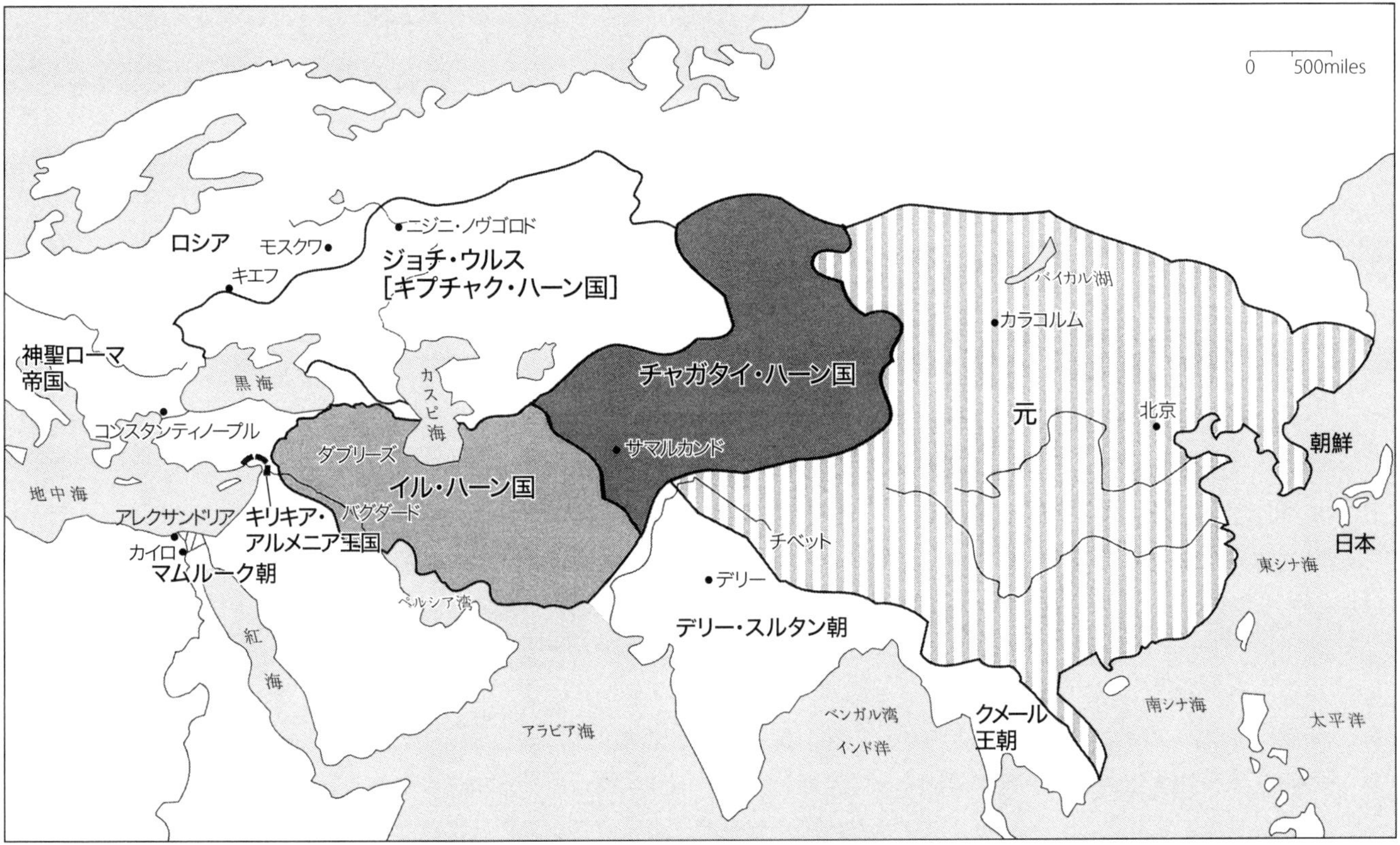

地図 17　モンゴル帝国（西暦 1280 年頃）

ヘトゥムはその地域におけるこの新勢力の重要性を悟った最初の支配者であり、カラコルムのモンゴルの中心地へ弟のスムバトを送った。スムバトはフビライの兄のモンケ・ハーンと会見し、一二四七年、ムスリムたちに対する同盟を結んだ。帰還の途中、スムバトは歴史的アルメニアを通過したが、これはキリキアの指導者がその父祖の土地を目にした最初の機会であった。一二五四年、ヘトゥムは自らカラコルムを訪問し、同盟を更新した。同盟は最初のうちキリキアを助けたものの、一二六〇年、イル・ハーン国はマムルーク朝に敗れ、ペルシアに撤退した。マムルーク朝はその後、キリキアを攻撃し荒廃させた。一二六九年、ヘトゥムは彼の子のレヴォン二世(一二六九〜一二八九年)のために退位し、彼は多大な年貢をマムルーク朝に支払うことを余儀なくされた。マムルーク朝は彼の子のヘトゥム二世の治世にも彼らへの攻撃を継続し、一二九二年、フロムクラを略奪し、聖座をスィスへと移動させることを促した。ヘトゥムの姉妹は、キプロスのリュジニャン家と婚姻し、彼女の子供たちは後にキリキアの王位を継いだ。敬虔なカトリックであったヘトゥム二世は、ローマとのより緊密な同盟を求めた。彼の努力は実現せず、彼はまず弟のために、そしてその後甥のレヴォン三世のために退位した。キリキアはヘトゥム家の下で多少の経済的繁栄を享受したものの、ヘトゥム二世の騒然とした時代は、ムスリムの脅威に対処するために強力で効果的な指導力が相当に必要とされていたのに、王国において政治的不安定感をもたらした。なぜならば、イル・ハーン国のモンゴル人たちが、彼らの臣下の人々の多数派の宗教であるイスラームを採用したのはこの時であったからである。今やフランシスコ修道会の修道士であったヘトゥムは、レヴォンや四〇人のキリキアの貴族たちと共に、もう一度マムルーク朝に対するモンゴルとの同盟の試みを行った。北シリアのイル・ハーン国の本拠地に到着の際、四二人全てが処刑された。

キリキア・アルメニアの崩壊

しかし、ヘトゥムのもう一人の弟であるオシンが王位に就き、一三〇七年にスィスで、一三一六年にはアダナで教会会議を開催し、そこでは、多くのアルメニア人の聖職者や貴族たちが、ヨーロッパからの軍事援助を受けることを望んで、ローマの典礼の慣習に従い、教皇を承認することに同意した。しかしながら、アルメニア人の住民はこの決定に反対して立ち上がった。オシンは一三二〇年に死去した。なおさら強硬に親西洋の彼の子のレヴォン四世が後を継いだ。彼が一三四一年に死去した際、ルベン・ヘトゥム系列の直系の子孫はおらず、王位はキプロスのリュジニャン家とヘトゥム家の貴族たちの間で持ち主が変わった。

ギー・ド・リュジニャンやヘトゥム家のコンスタンディン三世とコンスタンディン四世は比較的短期間支配し、平和な期間との引き換えにマムルーク朝と妥協した。彼らは対立者たち、または彼らの親西洋的感情に疑いをもつアルメニア人の指導者たちによって解任された。リュジニャン系列の最後のキリキア王のレヴォン五世は、一三七四年、スィスにおいて戴冠された。彼は一年後、マムルーク朝によって捕らえられ、カイロへ連行されたが、彼のヨーロッパの親族によって身代金が払われてそこから受け戻された。レヴォンはヨーロッパにおいて十字軍の機運を蘇らせようと試みたが、一三九三年、フランスにおいて死去し、当初はセレスタン修道院に埋葬された。墓はフランス革命の間に修道院の残りの部分と共に荒らされた。レヴォンの空の墓は修復され、現在はフランスの君主たちの墓所であるサン・ドニ大聖堂にある。皮肉にも、レヴォンのアルメニア王の称号は、キプロスのジャン一世に渡り、彼の子孫たちはその後、それをサヴォイア家に譲った。彼らはその称号を遅くとも十九世紀まで使い続けた。キリキアのアルメニア人貴族たちは結局、ビザンティウム、アルメニア、ジョージアへ去った一方で、アルメニア人商人たちはフランス、オランダ、イタリア、ポーランドへ移住した。一世紀の後、キリキアはオスマン帝国の一部となり、そのアルメニア人の町々や村々はトルコ人の支配下となった。

芸術と文化

アルメニア人が大多数であったにもかかわらず、キリキアは多様な民族の故郷であり、彼らの全てがキリキア文化の豊かさに貢献した。ギリシア人、ヤコブ派のシリア人、アラブ人、ユダヤ人がその地域に居住し、それぞれが自身の宗教組織を支えていた。イタリア人の商人たちやヨーロッパの騎士たちはキリキアの諸港を住処としたり頻繁に訪れたりした。フランスの言語や慣習がアルメニア人貴族たちの間に広がり、商人たちの大半はイタリア語を話した。

元来ラテン語で書かれた歴史物を含むヨーロッパの作品は、アルメニア語に翻訳された。前述のように、十字軍諸国家において用いられた法典である「アンティオキア法典」は、そのアルメニア語訳においてのみ残存してきた。この時代の多くの独自の作品もまた重要である。初期のキリキア史は『エデッサのマテヴォス（マテヴォス・ウルハイェツィ）の年代記』の中で記録されている。ヘトゥム一世の弟のコンスタブルのスムバトの『年代記』は、キリキア王国の最も価値ある記録である。ムヒタル・ゴシュの中世アルメニアの法典の彼による改訂版やモンゴル人たちの宮廷への彼の旅の記録もまた非常に重要である。ヘトゥム一世の甥でキプロスの王子のヘトゥムは、もう一つの価値ある記録を提供した。一三〇七年に書かれたそれは『小年代記』として知られ、モンゴル人たちの歴史に続くアジアの歴史的、地理的な概説を含み、特に、イル・ハーン国とマムルーク朝との間の争いに焦点をあて、新たな十字軍の計画で結ばれている。シュノルハリ（慈悲深い）として知られるカトリコスのネルセスは、『エデッサ陥落についての嘆きの書』と並んで、アルメニア人の民衆に用いられた多くのシャラカンすなわち聖歌を残した。

愛やその他の世俗の主題についての詩を含む詩文学は、キリキア・アルメニア最後の二世紀の間に出現した。エルズィンジャンのホヴァネス（ホヴァネス・エルズンカツィ）のそれは、時に中世アルメニア語と呼ばれる初期のアルメニア語の話し言葉で書かれた。

科学の領域では、古典的アルメニア医学の創始者であるヘル〔ホイ〕のムヒタル〔ムヒタル・ヘラツィ〕〔が知られ〕、アラビア語、ギリシア語、ペルシア語の知識によって彼は医学のいくつかの部門に関する特定の著作を書くことができた。その他の文学の大立者たちは、ラムブロンのネルセス〔ネルセス・ラムブロナツィ〕と大ヴァルダン〔ヴァルダン・アレヴェルツィ〕である。前者は多才な哲学者、翻訳家、弁論家、音楽家であった一方、後者は中央アジアのモンゴルの宮廷を訪れ、ペルシアにおいてフラグと親交を結んだ。彼の『歴史選集』は、特に、アルメニアやペルシアにおけるモンゴル支配についての豊かな史料である。

キリキア建築で残存しているものは、十字軍の城や砦を模倣し、当時のビザンツ帝国や西洋の建造物を模倣している。キリキアには重要な彫刻作品は残存していないものの、十三世紀から伝わる聖遺物箱や銀の聖書装丁はキリキアの銀細工師たちの職人気質を示している。しかしながら、この時代の栄光は、疑いなく十二世紀や十三世紀の挿絵入りの諸写本である。人間たち、動物たち、花々、そして幾何学的な意匠は、豊かな色々や輝く金の中に描かれている。最も著名なものは、トロス・ロスリンのもので、彼は聖書的な主題において当時の諸衣装や自然主義を用い、アジア的な主題とヨーロッパ的な主題を結びつけた。

キリキア・アルメニア王国の勃興と滅亡には多くの理由がある。キリキアの地理的な位置、アルメニア人の封建的な一族たちの到来、ビザンツ帝国の一時的な弱体化は、ルベン家やヘトゥム家の勃興を許した。十字軍の到来はアルメニア人たちに、まず公国を、そして後に王国を形成するために十分な政治的、経済的、戦略的重要性を与えた。しかしながら、引き続く十字軍の失敗、キリスト教徒諸勢力間での分裂、ローマの優越を受け入れることへのアルメニア教会の拒絶、アイユーブ朝やマムルーク朝国家の台頭、一二九一年の最後の十字軍の要塞の陥落、そして、イル・ハーン国のモンゴル人たちのイスラームへの改宗は全て、アルメニア人の王国の崩壊に寄与した。十四世紀までに、ヨーロッパは自身の国家建設に携わることになった。スペインの大半からムスリムたちが駆逐されたことは十字軍精神の終焉を招き、ヨーロッパは主としてアジアに住むキリスト教徒に対する関心を捨てた。これは西洋にとって重大な影響を持つことになった。というのは、オスマン帝国がほどなくしてビザンツ帝国を滅ぼし、東ヨーロッパに侵入し、そこに彼らは約四世紀の間、留まることになるからであった。

エルサレムのアルメニア人共同体

キリキア王国の勃興の結果の一つは、エルサレムのアルメニア人の世俗的、宗教的共同体が新たに優越したことであった。その都市におけるアルメニア人の存在は紀元一世紀にまで遡ることができる。七世紀までに、数多くのアルメニアの修道院がそこに建設されていた。ギリシア正教会との断絶の後、アルメニア人たちはその都市のビザンツ人の支配者たちによる差別を受けていた。

六三八年のアラブ人の征服に続いて、エルサレムのキリスト教の聖地の支配は、その都市のアルメニア人やギリシア人共同体にとって権力への手段や象徴となった。エルサレムのアルメニア人はギリシア人よりも数において少なかったが、彼らは、ビザンツ人たちを彼ら共通の敵と見なしたアラブ人たちと、より良い関係を享受した。したがって、アルメニア教会は当初、多くの重要なキリスト教聖堂の管理権を認められたが、彼らの管理をめぐるギリシア正教会とアルメニア教会との間の不和は数年間続いた。

十字軍の到来によって、アルメニア人の立場は相当に改善され、彼らはジョージア教会から跡地を得ることができた。その上に、彼らは聖ヤコブ（ハコブ）の大聖堂や修道院を建設し、聖ヤコブ男子修道会という修道会を創設した。聖ヤコブ修道院はエルサレムのアルメニア人共同体の中心となり、巡礼者たちや訪れる商人たちのために宿泊設備を提供した。十四世紀の初頭、聖ヤコブ男子修道会はキリキアのカトリコス座のラテン志向を受け入れることを拒み、その指導者やアルメニア人の管理する聖地の保護者はエルサレムのアルメニア教会大主教であると宣言した。

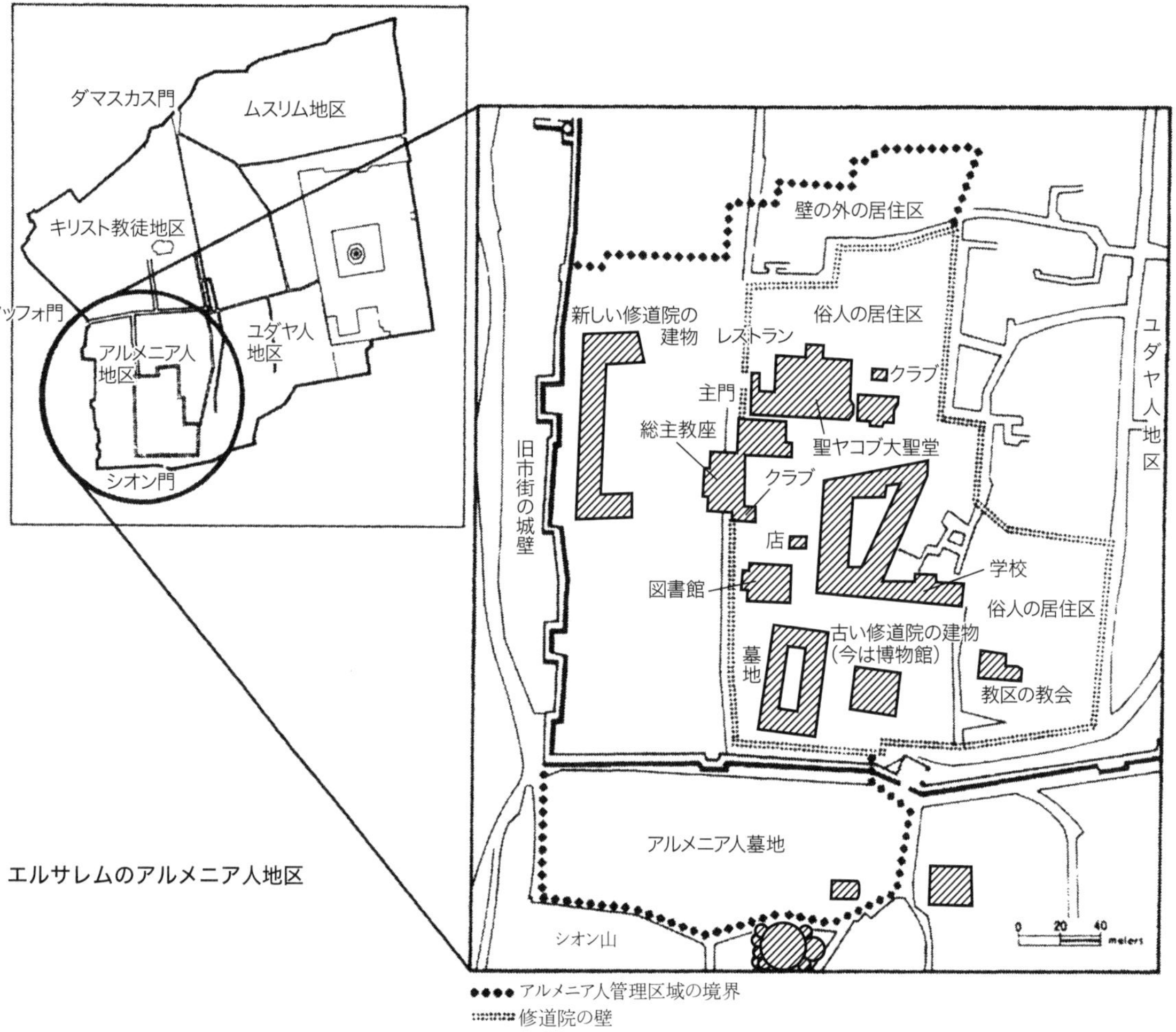

地図 18　エルサレムのアルメニア人地区

サラーフ・アッディーンの下でムスリムたちがエルサレムを奪い返した後、アルメニア人たちは彼らの好ましい立場を保持し、ジズヤ〔人頭税〕から免除されていた。マムルーク朝期、アルメニア人たちはジョージア正教会による聖ヤコブの跡地を奪い返そうとする試みの機先を制したが、聖墓の諸部の管理権をジョージア教会やギリシア教会と共に共有することを余儀なくされた（**地図18**参照）。

11 多数派から少数派へ

トルコ人、モンゴル人、トルクメン人支配下のアルメニア（一〇七一年頃〜一五〇〇年）

アルメニアへのセルジューク朝の到来からペルシアにおけるサファヴィー朝の樹立までのほぼ五百年の間に、ヨーロッパは中世から近代初期への変遷を遂げた。中東ではアッバース朝の支配がさらに二世紀の間続いた。しかしながら、カリフの地位は衰退期にあり、さまざまなトルコ人、クルド人、ペルシア人の軍事指導者たちが彼ら自身の王朝を樹立した。セルジューク朝の到来は新しい強力なイスラーム国家の出現となった。モンゴル人たちがバグダードを占領し、アッバース朝カリフ国家を終焉させた十三世紀後半までに、全体の情勢は変化していた。二世紀の後、オスマン帝国の指揮の下、トルコ系諸民族は小アジアにおいて勢力を回復し、コンスタンティノープルを占領し、ビザンツ帝国を打倒した。

同時代に西ヨーロッパでは変化が見られ、それは近代初期すなわち一五〇〇年以降の時期において西ヨーロッパが世界の軍事的、経済的主導権を確立することを可能にした。貿易、都市、そして中流階層の台頭によって代議政治のための土台が準備された。アヴィニョンにおける教皇の捕囚、百年戦争、黒死病、薔薇戦争によってローマ・カトリック教会は弱体化し、強力な君主制の登場が容易になった。ルネサンスによってヨーロッパはそのギリシア・ローマ起源を発見することができ、個人主義の精神が育まれ、科学的進歩や芸術的表現のための階梯が定められた。一方、同じ数世紀〔の間〕には、スペインの漸進的な再征服が見られ、一四九二年のグラナダの陥落に至った。皮肉にも、ほぼ同時期に、オスマン帝国は、東ヨーロッパや中央ヨーロッパに浸透することでヨーロッパにおいてムスリムの存在を回復させた。モンゴル人たちは最初のロシア国家を侵略し、三世紀の間そこを支配し、彼らの社会政治的制度のいくつかを未来のロシアの支配者たちに伝えた。オスマン帝国による征服と中国における明王朝の孤立主義政策の両方によって、アジアとの陸上交易路が閉ざされ、ヨーロッパは大航海時代に突入した。アジアの技術からの相当な助けによって、コロンブスやヴァスコ・ダ・ガマはアメリカ大陸やインドと中国への海路を見出した。

アフリカでは、エジプトがモンゴル人たちや十字軍たちに対してイスラームの大義を守った。イスラームはサハラ砂漠以南の地域に浸透を遂げ、北アフリカや中央アフリカの主要な宗教となった。マリ、ベニン、ヨルバ、ソンガイなどの王国や国家は繁栄し、それはポルトガル人がこの時代の末にアフリカの西海岸を探検した時に始まったヨーロッパの浸透まで続いた。

七世紀初頭にアラブ人によるシンドの侵略を経験したインドは、新たなイスラームの諸軍勢に侵略され、北インドが征服されてデリー・スルタン朝が樹立され、仏教の影響力が絶たれて、インドはムスリム文化とヒンドゥー文化に分割された。東南アジアでは、クメール帝国がアンコール・ワットの完成でその絶頂に達し、ヴェトナムは中国から独立を獲得した。

中国それ自体では、宋王朝が北部の支配権を金王朝によって奪われた。モンゴル人はまもなく中国の大半を征服し、元王朝を樹立した。フビライ・ハーンは中国文化を採り入れ、首都を北京に移し、マルコ・ポーロが訪問した。新たな帝国は「パクス・モンゴリカ」を確立し、それは東西交易や西ヨーロッパへの技術移転を容易にした。一世紀後、モンゴル人たちは明王朝によって中国から追われ、その〔明〕王朝は当初、交易や探検を奨励したものの、後には全ての外国人に対して中国を閉ざした。日本では、二つの連続する幕府が日本を孤立化させ、モンゴルの侵略からそれを守った。最後に、アメリカ大陸では、ペルーのインカ帝国やメキシコのアステカ王国が発展し、組織化された有力な国家となった。

対照的に、歴史的アルメニアはその歴史のどん底に入りつつあった。最後のアルメニアの王朝は滅亡し、貴族たち、兵士たち、職人たちの大多数がコンスタンティノープル、キリキア、東ヨーロッパへ去った。さらに、その後の四世紀の間には、何千もの遊牧民の侵略者たちの到来が見られ、それはアルメニアやアルメニア人に対して重大な人口学的、文化的影響を与えることになるのであった。

アルメニアにおけるトルコ系諸民族

中央アジアからのトルコ系諸集団、特にオグズ部族は、十世紀以降、アゼルバイジャン、北コーカサス、南ロシア、さらには小アジア北部などの各地にゆっくりと侵入し、定住しつつあったが、人口において大きな変化を引き起こすことはなかった。軍事勢力を排除することによってアルメニアを弱体化させるというビザンツ帝国の政策は、その地方を無防備なままに放置し、略奪を生業とするようなトルコ系の諸集団をアルメニア南部の攻撃に引きつけた。十一世紀中頃のセルジューク朝の到来まで、アルメニアを征服するという組織化されたトルコ系諸民族の計画はなかった。一〇四〇年から一〇四五年の間に、オグズの長でセルジューク家のトゥグリルは、ペルシアの大半を征服し、帝国を創始した。セルジューク朝はまもなく、全ての遊牧民の征服者たちが彼らの新たな領土に定住した後に向き合わねばならない問題、すなわち、彼らの部族の中で襲撃や略奪を続けることを望む者たちにどのように対処するかという問題に直面した。セルジューク朝は、彼らの新たな帝国の崩壊を恐れて、規律の欠けた分子たちを、新たな領土を得ることを期待して、無防備なアルメニアに向けさせた。こうして、その後の二〇年間、アルメニアは定期的に攻撃された。

アルメニアやビザンツ帝国は侵略者と戦ったが、不幸にも共同してではなかった。ビザンツ帝国は情勢の深刻さを認識したのではなく、むしろ、いかなる形のアルメニアの自治をも廃止し、アルメニア教会をコンスタンティノープルの管理下に置こうと試みた。時に、ビザンツ帝国の行動は、一部のアルメニア人たちをビザンツ帝国に対抗してトルコ系諸民族と協力するようにせきたてさえした。一〇七一年、アルプ・アルスラーン指揮下のセルジューク軍は、ビザンツ皇帝のロマノス四世ディオエニスを破り、捕虜にした。数年前にバグラトゥニ王国を滅ぼしたビザンツ帝国は、今やそれをトルコ系諸民族に奪われた。多くの都市が略奪され、教会は破壊され、交易は途絶え、住民の一部は強制的に改宗させられるか奴隷にされた。ダニシュメンド朝、カラマン朝、シャー・アルマン朝、ルーム・セルジューク朝などの多くの王朝が小アジアに出現した。しかしながら、アルツァフ（カラバフ）、スィウニク（ザンゲズル）、グガルク（ロリ）、サスン、そして、その他の山岳地方のナハラルたちは存続可能な軍事力を維持し、自治の状態に留まった。多数のナハラルたちは彼らの家族や従者たちと共に去り、ジョージアやキリキアにおいて新たな権力基盤を確立した（10章参照）。全てのアルメニア人たちが強制によってイスラームに改宗したわけではなかった。アルメニア人の職人や軍人の一部は、経済的理由から自発的に改宗した。トルコ系諸民族とアルメニア人の上層階級の通婚もまたそのような改宗に貢献した。事実、小アジアにおける多数の独立した地方総督たちはアルメニア系の出自であった。しかしながら、アルメニア人の住民の大部分である農民たちはキリスト教に留まった。

セルジューク朝がエルサレムを占領し、カリフからスルタンの称号を受けた際、彼らの威信は新たな高みに達した。彼らはやがてペルシア人の宰相たちを雇い入れ、ペルシアの諸称号を採り入れ、彼ら自身を中央集権国家の君主と見なし始めた。アルメニア人たちや定住したムスリムたちは保護され、交易はいくぶん復興した。トルコ系遊牧民たちがペルシアにおいてセルジューク朝を崩壊させた十二世紀の中頃までに、情勢はキリスト教徒たちに有利なようにかなり変化した。十字軍は中東において強力なキリスト教徒の存在を確立し、ジョージアはトランスコーカサスにおいて一つの勢力として勃興し、キリキアのアルメニア人たちは持続力ある国家を築き、ビザンツ帝国はコムニノス朝の皇帝たちの下で再興した。トルコ系諸集団もまた小アジアやトランスコーカサスに点在する諸小国に分裂したのであった。

セルジューク朝の衰退とモンゴル人の到来の間の時期は、アルメニア人たちにとって復興の時代であった。主な原動力は、トランスコーカサスや小アジア東部における卓越した勢力としての、ジョージアとそのアルメニア系のバグラト朝の登場であった。建設王ダヴィド（一〇八九〜一一二五年）の下のジョージア人たちは、アルツルニ家、パフラヴニ家、ザカリアン家、オルベリアン家、プロシアン家などの家系からアルメニア人のナハラルたちを雇い入れたのみならず、簒奪されたアザトを雇い入れ、アルメニアからトルコ系諸民族を追い出すためにジョージア軍に参加した。ダヴィドの後継者はこの政策を続け、結局は、アルメニアの多くに、これらのアルメニア人志願者たちを再定住させた。タマラ女王（一一八四〜一二一三年）の下、アルメニア・ジョージア軍を指揮したザカリアン家は、大アルメニアの多くの再征服に成功した。

ザカリアン家はジョージア諸君主の臣下としてアニやドヴィンからアルメニアを統治した（**地図19**参照）。その他のナハラルたちの多くはザカリアン家の統率に服従した。一一九九年のヨーロッパによるレオの戴冠とキリキア・アルメニア王国の公式の承認によって、アルメニアやジョージアを経由するヨーロッパからアジアへの交易路が開かれ、その地方に新たな富がもたらされた。ザカリアン家の者たちは多数のナハラルの家系と通婚し、ジョージアの王たちと同様に、彼ら自身の階級制度による宮廷を確立した。初めて新たなアルメニア人のナハラルたちが登場した。彼らは古い封建的な家系の成員ではなく、軍事的もしくは商業的な業績を通して昇進したのであった。彼らは土地を買い入れたり、割り当てられて、文化的、宗教的諸組織の後援者となった。キリキアの聖座と共に、新たな教会の指導者

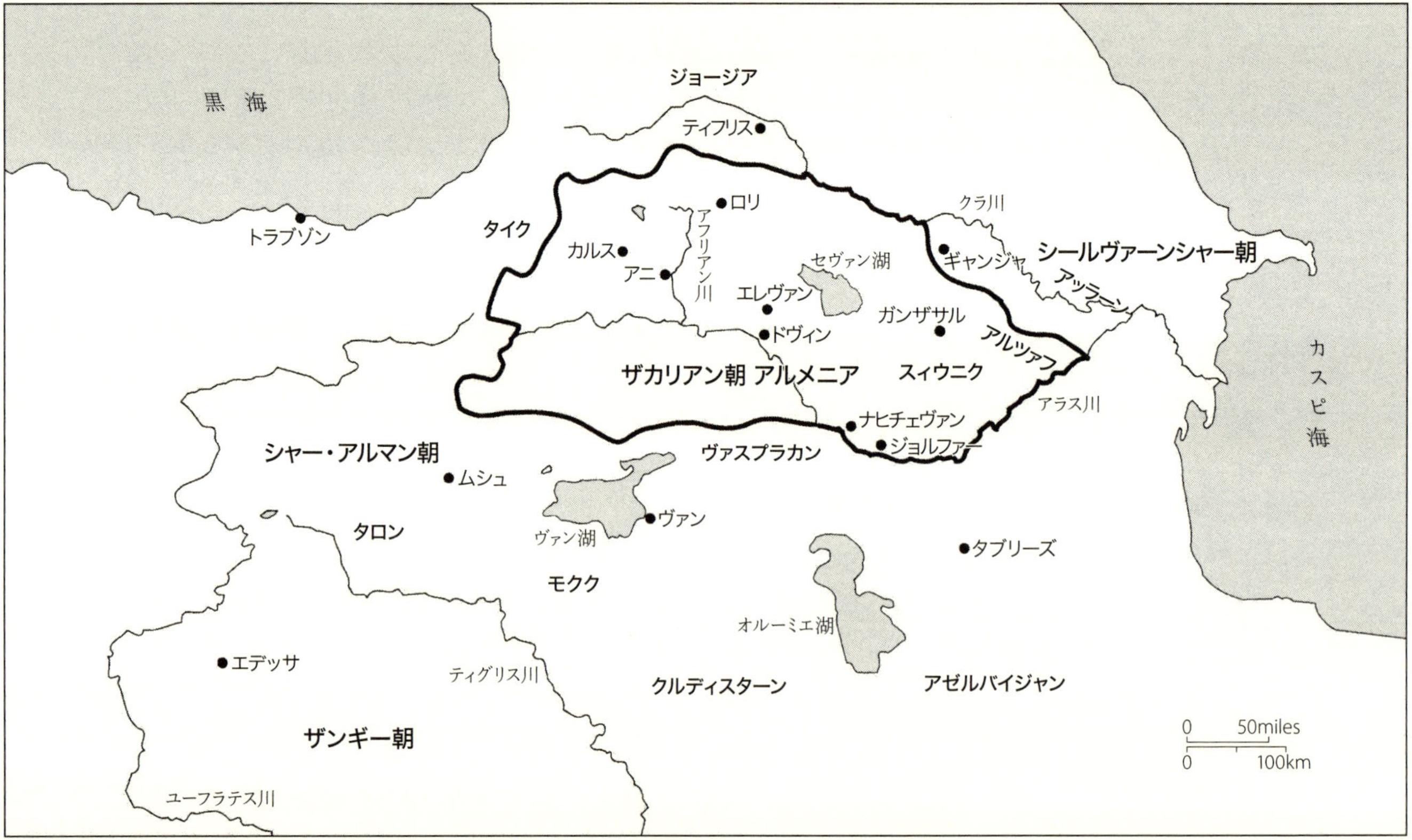

地図 19　ザカリアン朝アルメニア（西暦 1200 年頃）

たちが歴史的アルメニアにおいて出現した。職人たちは諸都市に居住し、そこで彼らは一定の権利を与えられ、同業組合を設立した。農民たちは過去と同様に、土地に縛り付けられ、税の大半を支払った。アルメニアやジョージアにとって不幸なことには、この繁栄の日々は短命であった。前述のように、新たな勢力が世界史に登場したのである。この勢力はアルメニア・ジョージアの幕間劇を終わらせただけではなく、ロシアや中東の歴史を徹底的に変化させた。それはモンゴル人たちであった。

アルメニアにおけるモンゴル人たち

モンゴルによるトランスコーカサスへの大規模な侵略より一〇年前、小規模なモンゴルの軍勢が、アルメニア・ジョージア軍を破り、その地方を略奪した。モンゴル人の東方への進軍の際、彼らはトルコ系諸部族を西方へ押しやった。後者の一部はその後アルメニアに入り、そこからモンゴルに抵抗するための拠点としてアルメニアを利用した。アルメニア人たち、ジョージア人たち、ムスリムたちは侵略者たちを追い出すことに成功したものの、生命の喪失や財産と収穫物の荒廃はひどいものであった。主要なモンゴルの諸軍団が一二三六年に現れたのはこの時点であった。モンゴル人たちは素早く諸都市を占領した。抵抗した者たちは残酷に罰せられた一方で、服従する者たちは報償を与えられた。この知らせはすぐに広まり、一二四五年までに歴史的アルメニアの全てやジョージアの多くの部分が服従することになった。西アルメニアのムスリム指導者たちもまた鎮圧された。

統合の時期の間、シャーマニズムを信仰するモンゴル人たちは、彼らの税や統治構造をその地方に押しつけなかった。しかし、十三世紀中頃、彼らは人口調査を実施し、ムスリムたち、キリスト教徒たちなどの全ての住民に重税を課した。多数の蜂起は容赦なく鎮圧された。アルメニア人やジョージア人の軍事指導者たちは、モンゴル軍に仕えなければならず、そこで彼らの多くは戦死した。モンゴル人たちはまた多数のナハラルたちが自発的に彼らの軍務に就くよう首尾よく誘い込んだ。最も著名な者たちはスィウニクのオルベリアン家とアルツァフのハサン・ジャラリアン家であった。モンゴル人たちは彼らの目標を達成するために、ナハラルたちを互いに反目するように動かし、時にはムスリムたちをキリスト教徒に対して、またはその逆に利用した。一二五八年、フラグ指揮下のイル・ハーン国のモンゴル人たちはバグダードを略奪し、アッバース朝のカリフ位に終止符を打ち、多くのムスリムたちを殺した。皮肉にも、この行動は、ロシアを征服し、指導者たちの一部がイスラームに改宗したもう一つのモンゴル人の集団であるジョチ・ウルス〔キプチャク・ハーン国〕の怒りを呼び起こした。一二六〇年のシリアにおけるマムルーク朝によるイル・ハーン国のモンゴル人たちの敗北に続いて、二つのモンゴル人の集団はコーカサスで衝突した。

アルメニア教会は概してこの時代の大破壊を免れた。ネストリウス派キリスト教徒となっていたモンゴル人の指導者たちの多くは、キリスト教徒のアルメニア人たちに対して同情的であった。アルメニアの修道院や聖職者階層は定期的に税を免除された。アルメニア教会の指導者たちは、十四世紀から十五世紀の間にアルメニアを支配したモンゴル人やトルクメン人のハーンたちからかなりの譲歩を得るために、初期のモンゴル人の支配者たちによって認められた諸特権に言及した。アルメニア商人たちもまたモンゴル人たちによって厚遇された。中国のモンゴル人たちは交易を振興し、ヴェネツィアやジェノヴァからのイタリア商人たちは中国との重要な交易を行うために、キリキアもしくは黒海の諸港を利用した。隊商は保護され、モンゴル人たちは彼らに中央アジアを経た安全な通行を保証した。絹、宝石、香辛料が主な輸出品であった。アルメニア商人たちは北京、タブリーズ、ソルターニーイェ、ブハラ、トラブゾンのみならず、ロシアやイタリアの多数の都市に通商上の支店を開設した。

一三〇〇年までに、イル・ハーン国はイスラームを受容し、アルメニア人たちは再び異教徒として扱われた。税は増加され、アルメニア人たちは、彼らがキリスト教徒であることを示すために特別の印を身につけねばならず、広大な肥沃な地域は遊牧民の諸部族に利用され、農業経済は破壊され、飢餓や貧困が押しつけられた。十四世紀中頃のイル・ハーン国の崩壊は、情勢を悪化させただけであった。さまざまな部族の集団が東アルメニアを攻撃した一方で、オスマン帝国は西アルメニアの征服を開始した。

アルメニアにおけるティムールとトルコ系タタール人

この地方への最後の一撃は、ラメ・ティムール、すなわち、西洋ではタメルランとして知られている中央アジアからの最後の大侵略者に残された。一三八六年から一四〇三年の間に、トルコ化したモンゴル人であるティムールと彼のトルコ系タタール人の遊牧民たちはアルメニアを侵略し、都市を荒廃させ、収穫物を台無しにし、何万もの人々を殺し、それ以上の数の人々を奴隷にした。彼はこの地方に定住していたトルクメン人の諸部族とすらも戦い、ジョチ・ウルスを破り、オスマン帝国に対して壊滅的な打撃を与えた。破壊はかつての何ものよりも容赦ないもので、アルメニアは瓦礫と化した。多くの都市や村々がただ単に消滅した。交易は完全に途絶え、アルメニア人の聖職者たち、商人たち、ナハラルたちは処刑された。アルツァフ、グガルク、スィウニク、サスンなどの山岳地方のみが略奪をまぬがれ、住民たちの中には生き延びるために盗賊となる者もいた。ティムールは多くのアルメニア人の職人たちをサマルカンドへ連行し、そこで彼らはティムールの巨大な首都の建設を手助けした。彼はデリーを占領したものの、彼の狙いは略奪することであり、定住することではなかった。ティムールの死後、彼の一族の者たちは東コーカサスや中央アジアを支配したが、後のティムール家の一員であるバーブルは一五二六年にデリーを占領し、一八五八年まで支配した強大なムガル帝国を創始した。皮肉にも、アルメニア商人たちはムガル帝国時代の間にインド貿易において決定的な役割を果たすことになるのであった（14章参照）。

オスマン帝国、ティムール朝、シールヴァーンシャー朝、アク・コユンル朝（白羊朝）、カラ・コユンル朝（黒羊朝）、そして、わずかに残ったジョージアの諸公たちは、ティムールの死によって残された空白地帯を埋めた。オスマン帝国は彼らの奮闘をビザンツ帝国の残されたものに集中した。一四五三年、征服者メフメト〔二世〕は、コンスタンティノープルを占領し、中東全域、北アフリカの大半、東ヨーロッパの大部分の占領または支配で全盛を極めるオスマン帝国の隆盛が始まった。ペルシアやアルメニアの東部やジョージアのみが彼らを回避した。シールヴァーンシャー朝は今日のアゼルバイジャン共和国の部分を支配した一方で、彼らの名目上の宗主国であるティムール朝は、ペルシア東部に彼らの拠点を有していた。歴史的アルメニアは、ティムール以前からその地方に存在していた白羊朝と黒羊朝という二つのトルクメン人の部族の領域に属した。

シーア派への共感を有していたカラ・コユンル朝すなわち黒羊朝は、一四六八年までヴァン湖の東方の地方を支配した。ティムール朝とカラ・コユンル朝は互いに戦い、アルメニアやジョージアを徹底的に破壊し続けた。二人のカラ・コユンル朝の指導者、イスカンダル（一四二〇～一四三八年）とジャハーン・シャー（一四三八～一四六八年）は、アルメニア人の封建的、宗教的指導者たちの協力を必要とし、アルメニア教会やナハラルたちとの友好的な関係を有していた。キリキアの滅亡とスィスの聖座の衰退は、したがって東アルメニアにおけるアルメニア人の世俗的、宗教的指導者たちの台頭と時を同じくした。アレッポやクリミアからのアルメニア人の代表者たちがカトリック教会との合同を受け入れた――それはアルメニア教会によって承認されたわけではなかった――フィレンツェ公会議（一四三九年）に続いて、アルメニア本体の教会の指導者たちは、聖座をローマの影響から離れた場所に移すことを決定した。ジャハーン・シャーの承認によって、彼らは一四四一年、民族集会を招集することが可能になった。集会では聖座をエチミアズィンに戻すことが決定された。キリキアの宗教的指導者はこの移動に直ちに挑戦し、別個の、しかし、（二十世紀後半まで）重要度が落ちるスィスのカトリコス座に帰着し、それによってエチミアズィンはまた再びアルメニア民族の正式な宗教的中心地となった。

スンニー派のアク・コユンル朝すなわち白羊朝は、ヴァン湖の西方からユーフラテス川にかけての全てのアルメニアの土地を支配した。彼らは一四六八年にカラ・コユンル朝を征服し、アルメニア全土、アゼルバイジャン、ジョージアの大半、そしてペルシアの主要部を、彼らがサファヴィー朝に取って代わられる十五世紀末まで支配した。ウズン・ハサン〔一四五三〜一四七八年〕治下でのアク・コユンル朝は、アルメニア人にキリスト教徒として彼らを見分けられる衣服を着ることを強制し、彼らに重税を課した。さらに重税を課したヤークーブ〔一四七八〜一四九〇年〕の下でさらに状況は悪化した。最後に残っていたナハラルたちの大半は土地を没収されるか、自らの所有地を守るために、それらをワクフすなわち寄進地として教会に寄付した。聖職者となる者もいた一方で、集められるだけの資本を貯蓄し、交易に従事する者もいた。ハチェンの諸侯などの一握りの二流の貴族たちやより有力な家系の子孫たちは、カラバフやスィウニクの高地において彼らの所有地を保った。ペルシアやシリアからの多数のクルド人の諸部族は、アルメニアに以前に到来した者たちに加わった。経済的困窮にもかかわらず、アク・コユンル朝は秩序を回復し、アルメニアに平和が戻り、オスマン帝国とサファヴィー朝との間の戦争という次の段階の前に人口がいくぶん回復することができた。

文学、教育、芸術

四百年に及ぶ侵略と荒廃にもかかわらず、アルメニア人たちはなおも歴史的、文学的諸作品を生み出していた。十三世紀の主要な歴史家たちはギャンジャのキラコス〔キラコス・ガンヅァケツィ〕、ステパノス・オルベリアン、グリゴル・アカンツ〔グリゴル・アクネルツィ〕、メツォプのトヴマ〔トヴマ・メツォペツィ〕であった。キラコスはモンゴル人たちに捕らえられ、彼らの言語を学んだ。彼の史書はアルメニアにおけるモンゴルやザカリアン時代の第一次史料である。ステパノス・オルベリアンもまたモンゴルの宮廷を訪問し、『スィウニクの一族と州の歴史』を書いた。グリゴル・アカンツは『射手の民族の歴史』と題するモンゴル人の歴史を書いた。最後に、メツォプのトヴマは、トルクメン人たちによるアルメニアの恐るべき荒廃を詳述している『タメルランと彼の後継者たちの歴史』を書いた。文学の分野では、俗人の詩人であるフリクが、モンゴルの侵略の間の人々の苦しみを口語で描写した一方、エルズィンジャンのコンスタンディン〔コンスタンディン・エルズンカツィ〕は、愛や自然の美などの非宗教的主題の口語詩を創作した。

多数のアルメニア人の哲学者や文法家もまたこの時代に登場した。大半の者たちはタテヴ学校の出身者であった。彼らの中には、ニチュのエサイ〔エサイ・ヌチェツィ〕、ヴォロタンのホヴァネス〔ホヴァネス・ヴォロトネツィ〕、スィウニクのアラケル〔アラケル・スィウネツィ〕などがおり、全ての中で最も重要な人物はタテヴのグリゴル〔グリゴル・タテヴァツィ〕である。

アルメニアへの幾多の侵略や占領の結果の一つは、アルメニア人たちがペルシア語、トルコ語、モンゴル語、ジョージア語、ウイグル語を学ぶことを余儀なくされ、しばしば交易や宮廷において通訳者の役割を果たしたことである。ヨーロッパの旅行者たちは、中央アジア、インド、そしてさまざまなモンゴル宮廷におけるアルメニア人の通訳や仲介者たちについて言及している。修道院は以前と同様に教育の中心地となった。多数のアルメニア人の科学者が登場し、彼らの中で最も重要な人物はアマスィアのアミルドヴラトであった。

共にスィウニクにあったタテヴやグラヴォルの修道院は、大学の原型と見なすことができ、そこでは、宗教的な学問と並んで、芸術や科学が教授されていた。これらの中心地はカトリックの宣教師たちの進出に対して特に積極的であった。十四世紀、ドミニコ修道会はナヒチェヴァンにおいて多数のアルメニア人の俗人や聖職者を改宗させることに成功し、ドミニコ修道会のアルメニア・カトリックの分派であるフラトレス・ウニトレス〔アルメニア語でウニトルク〕を創設した。グラヴォル出身のアルメニア人神学者たちは、アルメニアにおけるこれらのローマ・カトリックの影響に抵抗し制限することにおいて重要な役割を果たしたものの、一部の西洋の神学的思想は、ニチュのエサイ、ツォルツォルのホヴァネス〔ホヴァネス・ツォルツォレツィ〕の作品に影響し、クルナのハコブ〔ハコブ・クルネツィ〕によって翻訳もされた。

このような混乱の時代が交易や教会の建設を妨げることはなかった。交易路の一つはジョージアやアルメニア北部を経由しトラブゾンに至り、そこからヴェネツィアやジェノヴァまで続いていた。アルメニア商人たちはこの交易において活発であって、かなりの富を蓄積し、その一部は修道院への寄付と教会の建設に使われた。ノラヴァンク、ホラケルト、アレニ、エグヴァルドなどの諸教会やアニにおけるより新しい諸教会はこの時代のものである。多数の修道院もまた完成された。サナヒン、ホヴナンナヴァンク、ハリチャヴァンク、ハガルツィン、スピタカヴォル、テゲル、ケチャリス、ゴシャヴァンク、ゲガルドなどがそれである。最後に、アルツァフ（カラバフ）のガンザサルの聖座がこの時代に建設された。実在の動物と想像上の動物を織りまぜた化粧漆喰や石の幾何学的意匠における浮彫はバグラトゥニ期の宮廷や教会に現れ、今やさらに成熟した形で出現した。銀の装丁や聖遺物箱、特にプロシアン家によって注文されたそれは、銀細工職人たちの技術を証明している。以前に述べたハチュカル制作の技術はこの時代に頂点に達した。彩飾された写本は、それらの装飾的な創作技術においてキリキアの作品に影響された。ハグパトの福音書とグラヅォルの福音書はこの時代の優れた見本である。

二千年以上の間、その地理的位置と人々の順応力ある性質によって、古代、古典、中世の時代にアルメニアは独特の立場を維持することが可能になった。アルメニアは多数の王朝を生み出し、自身の芸術や建築、言語や文学を発展させた。アルメニアは公式の宗教としてキリスト教を採用した最初の国家の一つであり、その決定はその後の歴史に影響を与えた。多数の古典作品の保存を通じて、そして、アジアからヨーロッパへの商品や思想の導管の役を果たすことで、アルメニアは慎ましくルネサンスに貢献した。アルメニアの中国との接触は、ヨーロッパの優位や諸探検のもととなった技術の一部の移転を助けさえしたかもしれない。

しかしながら、中世の末までにアルメニアの政治組織はあらゆる意図や目的においても消滅した。十一世紀に始まり、十九世紀初頭まで絶え間なく続いた人口統計の変化（12、13、16章参照）によって、アルメニア人の歴史的故地のいくつかの地域において、彼らの人口は少数派になるまでに減少することになった。

第II部

外国の支配から独立へ

第II部への序文

西洋が新世界を探検し、新たな政治思想を採用し始めた近代初期の夜明け、東洋は漸進的に冬眠と衰退の時期に入った。かつて文化交渉の最前線であったアルメニアはオスマン帝国によって西洋から切り離された。四世紀にもわたる遊牧民の侵入は、アルメニアの大半を先導者なき荒れ果てた景色へと変えてしまった。ムスリムの海のまっただ中にある小さなキリスト教徒の集団であるアルメニアとその文化は——高地の一握りの地域とヴァン、エレヴァン地方を除いて——十九世紀まで続く停滞の時代に入った。

幾世紀にもわたって起こった人口統計の変化は、アルメニアのほとんどの人材の自発的もしくは強制的な移住へと帰着した。アルメニア人たちが民族的な精神を維持したのは、ヨーロッパやアジアの主要都市においてであり、アルメニア文化の復興が行われ、アルメニア史の次章が進展することになるのもディアスポラにおいてであった。アルメニア人ディアスポラとユダヤ人ディアスポラとの間に類似点を見出す者もいるかもしれない。ユダヤ人と同じように、アルメニア人は彼らの諸王国の喪失の後、アジアやヨーロッパの諸地域に移住した。彼らの物語は彼らが定住したさまざまな社会の歴史の一部となった。それゆえに、ユダヤ人同様、アルメニア人が政治・文化的復興を経験し、新たな国家を樹立するまで、歴史叙述において断絶があるのである。しかしながら、一つの重要な相違点は、アルメニア王国の崩壊後もアルメニア人の農民たちや職人たちの大多数が歴史的アルメニアの領域に留まったということである。

十六世紀の初頭から現在までのアルメニア人の歴史は、二つの異なる集団に焦点をあてる必要がある。第一の集団には、世界中のアルメニア人ディアスポラが含まれる。アルメニア語で「スピウルク」と呼ばれるこれらの共同体は侵略、虐殺、革命、植民地主義、ナショナリズムの結果として形成され、拡大もしくは縮小した。第二の集団には、聖職者たちや小領主たちに先導された主に農民たちや小規模な職人たちから成る、歴史的アルメニアに留まったアルメニア人たちが含まれる。歴史的アルメニアそれ自体はまずオスマン帝国とペルシアに分割され、後にオスマン帝国とロシア帝国に分割された。しかしながら、ヴァン、エレヴァン、カラバフ、スィウニク、サスン、ゼイトゥン、ムシュのように十九世紀や二十世紀までアルメニア人が多数派を維持した地域もあれば、アルメニア人住民たちの大半を失った地域もあった。ロシア領アルメニアの諸地域は結果的に第一の独立アルメニア共和国（一九一八〜一九二〇年）、ソヴィエト・アルメニア共和国（一九二一〜一九九一年）、今日の、すなわち第三のアルメニア共和国（一九九一年以降）へと発展した。

オスマン帝国、ペルシア、ロシア帝国のアルメニア人は独特の立場に置かれた。これらの帝国内の歴史的な故地に居住する者がいた一方で、その外部の同じ帝国の主要都市に居住した者もいた。その結果、ティフリス〔現在のトビリシ〕、新ナヒチェヴァン〔ノル・ナヒチェヴァン〕、アストラハン、スミルナ〔現在のイズミル〕、コンスタンティノープル〔イスタンブル〕、エスファハーン、タブリーズ、バクー、モスクワ、サンクト・ペテルブルグには大規模で影響力あるアルメニア人共同体を有していた。十八世紀から十九世紀の間のこれらのアルメニア人たちの社会経済状況や政治活動は、主に農村であるアルメニア人の故地に重大な影響を与えた。

近代のアルメニア人の歴史を記述する際には、第一及び第二のアルメニア共和国の崩壊、ソヴィエト連邦の瓦解と新しい独立アルメニア国家の出現に続くアルメニア人たちの間の政治的分裂やカラバフ問題も考慮に入れなければならない。

最後に、五世紀という比較的短い期間（この本の第I部で扱われた二五世紀間と比べて）にもかかわらず、本書の第II部は、この時期に関してより多くの史料があるという単純な事実から、より長くなるのである。

12 アミラたちとスルタンたち

オスマン帝国におけるアルメニア人たち（一四六〇年頃〜一八七六年）

十四世紀の後半の間から十五世紀全体を通して、西ヨーロッパはルネサンスを経験し、ムスリムたちをスペインから追い出すのに成功し、新世界を発見した。その後二世紀の間、大航海時代、宗教改革と反宗教改革、教会と国家との間の繰り返される争い、封建制の衰退、都市階層の台頭、中央集権的な国民国家と絶対王政の出現によってヨーロッパは変容することになった。ムスリムたちや中国人は西洋に対して軍事的に対等であるか勝っていた。前者は中東から十字軍を撃退し、小アジア、東ヨーロッパ、コーカサスのキリスト教徒の人々、北アフリカに原住の諸部族、インドのヒンドゥー教徒たちを意のままに統治することができた。中国人は中央アジアや東アジアのさまざまな民族を支配することになった。東洋と西洋との間の自由な交易は、選ばれた経路や会社を通してより制限されたものに取って代わられた。中国が孤立し、明王朝や清王朝が西洋に対する脅威となり得なかった一方で、ムスリムたちは、オスマン帝国という姿で、中央ヨーロッパの扉を叩き、数世紀の間、いくつかのヨーロッパの国々とオスマン帝国との間で敵対行為を引き起こした。

中世後期、ムスリム世界それ自体で重大な変容が見られた。エジプトのマムルーク朝、小アジアやバルカン半島におけるオスマン帝国、小アジア東部やイラン北西部における黒羊朝と白羊朝の部族連合、イラン北東部や中央アジアにおけるティムール朝は、全て勢力争いに没頭し、その結果、結局のところ三つの強力なムスリム帝国が出現することになった。小アジア、アラブ地域、バルカン半島におけるオスマン帝国、イラン、コーカサス、中央アジアの一部におけるサファヴィー朝、インド亜大陸におけるムガル帝国がそれである。

十六世紀から十七世紀初頭、オスマン帝国とサファヴィー朝は小アジア東部、トランスコーカサス、メソポタミアで互いに争った。戦闘の多くはアルメニア人の故地で起こり――それは詩人のムシュのホヴァネス〔ホヴァネス・ムシェツィ〕やアパランのシメオン〔シメオン・アパランツィ〕によって嘆かれた事件であったが――、ようやく一六三九年に終止符が打たれた。その際に、二つの勢力は、百年に及ぶ戦闘状態を停止し、ゾハーブ条約（カスレ・シーリーン条約としても知られる）を締結した。条約によって再びアルメニアは分割されたが、今回は東側（ペルシア領アルメニアとしても知られる）と西側（時にオスマン領アルメニア）の部分にであった。シラク平原が両者の間の一種の境界となった。カルス要塞を含むそこから西側の地域はオスマン帝国の手に落ちた一方で、アニやアルパチャイ川の東側の領域はイランの部分となった。その他の争いの中心地であったバグダードや聖なる都市であるナジャフとカルバラーはオスマン帝国の所有に帰した。

それに加えて、十六世紀末の小アジアにおけるジェラーリー諸反乱として知られる反乱軍によって引き起こされた荒廃状態（詩人のトカトのステパノス〔ステパノス・トカテツィ〕、トカトのハコブ〔ハコブ・トカテツィ〕、トカトのハチャトゥル〔ハチャトゥル・トカテツィ〕らにより描写された）によって、多くの古いアルメニアの中心地が破壊された。所有物の破壊、飢饉、疫病、強制改宗、再移住によって人口は減少し、アルメニアの経済的生存能力を著しく減退させた。スィウニクやロリの数人の公を別にして、世襲で土地を所有するアルメニア人貴族は事実上消滅した。アルメニア教会は自身と信徒の生存を確保するために、ムスリムの支配に服従した。オスマン帝国、サファヴィー朝、ムガル帝国の支配者たちはそれぞれ彼らのアルメニア人の臣民たちを異なる方法で扱った。オスマン帝国とイランは、教会に対して彼らのアルメニア人臣民への宗教的主導権だけでなく政治的主導権を認めた。より寛容なムガル帝国は確立された政策を有していなかったが、一般にアルメニア人の世俗的な指導者たちに彼らの共同体を一任した。次の四つの章では、歴史的アルメニアはもちろんのことオスマン、イラン、ムガルの各帝国のさまざまな都市に散らばったこれらの共同体における生活が検討される。

小アジア西部のアルメニア人たちは、ビザンツ帝国時代にその地に移住し、中世初期までに多くの都市において、特にコンスタンティノープルにおいてかなり大きな共同体を確立し、そこで彼らは軍事的、政治的重要性を獲得していた。しかしながら、十一世紀までに彼らの人数はコンスタンティノープルにおいて減少した。セルジューク朝によるアルメニアの侵略によって、新たな定住者たちがその都市にもたらされたものの、アルメニア人の存在は些細なものに留まった。スルタンのメフメト二世（一四四四〜一四四六年及び一四五一〜一四八一年）が、コンスタンティノープル征服の少し後に、強制的に多数のアルメニア人を小アジアやクリミアからその都市に再移住させたことを諸史料は示している。そのような移送は十六世紀を通して続き、オスマン帝国首都のアルメニア人共同体は著しく増大した。

アルメニア人ミッレト

十八世紀末までにオスマン帝国は、アラブ人の征服者たちが数世紀前に中東において漠然と確立したもの、つまり、彼らの帝国内のさまざまな臣下の民族を政治的集団もしくは人種の集団に分類するのではなく、宗教的共同体に分類することを完全に制度化した。ギリシア人、ユダヤ人、アルメニア人はこうしてそれぞれがその自身の宗教的指導者の監督の下でミッレトと呼ばれる個別の共同体に分類された。それぞれの共同体は結果的にイスタンブルやその他の都市部の諸中心地の自身の街区に自らを制限した。近年の研究者は、ミッレト制が十分に成熟した制度として十五世紀の間すなわちコンスタンティノープルの陥落直後に出現したという見解に挑戦してきた。オスマン帝国がさらに後まで非ムスリムたちに対して一貫した政策を有しておらず、ミッレト制が次第に発展したということが今や確実なようである。オスマン帝国は十八世紀末もしくは十九世紀初頭まで、めったにミッレトという用語を用いず、その頃になって彼らはその用語を主としてギリシア人、アルメニア人、ユダヤ人の共同体に適用した。

近年の研究はまたイスタンブルのアルメニア総主教庁創設の際のスルタンのメフメト二世の役割についても疑問を投げかけている。伝説では、一四六一年にスルタンがオスマン帝国におけるアルメニア人たちの最初の総主教としてブルサの主教ホヴァキム〔ホヴァキム・ブルサツィ〕を任命したことになっている。しかしながら、現実にはイスタンブルのアルメニア総主教座の発展はもう少し引き延ばされた経過であったようである。十六世紀の第一四半期までエチミアズィンの聖座はオスマン帝国の境界の外の隣接する敵の領域に位置していた。したがって、スルタンのメフメトは、イスタンブルのアルメニア人主教をその都市やその周辺地域のアルメニア人たちの指導者と認めた。その後、イランはアルメニア人の宗教階層制度に対して寛大で寛容であったため、親イラン的なエチミアズィンの西アルメニアすなわちオスマン領アルメニアに対する影響を恐れるその後のオスマン帝国のスルタンたちは、多くのアルメニア人を内陸部からイスタンブルへと移住させただけでなく、アルメニア人の主教に特別な権威をも与えたのであった。こうしてオスマン帝国はアルメニア人の忠誠を確保するのと並んでエチミアズィンを弱体化させることを望んでいた。後になって、エルズルムの共同体のようなその他のアルメニア人共同体が同等の地位を有する主教座を創設した。したがって、イスタンブルのアルメニア人主教は、当初オスマン帝国の全てのアルメニア人に対して権威を有していたわけではなかった。スィスのカトリコス座はキリキアのアルメニア人たちに対する管轄権を有しており、アフタマルのカトリコス座はヴァンやその周辺地域のアルメニア人たちに対して、エルサレムの総主教座はアラブ地域のアルメニア人たちに対して管轄権を有していた。しかしながら、十九世紀までに、諸カトリコス座の対立、影響力あるアルメニア人の金融エリート（アミラたち）の台頭、アルメニア・カトリックや非アルメニア系カトリックによる諸学校の設立、エチミアズィンのロシア領内への編入によって、イスタンブルのアルメニア人総主教はオスマン帝国の全ての使徒教会のアルメニア人たちに対する「事実上の」権威を確立したのであった。政治的特権と宗教的特権の両方を有する独立した総主教座がこうして創設された。オスマン帝国は、彼らが安堵したことには、アルメニア人の聖座やアルメニア教会内のいかなるその他の権威にも従う必要のないものとしてアルメニア人の教会職を取り扱った。現実には、エチミアズィン、スィス、アフタマルのカトリコスたち、エルサレムの総主教はより高い権威を行使した。しかしながら、イスタンブルの政治的、財政的、地理的な位置によって、そのアルメニア人の総主教は実に大変な有力者となった。

以前の解釈によれば、オスマン帝国はコンスタンティノープル陥落の後、キリスト教徒を二つの一般的な集団に分けた。ギリシア人の総主教の権威の下に置かれた両性論派とアルメニア人の総主教の権威の下に置かれた単性論派がそれである。したがって、セルビア正教会のようなバルカン半島のさまざまな正教会は、いくらかの自立性を保ちつつも、イスタンブルのギリシア人総主教の監督下に入った。自治的なコプト教会、エチオピア教会、シリア・ヤコブ派教会は厳密にはアルメニア人総主教に従属していた。このような見解は挑戦されてきてもおり、そのような方向でいくつかの試みがなされたものの、それらが無益であると判明したということが今や確かなようである。いずれにせよ、十八世紀末までに、さまざまな正教会や東方典礼教会は彼ら自身の宗教組織に対する完全な統制を有した。十九世紀前半には、キリスト教徒の宣教師たちや彼らの諸政府からの圧力によって、カトリックとプロテスタントという二つの新たなミッレトもまた出現した。

ミッレトは事実上の自治制であった。それは学校、救貧院、病院などの独自の組織を維持することを許されていた。それは法や秩序、共同体内部の争いの解決に責任を負っていた。アルメニア人の総主教はスルタンによって承認され、信徒に対して完全な権威を行使した。彼は彼自身の法廷を有し、彼の共同体中で民事と教会の正義を執行した。彼は小規模な警察権力のみならず監獄も保持していた。彼らの帝国のいくつかの地域では少数派であったトルコ人系諸民族は、さまざまな被征服民の民族集団を半自治的に機能させ、宗教指導者たちに彼らが彼ら自身の支配者たちの下で有している以上のより大きな統治権力を与えることで、こうして首尾よく秩序を保ったのであった。しかしながら、アルメニア人たちやその他のキリスト教徒たちはなおも被征服民であり、そのように扱われた。彼らの地位は、特に僻地においては、最も相応しくは「貢納民」と訳され得るレアーヤー（ラヤ）の一つであった。例えば、オスマン帝国は十八世紀まで、（アルメニア人の詩人セバスティアのタダイ〔タデヴォス・セバスタツィ〕が描写しているように）アルメニア人の村を含むキリスト教徒の村々に、デヴシルメすなわちムスリムとして育てられ、イエニチェリ軍団（火器の使用に長けた歩兵の精鋭）か政府機構に徴募されることになる若者の徴集を課していた。アルメニア人たちはその他の非ムスリムたちと同様に、武器を携帯することを許されておらず、したがって、軍役から免除されていた。彼らは通常、人頭税（ジズヤ）の支払いを要求され、彼らの証言がムスリムの法廷で受け入れられることはめったになかった。最後に、小アジアのアルメニア人たちはクルド人の集団に冬営地を提供せねばならなかった。クルド人はオスマン帝国によって彼らの従来の放牧地からそこに移動することを奨励されるか、もしくは、単にアルメニア人によって放棄された地方に定住した遊牧民であった。最良の場合、オスマン帝国の黄金時代、ミッレト制は非ムスリムたちに、被征服民もしくは非キリスト教徒の臣民たちがヨーロッパ人たちの下で享受していたものよりも公平な扱いを約束した。最悪の場合、帝国の衰退や崩壊の間、キリスト教徒の少数派たちは強奪やポグロムに晒された。

オスマン帝国のスルタンたちが小アジア東部の安定した支配権を失い、クルド人の襲撃やシーア派の反乱がその地で不安定な状況を作り出すにつれて、さらに多くのアルメニア人の職人たちがイスタンブルに引き寄せられた。後のスルタンたちの多くもまたアルメニア人がその地に移住することを奨励し、その結果、十九世紀末までに、オスマン帝国首都のアルメニア人人口は二五万に達した。この都市は世界で最大のアルメニア人共同体を有し、アルメニア人の総主教は、いくつかの報告によれば重要で権力ある官吏となった。しかし、オスマン帝国が衰退するにつれて、総主教庁の安定も衰退した。一四六一年から一六〇〇年まではわずか一六名の総主教がその座を占めただけであったが、一六〇〇年から一七一五年の間では五四名がその地位を占めた。贈賄、汚職、縁故主義がオスマン社会の全ての層に蔓延するにつれて、総主教座は既得権益をもった諸集団の影響下に入った。

アミラたち

十八世紀までに総主教庁はいくらかの安定を取り戻した。偶然ではなく、時を同じくして（「長」や「司令官」を意味するアラビア語のアミール由来の）アミラとして知られるアルメニア人の銀行家たちや官僚たちの強力な集団が出現した。この非公式の寡頭集団は、宰相たち、パシャたち、徴税請負人たち、その他の所得を生み出す地位を買い取ろうとする者たちに金を貸すことで巧みに力を得た。最も富裕なアミラたちの何人かはスルタンへの金貸しであり、そのことから宮廷で絶大な影響力を有していた。エリート集団の一部として、アミラたちは、オスマン帝国の高官のみに限定されていた衣装を身に付け、馬に乗ることを許されていたが、両特権は通常、非ムスリムたちには認められていないものであった。彼らは慈善事業を支援し、後にアルメニア人の重要な指導者となる多くの者たちの教育に資金を提供した。ある歴史家は七七の異なる一族に属する一六六名ものアミラを特定した。

テュジアン家、バリアン家、ダティアン家というアミラの一族の者たちは、それぞれ帝国造幣局長官、主席帝国建築家、火薬工場長の地位を占めた。アミラたちは彼らの富と宮廷での地位の力で、アルメニア人ミッレトの問題や総主教の選挙に対して絶大な影響力を有していた。アミラたちはしばしばアルメニア人の商人たちや知識人たちと協議したが、概して、十九世紀末期まで彼らはアルメニア人ミッレトに対する支配力を総主教自身のそれと同等かそれをしのぐほどに保持していた。

ムヒタル修道会

十八世紀末以前、オスマン世界におけるアルメニア人の文芸活動はヴァン湖のリム修道院やクリミアの聖十字修道院などの諸修道院に限られていた。モククのネルセス〔ネルセス・モカッツィ〕、ビトリスのダヴィト〔ダヴィト・バギシェツィ〕、カッファのヴァルダン〔ヴァルダン・カファッツィ〕、カリンのハコブ〔ハコブ・カルネッツィ〕などの哲学者たち、歴史家たち、詩人たちは小規模の諸作品を書いた。アルメニア人の出版所は十六世紀末にオスマン帝国において機能していたものの、戦争状態の二世紀や小アジアにおける地元の領主によるアルメニア人に対する残酷な扱いは、学問の急激な衰退を招いた。全て宗教に関する数冊の本が出版されただけであった。復活したアルメニア人の文化活動の最も初期の明確な証拠は十七世紀に始まった。文学史家によって注目される者たちの中にはセバスティアのガザロス〔ガザロス・セバスタツィ〕やサラゾルのダヴィト〔ダヴィト・サラゾルツィ〕のような詩人たちが含まれる。しかしながら、その時代の最も重要なアルメニア知識人は、一六七七年に短命の出版所を設立したエレミア・チェレビ・キョミュルチアン（一六三七〜一六九五年）である。イスタンブルで話されるアルメニア語の方言で書かれた彼の『コンスタンティノープルの歴史』は、重要な作品である。アルメニア教会を改革しようとする彼の努力は聖職者層によって抵抗を受け、進歩的な一団の間で不満を助長したが、それが今度はムヒタル修道会の創設に間接的に至らせた。

ムヒタル・アッバハイル〔ムヒタル・セバスタッツィ〕は一六七六年、セバスティア（スィヴァス）に生まれた。アルメニア使徒教会の聖職に加わった後、彼は西アルメニアを旅し、彼の故郷においてアルメニア人の教育がその衰退の極みに達していることを確信した。彼は同郷の者たちの精神的、知的窮乏を満たす宗教的組織を創設することを模索した。彼はアルメニア人の聖職者層に妨害され、多くのカトリックの宣教者たちと出会った後、西方教会が彼の任務のために必要な手段や援助を備えていると確信した。一六九五年にアレッポでカトリックに改宗した後、一七〇一年九月八日、一〇名の会員と共にイスタンブルで新たな修道会を創設した。ムヒタルは、教皇の権威を支持しながら、アルメニア民族に対して忠実であり続けることが可能であると主張した。彼の活動はアルメニア人の総主教を怒らせただけでなく、カトリックの宣教師たちによっても否定的に見られ、彼の二重の忠誠を容認する者は誰もいなかった。ムヒタル修道会は当時ヴェネツィアの支配下にあったギリシアのモレアへ去ることを余儀なくされた。

一七〇五年、ムヒタル修道会は教皇クレメンス十一世（一七〇〇〜一七二一年）に彼らの修道会を認可するよう請願した。ヴァチカンは布教政庁で訓練されたカトリックの宣教師たちによって流布されていた、ムヒタルをカトリック教会の典礼を改変したかどで非難する風評に鑑み、その認可を一七一二年まで延期した。一七一五年、オスマン帝国がペロポネソス半島を占領し、ムヒタルたちの修道院を破壊し、聖職者たちにヴェネツィアへ去ることを余儀なくさせた。ヴェネツィアの参事会はかつてのハンセン病患者の収容施設であったサン・ラッザロ島を修道会に与えることを採決し、修道会の創設から一六年後の一七一七年九月八日に、ムヒタル修道会はそこに移った。一七一八年、ムヒタルはローマに赴き、なおも続く風評に対して修道会を擁護した。彼はヴァチカンに自分の正統性を納得させることに成功し、生涯の残りを宗教的、知的活動に捧げた。彼は一七四九年四月二十七日、サン・ラッザロで没した。一七七三年、不満を持つ多くのムヒタル修道会の神父たちがヴェネツィアを去り、結局一八〇三年、トリエステにおいて修道会の独立した分派を創設した。ナポレオンによるイタリア侵略に続いて、彼らはウィーンに逃れ、そこで彼らは一八一一年に新たな拠点を創設した。

ムヒタル修道会はアルメニア文化の保存はもちろんのこと、アルメニアの歴史や言語の研究の復興にも深く関係した。彼らはこの目的を達成するために他のいかなるアルメニア人の組織よりも多くを為すことができた。彼らはヨーロッパの古典をアルメニア語に翻訳し、ラテン語、ギリシア語、その他の言語による史料を主に用いて、歴史学的、言語学的、文学的、宗教学的作品を書き始めた。チャムチアン（一七三八〜一八二三年）、アヴェティキアン（一七五一〜

一八二七年）、バグラトゥニ（一七九〇～一八六六年）、アイテニアン（一八二四～一九〇二年）、ミナスィアン（一七九九～一八六六年）、アリシャン（一八二〇～一九〇一年）などの神父たちの努力によって文法書、辞典、歴史書、演劇書、そして数多くの文献学的、地理学的、神学的作品が生み出された。イランのアルメニア商人たちや、とりわけインドのアルメニア商人たちの財政的援助によって、ムヒタル修道会は学校を創設し、一八四三年以降ヴェネツィアで出版されている『バズマヴェプ』とウィーンで一八八七年に初めて出版された『ハンデス・アムソリア』という二つの定期刊行物を生み出した。ヴェネツィアの修道会はその努力をアルメニアの歴史や文学に集中した一方で、ウィーンの神父たちは彼らの努力をアルメニアの言語や文献学に集中した。ムヒタル修道会はアルメニアの過去についてヨーロッパが学ぶことを可能にしただけでなく、彼らの仕事は西洋の思想をオスマン帝国やロシア帝国のアルメニア人たちに伝える媒介となり、十九世紀のアルメニア人の文化復興の発展において主要な役割を果たした。ヴェネツィアとウィーンの両修道会は二十世紀も引き続き活動的で、二〇〇〇年に単一の組織に再統合した。

東方問題

十五世紀から十七世紀にかけて、オスマン帝国は東ヨーロッパや中央ヨーロッパの大部分の絶対的な支配者であった（地図20参照）。一方、コサックたちは黒海北方の草原へのスラヴ人植民の長い過程を完了し、ドン地方を軍事拠点に変容させ、そこからロシアは東方のバルカン半島へ拡張することになるのであった。東ヨーロッパのスラヴ系や正教徒の諸民族は、ロシアの支配者たちや政治家たちの行動によって励まされ、そのうちにロシアをオスマン支配からの解放者と見なし始めた。スルタンのスレイマンの死（一五六六年）に続く漸進的な衰退が始まっていたオスマン帝国は、十七世紀、オーストリア、ポーランド、ロシアに対する一連の敗北に苦しんでいた。オスマン帝国の官僚たち、特にキョプリュリュ家の宰相たちは、形成を逆転しようと試みたが、一六八三年の二カ月の包囲の後のウィーン占領

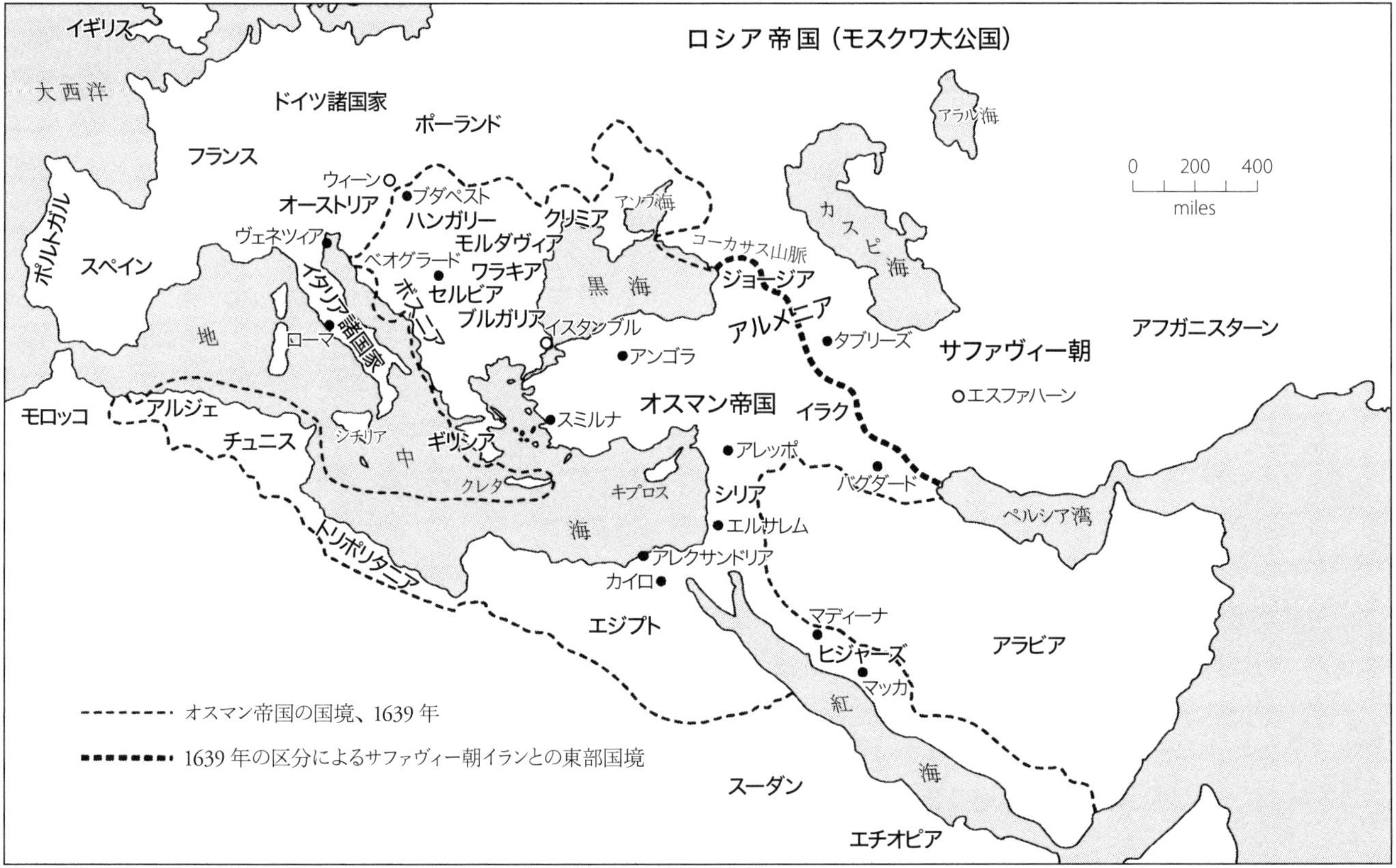

地図 20　1639 年のオスマン帝国

の失敗は、オスマン帝国優位の終焉の前触れとなった。十八世紀初頭までに、カルロヴィッツ条約（一六九九年）やパッサロヴィッツ条約（一七一八年）は、ヨーロッパにおける最初の大きなオスマン帝国の領土喪失となった。オーストリアはハンガリー全土、トランシルヴァニア、クロアチア、スロヴェニアを与えられ、ポーランドはポドリアを得て、ロシアは黒海へと進出した。オスマン帝国は、主にヨーロッパ諸国の間の不一致とフランスの支援によってさらなる領土的損失からは救われた。

十八世紀には数回に及ぶロシア・トルコ戦争が行われ、その中でピョートル大帝（一六八九〜一七二五年）や特にエカチェリーナ大帝（一七六二〜一七九六年）は、バルカン半島やトランスコーカサスにロシアの影響力を拡大することに成功した。オーストリアが中央ヨーロッパの新興勢力であるプロイセンに専念したことによって、その状況を利用するかロシアの拡張を止めようとするオーストリアの試みは妨げられた。オーストリアはバルカン半島におけるロシアの拡大する影響力への不安にもかかわらず、エカチェリーナが彼らに対してプロイセンと同盟することへの不安から、彼女と協力せねばならなかった。エカチェリーナのオスマン帝国との最初の戦争（一七六八〜一七七四年）は陸と海での大勝利となった。オーストリアのマリア・テレジア（一七四九〜一七八六年）とプロイセンのフリードリヒ大王（一七四〇〜一七八〇年）は、両者ともロシアの利得に関心を持ち、ロシアの進出を阻止しようと模索し、一七七二年、ポーランドの分割でロシアと合意した。プロイセンからの圧力にもかかわらず、エカチェリーナは、ロシアでのプガチョフの乱（一七七二〜一七七四年）によって彼女が条約の締結を余儀なくされる一七七四年まで、オスマン帝国との戦争を終わらせることを拒んだ。

キュチュク・カイナルジャ条約（一七七四年）によって、ロシアはクリミアの多数の要塞だけでなく黒海での商船の自由航行〔権〕を与えられたのみならず、クリミア・タタール人をオスマン帝国の宗主権の下から独立させた。さらに重要なことは、モルドヴァとワラキア（今日のルーマニア）の人々に、より広範な自治を認めるというオスマン帝国の約束であって、彼らの利益のためにロシアが介入する余地が残された。加えて、オスマン帝国は正教キリスト教徒の保護に同意し、イスタンブルに教会を建設することをロシアに許しただけでなく、治外法権上の特権をもロシアに与えた。キュチュク・カイナルジャ条約はバルカン半島における全てのその後のロシアの介入の口実を提供した。ロシアによるこの条約の解釈は、オスマン帝国内に居住するスラヴ系や正教徒の少数派の大義のために戦う権利を彼らに与えるものであった。オスマン帝国や西洋列強、特に英国は意見を異にした。彼らはその条約がロシアにイスタンブルにおける教会の権利を与えるのみで、少数派に関する残りの条項は極めて漠然としているという感じを受けた。

バルカン半島のナショナリズムの高まる傾向や地方におけるロシアとオーストリアの対立と拡張主義的企てにどのように対処するか、オスマン帝国に対してそれらの及ぼし得る影響をどのように判断するかという問題は、「東方問題」として知られるようになった。多くの者が信じているように、もしも十九世紀に「ヨーロッパの病人」として認識されるようになったオスマン帝国が死なねばならないなら、ヨーロッパにおける勢力の均衡を変化させず、全面的なヨーロッパの戦争を引き起こさずに、どのような方法でそれは解体されるべきであったのか？　百年以上の間、東方問題は政治家たちの関心に留まり、彼らは主要な会議や条約のたびに検討した。それの解決の失敗はサラエヴォでのフェルディナント大公の暗殺（一九一四年）に帰着し、それは第一次世界大戦を引き起こし、オスマン帝国、ロシア帝国、ドイツ帝国、オーストリア・ハンガリー帝国を滅亡させた。

東方問題は主としてバルカン半島に関係したものの、インド、エジプト、ペルシア湾におけるイギリスのきわめて重要な権益によって、イギリスは地中海におけるロシアの拡大に対してオスマン帝国を支援することを強いられた。さらに、イギリスは中央アジアへ向かうロシアの動きに対する懸念を抱いており、そのことは、東方における英露対立が明るみに出るにつれて、東方問題を間接的に「グレート・ゲーム」に結びつけた。これらの政治的陰謀全てが、同時に、アルメニア人の運命に対して重大な影響を持っていたのである。

キュチュク・カイナルジャ条約に続いて、オーストリアはプロイセンを孤立させることを望んで、協調政策を通してロシアの拡大を遅らせるか監視することを選択した。一七八一年、エカチェリーナとオーストリアのヨーゼフ二世（一七八〇〜一七九〇年）は「ギリシア計画」について協議し、それによって彼らはオスマン帝国をヨーロッパから駆逐することを望んだ。この計画によると、オーストリアはバルカン半島の西半分を併合することになっており、一方でロシアはその残りを獲得し、イスタンブルに座する新皇帝としてエカチェリーナの孫のコンスタンチンを擁立しビザンツ帝国を復活させるのであった。

エカチェリーナは一七八三年にクリミアを併合し、数年の後、オスマン帝国との彼女の二度目の戦争（一七八七〜一七九二年）を開始した。オーストリアとプロイセンは両者ともにフランス革命に忙殺されていたが、今度は東ヨーロッパへのエカチェリーナの拡大を阻止しようと模索した。プロイセンがポーランドに向けて行動を開始した一方で、オーストリアはオスマン帝国と単独の講和条約を結んだ。ロシアはヤッシー条約（一七九二年）に署名することを余儀なくされ、それによって領土を得ることもほとんどなかった。翌年の一七九三年、ロシアとプロイセンは第二次ポーランド分割を決定し、そして、一七九五年までに、その国のさらなる三度目の分割でもってポーランドの独立を終焉させた。

セリム三世の改革とタンズィマートの時代（一七八九〜一八七六年）

フランス革命がヨーロッパを揺るがした一方で、一部のオスマン帝国の指導者たちは、彼らの国家に対する外的な脅威を意識し、かつて強大であった帝国の構造改革を真剣に検討し始めた。地元のムスリム有力者たち、すなわちデレベイたちが小アジア東部の大半を支配していた。バルカン半島のキリスト教徒住民はオスマン官吏たちの強奪に辟易し、ロシアに励まされて絶え間ない反乱の中にあった。かつて恐れられたイエニチェリは無能な兵士となり、戦争に従事するよりもむしろ商取引を行っていた。保守的な宗教指導者たちと共に、イエニチェリたちは帝国のいかなる近代化にも抵抗し、そのような方向を好んだスルタンを廃位するか殺した。

フランス革命の開始と同年、セリム三世（一七八九～一八〇七在）はオスマン帝国の王位に就いた。彼の前任者たちの一部と同様に、当初、彼はかつての規律が回復されれば、帝国は救われると感じていた。近代的な武器を除いて、近代化の必要はなかった。政府はただ悪習と非能率をやめればよかった。しかしながら、ヤッシー条約の後、セリムはより徹底的な再編成が必要だと悟った。彼はヨーロッパの例を範としたニザーミ・ジェディード（新秩序または新軍）と呼ばれる小規模で効率的な軍団を創設した。彼はまたオスマン海軍を復活させ、武器や火薬の製造のためのいくつかの近代的な工場を設立した。彼の行政、財政、司法の改革は、せいぜい部分的に成功しただけであったものの、西洋の思想や制度への扉を開き、トルコの近代化の礎を築いた。

十九世紀までに、啓蒙思想とフランス革命によりもたらされた社会政治的変化が、印刷所の導入とヨーロッパ人の商業的、技術的な顧問たちの到来を通じてオスマン帝国に浸透した。皮肉なことには、キリスト教徒の少数派たち、特にバルカン半島の者たちがこれらの変化の恩恵を最初に受けたのであった。彼らの商人たちが新たな思想を東ヨーロッパにもたらす一方で、彼らのディアスポラは知的、革命的な活動を促進し、資金を提供した。バルカン半島の知識人たちの大半は、ヘルダーやフィヒテのような十八世紀ヨーロッパの理論家たちの文化ナショナリズムを奉じていた。地方の新たな文学的媒体として口語体が古典語に取って代わった。民族的少数派たちの民族意識はこうして、まず文学復興を通して、そして、ナポレオンによる革命思想の拡散の後は、反乱や自治または独立への要求を通して表現された。セルビア人、ギリシア人、ルーマニア人、モンテネグロ人などのようないくつかの集団は、ロシアの政治的、宗教的影響により、十九世紀前半にすぐに覚醒し、承認を勝ち取ったものの、ブルガリア人、アルメニア人、アラブ人などの他の集団は十九世紀の後半に彼らの政治的復興を開始した。さらに、マケドニア人、アルバニア人などのその他の民族、そして最後にクルド人が彼らの要求を言葉に表すのは二十世紀初頭になってからであった。

同時に、ナポレオンのヨーロッパでの軍事行動はロシアやオーストリアのさらなる浸食からオスマン帝国を救った。ナポレオンの敗北や一八一五年のウィーン会議もまたオスマン帝国を助けた。なぜなら、フランスの革命思想に対する保守主義的な反応から、ヨーロッパの列強は彼らの現状維持とヨーロッパにおける未来の革命の鎮圧に合意したからである。その結果、オーストリアとイギリスの政治家、メッテルニヒとカッスルレーは、セルビア人の反乱（一八一五〜一八一七年）や一八二一年に始まったギリシア独立戦争の初期の段階にロシアを巻き込まないように、ロシアのツァーリ、アレクサンドル一世（一八〇一〜一八二五年）を説得した。同時に、これらの反乱は、エジプトのオスマン総督であるムハンマド・アリー・パシャの独立行動と並んで、オスマン帝国における真剣な諸改革の緊急の必要性をスルタンたちにきっぱりと示した。セリム三世は反動分子によって殺されたものの、スルタンのマフムト二世（一八〇八〜一八三九年）は一八二六年、遂にイエニチェリを廃止し、ヨーロッパの支援で完全に近代的な軍隊の組織を開始した。

ロシアの新たなツァーリであるニコライ一世（一八二五〜一八五五年）は、保守的な専制君主であったが、ロシア正教会の保護者でもあり、バルカン半島のキリスト教徒たちに同情していた。彼はオスマン帝国に対してより厳しい政策をとり、一八二八年、彼らに対する戦争を開始した。翌年、アドリアノープル（今日のエディルネ）条約によって、西ジョージアの大部分がロシアに与えられただけでなく、自治的なモルダヴィアとワラキアもまた創設された。数カ月後の一八三〇年には、ロシアの支援によって、多くのヨーロッパの自由主義者たちの同情を引きつけていたギリシアの独立の達成もまた可能になった。数年後、ムハンマド・アリーによるシリアの侵略や彼の小アジアへの進軍に対してオスマン帝国を支援することをロシアが決定した際、ロシアはバルカン半島における影響力を増大させた。ウンキャル・スケレッシ条約（一八三三年）によって、両海峡——黒海とマルマラ海とを結ぶボスポラス海峡、及びマルマラ海とエーゲ海とを結ぶダーダネルス海峡——の、ロシアの軍艦を除く全ての外国の軍艦に対する封鎖と引き換えに、ロシアはスルタンの保護者となった。

イギリスに主導されたその他のヨーロッパ〔の国々〕は、この地域におけるロシアの優勢を受け入れることができなかった。オスマン帝国の印象を改善し、それと同時に抑圧されたバルカン半島のキリスト教徒の保護者としてのロシアの役割を弱体化させるために、イギリスはオスマン帝国に諸改革を実行に移すことを説得した。一八三九年、若きスルタンのアブデュルメジト一世（一八三九〜一八六一年）は、西洋式の改革に賛同した官僚たちの忠告に基づき、ギュルハネ勅令（「バラ園の高貴なる勅令」）を発布し、彼の全ての臣民の生命、自由、財産を保障した。それによって軍事と租税の改革、中央集権政府、高官たちの会議、地方評議会、宗教的に混合された法廷、技術大学の創設が約束された。ギュルハネ勅令は実際にこれらの改革の一部を実行に移し、一八七六年まで続くタンズィマート（「再組織」または「改革」）時代の先駆けとなった。

諸勅令は伝統と決別したので、概してムスリムの宗教指導者たちに反発されたが、それらは法律によって実行に移されたのではなく、それらを意のままに無効にできるスルタンによって実施された。さらに重要なことには、諸改革の約束によって、オスマン帝国はバルカン半島でのロシアの要求に反論することが可能になり、ウンキャル・スケレッシ条約が無効になった一八四一年までに、全てのヨーロッパの列強によって調印された海峡条約によって、両海峡は全ての外国軍艦に閉ざされた。このことによってオスマン帝国でのロシアの短命の影響力は事実上終止符を打たれた。

諸改革は結局のところ広範囲にわたるものではなく、文化的復興や、時にロシアによる支援によって覚醒したスラヴ系少数派たちは、より具体的な変化を要求し続けた。クリミア戦争（一八五三〜一八五六年）は捕らえどころのない平和を粉砕した。エルサレムの聖地の保護をめぐるロシアとフランスとの間の論争として始まった戦争は、実のところキュチュク・カイナルジャ条約に端を発した継続的なロシアの要求に対する連合したヨーロッパの挑戦であった。

ロシアの勢力は小アジア東部においては勝利を得たものの、彼らのクリミアにおける敗北によって、新ツァーリのアレクサンドル二世（一八五五〜一八八一年）は和議を求めることを促された。パリ条約（一八五六年）において、オスマン帝国はようやく「ヨーロッパの一員」に迎えられた一方で、ロシアは西アルメニアにおいて占領した地方を返還することを強いられ、黒海沿岸の諸要塞も解体せねばならなかった。オスマン帝国の少数派の問題へのロシアの将来の関与を止めるために、イギリス、フランス、オーストリアの大使たちはスルタンのアブデュルメジトにもう一つの改革の勅令である改革勅令（「帝国の勅令」）を発布することを強制した。新たな布告はキリスト教徒の臣民たちに生命、名誉、財産の保護を保証し、人頭税を廃止した。加えて、それは諸ミッレトの長の市民的権力を劇的に抑制し、その行為はアルメニア人共同体に重大な影響を与えることになるのであった。完全な良心の自由もまた保証され、あらゆる政府の機関が全ての臣民に開放された。キリスト教徒たちは徴兵適格となったが、免除権を買い取る選択もあった。再び諸改革は主要な都市部の諸中心地に恩恵をもたらしたが、諸地方の状況にはほとんど、もしくは全く影響がなかった。

アルメニア文化復興

十九世紀までに、ヨーロッパの歴史家たち、考古学者たち、そして芸術家たちまでもが東洋文化への深い関心を表し始めていた。バビロニア、エジプト、イラン、ギリシア、中国、アルメニアの諸文化は、フランス、ドイツ、イギリスの信奉者たちを魅了した。オリエンタリズムは流行となり、旅行者たちは中東を訪問し、彼らの経験に関する多くの挿絵の入った書物を生み出した。ムヒタル修道会の活動によって、ヨーロッパにおけるアルメニアの歴史や言語の研究は容易になった。イギリスの詩人であるバイロン卿はヴェネツィアで彼らと共にアルメニア語を学んだ。ラングロワ、ブロッセ、ヒュープシュマンのような学者たちは、アルメニアの歴史や言語についての研究を著しただけでなく、ヒュープシュマンはアルメニア語がインド・ヨーロッパ語族の独立した一語派であると判定した。

その他の諸勢力は、オスマン帝国のアルメニア人たちの覚醒に、より直接に責任があった。初期のカトリックの宣教師の活動はアルメニア教会からの激しい抵抗に直面したものの、十九世紀までに諸改革はミッレトの長たちの地位を弱めた。ヨーロッパ諸国はオスマン帝国において主要な諸特権や影響力を手にしていた。フランスやイタリアの宣教師たちは、イギリスやアメリカの福音派伝道者たちと同様に、オスマン帝国において高等教育の諸機関を含む伝道団や学校を開設した。ムスリムたちを改宗させることにはほとんど成功しなかったため、彼らは自らの努力をアルメニア人たちやその他のキリスト教徒たちに集中させた。アルメニア人たちの大半は母なる教会の内部に留まり、単に宣教師たちによって提供される教育を利用しただけだったが、彼らはそれでもなお西洋の進歩的な諸思想に影響された。アルメニア人カトリックたちの集団はフランスの影響力によって成長し、その結果、一八三一年にはアルメニア人カトリック・ミッレトが形成された。

アメリカの福音派伝道団は十九世紀初頭に到来した。彼らはまずアルメニア語の口語体やアルメニア文字で書かれたトルコ語を印刷した。彼らは、アルメニアを史上初めて訪問した（一八三〇～一八三一年）二人のアメリカ人の一人であるエリ・スミスや、小アジアやキリキアのあらゆる主要都市に学校を開設したウィリアム・グッデルのような、有能で献身的な人物を送り出した。そして、十九世紀中頃までに八千人以上のアルメニア人改宗者を生み出した。一八四七年、アメリカとイギリスの圧力によってアルメニア人福音派ミッレトが創設された。これらのミッレトの創設によって、カトリックや福音派のアルメニア人たち（アルメニア人人口の約二～三パーセント）は、国内または国外で高等教育を続けるかヨーロッパやアメリカへ移住する機会を与えられただけでなく、同時に彼らのヨーロッパの同宗派の者たちによる外交的保護を享受する機会を与えられた。

同時に、スミルナのアルメニア人知識人階層やイスタンブルの宗教的支配層は、ムヒタル修道会やイエズス会の活動と並んで、マドラスの団体（14章参照）の諸著作物に反応するか影響されるかして、多数の学校、二つの病院、宗教的、世俗的作品を出版する一〇の新たな印刷所を創設した。これらの事業の多くはアミラたちによって助成されていた。しかしながら、アルメニア人の学校もまたアルメニア人の覚醒において鍵となる役割を果たした。

セリムの改革は公教育に課されていた制限を取り除いた。アルメニア教会によって運営される少数の初等学校が一七九〇年から一八〇〇年の間にイスタンブルに開設された。女子のための学校は一八二〇年以降に開設された。カトリックや福音派の宣教師たちからの挑戦によって、アルメニア教会は、一八三九年にイスタンブルで〔開設された〕より上級のチェマランすなわち高等教育機関を含むさらに多くの学校の開設を余儀なくされた。世紀の中頃までに、タンズィマートによって、イスタンブルだけでも約四〇の学校や二つのアルメニア系大学に通う五千名近くのアルメニア人学生が存在した。共同体への税金、時に富裕層へのそれによって、事実上無料であったこれらの学校は支援され、毎年約二四名の学生がフランスで学ぶための奨学金を受けることが可能になった。帰国に際して、これらの学生たちは教育、文筆または新聞の発行を通してヨーロッパの諸思想を広げた。タンズィマート時代の終わり（一八七六年）までに、初等学校や中等学校はヴァン、ビトリス、エルズルム、ディヤルバクル、ハルベルト、シィヴァスの六の西アルメニアのヴィライェトすなわち州で広がっていた（地図21参照）。

一方、スミルナのアルメニア人たちはメスロピアン大学を創設し、知識人の全ての世代にフランスの文学思想を吹き込んだステパン・ヴォスカン（一八二五〜一九〇一年）のような教師たちが参加した。この大学のもう一人の出身者は翻訳家、小説家、ジャーナリストであったマテオス・マムリアン（一八三〇〜一九〇一年）であり、彼はパリで学んだ後、一八五一年にスミルナで学校を開き、一八七一年には月刊誌である『アレヴェリアン・マムル』の編集者となった。ヴァナンドのホヴァネス〔ホヴァネス・ヴァナンデツィ〕はその学校のもう一人の著名な教師であった。

その他の教育者たち、翻訳者たち、新聞編集者たちは全世代の覚醒に功があった。多くの文法書を出版したグリゴル・ペシュトマルチアン（一七七八〜一八三七年）、パスカルやルソーの作品を翻訳し、週刊誌『ハイアスタン』（アルメニア）の編集主幹をつとめたホヴァネス・トロイェンツ（一八〇一〜一八八八年）、スキュタリ大学で教え、後にアルメニア民族議会に選出されたハチャトゥル・ミサキアン（一八一九〜一八七六年）、グリゴル・オティアン（一八三四〜一八

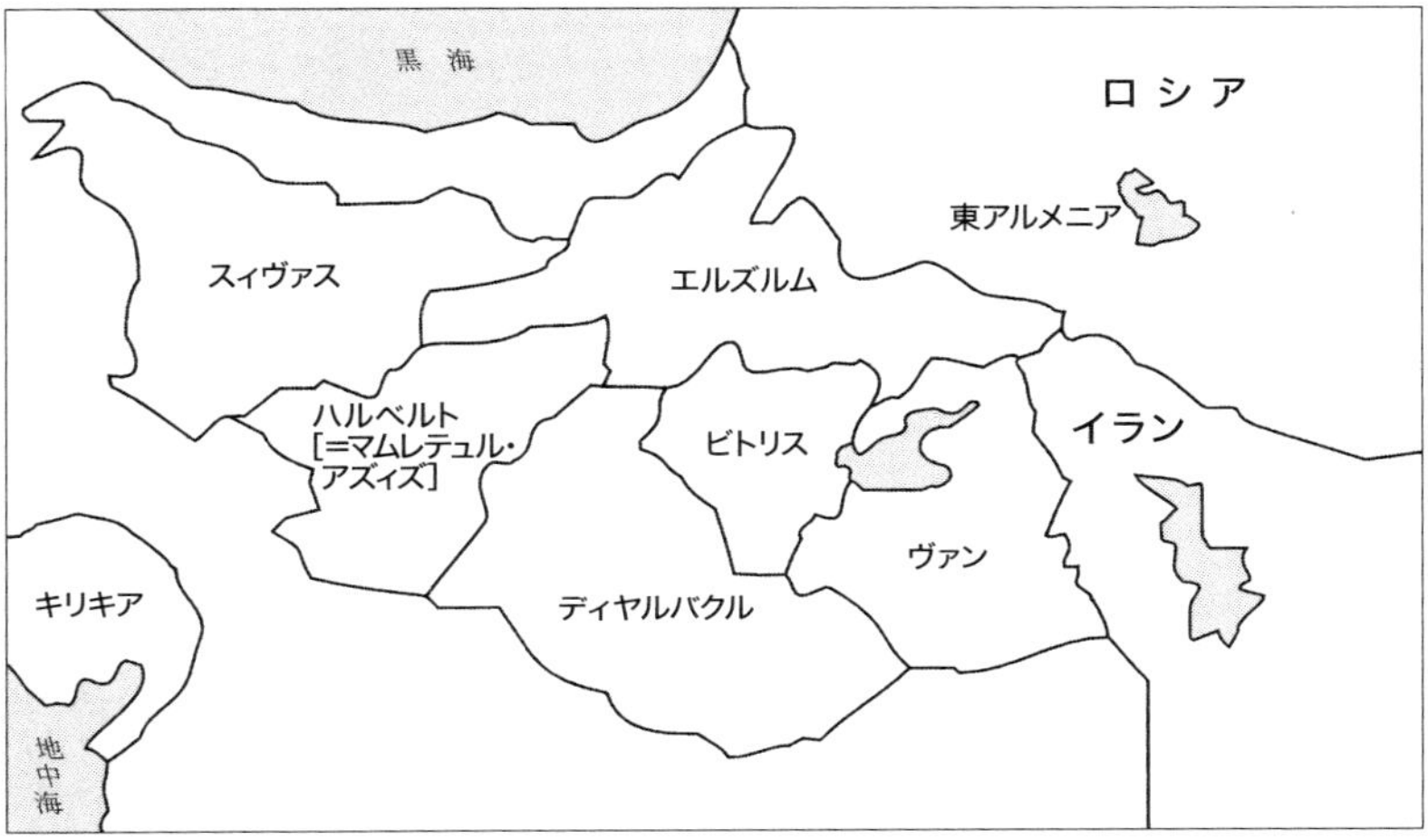

地図21　19世紀後半の西アルメニア（6ヴィライェト）とキリキア

八七年）と共にアルメニア民族憲法（後述）の草案を準備した者たちの一人であるナハペト・ルスィニアン（一八一九〜一八七六年）、詩人のムクルティチ・ペシクタシリアンと共に文化・教育民族協会を創設したニコガヨス・ゾラヤン（一八二一〜一八五九年）、ハルテュン・スヴァチアン（一八三一〜一八七四年）、文化・教育民族連合を創設した詩人であるムクルティチ・ペシクタシリアンとともにあったホヴセプ・シシュマニアン（ツェレンツ）（一八二二〜一八八八年）がその中に含まれる。多くの偉大な劇作家も登場した。その中にはハコブ・パロニアン（一八四三〜一八九一年）、ペトロス・ドゥリアン（一八五一〜一八七二年）が含まれる。多くの詩人、小説家、評論家、短編作家もまた登場した。マテオス・マムリアン（一八三〇〜一九〇一年）、スルブヒ・テュサブ（一八四一年頃〜一九〇一年）、グリゴル・ゾフラプ（一八六一〜一九一五年）、イェルハン（一八七〇〜一九一五年）、アルタシェス・ハルテュニアン（一八七三〜一九一五年）、ルベン・ザルダリアン（一八七四〜一九一五年）、ミサク・グユムチアン（一八七七〜一九一三年）、ゲガム・バルセミアン（一八八三〜一九一五年）、ダニエル・ヴァルジャン（一八八四〜一九一五年）、ティグラン・チョキュリアン（一八八四〜一九一五年）、ルベン・セヴァク（一八八五〜一九一五年）、スィアマント（一八七八〜一九一五年）、ホヴァネス・ハルテュニアン（一八六〇〜

一九一五年）、メルコン・キュルチアン（一八五九～一九一五年）やその他多くの者たちがその中に含まれる。彼らの作品はヨーロッパの同等の者たちのロマン主義ナショナリズムを模範とした。男女によるそのような膨大な文学的生産の結果は、オスマン帝国におけるアルメニア人たちのルネサンスすなわち文化的覚醒である「ザルトンク」であり、それは十九世紀を通して続き、アルメニア人大虐殺と共に終焉を迎えた。

一八三九年の諸改革は一八四〇年、スミルナで発行された最初の口語体の定期刊行物『アララトの夜明け』の登場を可能にした。十九世紀の後半までに、多くのアルメニア人の作家が教会や保守派権力層の警告を無視して、イスタンブルで話される口語体を採用し、今日、中東、ヨーロッパ、アメリカ大陸で話されている現代西アルメニア語を発展させた。アルメニア人の文学復興が始まったスミルナとイスタンブルの間では一種の競争が発生し、イスタンブルのよりコスモポリタンな雰囲気がスミルナの知識人たちを引き寄せた。一八五二年、テテヤン家がスミルナで新たな出版所を創設し、それは三〇年の間に約二百のフランス、イギリス、ドイツのロマン主義作家たちのアルメニア語訳を出版した。これらの作家（の作品）は同様に前述したアルメニア人作家たちの一部に影響を与えた。古典的な悲劇もまたアルメニア語に翻訳され、ムクルティチ・ペシクタシリアン（一八二八～一八六八年）の監督の下でイスタンブルに創設された最初の劇場で上演された。

定期刊行物はアルメニア人の文化復興において決定的な役割を果たした。アルメニア人たちは一八一二年に、オスマン帝国で発行された最初の新聞を創刊した。一八四〇年から一八六六年の間に一四のアルメニア語の定期刊行物がイスタンブルで創刊された。その中でもっとも著名なものはカラペト・ウトゥチアンが編集主幹の『マスィス』（アララト山の意）、ハルテュン・スヴァチアンが編集主幹の『蜜蜂』、アルピアル・アルピアリアンが編集主幹の『祖国』であった。西アルメニアで最も影響力があった雑誌は、後にカトリコスとなったフリミアンによってヴァンとムシュでそれぞれ発行された『ヴァスプラカンの鷲』と『タロンの鷲』であった。十九世紀の後半、これらやその他の無数の定期刊行物は一部は日刊となり、小アジアに住むアルメニア人大衆の政治的覚醒において主要な役割を果たした。

アルメニア人民族憲法

バルカン半島のキリスト教徒とは異なり、アルメニア人たちは「崇高なる門」（［オスマン政府のこと］大宰相の公邸と政府の所在地は「バーブ・アリー」、「崇高なる門」または単に「門」と呼ばれた）に対して反抗したり煽動することはなく、彼らを「忠実な」ミッレトと見なしたオスマン帝国から好まれた。十九世紀中頃までに、イスタンブルとスミルナのアルメニア人共同体は社会的、経済的に階層化されていた。一八三〇年のギリシアの独立の後、帝国内の全てのギリシア人は疑われ、多くの地位においてアルメニア人が彼らに取って代わり、アミラたちの力をさらに高めた。アミラたちと同様にアルメニア商人たちもまた相当の富を蓄積し、多くの者たちがヨーロッパの商社の代理人となり、香辛料、宝石類、絨毯、織物、ガラス製品、琥珀、武器、乾燥果実、毛皮製品をイタリア、オランダ、フランス、イラン、インド、ロシアと取引していた。伝統職人や工芸家から成るアルメニア人の中流階層は諸エスナフすなわちギルドに分類されていた。およそ四万人の成員を有する約百のアルメニア人のギルドが十九世紀中頃までに記録された。しかしながら、イスタンブルやスミルナの全てのアルメニア人が裕福であったわけではなかった。バルカン半島やコーカサスからの何万人ものムスリム難民の再定住は、小アジア東部諸州の生活状況の悪化を招いた。一八六〇年までに、約二万人のアルメニア人の移民労働者すなわちアルメニア語で「パンドゥフト」と呼ばれる者たちが、二つの都市に集団で到来し、そこで彼らは密集した住居に住み、単純労働に従事し、疫病や放置によって死んでいった。その世紀の末までにさらに多くが到来した。

タンズィマートが法の前の個人の権利や平等を保証したことから、変化を求めるアルメニア人自由主義者たちは遂に総主教やアミラたちの権威に挑戦した。影響力の少ない商人たち、知識人たち（彼ら一部の教育をアミラたち自身が助成した)、職人、さらには一般労働者たちでさえもが、彼らの寡頭支配を終わらせることを求め始めた。一八三八年、活動的なギルドの成員たちはアミラたちに対して反抗し、共同体の諸事における発言権を要求した。分裂は総主教とオスマン政府が介入せねばならぬほどに深刻となり、一八四一年、アルメニア使徒協会ミッレトの財政管理においてアミラたちを補佐するために、二四名の商人や職人から成る委員会が創設された際に、ギルドの成員たちは大きな勝利を収めた。一八四七年までには、一四名の聖職者から成る宗務評議会と二〇名の俗人から成る民事評議会というさらなる二つの組織が共同体の諸事を監督し始めた。教育、経済や司法の問題のための評議会もまたすぐに出現した。一八四八年、アミラたちは人気のある総主教の辞任を強制することで彼らの支配の再主張を試みた。イスタンブルのアルメニア人たちは抗議に立ち上がり、もう一人の人気ある聖職者を選出した。オスマン帝国は変化のための最後の刺激を与えた。一八五六年、前述のように改革勅令は、臣民の共同体がその俗人と聖職者の成員の中から選ばれた代表政府を持つことができるということを公式に布告した。アルメニア使徒教会ミッレトの唯一の代弁者としての総主教の権力は弱まっていた。

それぞれの宗教共同体は自治に関する文書を準備し、オスマン政府に提出することになっていた。アルメニア人たちは一八五七年に草案を、一八五九年に改訂文書を提出した最初の少数派集団であった。アミラたちや保守的な聖職者たちは両方を拒否した。最終的に歩み寄りが成され、一八六〇年五月二十四日、アルメニア人ミッレトの聖職者と俗人の成員から成る憲法制定評議会は、アルメニア人民族憲法すなわち「アズガイン・サフマナドルテュン」を、選出された議会によって履行されるものとして承認した。議会はエルサレムの総主教庁と後者の権威や監督権を巡って論争し、オスマン政府に認可された文書を得る際にいくつかの問題が発生したものの、一八六三年三月までに、わずかに改訂された文書がアルメニア人ミッレトに関するオスマン帝国法の一部となった。

憲法にはアルメニア人の新たな種類の人々が貢献した。彼らはヨーロッパを訪問するかヨーロッパ的な教育機関で教育を受け、十八世紀末から十九世紀初頭の自由主義的、立憲主義的思想の影響を受けた若者たちであった。文書は個人や共同体の互いに対する権利と義務の六原則を提示した。もしも、個人が自分の税の分担を支払い、任務を果たし、行政を担う議会に従えば、自身の子供たちの教育、自身の伝統や教会の維持、共同体の安全保障を期待できた。憲法は九九の条文を有し、それらは全ての次元で共同体の宗務や民事の問題を取り扱った。民族議会は帝国全土のアルメニア人たちから一四〇名の代表者を有することになっており、二〇名の聖職者と八〇名の俗人がイスタンブルから、四〇名がその他の主要な都市部の中心地からの者たちであった。六州つまり西アルメニアからのアルメニア人たちの大半はこの事業に関係しないか影響されなかった。議会はイスタンブルやエルサレムの総主教の選挙に参加したが、後者の選挙における彼らの役割は疑わしかった。彼らはまたエチミアズィンのカトリコスの選挙にも参加した。スィスとアフタマルのカトリコス座は、議会の当初の想定に反して、その責任外であった。オスマン政府が総主教の承認の権利を保持し、アルメニア人たちの個人または集団の権利を公式に保証することを拒んだことは記録されておくべきで、このことは約二〇年後に問題を生じることになった。

一八六五年までに、キリスト教徒たちの活動やタンズィマートによって開始された検閲の緩和は、「青年オスマン人」として知られるトルコ系知識人集団の出現にも帰着した。彼らの大半はフランスで学び、ヨーロッパの自由主義の影響を受けており、立憲政府を求めた。全てが富裕層の子たちであった青年アルメニア人たちもまた、ヨーロッパで知的、政治的団体を形成した。彼らのロシアにおける同等のもの（16章参照）と同様、彼らはヨーロッパに留まり、亡命者の身分で反政府活動を指揮しようとした。彼らはまたやがては民族主義的な意志をもった政党を結成するのであった。

こうして、一三七五年の最後のアルメニア王国の滅亡から五世紀の後、アルメニア人たちは遂に政治的復興を開始する手段を手にした。十九世紀のロシアにおける政治運動や最後のロシア・トルコ戦争は、その方向において比類のない機会を提示するのであった（18章参照）。

13 ハージェたち、メリクたち、シャーたち

イランのアルメニア人たち（一五〇一〜一八九六年）

紀元三世紀以前、イラン（ペルシア）は他のどの隣人よりもアルメニアの文化に影響を与えた。イラン貴族とアルメニア貴族の間での通婚は一般的であった。二つの民族は多くの宗教的、政治的、言語的な要素や伝統を共有し、かつては同一の王朝さえも共有した。しかしながら、四世紀のササン朝の政策とアルメニアのキリスト教への改宗によって、アルメニア人はゾロアスター教イランから遠ざかり、西洋を志向した。

七世紀のイラン帝国を滅亡させたアラブの征服とイランのイスラームへの改宗によって、アルメニア人は彼らの隣人から文化的にさらに引き離された。十一世紀、セルジューク朝は何千ものアルメニア人をイラン領アゼルバイジャンへと追いやり、そこで奴隷として売られる者もいれば、職人や商人として働く者もいた。十三世紀のモンゴルによるイランの征服によって、この勝者たちに好意的に扱われていたアルメニア人たちはカスピ海・黒海・地中海間の国際交易において大きな役割を果たすことが可能となった。アルメニア人の商人たちや職人たちは歴史的アルメニアに隣接するイランの諸都市に定住した。マルコ・ポーロによれば、ソルターニエ、マランド、ホイ、サルマース、マークー、マラーゲ、オルーミエ、そして、特にイラン領アゼルバイジャンにおけるモンゴルの中心地であったタブリー

ズなどの都市全てで多数のアルメニア人住民が見られた。

オスマン・サファヴィー対立

十四世紀末のティムールの侵略と十五世紀のカラ・コユンル朝〔黒羊朝〕とアク・コユンル朝〔白羊朝〕とのトルクメン王朝間の諸戦争は歴史的アルメニアの住民に破壊的な影響を与えた。十五世紀後半、アク・コユンル朝の弱体化や情勢を利用して自身の領域を東方のアルメニアやイラン北西部へ拡大しようとする、オスマン帝国のスルタン、バヤズィト二世（一四八一〜一五一二年）の試みが見られた。しかしながら、十六世紀初頭、イランはサファヴィー朝（一五〇一〜一七三二年〔正しくは一七二二／三六年〕）という新たな王朝のもとで統一され、約九世紀を経て、現在まで続いている国家的観念を手にした。

サファヴィー朝はシェイフ・サフィー・アッディーンが自身のスーフィー教団をイラン領アゼルバイジャンで創設した十四世紀初頭に、重要な地位を確立した。一世紀後、今日サファヴィー教団として知られる教団は全面的にシーア派的な性格を帯びて、北西イランや小アジア東部のトルクメン系諸部族の支持を集め始めた。教団は（彼らがかぶっていた赤い帽子から）自らをクズルバシュすなわち「赤い頭」と呼ぶ多くの主要なトルコ系諸部族の支持を獲得した。一五〇一年、サファヴィー朝の指導者イスマーイールはトランスコーカサスの一部をアク・コユンル朝から奪い、自らシャーと名乗った。一〇年後、彼はイラン、歴史的アルメニア、東トランスコーカサスの大部分の支配を確立することを達成し、預言者ムハンマドの娘婿アリーの血統を引くと主張するだけでなく、シャーをシーア派イマームすなわち聖人の化身として描く神権国家を築いた。このようにしてシーア派はイランの国教となり、現在もそれが続いている。

サファヴィー朝の登場と小アジア東部におけるシーア派の台頭はオスマン帝国に対する重大な脅威であって、カリフの地位にあることやイスラーム世界の盟主であるというオスマン帝国の主張は、この新たなイランの王朝に挑戦を受けた。一五一四年、スルタンのセリム一世（一五一二〜一五二〇年）はユーフラテス川を渡り、史上初めて歴史的アルメニアの領域に入った。シャー・イスマーイールにオスマン帝国と戦う備えはなく、侵攻するオスマン軍を妨害するため途上で多くの村を燃やし、彼の軍を撤退させた。何千ものアルメニア人が自らの土地を去ることを強いられた。オスマン軍はアルメニアの奥深くまで押し進み、一五一四年八月二十三日、チャルディラーンの戦いで数で勝る兵力と砲兵でもってイラン軍を破った。セリム一世はサファヴィー朝の行政上の中心地であるタブリーズを占領したものの、オスマン軍の司令官たちがタブリーズでの冬営を拒んだため、さもなければ敵をイラン高原まで追撃できたにもかかわらず、一週間後、彼は撤退せねばならなかった。このパターンは以降も何度も繰り返されることとなり、特に、強力なスルタン、壮麗者スレイマン（一五二〇〜一五六六年）と対峙せねばならなかった際や、また焦土戦術を採ったタフマースプ一世（一五二四〜一五七六年）の治世がそうであった。厳しいアルメニアの気候とイスタンブルからの輸送や通信の困難さによって、サファヴィー朝はこのような敗北を繰り返し生き延びることが可能となった。サファヴィー朝はタブリーズを奪回することができたものの、イランは小アジア東部の大半を放棄した。一五五五年の二つの大国の間の最初の和約によって、歴史的アルメニアの西部はオスマン帝国の手に残され、一方、東部はイラン支配下に落ち着いた。タブリーズの脆弱さを悟って、タフマースプは首都を南方のカズヴィーンに移した。タフマースプの後継ぎを巡る不安定な情勢によって、一五七八年、オスマン帝国は再びアルメニアに侵攻し、トランスコーカサスの大半を手にし、再びタブリーズを占領しつつ、彼らの作戦を一五九〇年まで続けた。

戦いの最中に捕えられたアルメニア人たちの中には——アルメニアの詩人アフタマルのグリゴル〔グリゴル・アフタマルツィ〕とバゲシュ〔ビトリス〕のカラペト〔カラペト・バギシェツィ〕によって目撃された——、イスタンブルへ移送された者もいればイラン領アゼルバイジャンに移送された者もいた。彼らの代わりに、スルタンのセリムや彼の後継者たちはクルド系諸部族をアルメニアに定住させ、この政策は十七世紀まで続いた。アルメニア人と同様にインド・

ヨーロッパ語族に属するクルド人は、スンニー派、シーア派、ヤズィーディーに分類されるムスリムであった。彼らは現金による徴税を免除されている遊牧民であったが、家畜の持ち分を供出し、国境地方を警備せねばならなかった。彼らの歴史的アルメニアへの定住はアルメニア人にとって後に大きな問題を作り出すことになり、それは国家がクルド人を統制するには無力な場合や、逆に国家が実際に彼らをアルメニア人に対して用いる場合であった。長く続いたオスマン・サファヴィー戦争や強制移住によって、歴史的アルメニア諸地域の人口は減少し、クルド人の入植によって社会的、民族的なバランスは変化した。

大移住

イランのアルメニア人共同体に最大の影響を与えたのはシャー・アッバース大帝（一五八七〜一六二九年）であった。イラン軍の相対的な弱さを認識し、彼は一五九〇年、すぐにオスマン帝国と条約を結び、東アルメニアとイラン領アゼルバイジャンの一部を割譲した。彼はその後、新たな軍隊の創設を開始し、ジョージア人やアルメニア人の傭兵たちや改宗者たちを射手として雇い入れ、ヨーロッパの支援で砲兵隊を整え、近代軍の基礎を創始した。彼は首都をカズヴィーンからより安全な位置にあるエスファハーンに移した。エスファハーンはまたオスマン帝国の柔らかい下腹部であるバグダードにより近かった。

十七世紀初頭、アッバースは彼がオスマン帝国と一五九〇年に結んだ和約を破るに機は熟したと感じた。小アジアのジェラリの反乱に乗じて、シャーは一六〇三年の秋、イラン領アゼルバイジャンを奪回するため、また、オスマン帝国をトランスコーカサスから放逐するために進攻した。彼はタブリーズ、モランド、オルドゥバード、アグリスなどの諸都市や、ジョルファーの町を含むナヒチェヴァン州を手中にすることに成功した。シャーはオスマン帝国の重税にこれ以上耐えられないアルメニア人たちや宗教的迫害に苦しむシーア派ムスリムたちに解放者として迎えられた。

長い間、国際貿易に従事していたジョルファーのアルメニア商人たちは、イランによるジョルファーの占領を特に喜んだ。ある一次史料によると、ナヒチェヴァン州のスンニー派の者たちは殺され、サファヴィー軍は彼らの村を破壊した。同じ史料によれば、アッバースはこの時、この地方が経済力を回復するのを防ぐために、ジョルファーのアルメニア商人たちをイランへ移送した。しかしながら、その他の全ての同時代史料によれば、一六〇三年にはナヒチェヴァンの主要な要塞が破壊されたのみで、アルメニア人住民は一六〇四年まで移動されなかったことになっている。

一六〇三年十一月、アッバースはオスマン帝国によって築かれた手強い要塞であるエレヴァンを包囲した。包囲は七カ月以上にわたって続いた。シャーは一万人以上の地元のアルメニア人たちやムスリムたちを徴用し、それはその地方の経済的衰退を招いた。一六〇四年の夏、オスマン帝国の反攻の知らせを受けて、アッバースはカルスとアニとの間の領土の大部分を荒廃させ、その地のアルメニア人たちをイラン領アゼルバイジャンへ移送した。アッバースはオスマン帝国が冬の迫っている時期には攻撃を始めないと確信しており、いくつかの史料によれば、秋に彼の軍隊の大多数を解散した。しかしながら、オスマン帝国は前進してしまい、シャーの不意を突いた。バヤズィト、ヴァン、ナヒチェヴァンなどの地方に住む全住民を強制的に移動させ、焦土戦術を実行する命令がアッバースから発せられた。一次諸史料によると、二五万から三〇万人のアルメニア人が一六〇四年から一六〇五年までの間にその地方から移送された。アラス川を渡る際に、数千人が死んだ。アルメニア人の多くは結局、他のアルメニア人たちが以前に定住していたイラン領アゼルバイジャンに定住した。マーザンダラーン地方やソルターニエ、カズヴィーン、マシュハド、ハマダーン、シーラーズなどの都市に落ち着いた者たちもいた。富裕なジョルファーのアルメニア人たちはサファヴィー朝の首都エスファハーンへ連行された。ジョルファーの共同体は特別の保護を与えられて、彼らの移住において苦しみは少なかったようである。彼らはザーヤンデ川の対岸に定住し、一六〇五年、新ジョルファー（ノル・ジュガ）と呼ばれる町が特別に彼らのために建設された。ペルシア人の石工たちがアルメニア人の職人たちと一緒になって彼らの新たな入植地を建設した。多くの教会が建設され、そのうち一三が今日も残存している。アルメニア人たちはその他の少数派たちには与えられなかった諸権利を有していた。彼らは彼ら自身の市長〔キャラーンタル〕を選出し、教会の鐘を鳴らし、公の宗教的行進を催し、彼ら自身の法廷を設立し、服装やワインの製造に制限はなかった。ムスリムは新ジョルファーに居住できなかった。アルメニア人の市長には官僚的な形式主義を回避するためにシャーの王室の印章が与えられ、イスファハーン周辺の二四以上のアルメニア人の村に対する管轄権を有していた。彼は金で人頭税を徴収して君主に納め、それは各成人男性から徴集された。ほどなくして新ジョルファーや周辺の村々のアルメニア人人口は約五万名に成長した。

ジョルファーの台頭や一六三九年の条約に続く平和的な状況によって、ジョルファーやペルシア領アルメニアにおけるアルメニア文学の大立者たちの登場が可能となった。彼らの中には、哲学者で文法学者のジョルファーのシメオン〔シメオン・ジュガイェツィ〕、一六六九年、アムステルダムでエレヴァンのヴォスカン〔ヴォスカン・エレヴァンツィ〕によって〔アルメニア語で印刷された〕初の史学書である『史書』が出版されることになる著名な歴史家のタブリーズのアラケル〔アラケル・ダヴリジェツィ〕、『年代記』で知られる輔祭のカナケルのザカリア〔ザカリア・カナケルツィ〕、『日記』で知られる旅行家で商人のアグリスのザカリア〔ザカリア・アグレツィ〕、サファヴィー朝滅亡後のオスマン帝国による東アルメニア侵略を描写している『諸戦争の歴史』で知られるエレヴァンのアブラハム〔アブラハム・エレヴァンツィ〕、『〔その過去からペルシアのナーデル・シャーまでの〕年代記』で知られるカトリコス、クレタのアブラハム〔アブラハム・クレタツィ〕が含まれる。アラケルの作品はアルメニア人のイランへの強制的な移住の詳細な記述によって特に価値がある。カトリコスのアブラハムの作品はナーデル・シャーの戴冠の最も詳細な記述である。

アルメニア人たちは貿易特権や絹貿易における独占を認められ、それによって共同体は豊かで影響力あるものに変容し、新ジョルファーはイランとヨーロッパとの間の貿易の主要な中心地に変容した。商売や軽工業を始めるアルメニア人たちには無利子の貸し付けが認められていた。

やがてシャーの保護を享受していたアルメニア人たちは、イランとヨーロッパ、ロシア、インドとの貿易の主要な部分を担った。新ジョルファーの商人たちは、レヴァント、東インド、モスクワ大公国の商社と競う商社を形成し、カーブル、ヘラート、カンダハール、マルセイユ、ヴェネツィア、ジェノヴァ、モスクワ、アムステルダム、そしてスウェーデン、ポーランド、ドイツ、インド、中国、インドネシア、フィリピンの諸都市に商社を設立した。アッバースは、絹の独占によって極めて繁栄した最も成功したハージェつまり名士として知られる商人たちの家々で、新ジョルファーでの時を過ごしたのであった。東洋や西洋の絵画や金の用品が並べられたテーブルで彩られた、彼らの巨大な家々を諸史料は描写している。アルメニア人たちは絹の各梱に定められた料金を支払い、彼らの利益のほとんどはイランに留まった。海外貿易からのオスマン帝国の利益は下がり、ペルシア湾は西洋との貿易の中心地の一つとなった。

オスマン帝国の軍事的衰退によって、西洋が東洋における新たな接点を確立することが促進された。外交官たち、有力者たち、商人たちがイランに派遣され、ほとんどの者たちは新ジョルファーに邸宅を与えられた。アルメニア商人たちのこれらのヨーロッパ人たちとの接触によって、彼らはシャーがオスマン帝国に対する外交的、商業的同盟を確保することが可能になるルートとなった。

新ジョルファーのアルメニア人たちは、その他の点でもまたディアスポラの特別の部分となった。彼らはエチミアズィンによって任命される彼ら自身の主教の下で独自の教区を形成し、それはイランやイラクの全てのアルメニア人に対して管轄権を有していた。したがって、新ジョルファーはやがて文化的中心地となった。ハージェたちの子弟のためだけでなく、あまり裕福でないアルメニア人家庭出の才能ある男子たちの一部のためにも学校が開かれた。後のカトリコス、ジョルファーのハコブ〔ハコブ・ジュガイェツィ〕(一六五五～一六八〇年)や、歴史家たちや翻訳家たちの多くがその卒業生の中にあった。聖職者となった卒業生の一人は、印刷技術を学ぶためにイタリアへ送られ、イランで最初の印刷機を持ち帰った。言語に関わりなくイランで印刷された最初の本は、一六三八年に生み出された〔旧約聖書の〕詩編のアルメニア語訳であった。写本の彩色家たちは、元来はアルメニア出身のヒザンのメスロプ〔メスロプ・ヒザンツィ〕の作品を皮切りに、十七世紀前半に始まる独特の新ジョルファー様式を発達させた。数人の芸術家たちはハージェによって新ジョルファーにもたらされたヨーロッパ絵画を模倣することすら始めた。一六〇〇年より前、アルメニア商人たちは、約五百年にわたって東洋の技術をヨーロッパに伝達してきた。十七世紀以降、新ジョルファーの商人たちを筆頭に、アルメニア人たちは、西洋の技術や文化を西アジアに紹介する主要な経路の一つとなった。

十七世紀のヨーロッパの諸史料は、シャー・アッバースをアルメニア人の偉大な恩人として描き、彼が彼らをオスマン帝国の襲撃から救い、新ジョルファーで繁栄することを可能にしたとする。しかしながら、タブリーズのアラケル〔アラケル・ダヴリジェツィ〕のような同時代のアルメニア人の歴史家たちは、シャー・アッバースによる移送やアルメニアにおけるオスマン・イラン闘争をとてつもない大惨事とし、その期間に土地は焼かれ、多くの人々が傷つき死に、彼らの歴史的故地においてアルメニア人たちが少数派になってしまったとする。アッバースの政策は実際に多少の破壊的な影響を与えた。長期的に見れば、強制移住によってイランやインドにおけるアルメニア人ディアスポラの基礎が確立し、後に見るように、それらは十九世紀のアルメニア人の文化的、政治的復興において重要な役割を果たすことになるのであった。

イランにおけるアルメニア人の経済力の無形の恩恵の一つは、アルメニア人の自己像や民族意識の変容であった。数世紀に及ぶ外国の支配の後、アルメニア人たちは平等の特権を与えられ、時には彼らの征服者たちよりも大きな特権を与えられた。この増大した権威は教会にも拡大し、エチミアズィンの指導者たちが遠く離れた教区や共同体に対するある程度の支配権を回復することやイスタンブルやエルサレムの総主教たちとの関係を築くことが可能となった。この新たな地位はまた、アルメニア人の世俗の指導者たちが認知を得ることや地元の支援を集めることを可能にした。

このことはカラバフやスィウニクのメリクすなわち領主たちに特に当てはまる。彼らはシャー、教会、アルメニア商人たちの保護の下、カラバフの彼らの先祖代々の領地を保ち、拡大した。メリクたちは東アルメニアにおけるアルメニア貴族の最後の子孫たちであった。彼らは山岳地方に居住し、通常は直接シャーたちに貢納を行った。教会の指導者たちとは異なり、彼らは統一を欠き、土地を有し武装したいかなるキリスト教徒貴族をも脅威と見るムスリムの指導者たちと争わなければならなかった。しかしながら、彼らの自治や時折の反抗はいくらかの民衆の支持を得て、彼らはアルメニア商人たちや聖職者たちの一部と共に、アルメニア解放運動を主導した。

東アルメニア（一六三九～一八〇四年）

ゾハーブ条約によって一六三九年、歴史的アルメニアは西アルメニアを手にしたオスマン帝国と東アルメニアを手にしたサファヴィー朝との間で分割された。東アルメニアそれ自体はチューフール・サアド・ベグラルベギー（エレヴァンとナヒチェヴァン地方）とカラバフ・ベグラルベギー（カラバフ・スィウニクとギャンジャ地方）に分割された。第一のものはしたがってアイララト、グガルク、ヴァスプラカンという歴史的アルメニア諸州の部分から構成され、第二のものはアルツァフ、スィウニク、ウティク〔という諸州〕から構成された（地図22参照）。ほとんどがカージャール族のハーンたちに統治され、諸地方はイラン領アゼルバイジャンの都市であるタブリーズに駐在する総督の監督下にあった。チューフール・サアド・ベグラルベギーは、その主要都市であるエレヴァンがオスマン帝国に対するイランの防衛拠点であったため、特に重要であった。

アッバースは新ジョルファーのアルメニア人たちを保護し、カトリックの宣教師たちが共同体に大きく食い込むのを防いだものの、彼の死や十七世紀後半のサファヴィー朝支配の結果的な衰退によって、ハージェたちの一部はインドやイタリアへ移住することを余儀なくされ、そこに彼らは自身の商社の支店を設立した。イランの海洋商人の不在

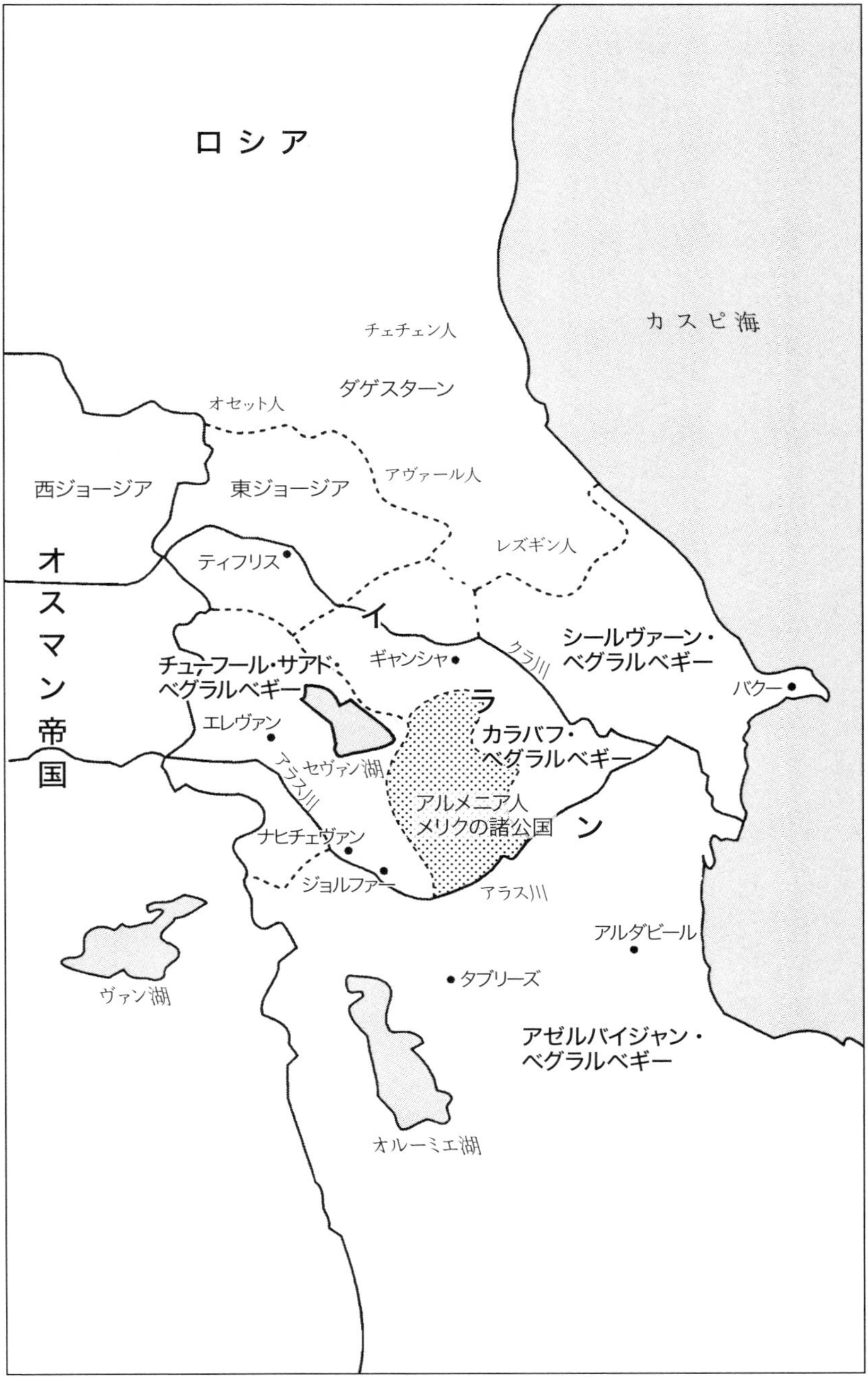

地図 22　17 世紀末から 18 世紀初頭の東アルメニア、トランスコーカサスの残部、イラン領アゼルバイジャン

は、新ジョルファーの商人たちが時が経つにつれて、十八世紀中頃までにその地方の貿易の大半を支配するようになった東インド会社のような大規模なイギリスやオランダの合資合弁会社についていくことができなくなったことを意味した。十八世紀初頭までに、高まるシーア派の不寛容やアルメニア人たちにとって好ましくない新たな法律によって、ハージェたちにとって困難な情勢が作り出され、彼らのさらに多くがロシア、インド、中東、西ヨーロッパへ移住した。本国での不安定はまた、アルメニア人たちが保護、さらには救済すらを求めてカトリックのヨーロッパや特に正教のロシアに目を向けることを意味した。サファヴィー朝の滅亡と一七二二年のアフガン人によるエスファハーンや新ジョルファーの占領によって、ハージェの影響力の終焉が記録されたが、イランにおけるアルメニア人の存在が終わったわけではなかった。大きなアルメニア人共同体はエスファハーン、新ジョルファー、その他のイランの諸都市の多くに残った。

サファヴィー朝の滅亡はピョートル大帝のカスピ海沿岸地方への侵略を助長した一方で、オスマン帝国はゾハーブ条約を破棄し、一七二三年、東アルメニアや東ジョージアを侵略した。二年もするとオスマン帝国はカラバフやスィウニクを除く地方全体を支配していた。カラバフやスィウニクではアルメニア人のメリクたちが、アヴァン・ユズバシ、ダヴィト・ベク、ムヒタル・スパラペトらの主導の下で、一〇年近くオスマン帝国を寄せつけなかった。オスマン帝国はティフリス（今日のトビリシ）、ナヒチェヴァン、ギャンジャ、エレヴァンに守備隊を置いた。エレヴァンの要塞は修復され、オスマン帝国の東アルメニア軍事総督の行政の本拠地の役割を果たした。

一七三六年までに、新たな支配者であるナーデル・シャー（一七三六〜一七四七年）と新たな王朝であるアフシャール朝がイランにおける秩序を回復し、ロシアを撤退させ、オスマン帝国を一六三九年の境界まで押し戻した。アルメニア人メリクたちのオスマン帝国に対する抵抗に報いて、シャーは彼らの貢納を免除し、彼らの自治を認めた。シャーと懇意であったカトリコスのクレタのアブラハム〔アブラハム・クレタツィ〕（一七三四〜一七三七年）は、ナーデルの戴冠式の名誉賓客となった。新たなシャーはエチミアズィンを訪問しただけでなく、その免税の地位を再確認した。ナーデルはトルコ系諸部族の多くを東アルメニアや、特にカラバフから移動させ、その地方をエレヴァン、ナヒチェヴァン、ギャンジャ、カラバフという四つのハーン国に分割した（地図23参照）。

一七四七年のナーデルの暗殺によって、東アルメニアにおける一五年間の無秩序が引き起こされた。追放されたトルコ系諸部族は戻り、ジャヴァーンシール氏族に主導され、カラバフ平原において強力な存在を確立した。ギュリスタン、ハチェン、ジュラベルド、ヴァランダ、ディザクという五地区からなるカラバフ高地は、スィウニクの多くの地区（後の山岳カラバフとザンゲズル）と同様に、前述のように、アルメニア人メリクたちによって支配されていた。その地方は自身の宗教的中心地をガンザサルに有していた。クラ川まで延びる低地はトルコ系やクルド系の諸部族連合によって占められていた。メリク・シャフナザリアン――彼はその他のメリクたちと不和となった――と同盟することで、パナーフ〔アリー〕・ハーン・ジャヴァーンシールと彼の子イブラーヒーム・ハーンは、アルメニア人の根拠地であった山岳カラバフの一部に足場を獲得することに成功した。

一七六二年までに、カリーム・ハーン・ザンド（一七五〇〜一七七九年）というもう一人の支配者と王朝が、イランの大半の支配権を得て、その宗主権は東アルメニアのハーンたちに認められた。彼の勢力の中心は南イランにあって、トランスコーカサスはカラバフのイブラーヒーム・ハーンと東ジョージアの王、イラクリ二世（一七六二〜一七九八年）に残されていたものの、両者は東アルメニアの諸地域を勢力圏に分割した。一七七九年のカリーム・ハーンの死によって、イブラーヒーム、イラクリ、エレヴァンやギャンジャのハーンたち、アルメニア人のメリクたちの間での新たな一五年に及ぶ闘争が始まった。さらに多くのアルメニア人たちがエレヴァンやカラバフのハーン国からロシアやジョージアへと移住した。東ジョージアの主要都市であるティフリスはアルメニア人の主要な中心地となった。

ロシアによるクリミア半島の併合や特にイラクリとの一七八三年のゲオルギエフスク条約によって、ロシアは再び

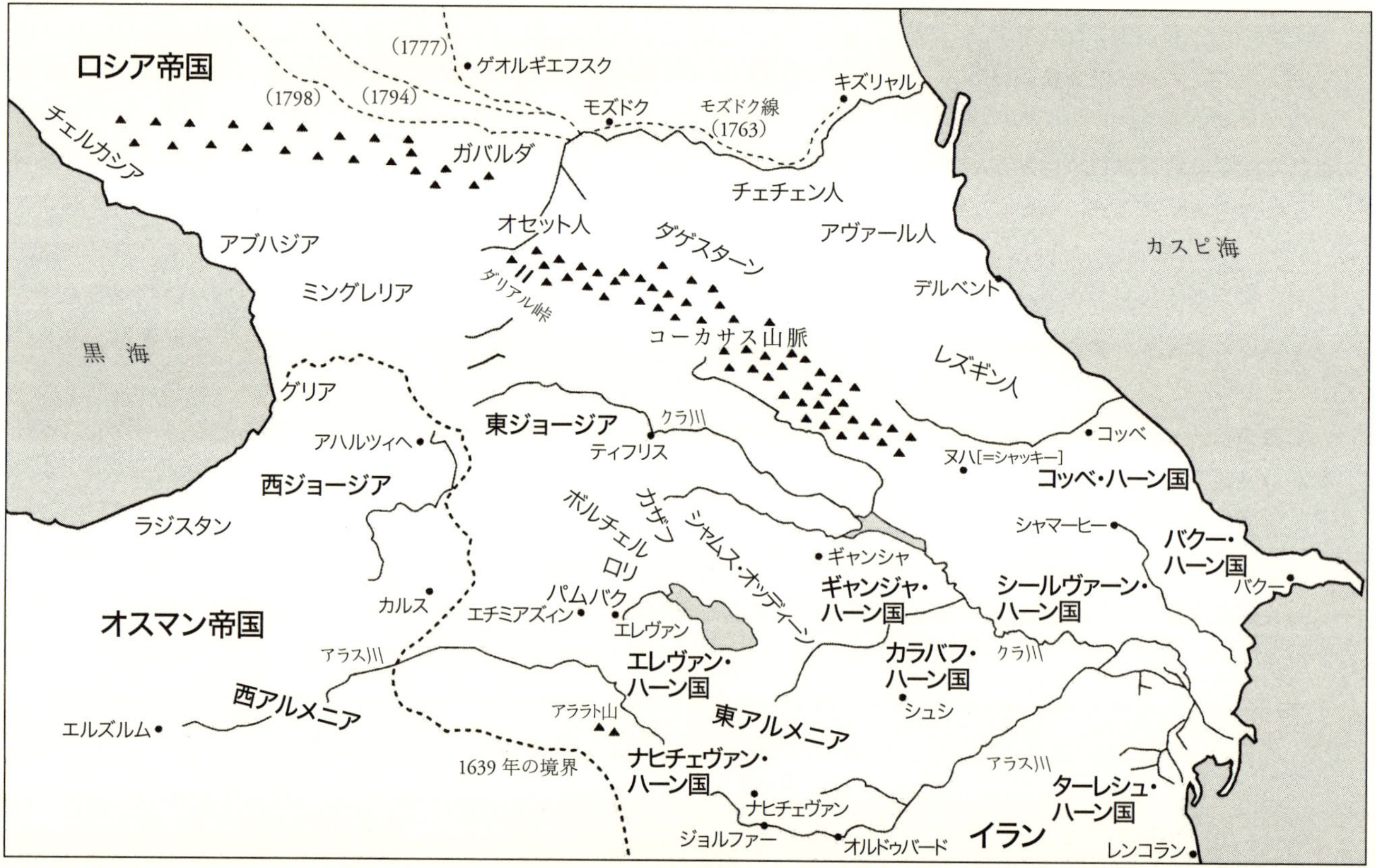

地図 23　18 世紀末のコーカサス

トランスコーカサスの問題に関与した。地方のハーンたちは彼ら自身の個別の平和条約を互いに、そしてジョージアやロシアまたはイランと結ぶことを急いだ。一方で、イランはもう一つの王朝の闘争の苦悩の中にあった。一七九〇年までに、カージャール族の指導者であるアーカー・モハンマド・ハーンは、王座への全ての競争相手を制圧し、今やかつてのサファヴィー朝の領土の回復を誓った。東アルメニアのハーンたちの大半はやがて従属したが、ジョージアのイラクリはロシアの保護を頼って、それを拒んだ。アーカー・モハンマドはジョージアに侵略し、一七九五年、ティフリスを占領し、帰還の際に、シャーとして戴冠した（一七九六年）。

ロシアの威信を回復するため、エカチェリーナ大帝はイランに対して宣戦を布告し、トランスコーカサスに軍を送った。しかしながら、すぐ後の彼女の死によってその戦闘に終止符が打たれた。アーカー・モハンマドはやがて東ジョージアや東アルメニアからのキリスト教徒住民の排除を目論んだ。彼の新たな戦闘はカラバフで始まり、一七九七年、そこで彼は暗殺された。アーカー・モハンマド・ハーンは青年期に彼の氏族の敵たちによって去勢されており、このことから彼の甥のファトフ・アリー・シャー・カージャールが跡を継いだ。十九世紀の夜明け、新たなシャーは三度目で最後のロシアの侵入に対峙せねばならなかった。

東アルメニアにおける社会経済状況（十七世紀から十九世紀）

十七世紀の間にサファヴィー朝はイランの経済を変容させた。アジアとヨーロッパとの間に位置する東アルメニアの多くの町は、インド、中国、イランからの商品のための集積地としての役割を果たし、それらは同様にロシア、オスマン帝国、西ヨーロッパの市場に届けられた。良く整備された安全な街道、均一の関税率、そして快適な隊商宿は商品の移動を助けた。東アルメニアそれ自体はカラバフからの小麦や絹を、エレヴァンからの乾燥果実、塩、獣皮、銅を輸出した。大きな遊牧民人口は羊毛やアルメニア人たちやトルコ系の職人たちによって織られたコーカサスの絨毯や敷物を供給し、それらはその色や意匠から高く評価された。

ロシアによる征服以前の東アルメニアの住民はムスリムの多数派とアルメニア人の少数派（アルメニア人たちはいくつかの地区では多数派であったが）から成っていた。ムスリムたちは、行政の大半や軍隊の一部を成したペルシア人たち、農耕に従事するか軍隊の残余を成した定住生活や半定住生活を送るトルコ系の部族集団、そして、伝統的な遊牧生活を送り、イラン騎兵の一部を成したクルド人たちに分けられた。アルメニア人たちは商業に従事し、職人の多数派を成していたが、彼らの大半は農民であった。

ハーンたちは防衛と徴税に責任があり、通例では彼らのハーン国において唯一の権威者であった。彼ら自身は税を免除されており、奉仕を評価されて王から土地を受け取った。中央政府が無力であるか崩壊した際には、ハーンたちは彼らの領域の世襲の所有者となることが多かった。徴税人、会計人、書記、警官、裁判官、その他の官吏たちが行政を管理していた。さまざまな財産税や厳格な土地所有制度によって財源が供給され、役人に俸給が支払われた。賦役すなわち強制労働は農民たちの大半にとって義務であった。アルメニア人の村々は彼らの年長者たちによって監督されるか、付与された慈善目的の免税財産すなわちワクフとして教会の所有となっていた。ムスリムの年長者たち（キャドホダー）は彼ら自身の村々を監督した。東アルメニアが乾燥した地方であったことから、灌漑は住民たちの生活において決定的な役割を果たした。約三二キロの長さのものもあった諸運河は共有され、灌漑を担当する役人たちは全ての農民たちに水を供給するために厳格な一連の規則に従った。

大規模な村々では共同で耕作が行われた一方で、大規模な一族は概して小規模な入植地を耕作した。農地は単純な二面輪作方式に従い、区画の半分が作付けされると、〔残りの〕半分は休閑状態に残された。牛や木製の鋤が用いられ、牛糞は肥料と燃料の両方として用いられた。蜂蜜、木の実、キビ、大麦、さまざまな脂肪種子が主な収穫物であった。名高いアルメニアの赤い染料の原料であるコチニールカイガラムシは高く評価された。菜園や果樹園は特に豊かであり、多くの種類の果実、特に葡萄や野菜を産した。農民たちは彼らの収穫の大半を税として国家や領主たちに譲り渡していたので、生活は質素なものであった。米、肉類、高品質の小麦は祝日のために備えられた。ヨーグルト、チーズ、粘土釜で焼かれたパンが主な食物であり、青物や野菜が添えられた。寝台を有していた者はほとんどおらず、大半の者たちは敷物の上で眠り、木製の用具を用いていた。家庭生活は家父長的であった。男性たちは畑や放牧地で働く一方で、女性たちは最年長の女性（タンティキン）に監督され、穀物を脱穀し、羊毛を紡ぎ、絨毯を織った。最年長の男性（アガー、タンメツまたはタヌテル）は一族を率いて、ほぼ全ての事柄に最終決定権を有していた。男子たちが跡を継いだ一方で、女子たちは一般的には持参金を与えられた。彼らのムスリムの同等の者たちとちょうど同じように、アルメニア人の女性たちは男性たちや見知らぬ者たちの面前で話すことはほとんどなく、顔を覆い、隔離されていた。結婚や離婚に関する宗教や慣習を除くと、ムスリムたちとアルメニア人たちとの間に違いはほとんどなかった。両方の集団が古くからの習慣、偏見、迷信を等しく共有していた。

十九世紀イランのアルメニア人たち

一八〇一年、ロシアは東ジョージアを併合し、トランスコーカサスへのその最終的な浸透を開始した。一八〇四年、ロシアは第一次ロシア・ペルシア戦争（一八〇四～一八一三年）を開始し、一年後、カラバフのアルメニア人たちの支援で東アルメニアの半分を占領した。前世紀の無秩序な政治的、社会経済的状況や多くのアルメニア人のジョージアへの脱出によって、トランスコーカサスのイラン防衛の中心地であるエレヴァンの経済は傷つけられた。東アルメニアの残りを救うためにイラン人たちは、その地方を非常に援助し、それを統治するための有能な総督であるホセイン・コリー・ハーンを任命した。ハーンはイランの皇太子であるアッバース・ミールザーと共に多くの行政、軍事的改革を主導し、〔ヨーロッパでの〕ナポレオンの軍事行動に助けられて、東アルメニア内の残された領土に対するロシアの目論みを二〇年にわたって妨げることに成功した。結局、優勢なロシア軍は第二次ロシア・ペルシア戦争（一八二六〜一八二八年）の間にアラス川以北の全ての領土を占領した。トランスコーカサスはロシア帝国の一部となり、今後ロシア領アルメニアとして知られることになる東アルメニアの運命は、決してほどけないほどにロシアのそれと結びつけられた（地図24参照）。一八三〇年までに約三万のアルメニア人がイラン北部を去り、ロシアに定住した（16章参照）。

イランにおけるアルメニア人共同体は、ロシアのアルメニア商人たちとの商業的繋がりから十九世紀後半に復興した。新ジョルファーもまた再勃興し、聖救世主の大聖堂・修道院複合体は非常に優れた図書館を組織した。初のアルメニア語による定期刊行物や新ジョルファーのアルメニア人たちについての歴史書が、一八八〇年に出版された。新ジョルファーのアルメニア人学校は国家の補助金を受け取り、アルメニア人聖職者階級やアルメニア教会は税を免除され、没収された教会財産も返還された。アルメニア商人たちはカスピ海沿岸地方やペルシア湾岸地方に新たな商館を開設し、ロシア、インド、ヨーロッパと通商した。乾燥果実、皮革、絨毯が輸出され、機械類、ガラス製品、布地が輸入された。王室の救援によってアルメニア人たちはテヘランにもたらされ、そこでは彼らの言語的な能力や外国との連絡を利用し、ナーセル・アッディーン・シャー（一八四八〜一八九六年）は、彼らをヨーロッパへの使節として用いた。ミールザー・マルコム・ハーン、ダヴィト・ハーン・メリク・シャーナザル、ホヴァネス・ハーン・マセヒアンのような彼らの一部は、イランへのフリーメーソン、西洋の政治思想、技術的な革新の紹介の功績があった。アルメニア人の洋裁師や宝石職人はヨーロッパの流行を紹介し、アルメニア人の写真家たちはその職業における先駆者であった。アルメニア人たちはまた最初の西洋様式の画家や音楽家でもあった。十九世紀の末までに、約一〇万のアルメニア人がイランの一二ほどの都市に居住していた（地図25参照）。イラン領アゼルバイジャンのアルメニア人たちはまもなくトランスコーカサスのアルメニア人たちの民族的、政治的思想に接することになり、後に見るように、二十世紀イラン史において重要な役割を果たすことになるのであった。

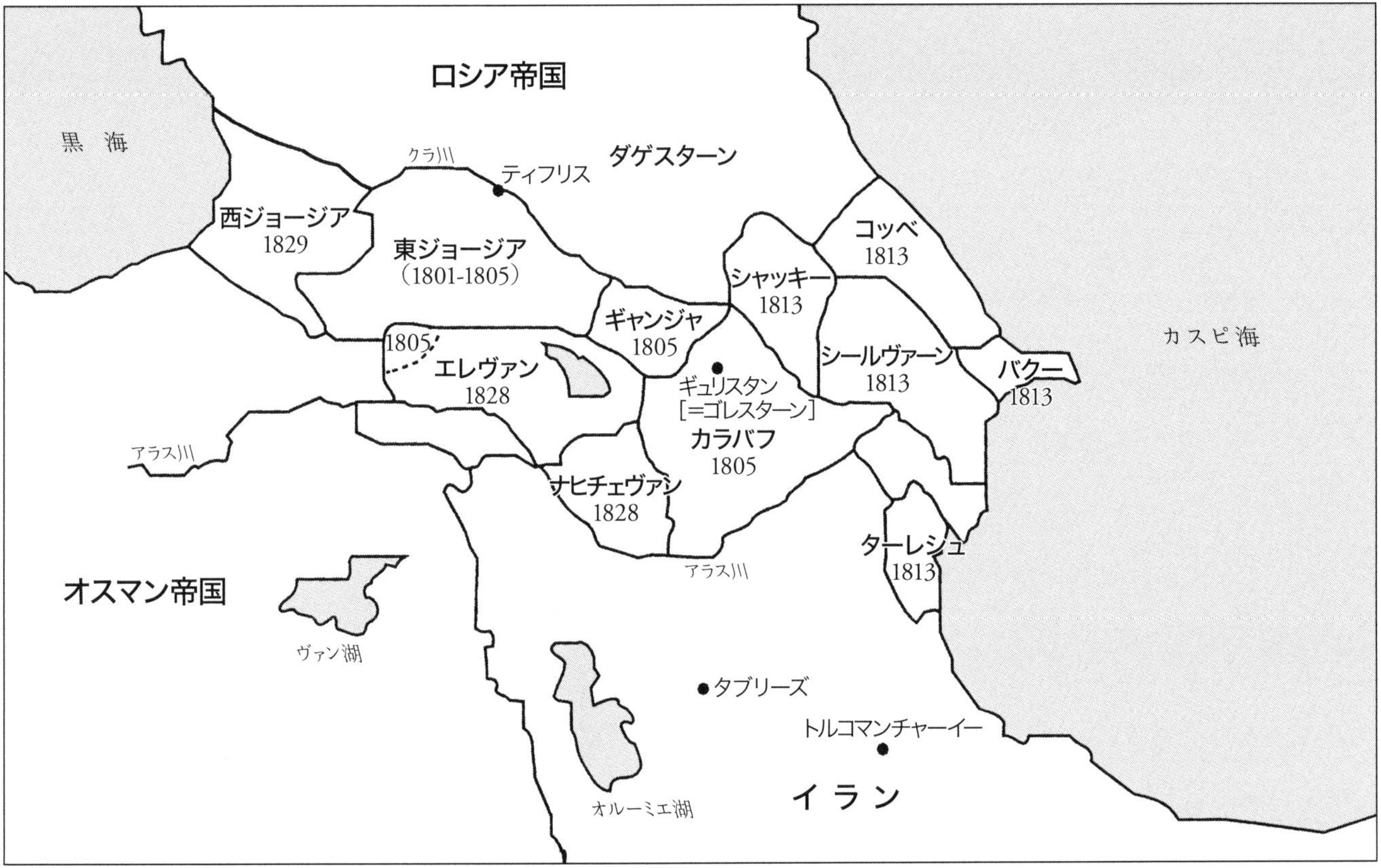

地図 24　ロシアのトランスコーカサス征服（1801 ～ 1829）

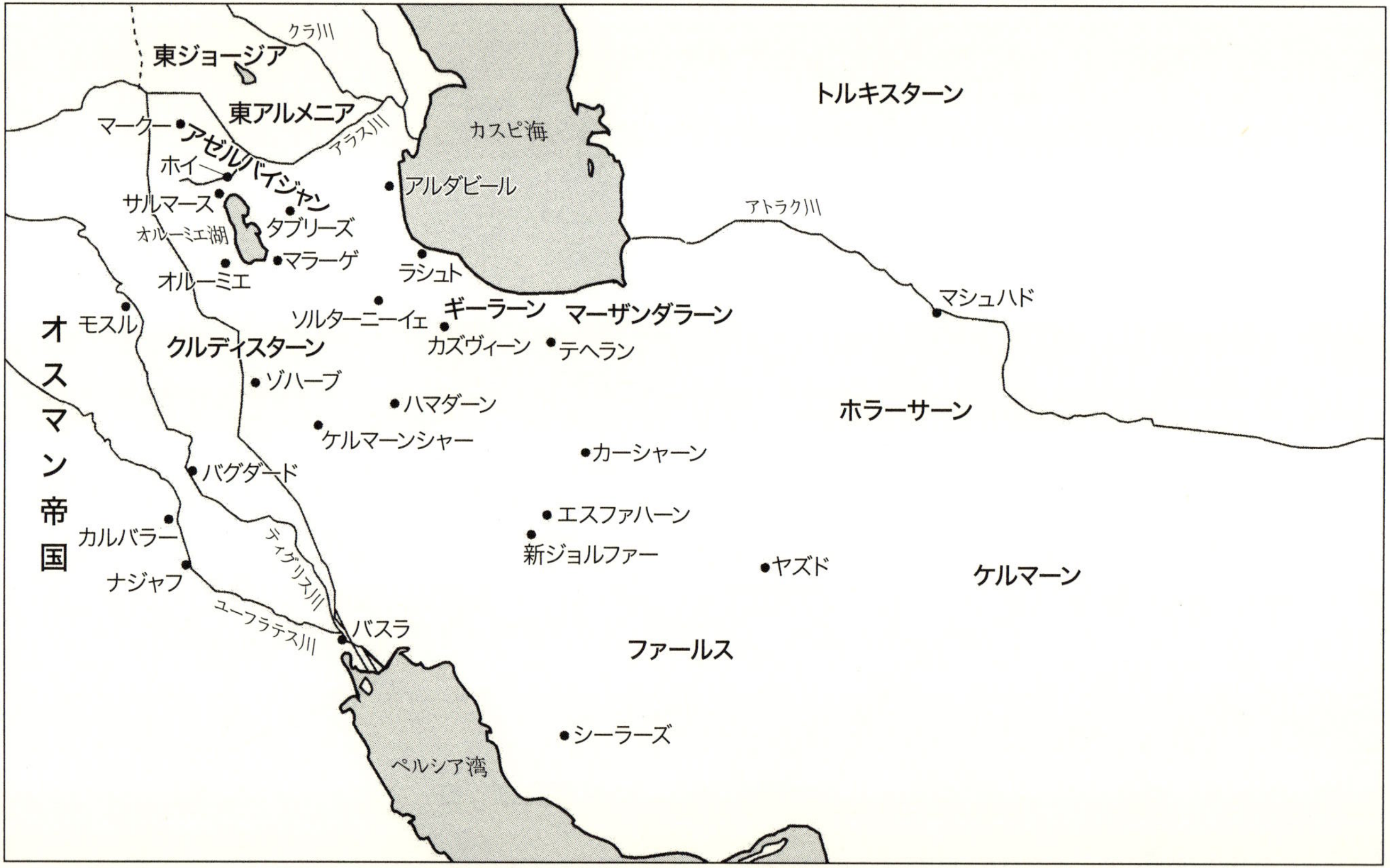

地図 25　イランのアルメニア人共同体（19 世紀）

14 ムガル帝国から英領インドへ

南アジアのアルメニア人たち（一五五〇年頃〜一八五八年）

インドのアルメニア人共同体は、アルメニア人ディアスポラの歴史の中で特別の位置を占めている。規模は大きくないものの、この共同体の財力や民族的機運はアルメニア人の政治的・文化的覚醒に重大な影響を与えた。それと同時に、この共同体の台頭と衰退は、ディアスポラ共同体の存続に対する内的、外的、政治的、経済的な諸力の影響を示す完全な事例である。

アルメニア商人の一部は八世紀という早い段階からインドとの交易を行い、使徒である聖トマスの墓を設けた功績があったものの、アルメニア人貿易業者たちがそこに定住するのを促進したのは、ムガル皇帝アクバル（一五五六〜一六〇五年）の好意的な政策であった。アクバルはアルメニア人たちを信用し好んで、彼らを高い行政的地位に任命した。その中にはアブドゥル・ハイと呼ばれるアルメニア人に彼が授けた司法長官の地位も含まれていた。アクバルの妻たちの一人であるマリアム・ベグムもまたアルメニア人であった。インドにおける最初のアルメニア教会は、一五六二年、ムガル朝の主要な中心地であるアグラに建てられた。ミールザー・ズール・カルナインという名のハイの孫の一人は王室で育ち、太守の地位を獲得し、後にジャハーンギール帝に仕えた。

最大規模のアルメニア人の到来は、新ジョルファーの商人たちがさまざまなインドの都市に商社の支店を開いた十七世紀に起こった。これらの商人たちの何人かは重要な地位を得て、イラン宮廷の代理人として仕えた。ジャハーンギール（一六〇五〜一六二七年）、〔シャー・〕ジャハーン（一六二八〜一六五七年）などのムガル帝国の支配者たちは、彼らの前任者の好意的な政策を継続し、さらに多くのアルメニア人たちをインドへ招き寄せた。アルメニア人たちは、毛織物の布地、琥珀、ヴェネツィアのガラス製品、鏡、銃器、刀剣、時計を輸入した。彼らは香辛料、真珠、宝石、綿花を輸出した。黄麻貿易はほぼ完全にベンガルのアルメニア人たちの手中にあって、彼らは（今日のバングラデシュの首都）ダッカのアルメニア人地区に集中し、彼らは非常に大きな聖復活教会をそこに建てた。インドのアルメニア人たちは、南アジア、イラン、ヨーロッパの間の貿易における重要な結節点となり、新ジョルファーの仲間たちと同様に、ムスリムの領主たちによって特権や宗教的な自由が認められた。

アルメニア人たちは彼ら自身の街区をアグラに有し、そこで隊商宿を運営し、彼ら自身の墓地を有していた。キリスト教徒として、アルメニア人たちは、インドに到来したさまざまなヨーロッパの使節たちのために接待役や通訳を果たすように求められた。インドに定住したヨーロッパ人たちの多くはアルメニア人女性と結婚した。共同体は十七世紀を通して規模、富、重要性を増した。アルメニア人の貿易の中心地は結局、スーラト、デリー、チンスラー、ラクナウ、ダッカ、サイダバード、ハイデラバード、ベナレス、（今日のパキスタンにある）ラホール、カルカッタ、マドラス、ボンベイなど一二都市に確立された（**地図26**参照）。アルメニア教会は結果的に、スーラト、チンスラー、ダッカ、カルカッタ、マドラス、ボンベイに建設され、これらの教会の中には今日まで残存しているものもあり、中にはエチミアズィンの聖座との定期的な連絡を維持しているものもある。アルメニア人たちは彼ら自身の区域を開拓し、これらの都市の多くの場所が今もなお「アルメニア人通り」、「アルメニア人街」、「アルメニア人港」といった名称を残している。

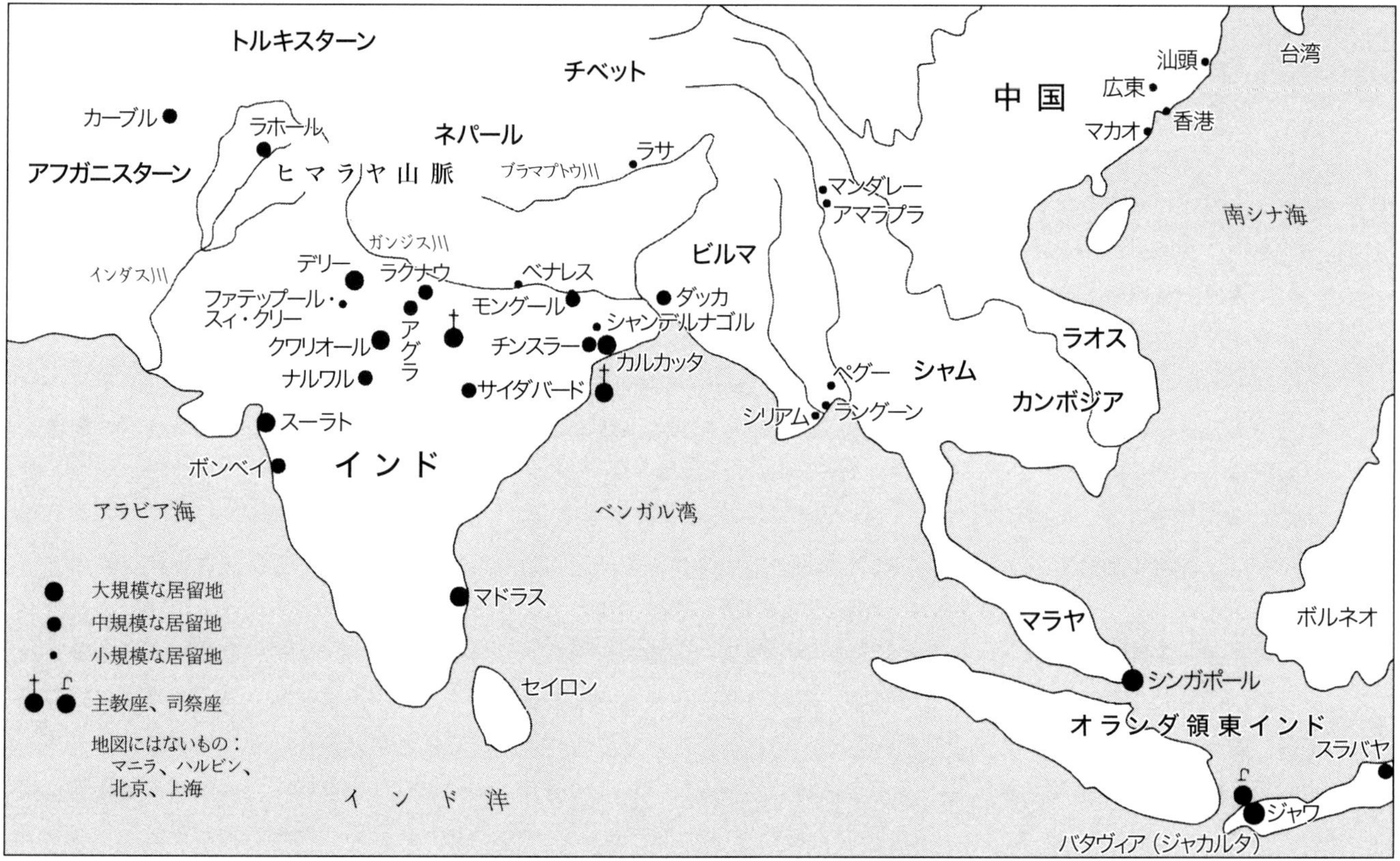

地図 26　アルメニア人と東南アジア（19 世紀）

ムガル帝国の最後の重要な支配者であり、アーラムギールとしても知られるアウラングゼーブ（一六五八～一七〇七年）は、伝統的に寛容な前任者たちとは異なり、極端な反ヒンドゥー的、多くの反キリスト教的な手段を採用したが、アルメニア人たちはいかなる重大な問題にも直面しなかったようである。十八世紀初頭のイランの反キリスト教的諸政策ははるか酷く、アルメニア人商人の一族の多くがインドの彼らの親族の許に追いやられた。しかしながら、後期ムガル帝国の不寛容は、インドのアルメニア商人たちに長期的な影響を与えた。それはヒンドゥー教徒にイギリス人との協力を促すもので、後のイギリスによるインドの植民地化や商業活動の完全な掌握を早めた。

イギリスは十七世紀初頭にスーラトに彼らの存在を確立した。貿易活動においてイギリスの船舶を利用し、さまざまなイギリスの会社と関係を有してきたアルメニア人たちは、彼らと多くのインドの支配者たちとの間の仲介役となった。一六六一年、イギリスは国王チャールズ二世と結婚したポルトガルのインファンタ（皇太子妃）の持参金の一部としてボンベイを獲得した。インド貿易におけるアルメニア人たちの重要性を悟り、イギリスはそこに定住するように彼らを招いた。一六八八年、イギリス東インド会社とインドのアルメニア商人を代表するホージャ・パノス・カランタールは正式の協定を締結した。それによって、貿易は伝統的なルートからペルシア湾や喜望峰という新たなイギリス優勢のシーレーンへと転換された。一七一五年、アルメニア人たちはイギリスがベンガルに拠点を確立し、カルカッタをその地方の新たな商業的中心地とするのを助けた。イギリスはアルメニア教会の建設を援助し、ムガル帝国と同様に、アルメニア人たちを彼らの内政運営で雇い、アルメニア人たちが南アジアにおける彼らの領土内で貿易することを認めた。アルメニア人たちは司法、医療、軍事部門において活動し、熟練した鉄砲工にすらなった。十八世紀までに、ボンベイ、カルカッタ、マドラスはアルメニア人の活動の新たな中心地として台頭した。カルカッタには大規模な教会や学校が存在した。

アルメニア人たちはムガル帝国に仕えただけでなく、インドの多くの独立したラージャたちやビルマやマレーシアのさまざまな大公にも仕えた。アルメニア人の貿易業者たちは十七世紀、ビルマやマレーシアに多くの教会を建設した。ジャワやスマトラ（今日のインドネシア）のアルメニア商人たちは、香辛料貿易に従事し、かなり豊かになった。十七世紀までに、インドネシアにおいて約二千人のアルメニア人共同体が、ジャワやスマトラで記録されている。アルメニア人たちはインドネシアに教会を建てた。バタヴィア（ジャカルタ）に一八四五年に建てられた聖ホヴァネス教会は一九六一年に政府の命で取り壊された。もう一つの聖ゲヴォルグ教会は第一次大戦後にスラバヤに建てられた。十七世紀前半にその地域にオランダが到来すると、その地のアルメニア人たちの経済的卓越は揺らぎ、オランダ植民地支配の下で彼らは役人や小店主となった。アルメニア商人たちはまたフィリピンにも定住し、彼らは十六世紀にスペインがその地方を征服した後も貿易を続けることを許された唯一の外国人であった。十九世紀までに彼らの大部分はインドネシアに再移住した。

南アジアにおけるイギリスの到来によってアルメニア人の貿易の独占はひどく影響を受けたものの、それはアルメニア人にイギリスの教育制度や政治制度に触れさせ、彼らに議会制度や政治的伝統のその他の主義の思想を伝えた。イギリスの自由主義に影響され、カルカッタやマドラスのアルメニア人指導者たちは、十八世紀後半にアルメニア文化復興を主導した。一族がイランから移住したインドのアルメニア人であるジョセフ〔ホヴセプ〕・エミンは、より優れた戦略や武器によって、ヨーロッパ、特にイギリスはアジアの大部分を支配することが可能になったと確信するに至った。彼はイギリスで学び、イギリス軍に加わり、エドモンド・バークのようなイギリスの自由主義者と親交を得た。彼は一七六〇年、アルメニアを訪問し、神の意志として従属を受け入れているようなアルメニア人たちや彼らの宗教的指導者たちの受動性に驚かされた。

エミンはイギリスに戻り、イギリスがアルメニア人たちを助けることに関心がないことを確信すると、一七六一年末、ロシアへ行った。彼はモスクワやサンクト・ペテルブルグを訪問し、東アルメニアやジョージアへ旅行し、一七六〇年代を通してその地方に留まり、ロシアの指揮の下、インドのアルメニア商人たちに資金援助されるアルメニア・ジョージア連合軍が、コーカサスをムスリム支配から解放し得るとロシアを説得しようと試みた。エミンはまたコーカサスにおける近代的な学校の設立や行政改革がこの目的を近づけると主張した。エミンはロシアの高官たちやジョージア王のイラクリ二世、アルメニアのカトリコス・シメオン（一七六三〜一七八〇年）と会合を持った。しかしながら、エミンの思想はあまり受け入れられなかった。ロシアには自由主義的な改革の準備がなく、オスマン帝国との戦闘に忙殺され、アルメニア人に対する軍事支援を考慮することができなかった。アルメニアのカトリコスとイラクリは、ムスリム領主たちに対して反乱を開始する前に援助のより具体的な保証を求めた（16章参照）。

エミンは一七六八年末にその地方を去り、一七七〇年の始めにカルカッタへ戻った。しかしながら、彼は夢を捨てず、数年後にエカチェリーナがオスマン帝国に容赦ない敗北を負わせると、彼はマドラスへ旅し、そこでアルメニア商人たちにアルメニア人軍団創設のために膨大な額の金を提供するよう説得した。その後彼はハージェたちから資金を集めるために新ジョルファーへ行った。戦争で荒廃したイランでの不確かな未来に直面していた彼らは、エミンのアルメニア解放計画への貢献の意志がより強かった。またしても彼の奮闘は実を結ばず、一七八三年、彼はインドへ戻り、そこで一八〇九年に没した。

インドのアルメニア商人たちは、十八世紀後半にエチミアズィンにおける最初の印刷所の創設を財政援助し、先に見たように、ヴェネツィアのムヒタル修道会の教育や出版の取り組みを後援した。それと同時に、イラン出身のアルメニア人のグループはマドラスで政治団体を設立し、最初のアルメニア語の政治冊子の印刷に貢献した。これらの作品は、アルメニア人たちをムスリム支配から解放し、啓蒙主義の原則に基づいた民主的で独立した国家を創設するというジョセフ・エミンによって始められた指針を成文化した。このグループの指導者であったシャハミル・シャハミリアン（一七二三〜一七九七年）や彼の二人の息子であるハコブとエギアザル、彼らの教師でエミンとロシアで働いたモヴセス・バグラミアンは、自由の戦士ではなかったが自由主義者であり、彼らは自らの思想を出版の力を通して促進し拡散させようと望んだ。

一七七一年、ハコブ・シャハミリアンはマドラスで印刷所を創設した。一七七二年から一七八九年の間に、彼の父や彼の教師によって書かれた『忠告という名の新冊子』、『栄光の落とし穴』、『嘲笑という名の小冊子』という三つの政治文書を出版した。これらの作品はその世俗的な論調によって重要であり、それらは論調においてより宗教的であった以前のアルメニア人の政治文書とかなり異なっていた。初めてアルメニア人たちは個人的平等と集団的平等の両者への希望や世俗的事業と知的事業の両者への自由を表現したのであった。

『栄光の落とし穴』は特に重要な文書である。それは独立アルメニア共和国の憲法のために五二一の条項を列挙している。新たな国家は男子だけでなく女子のための義務教育、選挙で選ばれた議会、定期的な徴税制度や司法制度を有することになっていた。最も重要なことには、その共和国は、理性の精神によって系統化された自然法によって統治され、選挙によって選ばれた代表者たちによって運営されるのであった。古代ローマ共和国を例に挙げ、シャハミリアンは政府と被統治者との間の社会契約を主張した。この文書はアメリカとフランスの両革命に先行し、その諸観念の多くは十七世紀末のイングランドの名誉革命やフランスの啓蒙思想の諸概念、特にジャン＝ジャック・ルソーの一七六二年の『社会契約論』のそれを基にしていた。

十八世紀末までに、初のアルメニア語の定期刊行物である『アズダラル』(報告者)が、マドラスで一七九四年から一七九六年にかけてイラン出身のアルメニア人聖職者ハルティウン・シュマヴォニアンによって発行された。『アズダラル』誌を通じて、人間の権利や自決の観念がアルメニア人読書界中に広められた。十九世紀初頭を通して、これらの概念はヨーロッパ、ロシア、オスマン帝国のアルメニア人社会に伝えられた。ヴェネツィアのムヒタル修道会、カラバフのアルメニア人メリクたち、さらにはロシアのアルメニア人たちにとって指導的存在の聖職者ホヴセプ・アルグティアン（ヨスィフ・アルグチンスキー）やモスクワの商家であるラザリアン（ラザレフ）家などの個々人たちは全て、マドラスの集団と交流を持っていて、彼らの思想の影響を受けた（16章参照）。マドラスは十八世紀の大半の間、インドのアルメニア人の最も重要な知的中心地であったが、やがてカルカッタの共同体の活動が彼らを凌駕することになった。一七九七年、カルカッタのアルメニア人たちは彼ら自身の印刷所を設立し、一八一八年までに、定期的なアルメニア語の週刊誌である『カルカッタの鏡』を出版していた。その他の印刷所ではヨーロッパの作家たちの作品がアルメニア語訳で出版された。一八二一年にはアルメニア人のための大学が創設された。一八四五年、重要な定期刊行物である『アズガセル』（愛国者）が刊行され、後に『アズガセル・アララティアン』（アララトの愛国者）と再命名された。これはメスロプ・タギアディアン（一八〇三～一八五九年）の業績であった。彼はカルカッタの主教大学を卒業し、同じ大学で教え、その後、男子・女子のためのアルメニア人学校を創設した。十九世紀中頃までに、インドで合計一〇のアルメニア語雑誌が刊行された。マドラスのアルメニア人たちはまたイランの外で印刷された初のペルシア語書籍を出版した。

しかし、その他の影響も作用しており、それがインドのアルメニア人共同体の地位を変化させるのであった。十九世紀の間に、インドの保有地に対するイギリスの態度は変化した。一七六三年のパリ条約の後、イギリスは〔インド〕亜大陸での優勢を確保したものの、フランスはインドに経済的、文化的中心地を保持していた。しかし、ナポレオンのエジプト侵略によって、イギリスにおける反フランス感情やインドから全てのフランスの影響力を除外しようという願望が醸成された。同時に、イギリスの総督であるリチャード・ウェルズリー卿は、インドから現地の支配者を排除し、〔インド〕亜大陸全体をイギリス政府に従属させようと堅く決意した。在任期間（一七九八～一八〇五年）の間に彼は十九世紀前半を通して続き、インドを大英帝国の「王冠の宝石」とする過程を開始した。同時に、イギリスは南アジア、すなわちビルマ（今日のミャンマー）、パンジャーブ、アフガニスターンにおけるその影響力を拡大させた。インドのアルメニア人共同体が多かれ少なかれイギリス化することは不可避であった。

十九世紀中頃までに、インドにおける鉄道や電信網の建設によって、新たな総督のダルハウジー侯爵によるインドの伝統へのイギリスの挑戦や、多数の独立した藩王国に対する浸食は容易になった。イギリス軍のインド人部隊に使わせるための新たな小銃がイギリスによって導入された一八五七年、緊張は発火点に達した。その小銃には豚や牛の脂肪が塗られた薬莢が用いられていた。弾丸を銃に装填する際に、セポイと呼ばれた現地人の部隊は薬莢の先端を嚙み切ることを要求された。イスラームによってインドのムスリム兵士たちが豚のいかなる部位も食べることを禁じられており、また、ヒンドゥー教徒の兵士たちが牛を神聖なものとして崇めているという事実は、イギリスにとって忘れられていたようである。セポイの反乱として知られる暴動はインド中で勃発し、多数のイギリス人兵士やその家族が殺された。インド人たちにイギリスの仲間と見なされていたアルメニア人商人たちは、特にカルカッタにおいて、ヨーロッパ人の企業が全般的に略奪される中で財産を失った。一八五八年、イギリス政府はインドを完全に掌握し、インドを直轄植民地とした。ラジと呼ばれる彼らの支配は一九四七年まで続き、それとともに新たな秩序がもたらされた。イギリスの実業家たちや行政官たちがインドに押し寄せた。インド人たちはイギリスの監督の下で働くよう訓練され、アルメニア人たちは経済力を失った。カルカッタのアルメニア人コミュニティは、主に、イギリスと張り合った多くの商人によって形成された商業組合のために存続した唯一のものであった。アルメニア人の大学、教会、クラブ、慈善組織によって十九世紀末までカルカッタで一千名のアルメニア人が保たれたのであった。

しかし、インドのその他の地域のアルメニア人たちは十九世紀の後半に移住し始めた。ビルマ、マレーシア、インドネシアの家族や仲間に加わった者たちもいた。ビルマではアルメニア人たちは多数の油田の独占を獲得し、造船業や海運業を興した。マヌク船長と呼ばれたあるアルメニア人は有名な船乗りとなり、ビルマ政府により勲章を受けた。アルメニア人たちはやがてラングーンの名高いストランド・ホテルを買い取り、マレーシアでもまた事業やホテルを興した。アルメニア教会である洗礼者ホヴァネス教会は今もラングーンに残っている。イギリスがシンガポールを植民地行政の重要地点の一つとすると、シンガポールは主要なアルメニア人の中心地となった。十九世紀の中頃までに、インド出身のアルメニア人たちはシンガポールに最初のキリスト教会（聖開明者グリゴル教会）を建立し、そこでは定期刊行物が発行されていた。

インドのアルメニア人の中には中国へ移住した者もおり、そこでは以前に定住したアルメニア人商人たちが広東に一三〇七年、アルメニア教会を建設していた。アルメニア人の商人たちや職人たちは上海に定住し、ホヴァネス・ガザリアンのように中国文化を学んだ者もいた。彼のアルメニア語から中国語への聖書の翻訳は今でも研究者らに高く評価されている。多数のアルメニア人たちが香港やマカオに定住した。アルメニア人のポール・チャーターは香港港の設計に参加し、別のアルメニア人のハチク・アスヴァザダリアンは香港大学の創立者の一人であった。

近年の研究はアフガニスターン（カーブル、ヘラート、カンダハール）での小規模な商人の共同体の存在を示してきた。アルメニア人の別のグループは射撃手としてさまざまなアフガン人アミールに仕えた。しかし、十九世紀までに、アルメニア人たちは聖職者を有さなくなり、ペルシア語を話し、ペルシア語の名前を採用するようになった。十九世紀後半のアフガニスターンでの激動によってそこでのアルメニア人の存在は終わりを迎えた。

十九世紀の間にヨーロッパの植民地政府は南アジアや東アジア中で、地方の運営のために彼ら自身の役人、官僚、商人を任命し始めた。かつて重要な役割を果たしたアルメニア人たちは影響力を失い、彼らの数は世紀の末までに著しく減少し始めた。

15 庇護少数派として

アラブ世界とエチオピアのアルメニア人共同体（中世から十九世紀まで）

アルメニア人たちは彼らの歴史のまさに始めから中東の一部を成してきた。彼らはこの地方にペルシア帝国の臣民として到来し、ヘレニズム期やローマ期には交易を行ったり、そこに定住したりしたが、ビザンツ時代には時にこの地域に強制的に移住させられたりもした。イスラームの勃興とムスリムによる征服によって新たな秩序が導入された。なぜなら、ムスリム国家では社会における個人の位置はまず第一に個人の宗教によって決定されるからである。アルメニア人を含む全ての非ムスリムは、庇護され寛容に扱われる少数派であるズィンミーの中に含まれ、彼らは従属的な地位を甘受し、特別な人頭税を支払わねばならなかったが、軍役を免除された。

オスマン帝国がアラブ人の土地を征服した後、アルメニア人の居住地域がその地方の至るところに確立された。オスマン帝国によるアラブ人の土地の支配は時に実質のないものであり、アルメニア人共同体はオスマン帝国が支配する東ヨーロッパや小アジアのそれとはいくぶん異なる形で発達した。それに加えて、十九世紀のフランスやイギリスの到来は、アラブ人の土地のアルメニア人たちに重大な影響を与えた。

エジプトとエチオピアのアルメニア人共同体

アルメニア人たちは古代からエジプトとの交易関係を有していた。アルメニア人の中にはヘレニズム時代にアレクサンドリアに定住した者たちもいた。ギリシア人たちよりも反カルケドン派〔第7章参照〕のアルメニア人たちを好むエジプトのコプト教徒たちは、アルメニア人たちを歓迎した。アルメニア人指揮官配下の五百人のアルメニア人兵士たちの部隊についての七世紀の描写を除き、アラブ人による征服直後のエジプトでのアルメニア人たちについての情報はほとんどない。ヴァルダン・ルーミーという人物はフスタートすなわちカイロ旧市街の屋根付きバーザール（スーク・アル・ヴァルダン）の建設の功績があった。九世紀までには、アルメニア人総督のアリー・ブン・ヤフヤー・アブー・ル・ハサン・アル・アルマニーについての言及がある。

アラブ人たちが概してビザンツ帝国と平和的な関係を維持し、シリアや小アジアにおけるトルコ系諸部族の脅威に対してビザンツ帝国と協力した時期であったファーティマ朝治下（九六九～一一七一年）、アルメニア人共同体は成長し、重要性を獲得した。事実、カリフのアル・ハーキム（九九六～一〇二一年）の治世の初期を除いて、キリスト教徒やユダヤ人はエジプトでは比較的寛容に扱われた。ファーティマ朝は大シリアを支配した。したがって彼らはアルメニア系のバグラト朝によって支配された土地の隣国であった。アルメニア人の商人や兵士はカイロを目指し、アルメニア人の宰相たち、その中でも最も有名なバドル・アル・ジャマーリー（一〇七〇～一〇九四年）はアラビア語史料によって言及されている。アルメニア人宰相たちの一部は、イスラームに改宗しエジプトの階層社会を昇りつめた奴隷であった。バドル・アル・ジャマーリーの子のアヴダル（一〇九四～一一二一年）が彼の跡を継いだ。二人は図書館や天文台を建設するなどして学芸や科学を振興した。もう一人のアルメニア人、ヴァフラム・アル・アルマニ（ヴァフラム・パフラヴニ）は偉大な聖職者であるキリキアのネルセス・シュノルハリと親戚関係を有し、宰相だけでなく軍司令官の地位を占めた。アルメニア人の建築家たちはカイロの城壁に沿っていくつかの門を建設した。キリキアとファーティマ朝国家は商業的・政治的関係を互いに有し、ファーティマ朝はアルメニア人兵士たちをキリキアから募集した。キリキアのアルメニア人の商人や職人はカイロやアレクサンドリアに定住した。概算ではファーティマ朝支配の絶頂期、エジプトに三万人のアルメニア人がいたとされる。

エジプトにおけるアイユーブ朝（一一六九～一二五〇年）の支配はアルメニア人たちにとって好ましいものではなく、彼らは滅ぼされたファーティマ朝の支持者で十字軍の共鳴者と見なされた。アイユーブ朝の創始者で十字軍に対するイスラームの勇者であったサラディン〔サラーフ・アッディーン〕（一一六九～一一九三年）は、アルメニア人たちの多くを臣下に有していたにもかかわらず、特にアルメニア人たちに対して友好的であったわけではなく、彼らの多くがキリキアやエチオピアへと去る契機となった。

エジプトのアルメニア人たちの状況はマムルーク朝期（一二五〇～一五一七年）にさらに悪化した。マムルーク朝は全てのキリスト教徒を敵対的に扱い、キリキアやアイユーブ朝の襲撃を生き延びた残存する十字軍諸国家を攻撃した。アルメニア人の奴隷たちはキリキアやシリアから戦争捕虜として連行された。フロムクラに対するある攻撃の結果、特に大人数のアルメニア人が捕虜や奴隷として連行された。キリスト教徒の子供たちがロシアやアルメニアから奴隷として連行され、マムルーク軍に徴募された。マムルーク朝はキプロスでもアルメニア人たちを奴隷化した。

一五一七年のオスマン帝国によるエジプト征服に続いて、アルメニア人共同体の状況はなおいっそう悪化した。しかし、十七世紀までに、オスマン帝国の軍事的成功や地域における安定によって、交易が増大し、アレッポやイスタンブルからいくらかのアルメニア人の商人や職人が引き寄せられた。発展の時代は短かった。十八世紀末までに、エジプトのアルメニア教会の大半は廃墟となり、そこに残った少数のアルメニア人家族は礼拝のためにコプト派の教会を利用せねばならなかった。非熟練労働に従事し、カイロのより貧しい街区に居住するアルメニア人たちの形跡が存在する。

アルメニア人の運命は、ムハンマド・アリー・パシャや、特に、アルメニア人にアダナで綿花を栽培するよう奨励した彼の子イブラーヒーム・パシャが総督であった十九世紀前半の間にいくぶん改善された。それに加えて、ペロポネソス半島、小アジア、大シリアから、進歩的な総督たちによって教育、経済、軍事的な諸改革が実行に移されていたカイロやアレクサンドリアに商人や職人が引き寄せられた。アルメニア人の金細工職人、仕立て屋、靴職人はエジプトに移住し、アルメニア人の中には重要な地位に昇った者たちもいた。

ヌバリアン家――彼らは元来カラバフの出身でありスミルナやカイロに定住したのであった――やユスフィアン家、チラキアン家は最も著名になった。ヌバリアン家の最も有能な人物はヌバルであった。彼はヨーロッパで学び、一八四二年、十六歳の時に、貿易や外交の任にあった政府官僚である母方の叔父ポゴス・ベイによりエジプトに招かれた。ヌバルは叔父の秘書となり、一八四四年に叔父が亡くなると、「ベイ」の称号を与えられ、ムハンマド・アリーの秘書となった。イブラーヒーム・パシャの死後、ヌバルはアッバース・パシャとサイード・パシャに仕え、彼らとフランスやイギリスとの交渉役を果たした。ヌバルはイギリスの政治家であるジョージ・カニングと会合し、一八五一年にはパーマストン卿とイギリス・エジプト関係を協議するために総督によりロンドンに送られた。ヌバルの運命やエジプトのアルメニア人たちのそれが新たな高みに達したのは、イスマーイール(一八六三～一八七九年)の治世の間であった。

ヌバルの才能を認め、イスマーイールは彼をパシャの位に昇進させ、外交官の地位を与え、使節団の多くに彼を派遣した。一八六七年、イスマーイールはオスマン帝国のスルタンからヘディーヴの称号や彼の子孫への世襲相続権を獲得した。エジプトは厳密にはオスマン帝国の支配下にあったものの、事実上の独立国となり、エチオピアやスーダンへ拡大を開始した。スエズ運河の建設のような諸事業によって、エジプトの財政はやがてヨーロッパの債権者たちの支配下となり、その世紀の末には、国家はイギリスによって保護国化された。ヌバル・パシャはイスマーイールの跡を継いだ二人のヘディーヴに仕え、三度エジプトの宰相を務め、重要な社会・農業・司法改革の多くを実行に移した。親西洋派としてエジプト人の一部には嫌われたが、ヌバルは実際には親エジプト派であった。彼は地元の代表者たちによる法廷を設立しただけでなく、イギリスへのスエズ運河株の売却に反対し、外国の官吏たちがエジプトの政治に介入を始めると彼らと衝突した。イギリス外務省の陰謀によって一八八八年、彼は辞任を余儀なくされた。彼は一八九四年に首相に復帰し、もう一年政府に仕えた。

ホヴァネス・ユスフィアンのようなアルメニア人の銀行家、商人、職人、農業経営者は、十九世紀後半、エジプトで成功を収め、カイロやアレクサンドリアにはアルメニア人のための教会や学校やコミュニティ・センターが建設され、五万人近いアルメニア人が暮らしていた。ヨーロッパ人らに好意的に扱われたものの、アルメニア人たちは概してエジプトの支配一族に忠実であり続け、当国の近代化の主要な原動力であった。

アルメニア人たちは紀元一世紀からエチオピアと交易を行っていた。しかし、アルメニア人たちがそこに定住を開始したのは、七世紀のアラブ人による中東の征服の間であった。エチオピアのアルメニア人共同体は経済的にも文化的にもアラブ世界と関係を持ち続けた。エチオピア教会もまた、エジプトのコプト教会と同様に、彼らの反カルケドン信条からアルメニア人たちを歓迎した。彼らはエチオピアの王家と良好な関係を築き、高位に就いた者もいた。特に、エチオピア教会は、エルサレムのアルメニア人が管理する教会での礼拝を認められたため、アルメニア教会に恩義を感じていた。十六世紀までに、マテヴォスという名のあるエチオピアのアルメニア人はポルトガルへの使節であったし、もう一人のムラドという者はエチオピア人たちのためにオランダで協定について交渉した。

一八七五年、さらなる移住者が中東から到来した。彼らの多くが地方総督を務めたり、西洋諸国の大使館の多くで職員として働いたりした。大部分のエチオピアのアルメニア人は交易に従事し、金属を輸入し、獣皮やコーヒーを輸出した。アルメニア人の教会や学校がエチオピアの首都アディスアベバに建設された。当時、アルメニア人とエチオピア人との間である程度の通婚が行われ、それらの婚姻の結果、多くの黒人のアルメニア人が生まれた。

大シリアやメソポタミアのアルメニア人共同体

大シリアやメソポタミアのアルメニア人共同体はキリスト教時代以前にさかのぼる。アルメニア人の土地はその地域と接しており、アルメニア商人たちはアケメネス朝期にしばしばシリアを訪れ、ヘレニズム時代にもそれが続き、特にセレウコス朝時代には多くのアルメニア人がアンティオキアに定住した。ティグラン二世の治世の間、シリアの部分はアルメニアの支配下にあった。アルメニア人の官吏、職人、商人が大シリアに定住し、その地域をローマが奪い返した後もそこに住み続けた。アルメニア人たちはアンティオキア、エデッサ(今日のウルファ)、アーミダ(今日のディヤルバクル)などの都市に居住しており、多くの高度な教育機関に通っていた。アルメニア語の史料では、メスロプ・マシュトツや彼の学生の何人かがアルメニア文字の見本を探してエデッサやアーミダに行ったと述べられている。

しかし、大シリアにおけるアルメニア人ディアスポラの起源はより確実に六世紀にさかのぼることができる。五三九/五四〇年、そして、再び五四四年、ビザンツ帝国を破ったイラン王のホスローは、一部のアルメニア人を――ネストリウス派信徒と共に――ビザンツ帝国に対する緩衝としてエデッサやアンティオキアに定住させた。ビザンツ帝国のアルメニア人の多くは、彼らに対するその国家の政策を好まず、大シリアに移住した。アルメニア人貴族階級の弱体化を望むビザンツ帝国は、その他の者たちにそこへの移住を強要した。

アラブ人の侵略とダマスカスにおけるカリフ位の樹立によって、シリアのアルメニア人たちはウマイヤ朝支配下となった。概して、アラブ人支配者たちのアルメニアの諸侯や貴族たちとの関係によって、大シリアのアルメニア人たちの生活状況が決定された。ウマイヤ朝治下では後のアッバース朝治下よりもアルメニア人の暮らし向きは良かった。

それと同時に、ビザンツ帝国は反抗的なアルメニア人臣民たちをシリアとの国境に再移住させた。九世紀にビザンツ帝国がシリア北部を占領すると、この政策は容易になった。十世紀以降、ビザンツ帝国はさらなるアルメニア人たちをアラブ人に対する緩衝としてその地方に定住させた。バグラト朝の滅亡によって、さらなるアルメニア人たちが来訪し、それはキリキア・アルメニアの形成に帰着した。

十字軍の間、シリアは後継のファーティマ朝、十字軍、アイユーブ朝の支配下で分割され、アルメニア人たちはさまざまなキリスト教徒やムスリムの支配者たちの下で暮らした。彼らはさまざまな都市に定住し、多くの教会を建設し、小規模な商人や職人の仕事に従事した。十三世紀、キリキアのアルメニア人たちはより強力な国家を望み、モンゴルに加わって、シリアのマムルーク朝勢力を攻撃した。初めのうちは成功したものの、一二六〇年、マムルーク朝はアルメニア・モンゴル軍を破り、シリアはエジプトに併合された。十四世紀までに、イル・ハーン国すなわち中東のモンゴル人支配者たちの衰退と彼らのイスラームへの改宗によって、マムルーク朝はキリキアや残存する十字軍諸国家を占領することが可能となった。

この地方に残ったアルメニア人たちはまず第一に北西部、特にアレクサンドレッタやアレッポに定住した。小規模なアルメニア人の居住地域がアンティオキア、ダマスカス、ラタキア、ベイルート、ムサ・ダグ（ジャバル・ムーサーもしくはムサ・レル）に存在した。一四四六年のスィスでのキリキアのカトリコス座の創設（11章参照）によって、エチミアズィンからのある程度の独立がなされた。東洋と西洋の交易路上に位置するアレッポは、シリアにおける主要なアルメニア人の中心地となった。シリアの残りのアルメニア人共同体は、マムルーク朝支配に苦しんだ。捕虜や奴隷はカイロに連行され、多くのアルメニア人は西ヨーロッパもしくはコンスタンティノープルへの移住を余儀なくされた。

オスマン帝国の征服によって安定や交易の発達がもたらされ、それはとりわけアレッポで顕著であった。十六世紀から十九世紀までアルメニア人の移住者たちがマラシュ、ゼイトゥン、サスン、エルズルム、エルズィンジャンからアレッポに到来した。この時期にはアレッポで多くの教会が建設された。一五三五年のフランス・オスマン条約やさまざまなヨーロッパの国家とのその他の協定によって、この地方は貿易と宣教活動に開かれた。ヨーロッパ人たちは治外法権を獲得し、彼らの領事たちの保護の下、地元のキリスト教徒やユダヤ人の仲介業者を通じて貿易を行った。ジョルファーの商人たちはアレッポで目立った役割を果たし、絹貿易の大部分を支配した。彼らの新ジョルファーへの移動の後も、彼らはアレッポを経由する彼らの貿易の一部を継続した。オスマン帝国はアレッポに造幣所を設立し、十七世紀には多くのアルメニア人がその監督者を務めた。アルメニア人やユダヤ人はその町の主要な両替商でもあった。

新ジョルファーの衰退、ナポレオン戦争、シリアにおけるムハンマド・アリー・パシャやイブラーヒーム・パシャの軍事行動、スエズ運河の開通は、全て大シリアのアルメニア人たちに影響を与えた。アレッポの経済は衰退したものの、その地のアルメニア商人たちは彼らの経済力の一部を保持した。十九世紀末までに、イスタンブルのアルメニア人たちの商業や銀行業の活動のおかげでこの都市は再び復活した。アルメニア人のための学校や文化施設がアレッポに開かれ、この都市は新たなアルメニア人住民を獲得した。

対照的にダマスカスのアルメニア人たちは重要な商業基盤を形成することはなく、主に商店主や職人であった。アンティオキア、アレクサンドレッタ、ホムス、ラタキア、ケッサーブ、ムサ・ダグのアルメニア人たちの中に商人はほとんどいなかった。むしろ、彼らは主に農業や工芸に従事した。この地方のいくつかの村はアルメニア人だけが住んでいた。そこで彼らはタバコを栽培し、月桂樹の葉から油を生産した。

後にイラクとして知られることになるメソポタミアにも小規模なアルメニア人共同体が存在した。アルメニア人たちはバグダード、モスル、バスラに集中し、いくつかの教会を建設した。これらの共同体は後に見るように二十世紀前半に新たな移住者を獲得した。

レバノンのアルメニア人共同体はキリキアの崩壊後に形成され、その際にアルメニア人たちはトリポリやスィドンに定住した。レバノンはドルーズ派やマロン派の領主たちに支配されていたという点で独特であり、時に彼らはオスマン帝国の直接支配から自らを解放しようと画策していた。一七三六年、マロン派教会はローマと合同し、その領土をギリシア人、アルメニア人、シリア人の難民たち、特にカトリックに改宗した者たちに開放した。オスマン帝国でアルメニア教会に迫害されていたカトリックのアルメニア人たちは、レバノンに定住し始めた。一七四二年、ヴァチカンはそこにアルメニア・カトリックの総大司教座を設立した。ドルーズ派とマロン派の間の宗教的紛争は、キリスト教徒の大虐殺という結果に終わり、そのことによって今度は一八六一年、フランスはレバノンへの軍隊の派遣を促進した。ヨーロッパ列強はオスマン帝国に、レバノンについてはキリスト教徒の総督の下での自治地域として特別の地位を受け入れることを強要した。この協定によってある程度の安定がもたらされ、それはアルメニア人たちに恩恵を与えた。両者ともカトリックである二人のアルメニア人が後に総督となった。十九世紀の末までに、ベイルートは小アジアでの宗教・政治的迫害から逃れてきたアルメニア使徒教会に属するアルメニア人たちを引き寄せた。

中世までのエルサレムのアルメニア人共同体の歴史については以前に論じた〔第10章参照〕。この共同体はマムルーク朝の支配下に落ちて、この地方のその他全てのアルメニア人の中心地と同程度に苦しんだ。オスマン帝国支配は一五一七年に始まり、第一次世界大戦の終結まで続いた。アルメニア人たちは聖地をめぐる彼らの権利に関して（フランスに支援された）カトリック教会と（ロシアに支援された）正教会との間の論争に巻き込まれた。オスマン帝国はこの情勢を利用し、時にオスマン帝国はアルメニア教会総主教座を支援したものの、結局のところアルメニア人たちは、カトリック教会や正教会の妨害で彼らのかつての特権の一部を失った。

アルメニア人たちは俗人と聖職者の両方の住民をこの都市に有し、聖ハコブ修道院は両者にとっての教育・文化の中心としての役割を果たしてきて、〔現在も〕果たし続けている。しかし、エルサレムのアルメニア人の人口が多かっ

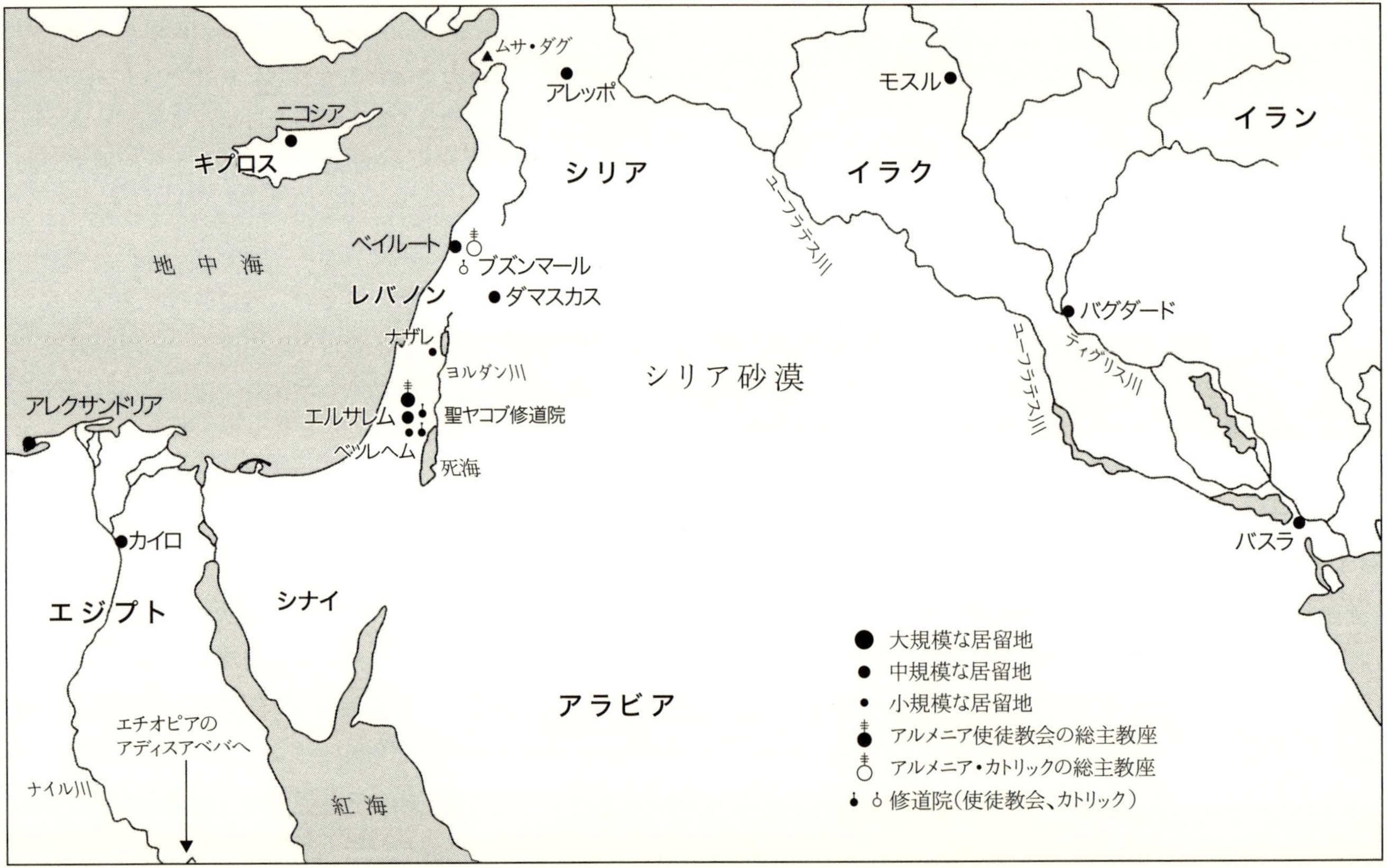

地図 27　アラブ世界のアルメニア人ディアスポラ（19 世紀）

たことは一度もなく、オスマン帝国による征服後、減少したようである。一八四三年に神学校が設立されて、共同体は十九世紀にいくぶん回復した。エジプトやシリアのアルメニア人たちの経済的利益、十九世紀のイスタンブルでのアルメニア人アミラたちの台頭によって、裕福なアルメニア人たちがエルサレムのアルメニア教会総主教座を支援することが可能になった。それによってアルメニア人たちは、歴史的なアンナやカヤパの宮殿の管理権、聖墳墓教会、ゲッセマネのマリアの墓、オリーヴ山の昇天教会、ベツレヘムの聖誕教会の共同管理権を維持することができた。ギリシア正教会、ローマ・カトリック教会に続いて、アルメニア人たちはエルサレムの聖地をめぐる管理権で第三の位置を占めている。アルメニア人アミラたちからの寄付によって、一八六六年に始まったエルサレムの月刊誌『シオン』の出版も後援された。

アラブ人の土地におけるアルメニア人共同体の大多数（**地図27参照**）は、十九世紀末までに衰退期に入った。歴史的アルメニアやそこに留まったアルメニア人たちが、さらにもう一つの大惨事に耐えねばならなくなることを理解していた者はほとんどいなかった。この世紀の末期や次世紀の初期の出来事によって、かつてのアルメニアへの侵略によって引き起こされた死や破壊は、それと比較すると取るに足らないものになってしまった。それによって何千もの新たなアルメニア人移住者たちが中東にもたらされ、アラブ人のもてなしによって彼らはアルメニア人のサーガの新たな章を開始した。

16 救済の約束

ロシア帝国のアルメニア人たち（一五五〇年頃〜一八二八年）

アルメニア人たちは十世紀という早い時期からキエフ・ルーシと接触を有していたものの、彼らのモスクワにおける存在は十四世紀末になって初めて記録されている。十五世紀以降、活発なアルメニア人の商人や職人の証拠が存在する。アルメニア人たちは、金帳ハーン国〔ジョチ・ウルスまたはキプチャク・ハーン国〕のモンゴル人たちが商人、使節、徴税人として用いたいくつかの民族集団の一つであった。彼らはこのようにしてコーカサス、クリミアで、そして特にヴォルガ川に沿って移動を開始し、その地域のさまざまな都市に定住した。

イヴァン雷帝がモンゴルを破り、一五五二年にカザンを、一五五六年にアストラハンを占領した際、すでに両都市にはアルメニア人のかなり大きな集団が存在していた。その世紀の末までに、ロシアはコーカサスに到達し、テレク川に沿って入植地を設けていた。十七世紀の間にアルメニア人やジョージア人は、キリスト教国のロシアに、トランスコーカサスにその影響力を拡大するよう要請した。しかし、ダゲスターンのムスリム部族民たちはロシア軍を打ち破り、ロシアはテレク川の向こうに撤退した。

この軍事的敗北が逆に交易やアルメニア人がその中で果たす役割に影響することはなかった。ロシアが支配するその地域の水路――カスピ海、北海、ヴォルガ川――によって、ヨーロッパとアジアの間の安定した陸上経路がつくりだされ、それはヨーロッパの船舶によって支配された通商航路よりも費用がかからなかった。アルメニア人の商人たちはこれらのより安い経路をうまく利用した。イランのアルメニア人共同体の望ましい状況によって、アジアの商品のロシアやヨーロッパのその他の地域への輸出や西洋の商品のロシア、イラン、インド、オスマン帝国への輸入が促進され発展した。アルメニア人たちは交易拠点を――本当の意味での共同体ではないが――カザン、ノヴゴロド、アストラハン、スモレンスク、ニジニ・ノヴゴロド、アルハンゲリスク、モスクワに開設した。アストラハンはこの交易の重要地点となり、一六三九年までにそこにアルメニア人共同体が形成され始めた。

近代ロシアにおける大規模なアルメニア人共同体の起源は、一六六〇年に新ジョルファー出身のアルメニア商人たちが、イランやインドのアルメニア商人を代表して、ロシアとの彼らの交易活動を増大させようと画策した際に開始された。彼らは、ツァーリのアレクセイ・ミハイロヴィチ（一六四五～一六七六年）に有名なアルマジつまりダイアモンドの王座（現在クレムリンの武器庫に展示されている）やその他の希少な贈り物を差し出した。やがて一六六七年にアルメニア商人たちとロシアの支配者との間の合意が締結された。この合意によって、ロシアにおいてアルメニア人たちに特定のペルシアの商品、主として絹製品の販売独占が認められた。十七世紀末までに、アルメニア人たちはまたモスクワに皮なめし工場を建設した。

ロシアのアルメニア人たちにとっての機会はやがて交易を超えて拡大した。アルメニア人たちはロシアの外交活動に雇用を見出し、ロシアの宮廷は多くのアルメニア人の芸術家を雇い入れた。国家からのこのような保証や支援によって、十八世紀までにいくつかのアルメニア人の入植地が形成された。一七一六年、ロシアのアルメニア教会は、一部にはロシアの政治目的もあって、正式な認可を与えられ、アストラハンをその中心として教区が設立された。アルメニア人たちは軍役を免除され、彼ら自身の教会を建設し、彼らの宗教を実践し、学校を建設し、印刷所を設立することを許された。これらの機会によって、ゆくゆくは新たな指導者や新たな機運が育まれ、それらは征服と零落の数世紀の後に政治的な解放のための希望や目標に導くのであった。

ピョートル大帝とアルメニア人たち

十六世紀中頃までに、エチミアズィンのカトリコスたちの多くが、西洋の支配者たちに敵対するサファヴィー朝とオスマン帝国からアルメニアを解放するよう促すために、ヨーロッパへの使節団の派遣を主導し、このことを達成するためにローマとの合同さえ検討した。シャー・アッバースと彼のすぐ後の後継者たちはアルメニア人たちの状況をかなり改善したものの、十七世紀末までに、既に見たように、イランにおけるアルメニア人たちの経済的・政治的特権は衰えた。一六七七年、カトリコスのジョルファーのハコブ〔ハコブ・ジュガイェツィ〕は、カラバフのメリクたちと東アルメニアの指導的な聖職者たちの秘密集会を招集した。彼は、アルメニアをムスリム支配から解放するための援助を求めるために、ヨーロッパに使節団を向かわせることを提案した。カトリコスの途上での死によって計画は終わったが、使節団の一人でスィウニクのメリクの子のイスラエル・オリは、彼一人でヨーロッパへの旅を続けた。彼はヴェネツィアへ向かい、その後フランスに向かって、そこで数年間、商人として、時には傭兵として留まった。彼はやがて結婚し、パラティン伯のヨハン・ヴィルヘルム公の臣下に入った。オリは率先して公に復興されたアルメニア王国の王冠を提供しようとした。その見返りに公は、ジョージア王とカラバフのアルメニア人メリクたちに宛てた、援助を表明する書簡をオリに与えた。オリは一六九九年、カラバフに帰還した。

彼は懐疑に晒され、新たなカトリコスから激励を受けることもなかったが、それにもかかわらず、メリクたちの多くに支えられていた。彼はヨーロッパに戻り、そこでヨハン・ヴィルヘルムは彼を自身の大君主であるウィーンの神聖ローマ皇帝レオポルドの許へ派遣した。皇帝はオリの事業にある程度の興味を示したものの、アルメニアに到達するためにその領土を通ることになるロシアの協力なしでは、達成はほぼ不可能であると指摘した。

決して諦めないオリはロシアへの旅を続け、一七〇一年、なんとかピョートル大帝（一六八二〜一七二五年）に拝謁を許された。自身もコーカサスのための計画を有していたピョートルは、スウェーデンに対する戦争がいったん終結すれば、ロシアは提案された計画の中で支援をいとわないと約束した。一方で、オリはピョートルの臣下に入り、彼のイラン宮廷への使節に任命された。オリはイランの混乱した状況の評価と、恐らく彼の計画の中ではイランのアルメニア人たちの協力の獲得するために、エスファハーンに派遣された。オリはイランに二年間（一七〇九〜一七一一年）滞在したが、この取り組みにおいていかなる大きな成功も収めることはなかった。一七一一年、サンクト・ペテルブルグへの帰路の途中、彼はアストラハンで死去し、そこのアルメニア教会に埋葬された。オリはムスリム支配からのアルメニアの解放を呼びかけた最初の人物であったが、もちろん最後の人物ではなかった。強い意志を持ち、自ら任じたその他の人物たちが聖俗を問わずアルメニア人を糾合し、同胞の人々の逆境にヨーロッパの権力の注意を向けさせる役割を果たすのであった。

一方で、サファヴィー朝の崩壊とコーカサスにおける多くのロシア人商人の殺害事件によって、ちょうどスウェーデンとの戦争を終結させたところであったピョートルは、トランスコーカサスを侵略するための口実を得た。ロシア軍は一七二二年、再びテレク川を渡り、カスピ沿岸地方を征服した。ジョージア、イラン、カラバフからアルメニア人たちがピョートルの軍事行動に加わり、アルメニア人軍団を組織した。東部国境沿いのロシアの存在を恐れるオスマン帝国は抗議し、ロシアがその拡大の取り組みをカスピ海沿岸に集中させていることを確信すると、一六三九年のイランとの条約を破棄し、一七二三年、東アルメニアやジョージアを侵略した。ピョートルは両キリスト教徒集団にロシアで避難場所を与えたものの、アルメニア人やジョージア人の援助を求める嘆願には未回答であった。ピョートルはオスマン帝国との戦争という危険を冒すことを望まず、一七二四年、彼らとの合意に至った。皮肉にも、その条項によれば、ロシアが主にムスリムが居住するトランスコーカサス東部を手にすることになる一方、オスマン帝国は主にキリスト教徒が居住するトランスコーカサス西部、つまり東アルメニアとジョージアの支配権を得るのであった。アルメニア人たちはこうしてロシアが約束した支援から見捨てられ、彼ら自身の力に頼ることを余儀なくされた。一七二五年のピョートルの死によって、その地域におけるロシアの関心に終止符が打たれ、彼の後継者たちはテレク川を渡って撤退した。

オスマン帝国はイラン領アゼルバイジャンの大半はもちろんのこと、エレヴァン、ナヒチェヴァン、ギャンジャ、ジョージアの要塞をほとんど難なく手にした。しかし、カラバフとスィウニクのメリクたちは（第13章で述べたように）、彼らの山地の要塞から強固な防御を築き上げることに成功し、一七三五年にナーデル・シャーがその地域からオスマン帝国を追放するまで彼らの自治状態を維持した。ナーデルはまたトランスコーカサスからのロシアの撤退を交渉し、その後の五〇年間、ロシアはその地方から締め出された。ロシアの女帝アンナは、彼女の国土へのアルメニア人たちの定住や王室の保護の下での彼らの信仰の実践を促進する民族政策を続けたものの、女帝エリザヴェータのロシア化政策によって、モスクワやサンクト・ペテルブルグでのアルメニア教会の建設は中止された。

エカチェリーナ大帝とアルメニア人たち

エカチェリーナ大帝の治世（一七六二〜一七九六年）には、アルメニア・ロシア関係の主要な回復とロシアにおけるアルメニア人共同体の発展が見られた（地図28参照）。一七六三年、エカチェリーナはロシアのアルメニア人たちや彼らの高位聖職者を個別の宗教共同体として認めた。彼女のオスマン帝国との戦争（一七六八〜一七七四年）の後、エカチェリーナは一七七九年、クリミアのアルメニア人共同体をドン川沿いの新たな入植地に移住させた。一年後、彼女はロシアのアルメニア人の指導的聖職者であるヨスィフ・アルグチンスキー〔ホヴセプ・アルグティアン〕に、アルメニア人

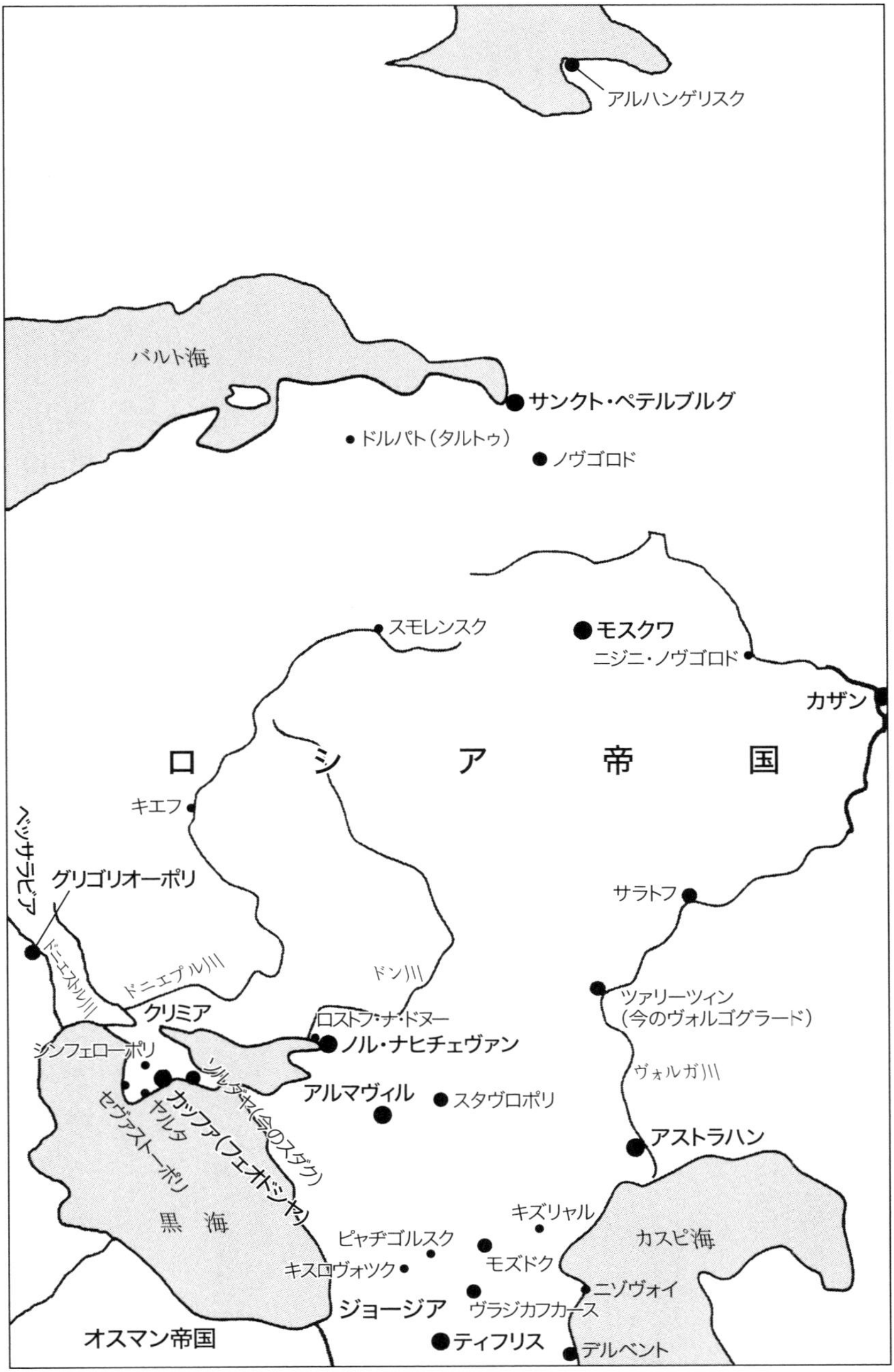

地図 28　18 世紀のロシアにおけるアルメニア人拠点

移住者たちのために町を建設するよう依頼した。(今日のロストフ・ナ・ドヌーの内部にある) ノル・ナヒチェヴァンつまり新ナヒチェヴァンとして知られる入植地は、六棟の教会、一棟の劇場、一棟の学校を有する主要なアルメニア人の中心地となった。一七八七〜一七九二年の露土戦争 (ロシア・トルコ戦争) に続いて、エカチェリーナはポチョムキンに、ルーマニア東部からのアルメニア人難民たちを定住させるために、ベッサラビア (後のモルダヴィア) にグルゴリオポリの町を建設するよう命じた。アルメニア人たちは彼ら自身の教会を有し、広範な自治を許された。彼らは自身の伝統に従うことが自由で、彼ら自身の市議会を有していた。エカチェリーナのロシアのアルメニア人たちに対する好意的な政策によって、彼らの多くはロシアで高い地位を獲得することができた。成功した一族の一つは富裕なラザレフ家 (ラザリアン家) で、彼らはモスクワにラザレフ東洋語研究所 (現在は駐露アルメニア大使館) を創設した。エカチェリーナはモスクワやサンクト・ペテルブルグでのアルメニア教会の建設を許可し、十九世紀にアルメニア人たちが高い外交・軍事・行政的地位に昇ることを可能にした。エカチェリーナのコーカサスへの関心や彼女のオスマン帝国に対する勝利によって、ホブセプ・エミンやカラバフのメリクたちのようなジョージア人やアルメニア人の指導者たちが再び彼らの希望をロシアに託し、ロシア保護下での自治と引き換えに財政・軍事的協力を約束することが推進された。

一方、イランやトランスコーカサスにおける困難な状況によって、ジョージアやロシアにアルメニア人難民たちがもたらされた。一七八三年までに、オスマン帝国の脆弱性、イランでの国内の混乱によって、アルメニア人やジョージア人の指導者たちからの新たな請願がなされ、さらに、相談役であるポチョムキンや大主教アルグチンスキーに促されて、エカチェリーナは行動するよう説得された。その年、彼女はクリミアを併合し、ゲオルギエフスク条約を締結し、東ジョージアをロシアの保護下に置いた。その条約によってコーカサスのハーンたちは驚き、彼らはロシアやジョージアと彼ら自身の合意を結ぼうと先を争った。イランにおいて権力を確立する過程にあったアーカー・モハンマド・カージャールは、ジョージア人たちに彼らがイランの臣下であることを思い出させた。エカチェリーナは「宦官」が単に自慢しているだけであると確信して、アーカー・モハンマド・ハーンの脅しやペルシアの攻撃に対するジョージアの懸念を無視した。

一七九五年、アーカー・モハンマド・ハーンはジョージアを攻撃し、ティフリスを略奪し、約一万五千人のジョージア人やアルメニア人の捕虜を奴隷として連れ去った。ペルシア人たちは聖職者を含む多数のキリスト教徒を殺した。犠牲者の中には有名なアルメニア人の吟遊詩人であるサヤト・ノヴァもおり、彼の墓はトビリシのアルメニア教会にある。ロシアの保護国の首都に対する略奪に動揺したエカチェリーナは、ロシア軍に再びテレク川を渡るよう命じた。エカチェリーナが没した際、ロシア軍はトランスコーカサスにかなり前進していたが、母親の政策に反対し、彼女のお気に入りの将軍たちを嫌っていた彼女の子パーヴェルはロシア軍を呼び戻した。

ロシア・ペルシア戦争と東アルメニアの征服

十九世紀初頭、ロシアはピョートル大帝以来三度目にして最後に、コーカサス山脈を越えて行動し始めた。一八〇一年、ロシアは一七八三年以降ロシアの保護下にあったものの、実質的にはイランの宗主下にあったジョージアを併合した。一八〇四年、ギャンジャがジョージアに属するという口実の下、ロシアはその「ハーン国」を侵略し、第一次ロシア・ペルシア戦争（一八〇四〜一八一三年）を引き起こした。ロシアの司令官であるツィツィアーノフ将軍は、何年もロシアの到着を待っていたギャンジャとカラバフのアルメニア人たちからの支援を受けた。一八〇五年までに、東アルメニアの半分がロシアの手に落ちた。しかし、ツィツィアーノフはエレヴァンを占領することには成功せず、ヨーロッパにおけるナポレオンの予期せぬ出来事によって、間もなくロシアはコーカサス戦線から方向転換させられた。イランはフランスと短命のフィンケンシュタイン条約（一八〇七年）を結び、それによってフランスの将校たちが新たな軍隊を訓練するためにイランに招かれた。ロシアは一八〇八年、エレヴァンを占領しようと試みたが再び失敗した。こうして手詰まりは一八一二年まで続いた。

一方、さらに多くのアルメニア人がエレヴァンからティフリスに去り、十八世紀の後半から十九世紀前半にかけて人口が次第に増加していたアルメニア人住民はこの都市において過半数を獲得した。しかし、ティフリスの共同体の例外を除いて、ロシア帝国内部の影響力あるアルメニア人指導部は全て、コーカサスの外のアストラハン、新ナヒチェヴァン、モスクワ、サンクト・ペテルブルグや、今やロシアの地域となったクリミア、ウクライナ、ポーランドにあった。

オスマン帝国とブカレスト条約（一八一二年）を締結し、ナポレオンを追放したロシアは、本格的にコーカサスに専念し、一八一三年、イラン軍をいくつもの戦闘で破った。その年のゴレスターン条約によって、カラバフ、ギャンジャ、シールヴァーン、シャッキー、クバ、バクー、ターレシュの各ハーン国（地図24参照）がロシアに与えられた。カラバフとギャンジャを支配することで、ロシアは東アルメニアの半分の主となった。しかし、アルメニア人の指導者たちは、ギャンジャやカラバフ以外の行政単位を作るようロシアに圧力をかけるために彼らの立場や好ましい状況を利用しはしなかった。それどころか、ロシアのアルメニア人指導層の主な関心は、ロシアによる東アルメニアの二分の一の奪取に続いて、もう半分、つまりナヒチェヴァン・ハーン国とエレヴァン・ハーン国の解放であり、そこには多くのロシアのアルメニア人たちにとって宗教的にとても重要な地であるエチミアズィンが含まれていた。

東アルメニアの残りがロシアに併合される時までに、初期の行政的状況によってギャンジャがジョージアに、カラバフがそのかなり大きなアルメニア人人口と共にカスピ海州つまりムスリム州に編入されることになるということを、予想できる者は誰もいなかった。

エレヴァンの新たなハーンであるホセイン・ハーン・カージャールは、以前に述べたように、かつての屈辱を覆そうと試み、アルメニア人住民の一部からの支持を得ることに成功した。しかし、十九世紀の二〇年代までに、エレヴァンでのアルメニア人・ペルシア人関係は悪化し、カトリコスはエチミアズィンからジョージアに去っていた。さらに、イランもロシアもゴレスターン条約に満足していなかった。ロシアはさらに拡大しようと計画した一方、イランはその損失を回復しようと望み、一八一四年にエチミアズィンからティフリスに去っていた大主教のアシュタラクのネルセス〔ネルセス・アシュタラケツィ〕に率いられたアルメニア人指導者たちの一部は、交戦状態の再開と東アルメニアの残りの部分の解放のために活発な運動を起こした。

ロシアにおけるツァーリのアレクサンドル一世の死とデカブリストの乱（一八二五年）に乗じて、ペルシア人たちは一八二六年初頭、カラバフを侵略し、第二次ロシア・ペルシア戦争（一八二六～一八二八年）を開始した。油断していたロシアの将軍、アレクセイ・エルモーロフを捕らえ、ペルシア人たちは多くの初期の勝利を収めた。地元のムスリムたちがロシアに対して立ち上がった一方で、アルメニア人住民は数で勝るロシアの守備隊によって固守された。ジョージアやカラバフではアルメニア人の義勇大隊が結成され、新たに考案されたアルメニアの旗の下、ロシア軍に加わった。新たなツァーリのニコライ一世は、別の指揮官のイヴァン・パスケーヴィチを任命し、彼は増援部隊と砲兵隊と共に到着した。一年のうちに、ロシアはアッバーサーバード、オルドゥーバード、サルダラーバード〔サルダラパト〕、ナヒチェヴァン、エレヴァンを占領した。ロシアがアラス川を渡り、イラン領アゼルバイジャンの中心都市であるタブリーズに近づくと、シャーは和平を請い、トルコマンチャーイー条約（一八二八年）に同意した。エレヴァン・ハーン国とナヒチェヴァン・ハーン国――つまり東アルメニアの残部の大半――は今やロシアの一部となり、アラス川がイランとアルメニアとの間の境界となった（**地図24**参照）。条約によってまた二千万ルーブルの賠償金、カスピ海における排他的航行権、その他のイランにおける経済・政治的諸特権がロシアに与えられ、それは十九世紀の残り全部を通してカージャール朝をロシアの気まぐれに縛り付けた。

ロシア領アルメニア州の形成

戦争の終結に際して、大主教アシュタラクのネルセス〔ネルセス・アシュタラケツィ〕、富裕なロシアのアルメニア商人のフリスタフォル・ラザレフ、侯爵のアルグチンスキー・ドルゴルーキー、作家で官僚のアレクサンドル・グリボエードフなどの影響力のあるアルメニア人やロシア人は、「アルメニア州」またはロシア語で呼ばれるように「アルミャンスカヤ・オーブラスチ」の創設を唱えた。彼らは、戦争の間のアルメニア人義勇兵たちの役割が重要なものであり、アルメニア・ロシアの歴史的結びつきによって、アルメニア人たちはロシアが真に信頼し得る一集団であると証明されたと感じていた。彼らは教会の監督とロシアの保護の下で、アルメニア人の故地を回復するための運動を即座に開始した。しかし、大きな問題はアルメニア人たちの大部分が過去三世紀の間に東アルメニアを後にしており、アルメニア人たちがエレヴァン地方で少数派になっていたことであった。このことを解決するために、アルメニア人の指導者や彼らのロシア人の支持者は、ロシア軍の指揮官や外交官に、イランとの交渉においてシャー・アッバースの時代に強制的にイランに連行されたアルメニア人たちの帰還を条件として含めるよう説得しようと画策した。

この意見はトルコマンチャーイー条約の第一五条に正式に組み入れられ、それは一定の期間アラス川を渡る住民移動を認めた。結果的に三万人以上のアルメニア人が東アルメニアに帰還し、エレヴァン・ハーン国とナヒチェヴァン・ハーン国を合わせた領域から一八二八年に形成されたロシア領アルメニア州に大多数が定住した（**地図28**参照）。一年後、ロシアは一八二八〜一八二九年の露土戦争〔ロシア・トルコ戦争〕を終結させた。アドリアノープル条約（一八二九年）によって、ロシアは西ジョージアのアハルカラキとアハルツィの領域を与えられたが、その両方がかなり大きなアルメニア人人口を有していた。ロシアは西アルメニアの大部分を占領したものの、条約によってそのほぼ全ての返還を余儀なくされた。西アルメニアの約二万人のアルメニア人がカルス、アルダハン、バヤズィト、エルズルムを後にし、エレヴァン、ナヒチェヴァン、ティフリスに到来した。一方、五万人近いペルシア人、クルド人、トルコ系民族が東アルメニアからイランやオスマン帝国に去った。かなりの数のアルメニア人がまたジョージアでの一時的な亡命からエレヴァン、ギャンジャ、カラバフに帰還し、こうして、二世紀の後、アルメニア州のアルメニア人人口はムスリムのそれを僅かに上回った。しかし、エレヴァンの町は二十世紀初頭まで大きなムスリム人口を保持した。このような移住は流行となり、クリミア戦争の後はもちろんのこと、その世紀の最終四半世紀の最後の露土戦争〔ロシア・オスマン戦争〕の後に再開された。そのことはアルメニア人の故地の一部において濃厚なアルメニア人多数派を生み出し、その状況は間もなく政治的重要性を帯びることになった。

17　正教会とカトリックの間で

東西ヨーロッパにおけるアルメニア人の離散（中世末期から十九世紀を通して）

ヨーロッパのアルメニア人ディアスポラ共同体の大部分は、歴史的アルメニアでの状況の悪化やキリキア王国の滅亡によって、アルメニア人たちが大人数で彼らの故郷を去ることを余儀なくされた際に形成された。それ以前に起源をもつそのようなヨーロッパのアルメニア人共同体は、さらに大きくなり、新たな重要性を獲得した。最後のアルメニア王国の滅亡に続く数世紀は、一般的に知られているのとは対照的に「暗黒時代」ではなかった――アルメニア人の学芸や科学にとっては疑いなくそうではなかった――。彼らが中東にいた時とまさに同じように、芸術や学問のすばらしい作品がヨーロッパのディアスポラで生み出された。さらに、ヨーロッパ・アルメニア人の中には、アルメニア人のその後の政治・知的復興やその結果の独立への道においても役割を果たした者たちもあった。

東ヨーロッパのアルメニア人共同体

東ヨーロッパの共同体は、最初の主要なディアスポラを成したビザンツ帝国のアルメニア人たちが、中世にその地域を後にし始めた際に形成された。彼らに歴史的アルメニアからの移住者たちが加わり、六つの重要な共同体が形成され、そのうちのいくつかは今日まで残存している。

キプロスのアルメニア人共同体

コンスタンティノープル出身のアルメニア商人たちは、五世紀にキプロスで少数派を確立していた。しかし、五七八年、後に皇帝となるビザンツ帝国の将軍マウリキウスは、ビザンツ領アルメニアの平定の間に多くのアルメニア人をキプロスに強制的に移住させた。このことによって、アルメニア人共同体の核がこの島だけでなくギリシアにも創設された。キプロスは六四八年から九五八年までアラブ人のカリフ国家の支配下に入った（八六八〜八七四年の短命のビザンツ支配を除く）。九五八年、ビザンツ帝国はキプロスを再占領し、そのムスリム住民の大半をギリシア人やアルメニア人で置き換えた。事実、多くのビザンツ帝国のアルメニア人がその島の軍事総督となった。

アルメニア・キリキア王国は、人口が増加していたキプロスのアルメニア人たちとの通商関係を開いた。十二世紀までに、そこのアルメニア人人口は、それ自身の行政官の下で個別のセマの創設が必要なほどに大きかった。その共同体の重要性は、その主教がキリキアのフロムクラにおける一一七九年の教会会議に出席した事実によって示されている。第三回十字軍の間のリチャード獅子心王によるキプロスの占領はアルメニア人共同体に影響しなかったようである。彼らはキリキアとヨーロッパの両方との商業活動を続けた。アルメニア人の商人や職人はリマッソル、ファマグスタ、ニコシア、パフォスなどの都市に集中していた。キリキアの貴族と以前に通婚し、十四世紀中頃にキリキアの王位を獲得したフランス出身のキプロスの十字軍一族のルスィニャン家の治世には、キリキアとキプロスとのより緊密な関係が確立された。キリキアにおけるローマ・カトリック教会の影響に対する不満、マムルーク朝によるキリキアの滅亡、彼らのその後の圧政によって、多くのアルメニア人がキプロスにもたらされた。十五世紀の第一四半期までに、約五万人がそこに居住していたと見積もられる。

一四二六年、マムルーク朝はキプロスを占領し、恐るべき損害をアルメニア人共同体に与え、約五千人の捕虜を奴隷としてカイロに連れ去った。一四八九年にヴェネツィアがその島を征服し、ヴェネツィアの元老院がアルメニア人たちに彼ら自身の共同体を統治する権利を認めた際に、より良い日々が訪れた。一五七〇年、オスマン帝国がキプロスを占領したが、当初、状況が根本的に変化したわけではなかったものの、十七世紀、そして特に十八世紀に状況は悪化し始めた。アルメニア人たちはこの島からより安全な場所、特にギリシアやイタリアに移住し始めた。

クリミアのアルメニア人共同体

最も大きく最も長く存在したディアスポラのアルメニア人共同体の一つは、ビザンツ帝国によってクリミアに定住させられたものであった。クリミアの共同体は、当初、八世紀に始まって、ビザンツ国家の臣下でそこに駐屯したアルメニア人兵士と彼らの家族から構成された。十一世紀までに、アニの陥落やセルジューク朝によるアルメニアの侵略に続いて、その共同体はアルメニアそれ自体やコンスタンティノープルからのアルメニア人移住者たちによって拡大された。後者の集団はビザンツ帝国のギリシア正教会からの迫害に直面していた。ギリシア人とイタリア人の商業活動によって、クリミアはヨーロッパとの主要な交易拠点となり、そのため特にアルメニア商人たちが求められた。テオドシオポリス（現代のフェオドシア）としても知られるカッファは、クリミアにおける主要なアルメニア人の商業・文化的中心地となった。

一二三九年のこの地方へのモンゴルによる侵略によっても、これらの商人たちはほとんど影響を受けなかった。彼らはロシアに定住した金帳ハーン国に単に税を払ったのであった。アルメニア人たちは商業経営を続けた。十三世紀後半の間、ジェノヴァは多くの合意をモンゴルやビザンツ帝国と結び、交易の独占を獲得し、それは彼らに黒海の各港湾に対する事実上の支配権を与えた。アルメニア商人たちはジェノヴァの存在を有益なものと見て、モンゴルによってアニから退去させられた者たちを含む、さらに多くのアルメニア人たちがその地方に定住した。十四世紀までに、カトリックのもの一棟を含む多くのアルメニア教会がすでにそこで機能していた。キリキアの滅亡、最後の主要なトルコ系征服者であるティムール（タメルラン）によるアルメニアの侵略、オスマン・サファヴィー闘争に続いて、さらに多くのアルメニア人たちがその地方に定住した。約二〇万人のアルメニア人の農民、商人、職人、兵士、そしていくつかの貴族の一族がクリミア半島を目指したと見積もられ、とりわけカラスバザール（今日のベロゴルスク）、カラザト、アクメチト（今日のシンフェローポリ）、バフチェサライ、オダバザール（今日のアルミャンスク）に新たな中心地を確立した。カッファのみで聖サルギス修道院を筆頭に四〇を超えるアルメニア教会を有した。十五世紀前半までに、ヨーロッパの史料の一部でクリミア半島が「アルメニカ・マリティマ〔アルメニア沿岸〕」、アゾフ海が「ラクス・アルメニアクス〔アルメニアの湖〕」として言及されるほどに、クリミアにおけるアルメニア人の存在は強大であった。

カッファやカザラトでは、アルメニア人たちは彼ら自身の街区を有し、彼ら自身の役人を選び、彼らの文化をうまく維持した。クリミアはアルメニア芸術の主要な中心地となった。偉大なキリキアの写本彩飾師であるトロス・ロスリンの伝統を受け継いだ芸術家のニコゴスは独特の彩飾写本を生み出した。アルメニア人たちは彼ら自身の言語を話していたものの、彼らはイタリア語、ギリシア語、そして最も頻繁にトルコ・モンゴル（タタール）系諸民族の言語であるキプチャク・トルコ語で商取引を行った。アルメニア文字で書かれたアルメニア・キプチャク語は、十七世紀まで東ヨーロッパ各地のアルメニア商人たちの最も重要な言語の一つとして残った。

カトリックのジェノヴァ人もムスリムのタタール人も、アルメニア人たちに改宗を強要したり、改宗するよう積極的に働きかけることはなかった。クリミアのアルメニア人共同体は自身の高位聖職者を与えられ、聖十字修道院を有するスルハトの町は主教座となった。クリミアの共同体の最も重要な遺産の一つは、彼らの高位聖職者たちの選挙で十五世紀末に職人や農民から得られた票であった。この展開は後にイスタンブルでの十九世紀の政治的風潮に貢献し、そこでは、クリミアのアルメニア人たちの子孫たちが、この都市のアルメニア教会総主教の選挙において職人や労働者の参加を要求するのであった。

一四七五年、オスマン帝国がクリミアを攻撃し、ジェノヴァ支配に終止符を打った。オスマン帝国のスルタンに従属するタタール人のハーン国が一四七八年に出現し、アルメニア人の繁栄はその後減退した。アルメニア教会の中にはモスクに改修されたものもあり、処刑や強制改宗も行われた。アルメニア人たちは東ヨーロッパの他の地域、主としてウクライナやポーランドへ逃れ、彼らはそこにすでに存在していた小さなアルメニア人共同体を拡大させた。その他の者たちはオスマン帝国によって捕われの身となり、イスタンブルの成長しつつあったアルメニア人共同体に加わった。しかし、東アナトリアにおけるオスマン・サファヴィー闘争の再開から逃れる新たな移住者たちがクリミアに定住した十七世紀、共同体の復興が起こった。アルメニア人の歴史家のクリミアのダヴィト〔ダヴィト・グリメッツィ〕やクリミアのマルティロス〔マルティロス・グリメッツィ〕やカッファのハチャトゥル〔ハチャトゥル・カファイェツィ〕は十七世紀にクリミアのアルメニア人たちの歴史を記録した。

一七七八年、約一万二千人のクリミアのアルメニア人が、クチュク・カイナルジャ条約（一七七四年）の結果としてロシアへ移住し、オスマン帝国にクリミアのタタール・ハーン国の独立を受け入れるよう強要した。一七七四年以降、この地方はロシアの影響の下に入り、クリミアの経済を鈍化させるためにエカチェリーナ大帝は、一七八三年に彼女がクリミアを併合する前に、そこに残っていたギリシア人やアルメニア人の商人がロシアに移住するよう推進した。アルメニア人たちは、彼らの祖先の多くが一世紀前に逃れてきた歴史的アルメニアの共同体を記念して、新ナヒチェヴァンという彼ら自身の中心地を設立することを許された。

新ナヒチェヴァンのアルメニア人たちは、述べたように、十九世紀にトランスコーカサスのアルメニア人たちの知的発展において重要な役割を果たすことになった（16、19章参照）。

ポーランドのアルメニア人共同体

ポーランドのアルメニア人共同体は主としてこの王国の東部、つまり現在のウクライナの部分である地域に位置していた。最終的にポーランドに定住したアルメニア人の商人や傭兵の祖先たちの中には、十世紀に歴史学者たちがキエフ・ルーシと呼ぶ地域にまず最初に到来した者がいた。十一世紀のセルジューク朝によるアルメニアの侵略に続いて、より多くの移住者たちがキエフに到来した。その同じ世紀に最初の重要なアルメニア人の入植地がカーメネツ・ポドーリスキーの都市に設立された。同じ時期の間にアニからのアルメニア人が、後にポーランドの一部になるルテニアに移住した。十三世紀のモンゴルの侵略によって、さらに多くのアルメニア人たちがキエフにやって来た。一二四〇年のモンゴルによるキエフの略奪によって、まもなくさらに多くのアルメニア人たちがポーランドへの移住を余儀なくされ、そこで彼らは、ガリツィアやポジーリャやヴォルィーニといった地方や、一三〇三年までに自身の教会を有しポーランドのアルメニア人の第二の重要な中心地となったリヴィウすなわちレムベルグの都市に定住した。アルメニア人軍団はカーメネツ・ポドーリスキーをモンゴルから防衛し、十三世紀中頃にはそこにアルメニア教会が建設された。百年後、ヴォルガ川下流域地方からのアルメニア人たちによってその地の共同体の規模は拡大した。

一三四〇年、ポーランド王のカジミェシュ大王はガリツィアとヴォルィーニを占領し、アルメニア人の商業への貢献を認めて、彼らに彼ら自身の法や伝統を守る権利を与えた。今も残る大聖堂が一三六三年、リヴィウに建てられた。十五世紀までにより多くのアルメニア人たちがキリキアやクリミアからポーランド東部に到来し、十六世紀や十七世紀のイラン・オスマン戦争の間に、その他の者たちが歴史的アルメニアから彼らに加わった。

アルメニア人たちはポーランドで彼ら自身のギルドを有し、ポーランド人たちから非常に優れた職人と見なされていた。アルメニア人の宝石職人、画家、織工は特に高く評価されていた。商人たちはロシア、イラン、オスマン帝国との交易において主要な役割を果たした。リヴィウの多くのアルメニア人の商社はモスクワ、エスファハーン、イスタンブルに支店を有していた。ポーランド中（リヴィウ、カーメネツ・ポドーリスキー、バルタ、ヴァル、ベレジュニ、ブローディ、ヴィルメニ、ゴロデンカ、ドゥブノ、ザモシチ、バジュコフ、ストウティアニツァ、スタニスラーウ〔現在のイヴァーノ・フランキーウシク〕、ディスメニツァ、ウラジーミル）の多数のアルメニア人が、個別のアルメニア教会教区の創設を求めた。

共同体の絶頂期にはポーランドに三〇万以上のアルメニア人がいたという見積もりもあったが、実際の人数はおそらくもう少し少なかったであろう（一〇万以下）。アルメニア人たちは彼ら自身が選出された役人や裁判官を有し（一二名）、リヴィウやカーメネツ・ポドーリスキーに彼ら自身の法廷を設立し、そこではムヒタル・ゴシュの十三世紀の法典が用いられていた。アルメニア人の法廷の文書は、商取引の言語として残り続けていたキプチャク・トルコ語とポーランド語で書かれており、両方ともアルメニア文字に転写されていた。アルメニア人の印刷所は一六一六年、リヴィウに創設され、アルメニア語で書かれた最初の戯曲がそこで一六六八年に上演された。ポーランドのアルメニア人たちは軍隊にすら加わり、アルメニア人大隊は、一六八三年のウィーン包囲の救出に参加した。ステパノス・レハツィ、ステパノス・ロシュカ、カーメネツのホヴァネス〔ホヴァネス・カメネツァツィ〕などのポーランドのアルメニア知識人たちは、歴史・神学・文法学的作品を著した。ポーランドのシメオン〔シメオン・レハツィ〕の『旅行記』は重要な歴史学的著作であり、それは、十七世紀初頭のリヴィウ、ローマ、ヴェネツィア、カイロ、エルサレム、アレッポ、イスタンブルやアナトリアの諸都市のアルメニア人たちの社会・経済的状況を詳述している。リヴィウは、十七世紀に、神学校で学んでその写本室で写本を筆写するためにやって来た故地出身のアルメニア人聖職者たちを魅了した。帰郷の際に、彼らは歴史的アルメニアの世俗と宗教の指導者たちに西洋思想を伝えた。アルメニア商人たちはリヴィウにおいて活発であり、三八の商社のうち二二社がアルメニア人のものであった。

十七世紀の三〇年代までに、ポーランドのアルメニア人たちはカトリックの反宗教改革の影響を感じた。カトリック教会は若いアルメニア人のカトリック聖職者を養成するためにリヴィウに神学校を設立し、彼らはやがてポーランド王の承認によってアルメニア使徒教会の年長の聖職者たちに取って代わった。教会指導者たちの不正や怠慢に嫌気がさしたアルメニア人の世俗の成員たちもまた、カトリックに改宗し始めた。全ての教会の財産を世俗の成員が管理していたことから、彼らの改宗はアルメニア人や彼らの教会のポーランド社会への漸進的な同化を意味した。一六二九年までに、ポーランドの大主教区は大主教のニコラス・トロセウィッツの指導の下、ローマの至上権を受け入れたが、そのエチミアズィンとの関係や、一部の歴史学者によるとエチミアズィンへの忠誠を、一六三五年まで維持した。しかしながら、一六六四年の若いアルメニア人カトリック聖職者たちの叙階によって、結局のところローマとの完全な合同に帰着した。一六八九年、大主教のヴァルダン・フナニアンはエチミアズィンの聖座との全ての接触を絶ち、結果として、ヨーロッパのアルメニア使徒教会系の商人共同体との商業的結びつきも切られた。ポーランドのアルメニア商人たちはこうして彼らの力を失い、その世紀の末までにリヴィウに二つのアルメニア系の商社があるのみとなった。共同体はその後、その他の理由からも衰退した。一六七二年のオスマン帝国によるポジーリャの奪取によって、全体的な経済的衰退が導かれ、それは逆にイスタンブルや今日のルーマニアやブルガリアの多くの都市へのアルメニア人の移住に帰着した。最後の一撃は、エカチェリーナ大帝による一七八四年の第一次ポーランド分割の際のポーランド東部の占領と、一七九三年の彼女によるポジーリャの占領であった。この行為によってポーランドのアルメニア人たちは、オーストリアに与えられレムブルグと再命名されたリヴィウから切り離された。これらの出来事は共同体の衰退とその結果である消滅に帰着した。事実、一八二〇年までに、わずか百世帯のアルメニア人家族がリヴィウにいたのみで、その他のポーランドの町ではさらに少なかった。

ブルガリア、ルーマニア、ハンガリーのアルメニア人共同体

ブルガリアのアルメニア人共同体は、ユスティニアヌス（五二七〜五六五年）やマウリキウス（五八二〜六〇二年）のようなビザンツ皇帝たちが、西アルメニアにおけるアルメニア人の力を弱体化させ、遊牧民の侵略者たちに対する緩衝地帯をバルカン半島に作り出すために、トラキアやマケドニアに多くのアルメニア人の諸公や彼らの追随者たちを移住させた際に発生した。まもなくアルメニア人のパウロ派信徒やその他の移住者がアルメニア人移住者たちの最初の集団に加わり、十一世紀までに、アルメニア人の重要な活動領域がブルガリア、特にブルガス、ソフィア、フィリッポポリス（今日のプロヴディフ）に出現し、そこには大主教座が創設された。アルメニア人たちは主に交易に従事し、やがてブルガス、ヴァルナ、ソフィアに共同体を形成した。一三六三年から一三九三年の間に、オスマン帝国がブルガリアを征服し、そこのアルメニア人たちは後にアルメニア人ミッレトに加えられた。

十六世紀のペルシア・オスマン戦争の間に歴史的アルメニアからの新たな到来者たちがやってきた。反宗教改革に続いて、カトリックへの改宗を拒んだポーランドからのアルメニア人たちがブルガリアにやってきたが、そこでは皮肉にもオスマン帝国のミッレト制度によって、彼ら自身のキリスト教の慣行を実践することが許された。一八七八年以降、オスマン帝国での悪化する政治・経済状況やブルガリアの近年の自治によって、さらなるアルメニア人たちがそこに引き寄せられた。

ルーマニアの共同体は、十四世紀のヴォルガ川下流域からモルダヴィア、ワラキア、ブコヴィナへの移住の結果として形成された。ここでもまた教会が建てられ、モルダヴィアには大主教区が創設された。イスタンブル（一四五三年）やカッファ（一四七五年）の陥落によって、さらなるアルメニア人たちがルーマニアの大地に移動した。ブコヴィナやモルダヴィアのアルメニア人たちは、ポーランドやオスマン帝国、ロシア帝国、オーストリア・ハンガリー帝国によ

る侵略に耐えねばならなかった。一六五四年、宗教的迫害や経済的困難によって、一部の者はトランシルヴァニアへの移住を余儀なくされた。ワラキアのアルメニア人たちの暮らし向きはより良かった。彼らはオスマン帝国と北ヨーロッパとの間の交易に専従し、十七世紀初頭までにはブカレストに教会が建てられた。アルメニア人たちは彼らの言語や宗教を維持し、ルーマニアの政治・文化生活に参加した。

アドリアノープル条約（一八二九年）によって、ベッサラビアはロシアに与えられた。ベッサラビアのアルメニア人たちはそのことから影響力のあるロシアのアルメニア人共同体との連絡を確立し、すぐ後に彼ら自身の大主教区を獲得した。ルーマニアの残りの地域のアルメニア人たちは、これらのドナウ川流域の諸公国の総督たちによって実施されたさまざまな改革の恩恵を受けた。ブルガリアと異なり、ロシアに支援されたルーマニアは十九世紀の前半に自治を獲得した。アルメニア人の教会や修道院が繁栄し、アルメニアの学校が多く建てられ、新聞、雑誌が大量に発行された。ルーマニアのアルメニア人たちはブルガリアのアルメニア人たちよりも富裕になり、彼らの順応した土地の政治・文化生活に参加した。

ハンガリーではすでに十世紀という早い時期にアルメニア人の形跡があるものの、主な流れは十六世紀にモルダヴィアにおける宗教的不寛容の結果としてトランシルヴァニアに、次にハンガリーの部分に到来した。移住者たちの第二の流れは十七世紀の間のモルダヴィアにおける増税に続いてやってきた。アルメニア人たちはオスマン帝国に対してハンガリー人たちと同調し、ハンガリーの統一の後には内政上の自治や商業活動を行う権利を与えられた。彼らはまた、彼ら自身の裁判官を選ぶことや彼ら自身の法廷を有することも許された。アルメノポリスとも呼ばれるゲルラやエリザベトポリス（今日のドゥムブラヴェニ）などのトランシルヴァニアの都市が主なアルメニア人の中心地で、そこでは約二万人のアルメニア人たちが皮革産業、製蠟、貿易に従事していた。

十八世紀初頭にハプスブルク帝国がトランシルヴァニアを奪取した際、ハンガリーのアルメニア人たちはカトリックへの改宗を余儀なくされた。今やオーストリア支配下にあったリヴィウのアルメニア・カトリックの主教たちが、トランシルヴァニアのアルメニア教会の支配権を手にした。こうしてハンガリーのアルメニア使徒教会のアルメニア人たちは、ロシアからもバルカン半島の残りの部分からも切り離され、ミッレト制度の宗教的保護もなく、カトリックに改宗した。しかし、ハンガリーのアルメニア人たちは個別の主教区をなんとか創設することができ、ヴェネツィアのムヒタル修道会の援助で学校を運営し、アルメニア・カトリックとしての一定の自治を維持した。

ハンガリーのアルメニア人たちはハンガリーの政治生活に参加し、ハプスブルク帝国に対する一八四八年革命に参加した。反乱が鎮圧されると、ハプスブルク帝国は二人のアルメニア人将軍（第三の人物はアルゼンチンに逃れた）を処刑し、主教区を廃止し、相当の戦時賠償を要求することで、アルメニア人指導層を罰した。ハンガリーのアルメニア人たちは学校を有する権利を失い、まもなく彼ら自身の言語を失い、そのことが逆に新たな移住者たちを妨げ、ハンガリーのアルメニア人たちの完全な同化に帰着した。

西ヨーロッパのアルメニア人共同体

西ヨーロッパのアルメニア人共同体は六世紀に彼らの最初の起源を有している。しかし、アルメニア人たちの主な流入は、十一世紀から十四世紀までの十字軍やキリキアの時代の間と、すでに見たように、イラン出身のアルメニア商人たちが西ヨーロッパのさまざまな都市に商社を創設した十七世紀の間に再び起こった。

イタリアのアルメニア人共同体

アルメニア人たちは六世紀の間にビザンツ帝国の軍隊の一部としてイタリアに到来した。アルメニア人の将軍たちは、アルメニア人派遣軍と共にコンスタンティノス帝の指揮の下、七世紀の間シチリアで戦った。イタリア出身の二人のアルメニア人主教は、六四九年のラテラン公会議に出席すらしていた。しかし、イタリアの主なアルメニア人共同体は十三世紀に形成され、それは、何よりもまずキリキア王のレヴォン一世によって交渉された、一二〇一年のジェノヴァやヴェネツィアといったイタリア都市国家との通商協定や、一二一六年のピサとの通商協定の結果としてであった。黒海貿易を通してよく知られていたアルメニア人やイタリア人の商人たちは、今や地中海における大規模貿易に従事した。まもなく小規模なアルメニア人共同体がローマ、ヴェネツィア、ジェノヴァ、アンコーナ、ルガーノ、マントヴァ、ピサで発展した。小アジアでのトルコ系民族の進出と重なったキリキアへのマムルーク朝の侵入や、その王国の衰退によって、より多くのアルメニア人が西ヨーロッパ、特にイタリアに移動した。キリキアのアルメニア人の貴族や商人の間でカトリック教会によってなされたかなりの浸透に加え、これらの二つの集団のフランス語やイタリア語の知識によって、概して西ヨーロッパ、そして特にイタリアは移住の合理的な選択肢となり、西洋社会への彼らの移行は容易になった。

一三七五年のキリキアの滅亡によって、アルメニア人難民たちの大きな波がキプロスを経由しイタリアにもたらされた。歴史家のゲヴォンド・アリシャンによれば、十五世紀の第一四半期までにイタリアに約三万人のアルメニア人たちが暮らしていた。アルメニア人に因んで通りや橋が命名されたヴェネツィアは、彼らの主な中心地となった。「アルメニア人の家」(case degli Armeni)というアルメニア人の商人や職人が集う宿泊所が、さまざまなイタリアの都市に創設された。ヴェネツィアの聖十字教会を含む多くのアルメニア教会もまた建設された。イタリアが統一国家ではなく、それぞれの都市国家が独立して行動していたことから、これらのさまざまな都市のアルメニア人共同体もその例に従って、個別の単位として機能し、集団的なイタリア人・アルメニア人アイデンティティを発現させることはなかった。

ヴェネツィアのアルメニア人たちには、アルメニア語による最初の書物の印刷の功績を認めることができる。一五一二年、ハコブ・メガパルトは祈禱書と典礼暦（ウルバタギルクとパルザトゥマル）の二巻を印刷した。まもなくさまざまな学術的な書物もまた印刷され、十八世紀の後半までにイタリアはアルメニア語の世俗的な書物の出版の中心地となった。十六世紀後半にトハトのアブガル〔アブガル・トハテツィ〕が、教皇ピウス五世（一五六六〜一五七二年）による非カトリックのアルメニア人たちに対する厳しい政策からローマを去り、オスマン帝国におけるどの言語によっても最初のものであった印刷所をイスタンブルで立ち上げた際に、アルメニア人の印刷技術はイタリアから移転された。

十六世紀の間にナヒチェヴァンのジョルファーから絹商人が到来したことにより、イタリアの共同体は規模において増大した。しかし、アルメニア商人たちをジョルファーから新ジョルファーに移動させたシャー・アッバースが、さまざまな商品を買い求めるために一六〇七年、ヴェネツィアに公式の使節団を派遣し、十七世紀に彼らはさらに増大した。一六一〇年、シャーはオスマン帝国に対する通商と同盟の条約を締結するために、彼の使節としてアルメニア商人のハージェ・サファルを派遣した。ハージェ・サファルはヴェネツィア、ローマ、フィレンツェを訪問し、商業と軍事の合意を携えて帰国した。アルメニア人たちはまもなくイランとイタリアとの絹貿易を支配し、イタリアの都市の多くで免税の地位を与えられた。ヴェネツィアのイラン出身のアルメニア人たちは、ジョルファー通りとして知られるようになった通りに位置するフォルモサの聖マリア教会の周辺に集中していた。アルメニア商人たちはまもなく彼らの従来の宿泊所を去り、個人用の住宅を買い求めた。

十七世紀までに大きな石造の教会がヴェネツィアに建設され、そこにはその時までに約二千人のアルメニア人が居住していた。ペルージャ、アンコーナ、シエーナ、ミラノ、フェラーラでもまたアルメニア人居住者たちが獲得された。聖グリゴルの名をとったいくつかの教会がナポリ、ナルド、リヴォルノに建てられた。イタリアではカトリックが強い勢力であり、アルメニア人たちの大半はローマ教会に改宗した。イランのアルメニア人の幸運が傾いた十七世紀末や十八世紀初頭までに、多くの卓越したハージェたちがヴェネツィアに移動した。これらの者たちの中で最も重要なのはシャフミアン家（一六五〇～一七五七年）、マルティロスィアン家（一六九〇～一七三七年）、シャフリマニアン家（一六九七～一八〇〇年）、ノラトゥンキアン家（一七一七～一七五七年）であった。ポーランド、フランス、ロシア出身のアルメニア商人たちもまたヴェネツィアに商社を立ち上げた。多くのアルメニア人の船乗りや職人もまたイタリアの諸港に定住した。

ヴェネツィア共和国の終焉によって多くのアルメニア人たちは去ることを余儀なくされ、十九世紀までにわずか一二のアルメニア人家族がその偉大な都市に残るのみであった。ヴェネツィアのアルメニア人たちの歴史において最も重要な出来事は、先に述べたムヒタル修道会のヴェネツィアへの移転であった。インド出身の富裕なアルメニア商人たちの寛大な行為によって、ムヒタル修道会は二校の高等教育機関を、一校はヴェネツィア（ムラド・ラファエリアン学校）に、もう一校はパドヴァ（後にパリにその後セーヴルに移転された）に創設した。ムヒタル修道会の活動はヴェネツィアでのアルメニア人の存在を確実なものにした。

フランスのアルメニア人共同体

アルメニア人のフランスとの交易面での接触は七世紀という早い時期に始まり、十世紀の間に増大した。伝えられるところによると、八〇七年にアッバース朝カリフのハールーン・アッ・ラシードが送ったシャルルマーニュの宮廷への使節の中に、多くのアルメニア人が含まれていた。ビザンツ帝国もまたアルメニア人使節たちをフランスに送った。九世紀、多くのアルメニア人パウロ派がダルマチアやイタリアを経由してフランスに行き、そこで彼らは南部での後のアルビジョワ運動の発生におそらく一定の影響を与えていたかもしれなかった。十一世紀のアニの陥落の後、多くのアルメニア人はヨーロッパに逃れ、フランスにも共同体を確立した。しかし、アルメニア・フランス関係は十字軍まで散発的なものであった。十字軍とその後のフランスとキリキアとの間の交易によって、十二世紀から十四世紀までに商業的合意のみならず軍事的合意やアルメニアとフランスの商人や貴族との間の通婚も生じた。フランス商人たちは一三一四年、キリキア王のオシンから特権を受け、それによって彼らはわずか二パーセントの関税を払うだけとなった。フランスの船舶や商人たちはアヤス、タルスス、メルスィン、スィスに滞留し、アルメニア人はフランスの諸港を訪問した。フランス人たちが鏡、石けん、蜜蠟を持ち込む一方で、アルメニア人たちは絹織物やその他の贅沢品をマルセイユ、ナルボンヌ、ニームに持ち込んだ。キリキアの滅亡後、数多くのアルメニア商人がアヴィニョンの町を含むフランスの都市に移住した。一三八九年、キリキアの最後のアルメニア王であるレヴォン五世は、エジプトから身代金によって解放された後、フランスにやってきてフランスとイギリスとの間を仲介しようと試みた。彼は両者に、彼ら自身の闘争（百年戦争）をやめ、中東のキリスト教徒たちを解放するために新たな十字軍を開始するよう働きかけた。そのことからは何も生まれず、彼は一三九三年十一月二十九日に没した。フランスの血統でフランス王たちとも親戚関係であったレヴォンは、述べたように、セレスティン修道院に埋葬された。

アルメニア人の職人や建築家たちもまたフランスにやって来た。アルメニア人の建築家はフランス最古のカロリング様式の教会であるオルレアンの九世紀初頭のジェルミニ・デ・プレ教会を建設した。その教会はアルメニアと西ゴート両方の建築様式を示している。一四五三年、コンスタンティノープルの陥落の後、多くのアルメニア人たちがパリやマルセイユに到来した。十七世紀までに、イラン出身のアルメニア人ハージェたちはフランスとの新たな貿易を主導した。リシュリュー、マザラン、コルベールらフランスの偉大な宰相たちはアルメニア商人の重要性を認識し、マルセイユに定住するよう彼らに働きかけた。一六二二年までに、アルメニア商人たちは、フランス商人たちが不満をもらし、政府にフランス船がアルメニア人の商品を輸送することを禁じたり、その制限を余儀なくさせるほど競争力があった。絹織物は制限され、フランスの金貨や銀貨の国外への持ち出しは禁止された。アルメニア商人たちはシャー・

アッバースに訴え、彼は一六二九年、フランスに任命された貿易仲介人のアントワーヌ・アルメニと共にルイ十三世に書簡を送り、その結果、これらの制限のいくつかは廃止された。一六六〇年代までに、コルベールは、マルセイユのフランス商人たちの反対にもかかわらず、制限の大半を廃止した。リュ・アルメニと名付けられた通りは今もマルセイユに存在する。

アルメニア人たちはニース（当時サヴォイアの一部）やトゥールーズの港だけでなく、内陸のパリやリヨンでも事業を開いた。ナヒチェヴァン出身のアルメニア人であるホヴァネス・アルトゥニアン（ジャン・アルタン）は、十八世紀中頃に根から赤い染料（アリザリン）が生み出される植物であるアカネをアヴィニョンの衣料染物師たちに紹介した。合成アリザリンの登場まで、ローヌ渓谷がこの染料の生産の主要な中心地であった。イタリアでの場合と同じように、アルメニア人共同体はフランスで印刷所を立ち上げ、一六三〇年代にはアルメニア語・ラテン語辞典を生み出した。すでにアムステルダムからリヴォルノに移住していた、有名なアルメニア人の印刷技師であるエレヴァンのヴォスカン〔ヴォスカン・エレヴァンツィ〕は、マルセイユにやってきて、一六七三年の初頭、アルメニア語で約三〇巻の書物を印刷した。アルメニア人たちは十八世紀の間や特に十九世紀にもフランスへ移住を続け、その際にはオスマン帝国やアラブ地域出身の一定数のアルメニア人がそこに定住した。アルメニア人たちに対するカトリックの影響はフランスで強く、そのうちにこれらのアルメニア人の大半は改宗した。

オランダのアルメニア人共同体

低地諸国、つまりベルギー、オランダ、ルクセンブルクのアルメニア人共同体の形跡は十一世紀に始まる。しかし、オランダやフランドルの商人たちがキリキアに到来し、低地諸国にアルメニア人の商社が開かれた十三世紀や十四世紀に交易が活発になった。アルメニア人たちは絨毯、染料、綿織物、香辛料を持ち込み、ブリュージュの町の特に聖ドナル教会広場に彼らの交易活動を集中させ、そこで彼らの商品を毛織物、ロシアの毛皮、スペインの油、ヨーロッパの四隅からもたらされたその他の商品と取引した。

キリキアの陥落後、アルメニア人の難民たちがブリュージュに到来し、そこで彼らは多くのフランドルのキリスト教慈善団体に支援された。一四七八年、アルメニア人たちはブリュージュに大きな宿泊所を建て、それは「アルメニア人宿坊」となった。その世紀の末までに、アルメニア人たちはその地方の商業の新たな中心地であるアムステルダムへ移動を始めた。オランダの史料には、十六世紀後半にそこで真珠やダイアモンドを売っているアルメニア商人たちが記録されている。イラン出身のアルメニア商人たちが十七世紀前半に西ヨーロッパで交易を始めた際、アムステルダムでのアルメニア人の商業は非常な好景気を迎えた。オランダ商人たちはエスファハーンに行き、中には新ジョルファーに定住する者たちもいた一方で、アルメニア人たちはアムステルダムに商社を開いた。

最初のアルメニア語の書物はヴェネツィアで印刷されたものの（一五一二年）、最初のアルメニア人の印刷所はアムステルダムに設立され、この都市で一六六六年、エレヴァンのヴォスカン〔ヴォスカン・エレヴァンツィ〕は最初のアルメニア語の聖書を印刷し始めた。オランダでは宗教的寛容が実践され、十七世紀後半にはその他のアルメニア語の書物がアムステルダムで印刷された。しかし、印刷所は負債を抱え、十八世紀前半にヴェネツィアのムヒタル修道会に売却された。アムステルダム出身のアルメニア人たちはまた最初の印刷機をイランに紹介した。

一六一二年、オスマン帝国とオランダとの間で貿易協定が結ばれた後、オスマン帝国出身のアルメニア商人もまたアムステルダムに到来した。ヨーロッパの残りの地域と同様に、絹織物がそこでアルメニア人たちによって商われる主要な商品であり、彼らは十八世紀中頃までオランダの絹貿易を支配し続けた。オランダの史料によれば、アムステルダムに約五百人のアルメニア人が住んでいて、モンニケンストラート、ダイクストラート、カイセルストラートに集住してコスター（「東の」）市場で彼らの商品を売っていた。

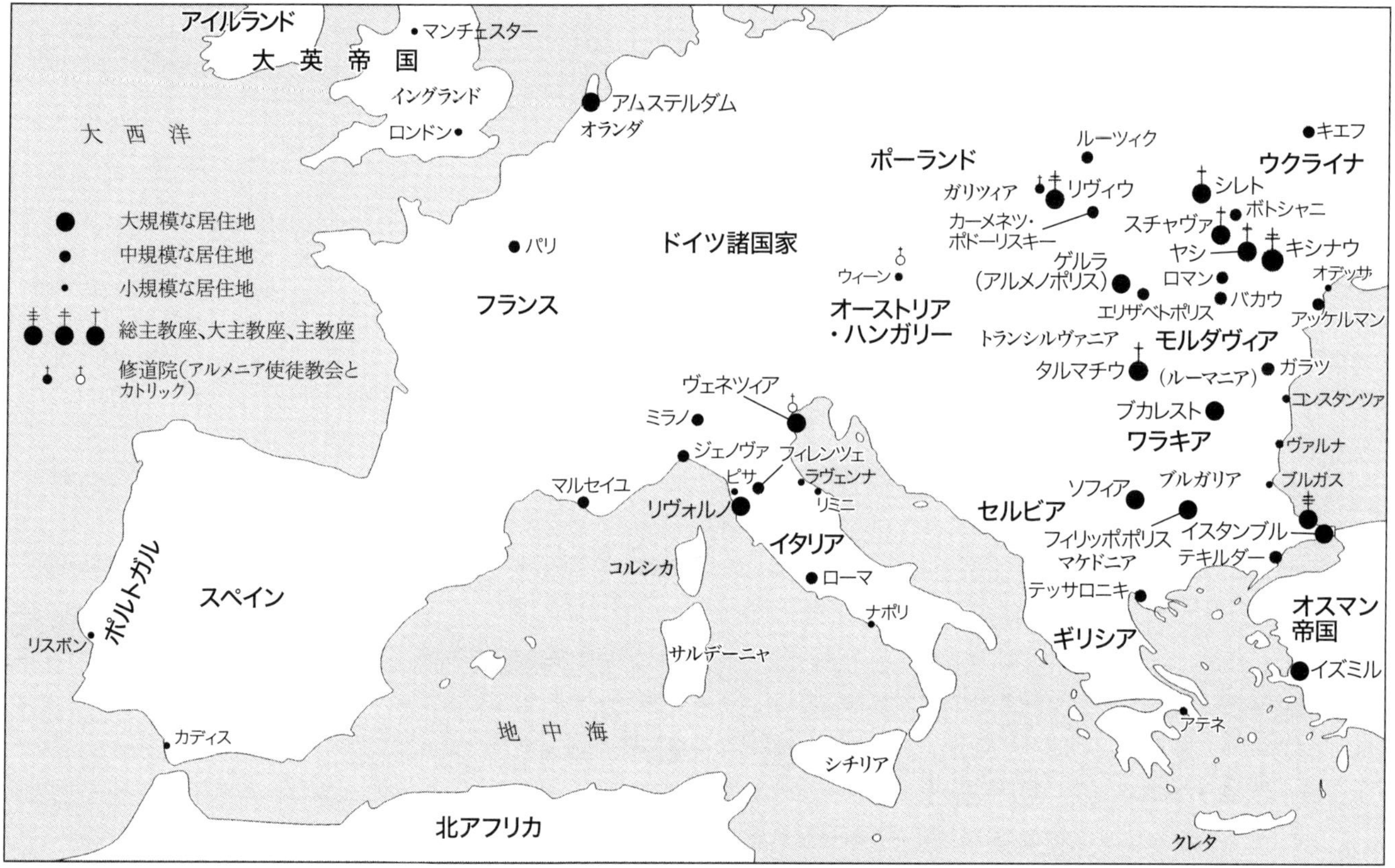

地図 29　東西ヨーロッパのアルメニア人ディアスポラ

一七一三年から一七一四年にアルメニア人たちはアムステルダムにアルメニア教会を建設し、エチミアズィンから彼ら自身の聖職者を有する認可を受けた。アルメニア商人たちの多くは、オランダ国旗を翻した彼ら自身の船舶を所有し、スミルナまでの彼らの航路で武装した快速帆船に護送させるほどに裕福であった。しかし、百年後、さまざまなヨーロッパの闘争、特にナポレオン戦争の間の海上封鎖やイギリスの貿易会社の台頭によって、アルメニア人共同体はオランダでの経済力を失った。十九世紀初頭までに、アムステルダムのアルメニア教会は閉鎖され、やがてカトリックの修道会に売却された。

十九世紀末までにヨーロッパのアルメニア人共同体（**地図29**参照）の大半は、彼らの社会・経済的影響の衰退期に至った。一八九五年から一八九六年や一九一五年から一九二二年の大変動によって、新たな、そしてまったく異なるアルメニア人移住者たちが東西ヨーロッパの海岸に移動することを予想できる者は誰もいなかった。

18 アルメニア問題とその最終的解決

オスマン帝国のアルメニア人たち（一八七六〜一九一八年）

セリム三世によって始められた諸改革は一八五六年の「改革勅令」で最高潮に達したが、それがオスマン帝国の社会経済・政治的困難を解決することはなかった。イスタンブルの都市住民は新たな保護手段の恩恵を受けたものの、住民の多数派、つまり農民たちに影響を与えることはなかった。アルメニア人共同体の指導者たちは、文化的復興にもかかわらず、自治やオスマン帝国からの分離を要求することはなかった。バルカン半島ではその他の主要な民族集団の大半が、ブルガリア人を例外にして、すでに自治や独立を達成していた。しかし、アルメニア人たちは安定した公正な政府を切望するのみだった。ミッレトの忠実な振る舞いには多くの理由があった。一千年以上に及ぶ侵略、アルメニア人の移住、小アジア東部へのトルコ系、クルド系諸部族の定住の結果、アルメニア人がいくつかの場所ではキリスト教徒として相対的に多かったものの、多数派であったのは西アルメニアのごく一握りの地区においてであったという事実が生じた。したがって、アラブ人やバルカン半島のキリスト教徒たちと異なり、アルメニア人たちが彼らの故郷で多数派を成すことはなかった。さらに重要なことには、アルメニア人の指導層は都市部の商人たちから成っており、彼らは歴史的アルメニアの未だに不満をもった農民たちの間で暮らしていたわけではなかった。十九世紀中頃までに、これらの指導者たちのほぼ全てがイスタンブル、スミルナ、カイロ、アレクサンドリア、アレッポ、ティフリス、バクー、新ナヒチェヴァン、モスクワ、サンクト・ペテルブルグやヨーロッパやアジアのその他の中心都市に住んでいた。彼らはアルメニア人の労働者や農民から地理的に遠く離されていただけでなく、労働者や農民たちとの共通点もほとんどなかった。数少ない山岳地帯の孤立地域を除いて、内陸部のアルメニア人たちの中には住民を糾合する軍事指導者も貴族もいなかった。アルメニア人の都市エリートたちは概して、彼らが住んでいる国家から尊敬され、事実上、支配勢力として働くことを彼らの社会経済的繁栄にとっての利点と見なした。教会支配層も大部分はアルメニア人の多数派から切り離されていた。彼らもまた保守主義を奨励し、その信徒に彼らの状況を受け入れるよう忠告した。アルメニア人の政治的覚醒はディアスポラで始まり、十九世紀後半になってようやく故郷の農民が住む地域に届けられた。

西アルメニアにおける社会経済状況

西アルメニアのアルメニア人住民は、東アルメニアの者たちとは異なり、広大な領域に離散し、無数のクルド人やトルコ系諸部族の居留地や放牧地によって隔てられていた。西アルメニアの農村生活は一定の共通した特徴によって支配されていた。その時期の大抵の農民と同様に、オスマン帝国東部のアルメニア人たちは、十九世紀の最後の四半世紀まで概して文盲であった。彼らはアルメニア語、クルド語、トルコ語といった土地の方言を話していた。家族構成は家父長制、父系制であって、財産は息子たちの間で均等に分配された。土地の伝統や地方の慣習は厳格に守られ、個人的に用いられる武器、道具、宝石といった品を除いて、財産の大半は拡大家族の間で共有されていた。家は小さく泥煉瓦で作られており、地面に掘り込まれたトニルすなわち粘土で作られたかまどが中心に置かれていた。最も裕福で最も経験ある人物が普通は村の長老に選ばれた。彼は争いを仲裁し、公正を執行し、それぞれの拡大家族の税の負担を配分した。この仕事に対する彼の報酬は、労役の免除と贈り物の形でであった。十九世紀後半より前、〔東西両アルメニアにおいて〕貴族の血統を主張する者たちを除き、姓をもつ一族はほとんどいなかった。その頃以降、個々人は氏族の創始者のキリスト教の名前か〔もしもその者が職人か商人であった場合〕彼の職業かその者の出生地から彼らの姓の語根をとった。この語根に語尾の -ian〔または -yan や -ean〕、-iants、もしくは -uni が加えられた。

彼らの東の同胞たちと異なるアルメニア語の方言を話していたことは別にしても、西アルメニアの農村の住民たちは、彼らの家の形状において非常に異なっていた。常にクルド人の襲撃を警戒して、アルメニア人の拡大家族は非常に近接して暮らし、家々は覆いのある通路と連続した屋根で連結されていた。ゼイトゥンの写真が例証しているように、西アルメニアの村は家々の一つの終わりなき迷路のように見えた。このような肉体的不安感の感覚の結果、また西アルメニアの女性はより若い年齢――通常は十三歳から十五歳――で結婚することになり、男性も女性もムスリムの隣人たちと似た衣装を身に付けることで、彼らにとけ込むよう努めた。こうして西アルメニアの女性たちは、東アルメニアの彼らの同胞よりも多くの飾り物や宝石を身に付けるようになった。いくつかの地方では彼らはヴェールすら身に付けていた。

改革〔タンズィマート〕の数十年によって、西アルメニア人たちの運命は改善されなかっただけでなく、実際にはさらに悪化した。地元のトルコ人やクルド人の指導者たちは、首都によるいかなる干渉にも憤慨し、改革が彼らのムスリムやアルメニア人の臣民に対する彼らの支配を脅かすものであると感じた。改革に勇気づけられたアルメニア人の農村の指導者や地方の聖職者は、オスマン政府やイスタンブルのアルメニア教会総主教庁に請願を書くことで救済を求めた。しかし、中央政府のお決まりの無為によって、大胆にも地元のアーガー、ベグ、パシャは、アルメニア人の土地から彼らを追い出してアルメニア人に対して復讐した。都市に移住した土地をもたないアルメニア人の数は、一八五六年以降、劇的に増加した。留まった者たちの多くは、農奴か奴隷として描写することしかできないような状態に至った。

ゼイトゥンの反乱

アラブ人、ビザンツ帝国、トルコ人、モンゴル人、トルクメン人による侵略によって、アルメニア人の封建領主や軍事指導者らの階層は多くが殺害された。アルメニアやキリキアのアルメニア系諸王国の滅亡によって、侯や貴族の残存勢力はほぼ跡形もなくなった。去った者もいれば、改宗する者やその土地の新たな支配者たちの臣下に入った者もいた。しかし、一部の貴族たちはなんとかアルメニアの山岳地帯の谷間、特にカラバフやゼイトゥンに逃げのび、そこで彼らは自治状態に留まった。オスマン帝国はキリキアの北東のゼイトゥンを攻撃したが、自治状態の領主たちに率いられたその二万五千人の住民たちは、オスマン帝国の侵入に対して自らを防御し、決して征服されることはなかった。十七世紀の前半、スルタンのムラト四世（一六二三～一六四〇年）は、アヤ・ソフィア・モスクの灯火のための油をゼイトゥンの住民が貢納することと引き換えに、彼らの放免を認めた。トルコ系の官吏がそこに送られることはなく、住民は、一部の者が武装したままで自治を維持した。

十九世紀中頃までに、バルカン半島での民族の覚醒や黒海沿岸地方とトランスコーカサスへのロシアの浸透によって、五〇万近いムスリム難民が小アジアにもたらされた。キリスト教徒たちによって故郷から追い出された彼らは、中央政府に彼らが住む場所を見つけるよう要求した。西部の諸州にやって来た者たちはキリキア周辺に定住した一方で、東部の地方に到来した者たちは西アルメニアに新たな住処を見出した。もう一度ゼイトゥンを力で占領しようと試み失敗していた中央政府は、これらの集団の到来によってゼイトゥンの高まる独立傾向が抑制されることを望んだ。チェルケス人やその他の移民をこれらの地方に定住させることで、彼らはクルド人やトルクメン人が歴史的アルメニアのその他の地方で行ったことを成し遂げようと望んだ。それが不成功であると分かると、一年前のレバノンにおけるフランスの干渉に不安を感じたオスマン帝国は一八六二年、ゼイトゥンの占領を決定した。ゼイトゥンの人々が税を支払っていないと主張して、大規模なオスマン軍がその地域を攻撃した。一八六二年八月二日、アルメニア人たちはオスマン軍を破り、重大な損害を与え、大砲や弾薬を獲得した。オスマン帝国はその後、屈服するまで飢えさせることを望み、ゼイトゥンを包囲した。アルメニア人たちは、マロン派たちがレバノンで行ったのと同様にナポレオン三世の援助を求めた。フランスはオスマン帝国に封鎖の解除を余儀なくさせたが、オスマン帝国はゼイトゥンに要塞を建設し、そこに部隊を駐屯させることを認められた。

しかしながら、ゼイトゥンの反乱はその足跡を留めた。ヴァン（一八六二年）、エルズルム（一八六三年）、ムシュ（一八六四年）での反乱が続き、一部の歴史家たちによれば、オスマン帝国におけるアルメニア人たちの政治的覚醒の最初の兆候であったかもしれない。一八六二年から一八七八年の間に、自衛のための小規模な集団や団体がキリキアやヴァンで形成された。救済同盟（一八七二年）や黒十字会（一八七八年）は両者ともヴァンで結成され、初のアルメニア人政党創設のための土台を準備した。

アルメニア問題

アルメニア問題は、少なくとも一人の歴史家によると、セルジューク朝がマンジケルトの戦いでビザンツ帝国を破り、アルメニアに組織的に定住した最初の外から入ってきた集団となった一〇七一年にその発端がある。しかし、その問題が国際的な議題に上ることは一八七八年までなかった。その時まで小アジアにおけるアルメニア人たちの問題は西洋で知られておらず、オスマン帝国支配下に住むキリスト教徒たちの状況に関するいかなる議論にも含まれていなかった。

三年前の一八七五年から一八七六年、ボスニアとブルガリアの農民たちがオスマン帝国支配に対して反乱を起こし、彼らの村々のいくつかで全住民が報復に虐殺された。ヨーロッパとその報道機関はバルカン半島のキリスト教徒の一世紀にわたる不満の即座の解決を求めた。英国政府はベンジャミン・ディズレーリに率いられた保守党の手中にあり、彼は、ロシアの地中海への浸透に対する唯一の防塁であるオスマン帝国をいかなる犠牲を払っても支援するべきであると信じていた。しかし、ウィリアム・グラッドストンに率いられた自由党からの圧力や高まる世論によって、ディズレーリは会議を招集することを余儀なくされた。

一八七六年十二月、東方問題を審議し解決するために主要なヨーロッパ列強は一堂にイスタンブルに集った。彼らが驚いたことには、青年オスマン党によって起草された憲法が提示された。アルメニア人たちもグリゴル・オティアンが代表となってこの文書の起草に参加した。新たな若いスルタンのアブデュルハミト二世（一八七六〜一九〇九年）は憲法に署名していた。一八三〇年のベルギー憲法に基づき、それにスルタンの権力を確保するために若干の変更が加えられたオスマン憲法は、全ての者に市民の権利、信仰の自由、生命と財産の安全を保証した。それには立法府、司法府、行政府の分立が含まれ、法の下の平等が全ての公民に認められていた。

外交官たち、特に英国の者たちは、そのような自由主義的な憲法が、バルカン半島のキリスト教徒たちに関する議論を不必要にし、会議を中止させると感じた。バルカン半島のブルガリア人やその他の正教会信徒やスラヴ系少数派は裏切られたと感じ、東方問題は今や「東方危機」と呼ばれるようになって燻り続けた。ロシアにおける汎スラヴ主義の感情は極端に高く、ツァーリの政府はその問題の解決を戦争によって促した。ロシアはこれが一八五六年のパリ条約を完全に破棄する最良の時であると判断した。彼らは一八七〇年、普仏戦争を利用し、黒海に関する条項を無効にし、再び彼らの黒海沿岸の港を要塞化した際に、その条約の条項をすでに破り始めていた。一八七一年のフランスの敗北と新たな勢力としてのドイツの台頭によって、ロシアは自由に行動することができるようになり、それは一八七二年には三帝同盟に帰着し、それによってドイツ、オーストリア、ロシアは外部の攻撃に対して互いに支援することに漠然と合意した。

ブルガリアでの状況について話し合うことをオスマン帝国が拒絶したことは、一八七七年にモルダヴィアに侵入する口実をロシアに与え、その世紀の最後のロシア・トルコ戦争が始まった。再びその戦争は東ヨーロッパと西アルメニアという二つの戦線で戦われた。ロシアの汎スラヴ主義やロシア正教会を信用しないイスタンブルのアルメニア人支配層は、公然とオスマン帝国を支持した。しかし、西アルメニアのアルメニア人住民は堪え難い状況に辟易し、クルド人たちが戦争を利用して再びアルメニア人の村々を攻撃すると、アルメニア人の将軍たちに率いられ、ロシアのアルメニア人義勇兵たちに伴われたロシア軍を歓迎した。一八七八年までに、西アルメニアのほぼ全てが解放され、ヨーロッパのロシア軍はイスタンブルに手が届くところであった。オスマン帝国は休戦に同意し、交渉が始まった。イスタンブルのアルメニア知識人たちは、クルド人、チェルケス人、トルコ人の不正規兵によって西アルメニアで行われた残虐行為の知らせを受けた後、彼らの指導者たちに警戒心を捨てるよう要求し、ロシアの前駐イスタンブル大使やその他のロシアの当局者たちに来るべき和平交渉に西アルメニア人たちの将来を含めるよう求めた。

サン・ステファノ条約（一八七八年三月三日）によって完全に独立したルーマニア、セルビア、モンテネグロが形成され、後者の二国はボスニア・ヘルツェゴヴィナとマケドニアから追加の領土を手に入れた。マケドニアの大半を含みエーゲ海への通路を有する広大な自治ブルガリアもまた創設された。西アルメニアに関しては、ロシアがカルス、アルダハン、アラシュケルト、バヤズィトを併合した（**地図30参照**）。西アルメニアの残りの部分はスルタンに返還されることになっていたものの、その条約の第一六条によって、オスマン政府がアルメニア人住民たちが要求する諸改革を実施するまで、ロシア軍がアルメニア諸州に留まり、クルド人やチェルケス人の襲撃から彼らを保護することが規定された。

ディズレーリと外務大臣のロバート・ソールズベリーに主導された英国やアンドラーシ伯爵に主導されたオーストリアは、その条約を非難し、戦争で脅した。ツァーリのアレクサンドル二世は、革命家たちに悩まされ、（「誠実な仲

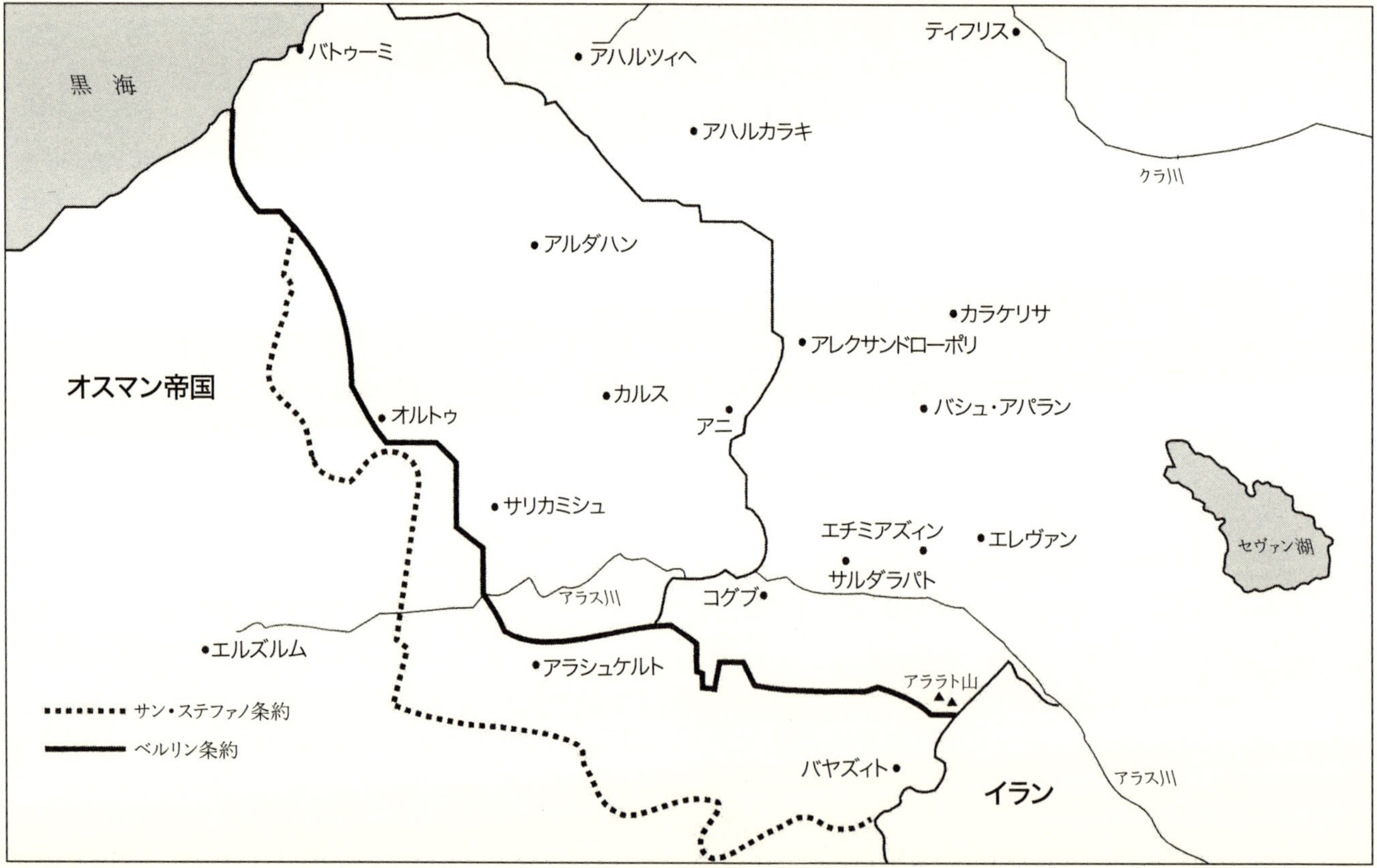

地図 30　サン・ステファノ条約、ベルリン条約以降のロシア・オスマン国境（1878）

介人」として行動することを約束した）ドイツの首相オットー・フォン・ビスマルクに説得されて、二カ月以内にベルリンにヨーロッパ諸国の代表者が集うことに同意した。前イスタンブル総主教（であり後のカトリコス）のフリミアンに率いられたアルメニア人代表団は、西アルメニアにレバノンと同様の地位――つまり、キリスト教徒の総督、現地での自治、現地の事業のために歳入を用いること、市民法廷、アルメニア人とムスリム混合の警察を認めるようヨーロッパの外交官たちを説得するために、ヨーロッパのさまざまな首都を訪問した。しかし、列強は会議に先立つ秘密会合で時間を費やし、そこで英国、オーストリア、ロシア、オスマン帝国は彼ら自身の個別の合意を得た。ベルリン会議のために代表団が到着した時（一八七八年六月十三日〜七月十三日）までに、バルカン半島の人々やアルメニア人の運命はあらゆる点ですでに決定されていた。

ベルリン条約によって、エーゲ海への出口がない、より小規模な自治ブルガリアが創設され、マケドニアの大半はオスマン支配下に留まった。セルビアとモンテネグロは独立したものの、多くの領域を得たわけではなかった。（スルタンの権威の下に留まった）ボスニア・ヘルツェゴヴィナの統治権やセルビアとモンテネグロの間に位置する区域であるノヴィ・パザル県への駐屯権がオーストリアに与えられた際、セルビア人たちは特に苛立たされた。英国には地中海の重要な拠点であるキプロスが与えられ、そこから彼らはスエズ運河を見守ることができた。その見返りに、もしもオスマン帝国が新たな改革を実施するのであれば、西アルメニアにおけるさらなるロシアの侵略行為に対して彼らを援護するとイギリスは約束した。チュニスを占領する権利がフランスに与えられたことで、フランスの野望は満たされた。ルーマニアは独立したが、ベッサラビア南部はロシアに割譲された。小アジア東部では、ロシアがカルス、アルダハン、バトゥーミを併合したが、イランから黒海沿岸の港町であるトラブゾンまでの主要な陸上交易路が通じるバヤズィトやアラシュケルトは、オスマン帝国に返還された（**地図30参照**）。アルメニア人の自治は議論されず、その代わりに、第六一条によってロシア軍は撤退させられ、彼らの代わりに西アルメニアでの改革実施のために直接の監督権のない集団的なヨーロッパの「責任」に置き換えられた。フリミアンの失望は彼の有名な「鉄の柄杓」についての説教で表された。その中で、フリミアンは現在の状況をさまざまな民族がそれぞれ自身の柄杓で食べている粥のボウルに例えた。しかし、アルメニア人に粥の彼らの分け前を食べる順番が回ってきた際、彼らが自由に使える唯一の用具は、それではまったく粥をすくえない紙切れ（サン・ステファノ条約）であった。彼はアルメニア人たちに鉄の柄杓を持ち上げるように、つまり武装闘争に立ち上がるように促した。

アルメニア人の政治・革命運動

その後の二年の間、列強は彼らの責任を果たし、時にはオスマン政府にアルメニア人に対する約束を思い出させた。オスマン帝国のキリスト教徒たちの支援者であるグラッドストンは一八八〇年に首相となり、オスマン帝国に新たな改革を実施するよう圧力をかけるかもしれなかった。しかし、世界的な諸事件によって、まもなくヨーロッパは別の方向に向きを変えた。オーストリア・ハンガリーにおける汎スラヴ主義運動や、起こりうるフランス・ロシア同盟をめぐる懸念の結果、ドイツやオーストリアはオスマン帝国と和解し、彼らに味方した。ツァーリのアレクサンドル二世は暗殺され、彼の子で後継者のアレクサンドル三世（一八八一～一八九四年）は、アルメニア人たちやその他の少数派を信用しなかった。さらに、アフリカ、東南アジア、中国における植民地主義的拡大によって、列強はアルメニア問題から関心をそらした。

一方で、ベルリン会議はアルメニア人たちを失望させただけでなく、彼らを不安定な立場に残した。忠実なミッレトは今や親ロシア感情を疑われ、クルド人やチェルケス人はアルメニア人の村々に対する襲撃を続けていた。総主教は忠誠を宣言し、バルカン半島のキリスト教徒たちと異なり、アルメニア人たちがオスマン帝国からの分離を望んだことは決してないということをオスマン帝国に思い出させることで、その状況を和らげようと試みた。彼は約束された改革によってアルメニア問題が解決されるであろうと望んでいた。スルタンのアブデュルハミトは総主教の確約を受け入れなかった。ヨーロッパ列強が介入しないであろうことを悟ったスルタンは、現地の役人たちが西アルメニアで自由に行動するよう鼓舞した。クルド人やチェルケス人による強奪、誘拐についての諸州のアルメニア人指導者たちからの請願や法と秩序の崩壊は、政府に完全に無視された。アルメニア人たちの大半は不正から彼ら自身を守ったり、不正に対して声を上げる勇気を失っていた。ロシアのユダヤ人たちと同様に、彼らは彼らの運命を受け入れた。スルタンのアブデュルハミトは、ロシアでコサックたちによってユダヤ人たちに対して犯されたものと同様のポグロムを、アルメニア人たちに対して実行するために、クルド人たちを（ハミーディーイェとして知られる）不正規の騎兵部隊に雇い入れた。既存のアルメニア人指導層は、その反聖職者的・社会主義的スローガンが教会やエリート商人たちを同様に動揺させたアルメニア人の自衛組織を支援しなかったものの、アブデュルハミトは全てのアルメニア人を脅威と見なした。彼はイスラーム改革者のジャマール・アッディーン・アフガーニー（一八三八／三九〜一八九七年）の思想を、彼自身の都合に合わせて歪めた。イスタンブルを訪問し、スルタンと交流のあったアフガーニーは、イスラームの人々の団結や西洋帝国主義に抵抗してそれを打倒することの価値を説いたが、アブデュルハミトは、カリフとしての彼の地位を、その帝国の全てのムスリムをバルカン半島や小アジアのキリスト教徒革命勢力に対して団結させるために利用した。

ベルリン会議後の失望はアルメニア文化にも影響を与えた。文学のロマン主義時代は終焉を迎え、写実主義派に取って代わられた。ハコブ・パロニアンは風刺的な戯曲を書き、グリゴル・ゾフラプは生き生きとした短編を書き、ルベン・ザルダリアンは地方の伝説や民話を収集した。その他にこの世代の者たちにはスィアマント、ヴァルジャン、メツァレンツ、オティアンが含まれる。定期刊行物がその運動に続き、一八八四年にはアルピアル・アルピアリアンが写実主義作家たちの討論の場として『東洋』を創刊した。

一八八一年までに、西アルメニアについてのヨーロッパの保証がほとんど何も意味しないことを悟り、多くのアルメニア人の現地の指導者たちは、彼らの長老たちの忠告を無視し、バルカン半島の者たちの運動やゼイトゥンのアルメニア人たちの武装闘争の例に倣い、多数の場所で防衛集団の組織を始めた。これらの中で最も有名なものは、カリン（エルズルム）の「祖国防衛団」であり、そこでは武装した若者たちが彼らの同胞を守ることを誓った。一八八五年までに、最初のアルメニア人の政党（西アルメニアで設立された唯一のもの）であるアルメナカン党が、ヴァンの教師ムクルティチ・ポルトゥガリアンの教え子たちによって結成された。ムクルティチ・テルレメズィアンによって体系づけられ、フリミアンの民族主義の影響を受けて、アルメナカン党の綱領では、普通教育、武装抵抗、最終的な自治のための準備が主張された。数カ月前にオスマン帝国から追放されていたポルトゥガリアンは、同年にマルセイユで新聞『アルメニア』を創刊した。

ポルトゥガリアンのヨーロッパでの活動は、国外で学ぶ多くのロシアのアルメニア人たちに影響を与え、彼らは、後述の通り、まもなく彼ら自身の革命組織である社会民主フンチャク党をジュネーヴで創始した。アルメナカンは彼らの活動をヴァンで続け、イラン領アゼルバイジャン、コーカサス、ブルガリアのアルメニア人たちの中で構成員たちを募集した。ポルトゥガリアンもアルメナカン党も独立を主張したわけではなかった。彼らは武装集団を組織し、その後の一〇年間、クルド人の襲撃からヴァンの領域を防御した。その世紀の末までにアルメナカンの少数の者たちはフンチャク党や後にはティフリスで登場していたアルメニア革命家連合すなわちダシュナク党（19章参照）のような、より大規模でより組織されたアルメニア人の政党に加わった。アルメナカン党の主流はやがてサフマナディル・ラムカヴァルすなわち立憲民主集団（後のラムカヴァル党）に加わった。

アルメニア人の革命家たちは彼らの行動方針に異議を唱えた。フンチャク党は、反政府的な示威行動が、ヨーロッパ列強に対してアルメニア人がベルリン会議の第六一条の約束を忘れたわけではないという声明を送ることになると感じた。まもなくジュネーヴで「青年トルコ人」として確立される青年オスマン人たちは、フンチャク党の綱領の多くに賛成したわけではなかったが、スルタンの打倒や立憲政府の獲得を望んで、アルメニア人たちに加わることを決心した。一八九〇年、フンチャク党は彼ら自身の宗教指導者たちに挑戦し、エルズルムやクム・カプのイスタンブル・アルメニア教会大聖堂の前で示威行動を組織した。そのような抗議運動は新たな構成員たちを引きつけたものの、その結果、弾圧や数多くの示威行動参加者や党の構成員たちの死という結果にもなった。ロシアのアルメニア人たちもまた反応し、同年、小規模な遠征部隊が明らかにダシュナク党に容認されて、サルギス・ククニアンの指導下でオスマン帝国に対する蜂起を計画した。それは失敗したものの、その声明は明確であった。ロシアのアルメニア人たちもまたアルメニア問題を忘れたわけではなかった。

一八九四年、サスンの山岳地帯に居住するアルメニア人たちは、クルド人やトルコ人のハーンやパシャたちに要求される不公平な税や労役に不満を感じ、フンチャク党に刺激されて、武装蜂起に立ち上がった。彼らは一カ月の間、持ちこたえたものの、恩赦やスルタンへの公式の請願の具申の約束によって、降伏を説得された。しかしながら、合意は単なる策略であって、約三千名のサスンの者たちが殺された。ヨーロッパは抗議したものの行動はせず、殺人はその他の地方でも発生した。一八九五年九月、フンチャク党はヨーロッパに行動を強いるために、オスマン政庁の前で（バーブ・アリーの示威行動として知られる）巨大な示威行動を実行した。これは恐るべき流血に終わり、何百人ものアルメニア人が命を落とした。しかしながら、その行動によってイギリスは一定の変化を要求することを強いられ、アブデュルハミトはそれに若干の遅滞の後、同意した。

一八九五〜一八九六年の大虐殺

しかし、スルタンはアルメニア人に対する政策を変更する意図はなかった。当面の間、新たなツァーリのニコライ二世（一八九四〜一九一七年）治下のロシアがバルカン半島や小アジアでのその積極的な役割を断念した一方で、残りのヨーロッパ列強には対応すべきその他の問題があった。しかし、バルカン半島や小アジアにおける彼らの関心はいつでも再び表面化するかもしれなかった。バルカン半島、中東、アフリカでの彼の帝国の分解に直面して、アブデュルハミトは小アジアにおけるアルメニア人の民族・政治的覚醒を特に危険なものと見なした。なぜならば、もしもバルカン半島のキリスト教徒たちが成功したように、アルメニア人たちが自治か独立の獲得に成功するならば、オスマン帝国は、その時までに彼らが自らの故郷と見なすようになっていたものの大部分を失うことになるからであった。アラブ人の土地やバルカン半島に定住したトルコ系の人々は結局のところ相対的に少なく、多数派は小アジアに定住していた。それに加えて、小アジアはオスマン帝国の主要な農業や鉱物の基盤であり、主な交易路を含んでいた。アルメニア人たちが劣った地位を受け入れる限り、彼らは帝国にとって役に立つ存在であり続けることができた。さもなければ、彼らは従属することを思い知らされてきたのであった。

一八九五年十月、トルコ人やクルド人の軍団は、イスタンブルからの命令と共に、六のアルメニア人居住州のアルメニア人の村々や町々のアルメニア人居住区に対する組織的な攻撃を開始した。大虐殺、強制改宗、略奪は一八九六年の夏まで続けられた。一〇万人から二〇万人のアルメニア人が殺され、五〇万人以上が貧困の中に残されたということが諸史料で概算される。何百という修道院や教会が冒瀆されたり破壊されたりモスクに改修されるなどして、数多くの村が強制的にイスラームに改宗させられた。武装したアルメニア人たちが応戦したヴァンやゼイトゥンでは被害はより少なかった。これら全てを通して、英国、フランス、ロシアの公使たちは抗議したが、行動することは拒んだ。応戦したサスン、ビトリス、ヴァン、ムシュの民衆の指導者たちに率いられたごく少数の武装した者たちを除いて、アルメニア人の大多数は当惑して反応することはできなかった。何万もの者たちがアラブ人の土地やヨーロッパや合衆国に移住し、政治的示威行動は不意に終わった。

アルメナカン党やフンチャク党の最高位の者たちは虐殺された。ダシュナク党が唯一の存続したアルメニア人の政治組織として残った。その時まで、フンチャク党によって組織された公の示威行動に参加していなかったダシュナク党は、ヨーロッパの無関心によって行動する気になった。一八九六年八月二十六日、爆弾で武装し、非常に若いバブケン・スィウニに率いられた二六名のダシュナク党員は、イスタンブルのオスマン銀行を占拠し、それを爆破すると脅迫した。彼らは完全な恩赦、財産の回復、六州でのヨーロッパの当局者たちの監督下での改革の即刻の実施、西アルメニアでのムスリムとアルメニア人から成る混合警察の導入を要求した。包囲の間に男たちのうち一〇名が殺され、残りの者たちは、彼らの要求が考慮されるであろうことを西洋の外交官たちに説得され、銀行を去り、安全通行の保証の下、ヨーロッパへ出航した。オスマン帝国の反応は迅速であった。政府はイスタンブルで暴動を煽動し、その中で約六千人のアルメニア人が殺された。この行為を巡るヨーロッパの抗議に対するオスマン帝国の返答は否定的で、アルメニア人の「テロリストたち」に責任を転嫁した。

一九〇八年の革命

アブデュルハミトの警察はその一方で、彼ら自身のトルコ人の反体制派や知識人に対しても活発で、多くのその指導者たちを逮捕した。その結果として、一八九一年から一八九六年までの間に、青年トルコ人たちはヨーロッパに政治細胞を創設した。一八九五年、もう一つの組織である「統一と進歩委員会」すなわち「統一派」(*Ittihad ve Terakki Cemiyeti*) が、スルタン制に対するクーデターを組織する目的からパリで結成された。彼らの陰謀は暴かれ、指導者たちの大半はヨーロッパに亡命し、そこで青年トルコ人たちに加わった。一九〇二年、パリで開かれた第一回オスマン知識人会議で、青年トルコ人はアルメニア人のダシュナク党、アラブ人、アルバニア人、ユダヤ人、クルド人に合流した。彼らは全ての民族や宗教に平等の権利が授けられる未来の立憲国家のために働くことには同意したものの、少数派たちのためにヨーロッパが介入すること（ベルリン会議の第六一条）には異議を唱えた。アルメニア人たちはヨーロッパの介入を要求し続け、ダシュナク党はそれ以降参加することを拒んだ。

ロシアに対する日本の勝利、ヨーロッパ列強に対するアジアの民族による最初の勝利によって、トルコ人、アラブ人、イラン人の知識人たちは、西洋化が彼らの後進性に終止符を打ち、彼らを西洋から独立させると確信した。一方で、一九〇六年のイラン立憲革命におけるアルメニア人たちとイランのアゼリー人たちとの同盟によって、アルメニア人たちとトルコ人の知識人たちは接近し、スルタンに対する共同の行動を計画し始めた。アルメニア人によるスルタン暗殺のより初期の試みは失敗していたため、統一と進歩委員会に主導された青年トルコ人たちは、サロニカの軍の将校たちの間で支持を集めるために一九〇六年、トラキアに移動した。一九〇七年、パリでのダシュナク党主導による第二回オスマン知識人会議の間に、アルメニア人とトルコ人は、今回はヨーロッパの助けなくアブデュルハミトの打倒のために共同し近代国家を創設することに合意した。会議に参加することすら拒んだフンチャク党は、ダシュナク党を敵と共同しているとして非難した。一年後、マケドニアの軍は青年トルコ人たちの指揮の下、イスタンブルに進軍し、（カリフの地位を維持していた）アブデュルハミトを廃位させ、一九〇八年七月二十四日、立憲政府を樹立した。

数カ月後、オスマン憲法に鼓舞されテロリスト戦術に反対するアルメニア人の自由主義者たちやアルメニア人中産階級の一部の成員たちからなる集団は、違った種類の政治組織の樹立を模索した。革命家たちはすでに彼ら自身の組織をロシア、イラン、オスマン帝国において確立していた。このことによって、エジプトのアルメニア人共同体は、革命の熱に影響されていない唯一の有力なアルメニア人ディアスポラとして残された。彼らの政治・社会経済的立場や英国の存在によって、ヨーロッパの自由主義的伝統を提唱し、ディアスポラのアルメニア人中産階級を代表する新たな政党結成の理想的な風潮が形作られた。アルメナカン党の残存者たちを集め、彼らの熱狂的な指導者たちに疑問をもったフンチャク党やダシュナク党の少数の者たちを呼び集め、これらのアルメニア職業人たちは一九〇八年十月三十一日、アレクサンドリアにおいてアルメニア立憲民主党（サフマナディル・ラムカヴァル）を設立した。その政党はイスタンブルに支部を開設し、そこで多くの新たな構成員を引きつけ、そこで後に（一九二一年）、かなり大きなアルメニア人政治組織としてわずかに異なる名称（ラムカヴァル・アザタカンすなわち民主自由党）の下で登場した。

一方で、首都のアルメニア人やトルコ人の指導者たちはアブデュルハミトの終焉を祝い、アルメニア人・トルコ人協力の新時代に拍手を送った。多くのアルメニア知識人が議会の成員となり、明るい未来が予測された。青年トルコ人たちとの協力を拒んだフンチャク党でさえもが、地下活動を自粛し、改革を待ち受けることを決心した。しかし、蜜月は一年も続かなかった。革命を利用して、オーストリアはボスニア・ヘルツェゴヴィナを併合し、ブルガリアは独立を宣言し、クレタ島はギリシアとの合同を宣言した。オスマン帝国における反動の結果、クーデターが発生し、その後一九〇九年四月にアブデュルハミトが一〇日の間復位した。その一〇日間や青年トルコ人たちの復権のすぐ後、トルコ人の民族主義者や反動派はキリキアで二万五千人以上のアルメニア人を殺害した。再び秩序は回復され、アブデュルハミトは追放され、彼の無力な弟のメフメト五世（一九〇九～一九一八年）に取って代わられた。

虐殺の二次的な容疑者たちの幾人かは罰せられたものの、キリキアの一部の青年トルコ人たちがテロルを承認しそれに参加していた事実によって、アルメニア人・トルコ人関係は害された。これにもかかわらず、アルメニア総主教座や今や最も有力で目立つアルメニア人政党であったダシュナク党は、青年トルコ人たちとの協調を続けた。アルメニア人たちはオスマン軍に入隊し、第一次バルカン戦争の間（一九一二年）にはオスマン帝国のために戦った。しかし、青年トルコ人たちの指導部は変化していた。汎トルコ主義、人種主義、好戦的な民族主義が勃興し、ズィヤ・ギョカルプのようなその支持者たちが、今や統一と進歩委員会の中央委員会の成員となっていた。汎トルコ主義者たちの目標は少数派たちを改宗させ、小アジア、イラン、トランスコーカサス、ロシア、中央アジアのトルコ系諸民族を汎トルコ主義帝国に結集させることであった。一九〇八～一九一二年の間のバルカン半島からの何十万人ものトルコ人難民たち（ムハージル）の出発に続いて、そのような思想はさらに支持者を獲得した。バルカン戦争でのオスマン帝国の領土的損失やアルバニアによる独立宣言によって、政府内の残存する穏健派や自由主義者の勢力は終焉した。一九一三年一月二十三日、超民族主義者たちに主導されたクーデターによって、陸軍大臣エンヴェル・パシャ、内務大臣タラート・パシャ、イスタンブル軍事総督ジェマル・パシャの三頭政治に主導された小集団に独裁権力が与えられた。その新たな指導部は、憲法の規定を無視し、全ての反対勢力を無慈悲に弾圧した。

ジェノサイド

これらの展開を恐れ、追放されて明らかに反キリスト教徒感情をもつ五〇万人以上のムスリム移住者たちのバルカン半島から西アルメニアへの到来に直面したアルメニア人の指導者たちは、以前のように外部に外交的援助を求め始めた。しかし、その一方で国際的な政治状況は劇的に変化した。一八九四年、ロシアはフランスと同盟を結び、一九〇七年には英国と合意を達成し、それによって彼らはアジアにおける影響圏を線引きし、こうして三国協商が形成された。同盟国、すなわちドイツ、オーストリア、揺れ動くイタリアは、三国協商に対する彼ら自身の軍事・経済同盟を模索した。伝統的な同盟国であった英国を失ったオスマン帝国はドイツに傾き、まもなくドイツ製の武器を購入し、ドイツの軍事顧問たちを招き、貿易協定を結び、ベルリン・バグダード鉄道を計画した。

一九一三年までに、一新されたアルメニア人の政治的活動や緊張した国際情勢によってアルメニア問題が再び持ち上がり、ロシアはさらなる会議を開催するよう列強に促した。ロシアの計画はさらなる戦争を避けようとするものであった。それには多くの対策が用意されていた。それによれば、西アルメニアは非トルコ人の総督の監督の下に置かれ、混合の警察権力が創設され、ハミーディーイェは解体され、アルメニア人居住州にバルカン半島からの移住者たちが定住することに終止符が打たれ、近年のアルメニア人の経済的損失に対して損害賠償を与え、アルメニアで徴集された歳入は学校などの地元の事業に確保されることになっていた。さらに、それによればキリキアもこの計画に含まれていた。アルメニア人たちもロシアも西アルメニアのオスマン帝国からの分離は主張しなかった。

しかし、ドイツとオーストリアの反対によって、多くの妥協がなされ、一九一四年初頭までに列強が承認した合意はロシアとオスマン帝国によって署名された。合意には当初の要望のいくつかが含まれただけであった。オスマン領アルメニアは二名の中立的なヨーロッパ人の総督によって監督される二つの州に分割され、その人物が混合の警察権力や多数の行政・財政改革を監督することになっていた。キリキアはその計画に含まれていなかった。一九一四年の夏までに、ノルウェーとオランダの知事がオスマン帝国に到着し、失望していたとはいえ、アルメニア人たちは長く必要とされてきた改革が六のアルメニア人居住州でついに実施されると期待した。しかし、そのような穏健な改革によってすら、トルコ人は脅かされ、彼らはそれらの中に、バルカン諸国で起こったように西アルメニアの拡大する自治や最終的な独立を見出した。

一方、第一次世界大戦の直前、ドイツが汎トルコ主義の夢の実現を手助けするとの理解と共に、極秘のオスマン・ドイツ同盟が交渉された。このことは、ジョージア人、ロシア人、そして特にアルメニア人などの、トルコの人々の結束における第一の障害は排除されるべきであることを意味した。彼らの排除によってまた、バルカン半島からのムスリム移住者たちがアルメニア人の村々に定住し、彼らが東ヨーロッパで置き去りにしてきた富を何であれ取り戻すことを可能にするはずであった。さらに、トルコ人たちは、トルコ人のブルジョアジーを作り出すためにはアルメニア人の中産階級は排除されるべきであると感じた。断固とした英国の警告に反して、一九一四年秋、オスマン帝国はドイツ側で戦争に加わった。戦争の初め、エンヴェル・パシャはこの計画の第一段階として、大軍と共にトランスコーカサスやイラン領アゼルバイジャン方面に動いた。一九一四〜一九一五年の冬の作戦はエンヴェルにとって大失敗であり、彼の軍勢は両戦線において甚大な損害を被った。彼らは前線を離れ、首都に戻った。面目を保つために、彼は彼の失敗の責任を小アジアのアルメニア人たちに負わせた。統一と進歩委員会の中央委員会は、今や雪解けと共に必ず訪れるであろうロシアの反撃について非常に懸念するようになった。

失敗した作戦の直後の二月、アルメニア人の兵士たちは武装解除され、労働大隊に移された。一九〇八年革命以降、武器を携帯することが許されていたアルメニア系の市民たちもまた武装解除され、多くの男たちは軍隊で最も単調な仕事に従事するために連れ去られた。三月、政府は、二つの主なアルメニア人の勢力の中心地であるゼイトゥンとヴァンを鎮圧もしくは破壊することを決定した。ゼイトゥンやキリキアのその他の多数の町々のアルメニア人たちは、殺され、追放されるべき最初の者たちであった。少数の者たちは抵抗し、山岳地帯に逃げたものの、住民の大半はシリアの砂漠に追い立てられた。彼らの財産はただちに、主としてトラキアやブルガリアからのムスリム移住者たちに取り上げられた。ヴァン州のアルメニア人たちがその次で、四月中旬までにオスマン帝国はその州の住民の大半を殺害もしくは追放することに成功した。しかし、三万人のアルメニア人が多数派を成すヴァンの町は例外であった。アルメニア人街は自らを障害物で防御し、アラム・マヌキアンやアルメナク・エルカニアンの指揮の下、少ない武器で武装し、一九一五年五月中旬のロシア軍の到来までなんとか持ちこたえた。

四月末までにアルメニア問題の最終的解決の段階が整えられた。一九一五年四月二十四日夜、二百人以上のアルメニア系の作家、詩人、新聞編集者、教師、弁護士、議員やその他のイスタンブルの共同体の指導者たちが強制的に彼らの住居から連れ出され、後に殺害された。その中にはアルメニア文芸復興の最中や後に生まれた多くの作家たちも含まれていた。その年の末までに約六百人のアルメニア系知識人や数千人の労働者たちもまた逮捕され、内陸部に追放された。生き残った数少ない著名なアルメニア人たちの一人が作家で民謡収集家のコミタスで、彼はこの大惨事を目撃した後、精神衰弱に悩まされ、それから決して回復することはなかった。アルメニア人たちを彼らの父祖の故郷から力で排除するために、六のアルメニア人居住州の知事や軍司令官に明快な命令が電信で伝えられた。民族浄化はそれぞれの州で同様の方式で行われた。まず、町や村に住む健康で丈夫な男たちが地方の本部に召還され、そこで彼らは収容されるか短期間投獄された。彼らは町から連れ出され銃殺された。次に老人、女性、子供に、新たな場所に出発するまで数時間もしくは数日あることが告げられた。一部の者たちは教会に集められたものの、後にそれに火がつけられ、大多数の者たちは、トルコ人の犯罪者や無職の無法者から構成された特別の旅団に護送され、長い行進に連れ出され、そこで多くは水や食料の不足や極度の疲労から死んでいった。行進を生き延びた者たちの大半はデリゾールの砂漠の収容所で死んでいった。女性たちは強姦され、老人や子供は焼かれ、傷つけられ、殴打された。クルド人やトルコ人たちは強制的に多くの若い女性たちを妻や側室として連行し、無数の子供たちが捕らえられ、ムスリムとして育てられた（ある史料によれば、二五万人以上が改宗させられた）。自殺、拷問、殺害によって、アレッポやモスルに追いやられた追放者たちの人数は激減した。彼らの目的地に到達した者たちはほとんどおらず、大抵の史料によれば、六のアルメニア人居住州に居住していた百万人を優に超えるアルメニア人が非業の死を遂げた。一九一六年までに、ヴァン、ムシュ、サスン、ビトリス、エルズィンジャン、バイブルト、エルズルム、トラブゾン、マラティア、シャビン・カラヒサル、ハルベルト、スィヴァス、アンカラ、ディヤルバクル、マルソヴァン、ウルファーやキリキアの全アルメニア人住民が根絶された（地図31参照）。

武装解除され、数でも劣り、包囲され、健康で丈夫な男たちを欠いたアルメニア人たちは、最小限の抵抗と共に死に向かっていった。ごくわずかの者のみが応戦するか逃亡することに成功した。東地中海岸のモーセ山の側面に位置する六のアルメニア人の村は、彼らの隣人たちの運命を悟り、戦うことを決心した。彼らは大規模なオスマン軍の行動に四〇日間抵抗し、彼らのうちの四千人は結局、フランス海軍に救出された。後にドイツ人〔正しくはユダヤ系オーストリア人〕の作家のフランツ・ヴェルフェルは彼の小説『モーセ山の四〇日』の中で彼らの英雄的な抵抗を不朽のものとした。

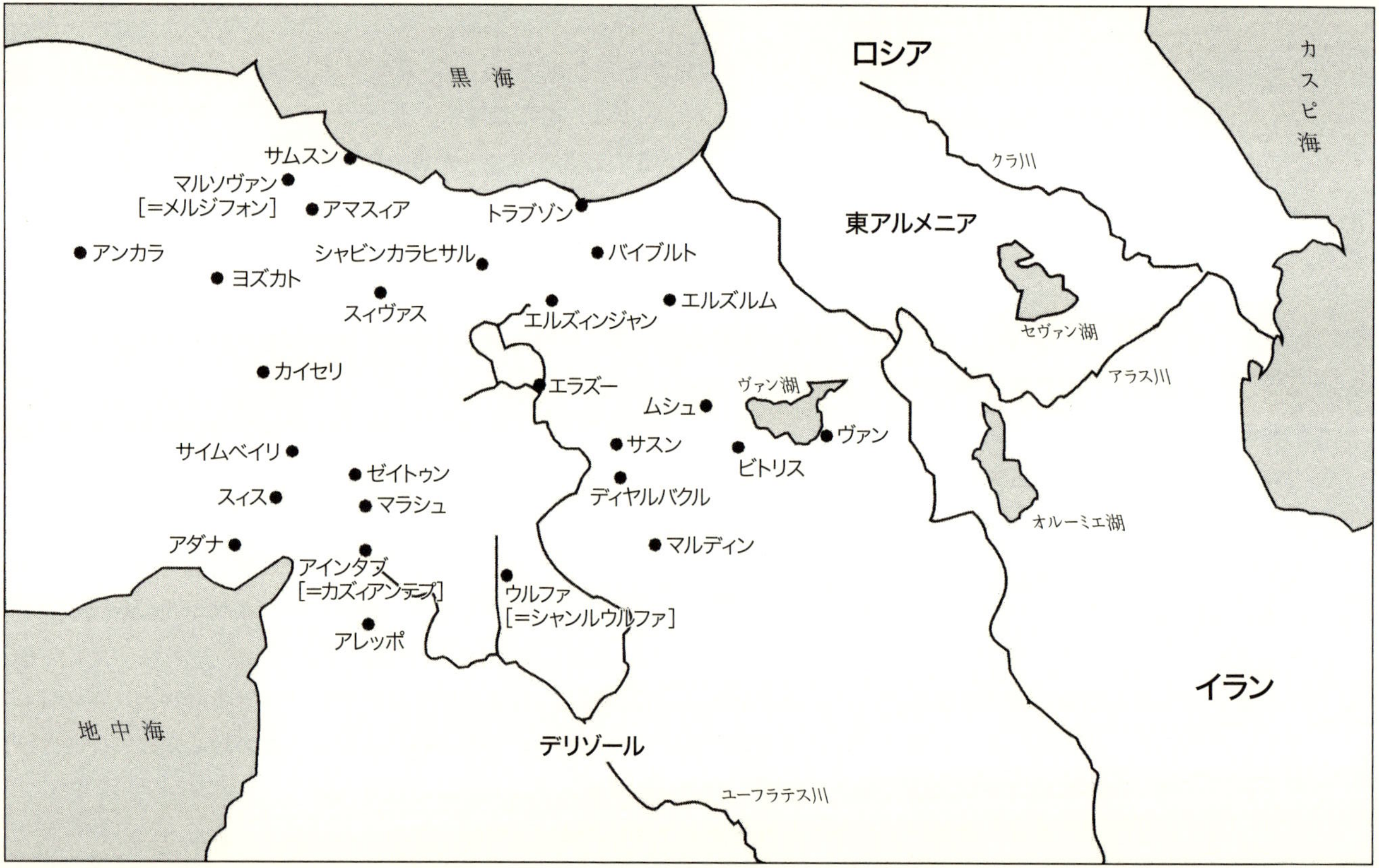

地図 31　ジェノサイドが行われた主要地（1915 ～ 1922）

外国の宣教師たちは一部のアルメニア人のカトリックやプロテスタントを保護したが、アルメニア人改宗者たちの大部分は彼らの使徒教会の兄弟姉妹たちと同様の運命に直面した。多くの外国の外交官や宣教師たち、特にアルメニア人たちに代わって嘆願し、殺戮を止めようと試みたアメリカ大使ヘンリー・モーゲンソーの嘆願は無視された。ドイツやオーストリアの当局者たちはジェノサイドの煽動に加担していたわけではなかったものの、そのための準備を十分に察知しており、彼らは事件を目撃するか事件の知らせを受けていたものの、スミルナ（イズミル）のドイツ軍部隊を除き、その問題に関して決定的な何かを行うことを拒んだ。イスタンブルやスミルナのアルメニア人たちもまたその計画に含まれていたものの、早い時期に逮捕された数千人を除いて、まず第一に多くのヨーロッパの領事館の存在やアメリカやドイツの外交官や軍人の仲裁によって救われた。それが終わる時までに一五〇万人近い人々が生命を失い、小アジアにおけるアルメニア問題は解決していた。スミルナの大規模なアルメニア人共同体はギリシア人たちの大半と共に後の一九二二年に消滅した。一方で、一九一八年以降シリアの一部となったアレクサンドレッタ（イスケンデルン）・サンジャクとして知られるキリキアの片隅の小規模なアルメニア人居住地は、一九三九年にフランスがその地域をトルコに返還した後に放置された。第二次世界大戦後の差別、嫌がらせ、ポグロム、恣意的な税によってイスタンブルにおける重要なアルメニア人の存在は移住を通じて低下した。

アルメニア人ジェノサイドと数十年後のユダヤ人のホロコーストとの比較において、多くの共通の特徴が見えてくる。両事例において、独裁的な政党が国家を支配しており、国家への服従は国民文化の本質的な部分であった。民族主義や人種的な均質性が主張され、特定の少数派の排除のための準備が前もって、秘密裏に調整され、実行された。抵抗を防ぐために欺瞞的な方策が用いられ、異議を唱えたりためらった当局者たちは排除された。計画を監督するために特別の部隊や委員会が形成され、軍は政治的決定を実行するために用いられた。アルメニア人とユダヤ人の両者が裏切り者や搾取者として選び出され、彼らの財産は略奪されるか没収された。彼らの両者が支配的な集団の失敗の生贄に供された。両集団に対して医学的な実験が実行されたが、その恐怖を強制されたアルメニア人は少なかった。両集団が彼らの人口の約六五パーセントを失った。修正主義者の歴史家たちは後に両方の事件を否定するか反論し、被害者の数を矮小化した。多くのトルコ人やクルド人は、「正義の異邦人」と同様に、警告したり、隠したり、見逃すことで一部のアルメニア人が逃れるのを助けた。両方の大惨事を生き延びた者たちは生き残ったことの罪に苦しみ、彼らの文学的反応は非常に共通していた。ヨーロッパの勝利者たちは、彼らが一九四五年に行ったのと同様に、イスタンブルで（一九一八年に）裁判を開き、ジェノサイドの犯罪者たちに死刑や投獄の判決を下した。

しかし、多くの重要な違いがある。ヨーロッパのユダヤ人たちは列車によって彼らの死の収容所まで輸送された一方で、アルメニア人の大多数は彼らの村で殺されるか、しばしば裸で死に至るまで行進させられるか、砂漠の収容所でゆっくり死ぬように放置された。より重要なことには、アルメニア人たちはユダヤ人たちと異なり、彼らの三千年の歴史がある故郷から根絶やしにされた。そして、最も重要なことには、現在のドイツ政府は、トルコのそれとは異なり、ホロコーストを承認し、金銭的な補償を支払った。

トルコや親トルコ派のアメリカの歴史家の大半は、公式のトルコの立場を採用し、二十世紀の最初のジェノサイドとして真摯な歴史家たちの多数派によって受け入れられているアルメニア人の計画的な絶滅を否定してきた。アルメニア人の政治的活動や特にヴァンにおける蜂起によって、彼らの裏切りが敵を助けることがないように、国家は進軍するロシア軍の進路から信用できないアルメニア人たちを排除することを余儀なくされたと彼らは主張する。アルメニア人たちを根絶させる計画はなかったと彼らは主張し、彼らは単に交戦地帯から避難させられたとする。オスマン帝国におけるアルメニア人の人口は、ヨーロッパやアルメニアの史料に反して、二百万人を超えることはなく、半数が西アルメニアに居住していたものの、総数は約一三〇万人で、約六五万人が西アルメニアに居住していたと彼らは付け加える。彼らはまた、三〇万人のアルメニア人がクルド人の手により非業の死を遂げたり、無法者の許可されない行為や性急に組織された移送を通して死んだものの、大半の者は疫病から死んだと付け加える。

同じ戦争によって二百万人以上のトルコ人が殺され、彼らの一部はアルメニア人の武装集団によって殺害されたと主張している。最後に、彼らは戦後の裁判の評決や無数の公式の報告書を、実際は偏った反トルコ的なものであるとして否定している。

客観的な史料によれば、オスマン帝国のごくわずかなアルメニア人たちのみがロシアに対して何らかの支援を提供したことが認められ、圧倒的大多数は忠実なままであり、約一〇万人がオスマン軍に入隊するか徴集された。修正主義者の歴史家たちは、追放がヴァンの防衛以前から始まっており、交戦地帯からほど遠いその他のアルメニア人たちもまた追放され殺害された事実を無視している。事件の経過がアルメニア人居住州の各小村、村、町でほぼ同一であったという事実は、反論の余地がないほどによく組織された計画であったことを示している。

修正主義者たちはまた、わずか三〇万人のアルメニア人が死んだというエンヴェル・パシャの主張は不正確で、実際の数は彼らの報告によれば百万人を優に超えると明確に述べるオスマン帝国内のドイツ当局者たちからの報告を考慮に入れていない。アメリカ、イタリア、その他の中立国の外交官たちからのものや、オスマン帝国の同盟国であったドイツやオーストリアの代表者たちによる何千もの公式の報告が存在する。アラブ人やトルコ人やクルド人の目撃者たちの記録すら存在する。これらに加えてさまざまなジャーナリスト、宣教師、生存者の記録がジェノサイドを否定できないものにしている。アルメニア人以上に多くのトルコ人が第一次世界大戦の間に死んだのは事実であるが、彼らは戦争の結果として死んだのであり、ジェノサイドの結果としてではない。同じように、第二次世界大戦ではユダヤ人より多くのドイツ人が死んだが、まったく異なる原因による。

歴史的アルメニアの大半でアルメニア人の民族浄化が行われ、歴史的アルメニアのわずかな部分が反民族主義的なソヴィエト支配下に置かれると共に、アルメニア人の民族・政治的切望はディアスポラの少数の中心地に限定された。

ヨーロッパ、北アメリカ、ソヴィエト連邦でアルメニア人たちが経済・文化的枠組みを建設し、全滅間際の衝撃から立ち直るまでに五〇年を要した。

一方、フランス、イギリス、合衆国とその関係を再確立した近代トルコ国家はその過去から距離を置き、自身を唯一の西洋化されたムスリム国家として描こうと努めた。その戦略的な位置は、NATOの成員の身分を獲得するのを助け、冷戦中には合衆国の重要な軍事同盟国となった。

一九六五年、ジェノサイドの五〇周年の際に、ソヴィエト・アルメニアを含む全世界のアルメニア人が彼らの不満を露わにし、正義を要求し始めた。

多くのトルコの外交官たちが、世界中の民族解放運動に影響され、テロリズムを世界の良心を喚起する唯一の手段と見なしたアルメニア人たちによって暗殺された。一九七五年、自身を「アルメニア解放のためのアルメニア秘密軍」（ASALA）と呼ぶ若い男たちの集団がレバノンで行動を開始し、その他の民族解放勢力と協力した。彼らの失敗は多くの者にとってはアルメニア人の印象を害したにもかかわらず、彼らは多くの若いアルメニア人たちを武装行動に目覚めさせることに成功した。若い構成員たちの一部をASALAに奪われたダシュナク党はまもなく彼ら自身の武装組織である「アルメニア人ジェノサイドに対する正義の部隊」を創設し、トルコ系の組織や外交官たちを標的にすることでさらなる成功を収めた。二つの集団は時には互いに衝突することもあった。これらの展開に対するトルコの反応は、彼らの政府や歴史家たちによる再三のジェノサイドの否定であった。

過去三〇年以上にわたって、トルコ政府から助成金を受けたトルコ人や一部の西洋の研究者たちは、トルコ人たちを虐殺したとしてアルメニア人たちを非難しさえしてきた。トルコ人にとってのもう一つの手段は、いわゆる二十世紀の最初のジェノサイドがユダヤ人のホロコーストの被害者たちの記憶を害するという見解を広めることであった。トルコによってこの作戦に費やされた膨大な基金は一部で実を結び、一九八〇年までにはかつて全ての者たちによってアルメニア人ジェノサイドとして認定されていたものが、「伝えられるところによるジェノサイド」、「いわゆるジェノサイド」としてアメリカやイスラエルを含む一部の国で呼ばれるようになった。トルコとの関係を害することを望まない合衆国は、その同盟国や国際連合にアルメニア人ジェノサイドを承認しないように圧力をかけた。そのような行為は特に活発なアルメニア人たちを糾合したのみならず、アルメニア人の民族の問題から離れていたアルメニア人たちをも覚醒させた。個々のアルメニア人たちや組織は、文書を探し、集め、映画を作り、書籍や論文を発表し、ジェノサイド生存者の声を記録し始めた。多くの機関が特にトルコの否定と戦うために創設された。彼らの差異をわきに置き、アルメニア人たちは彼らの統一された声を用い始め、選ばれたアメリカやヨーロッパの当局者たちが証拠を審議するよう要求した。

二〇年後、多くのヨーロッパの国がトルコからの大きな圧力にもかかわらず、アルメニア人ジェノサイドを承認し、合衆国の上院がそのような決議をほぼ通過させようとした際、彼らの努力は報われた。加えて、アルメニア人ジェノサイドは多くのアメリカの公立学校のカリキュラムに加えられた。

アルメニア人ジェノサイドに関する真実を覆い隠すことに失敗して、トルコやアメリカの一部の当局者たちは、彼らの戦術を転換し、アルメニア人の組織や指導者たちにアルメニア人とトルコ人の研究者の選ばれた集団の間の対話に加わるよう圧力をかけた。トルコ側は以下のような妥協を提示した。追放や殺害は前もって計画されたものではなかった。戦時の状況によって一部の地元の当局者たちは自ら行動を起こし、混乱の中で問題は手に負えなくなり、約六〇万人のアルメニア人が移送の際の厳しい状況から命を落としたかもしれなかった。もしもこの主張を受け入れるならば、アルメニア人たちは戦争のせいで非業の死を遂げたのであり――計画的なジェノサイドはなかったことになる。合衆国はまたトルコ・アルメニア和解委員会（ＴＡＣＣ）の創設のためにロビー活動を行った。それはまもなくトルコの代表者たちがアルメニア人ジェノサイドを議題に含めることを拒んで解散した。多くのトルコの研究者、ジャーナリスト、作家が近年、アルメニア人ジェノサイドについて議論し始め、ヨーロッパ連合（EU）に加わろうとするトルコの取り組みは、何らかのかたちでの承認にさえ帰着するかもしれない。アルメニア人とトルコ人が一九一五〜一九二三年周辺の出来事について議論すべきなのに疑いはないが、計画的なジェノサイドに何らかの疑問を投げかけることは、世界中の圧倒的な公文書の記録を考慮して、歴史を書き換える破廉恥な試みであり、受け入れることはできない。ユダヤ人のホロコーストと同様に、アルメニア人ジェノサイドは反論の余地なく、明白で、自由に議論すべきものではない。

19 ツァーリの臣民
トランスコーカサスとロシアのアルメニア人たち（一八二八〜一九一八年）

第二次ロシア・ペルシア戦争終結の際、アルメニア人たちはロシアの保護の下、自治国家の樹立を望んだ。ツァーリのニコライ一世はこの着想を拒絶したが、アルメニア人と彼らの支援者への譲歩として、エレヴァンとナヒチェヴァンの両ハーン国が短い間（一八二八〜一八四〇年）、アルメニア州（〔ロシア語で〕アルミャーンスカヤ・オーブラスチまたは〔アルメニア語で〕ハイカカン・マルズ、**地図32**参照）を形成するために合併された。しかし、ニコライと彼がコーカサスで任命した者たちが、帝国の領域の非ロシア人たちのロシア化や非ロシア人たちを中央政府の支配下に置くことを唱えるなど概して保守的であったことから、アルメニア人たちはほどなくして失望した。一八三六年、ロシアはポロジェーニイェとして知られる一連の法令を制定し、それはアルメニア教会の内部の問題をイランがかつて試みたよりもはるかに監視しようと努めるものであった。ロシアの代理人は教会の活動を監視するためにエチミアズィンに駐在することが要求された。過去にはアルメニア人の宗教的、世俗的代表者たちがカトリコスを選出していたが、ポロジェーニイェの下では二名の候補者が指名され、彼らの名前は最終的な選択のためにツァーリに提出された。新たなカトリコスはそれゆえツァーリに忠誠を誓うのであった。しかし、ポロジェーニイェの下でアルメニア教会は独立した存在と

地図 32　アルメニア州（1828 ～ 1840）

地図 33　トランスコーカサス（1840 ～ 1845）

して認められ、ロシア正教会に従属することになったジョージア教会には与えられなかった一定の自治権を維持した。アルメニア教会の聖職者は税を免除され、教会の財産は保証された。さらに、聖座にはジョージア、コーカサス東部、新ナヒチェヴァン、ベッサラビア、アストラハンのアルメニア教区に対する首位権を与えられた。一八四〇年までに、「アルメニア州」という名称はニコライのロシア民族主義の感覚にとって好ましからぬものとなり、彼はそれを廃止した。東アルメニアは今や二つの新たなコーカサスの州の間で分割された。かつてのエレヴァン、ナヒチェヴァン、ギャンジャの各ハーン国の領域はジョージア・イメレティ県の部分となった一方で、カラバフはカスピ州に含まれた（**地図33**参照）。

十九世紀のロシアの拡大によって、広大な領域と新たな民族的な諸住民が帝国に加えられた。国家の主な目的は、ロシアの行政機構にこれらの土地を編入し、その人々を統合することであった。コーカサスの山岳部族民たちは一八五九年までロシアの占領に対して抵抗しており、その地域がオスマン帝国に対する軍事行動のための踏み台であったことから、ロシアはトランスコーカサスの総督に軍人を任命した。ニコライの行政官たちは時に地域派と中央派と称される二つの大まかな集団に分類された。両者共にロシア支配を唱えたものの、地域派は土地の伝統により敏感で漸進的な統合を希望した一方で、中央派は全ての国境地帯の迅速なロシア化を望んだ。経済的には、第一の集団はその地域の生活状況の改善を主張した一方で、他方は植民地として搾取を推し進めた。

社会経済状況——アルメニア人中産階級の台頭

当初、ロシアによる征服に続いて東アルメニアの社会経済状況は悪化した。その地域に不慣れな新たな行政機構は、ムスリムの官吏や地主に深く依存していた。貿易は衰退し、税は増加し、アルメニア人たちの一部はイランに戻った。コーカサスの軍事的重要性とその土地の住民の側からのロシアに対する不満や敵意によって、ツァーリは結局、より有能でより繊細な人物をコーカサスの最初の総督に任命することを促された。伯爵ミハイル・ヴォロンツォフは一八四五年に着任し、彼の九年の任期にわたって、ジョージア人、アルメニア人、さらにはムスリムの大半とすらも友好関係の構築が成し遂げられた。原則なき領土的分割が住民の間で不満を起こしたことを悟り、より良き支配を確立するために、ヴォロンツォフはトランスコーカサスをクタイシ、シャマーヒー、ティフリス、デルベントという四つのより小さな県に分割した。これらの県はさらに郡と地区に下位区分された。東アルメニアの大半はティフリス県内に置かれた（**地図34**参照）。

ヴォロンツォフは関税を引き下げ、ヨーロッパの貿易がトランスコーカサスを経由することを許した。貿易におけるアルメニア人の専門知識を評価し、彼は彼ら〔アルメニア人〕の商人や職人に特権を付与した。アルメニア人の企業家たちは「帝国の尊敬すべき臣民」に分類された。彼らは軍役、体刑、多くの税から免除されていた。アルメニア人の好意をより巧みに獲得するために、ヴォロンツォフは一八四九年、エレヴァンとナヒチェヴァン（すなわちかつてのアルメニア州の領域）の〔両〕地域を分離し、第五の県であるエレヴァン県を創設した（**地図35**参照）。

ヴォロンツォフの後継者たちはトランスコーカサスの再編成を続けた。一八六二年、シャマーヒー県はバクー県に再命名され、デルベント県はダゲスターン州となった。アルメニア人地区であるロリはエレヴァン県から分離され、ティフリス県に付加された。一八六八年、バクー、エレヴァン、ティフリスの諸県から地域を取ってロシアは新たな県であるエリザヴェートポリ県を創設した。カラバフとスィウニクはギャンジャと同様にエリザヴェートポリ県の一部となった（**地図36**参照）。一八七五年、小規模な変更の結果、エレヴァン県は七つの地区に再区画された。一八七七〜一八七八年のロシア・トルコ戦争に続いて、ロシアはオスマン帝国から征服した西アルメニアと西ジョージアの領土からさらに二つの州を創設した。バトゥーミ州とカルス州がこうしてトランスコーカサスの行政管区に加えられた（**地図37**参照）。一八八〇年、新たな郡であるボルチャル郡がティフリス県内に創設されて、最後の変更が行われた。この変更の結果、州、県、郡、地区がジョージア人、アルメニア人、トルコ・タタール人住民の混住した状態で存在することになり、この状況は二十世紀に悲惨な結果に至ることになった。

何千ものアルメニア人移民の到着、ヴォロンツォフの政策、トランスコーカサスのいくつかの都市部の産業化によって、アルメニア人たちが彼らの商業的な接触や才能を用いてジョージア人やトルコ・タタール人の隣人たちよりもより多くのものを成し遂げる環境が形作られた。加えて、ロシアによる征服によって、クリミア、ポーランド、ベッサラビア、ロシア、ジョージア、エチミアズィンの聖座を含む東アルメニアのアルメニア人共同体は、単一の国家の下に置かれることになった。十九世紀後半までに、アルメニア人の中産階級が登場し、さらにその世紀の末までにアルメニア人の商人たちは、ティフリス、バクー、エリザヴェートポリやその他のトランスコーカサスの都市部の中心地で支配的になった。イスタンブルのアルメニア人と同様に、都市部のアルメニア人たちは国家の最も忠実な臣民となった。しかし、オスマン帝国のアルメニア人と違って、ロシアの都市部のアルメニア人たちは、ロシア文化を彼ら自身のものよりもいくぶん優れたものと見なし始めた。

しかしながら、トランスコーカサスのアルメニア人たちの半分以上は、ロシアの支配の経済的恩恵にあずかることはなかった。アルメニア人農民たちにとって、生活は以前とほぼ同じままであり、税と労役によって彼らの収穫物の大半は取り上げられた。オスマン帝国と同様に、都市部と農村部のアルメニア人たちの階級的な違いが表明された。一八七〇年まで、農民たちは農奴であって、彼らの土地の大半は地元のムスリムやキリスト教徒の地主たちの世襲財産として認められているか、国家と並んで最大の地主であった教会に属していた。一八七〇年の土地改革によってこれらの状況が著しく変わることはなかった。農民たちに土地所有が認められたとはいえ、彼らはそれを彼らの地主から購入せねばならなかった。大半の農民たちは貧しくてそのようにすることはできず、そのようなことから帝政の間に彼らの生活における改善はほとんどなかった。

地図 34　トランスコーカサス（1845 ～ 1849）

地図 35　トランスコーカサス（1849 ～ 1868）

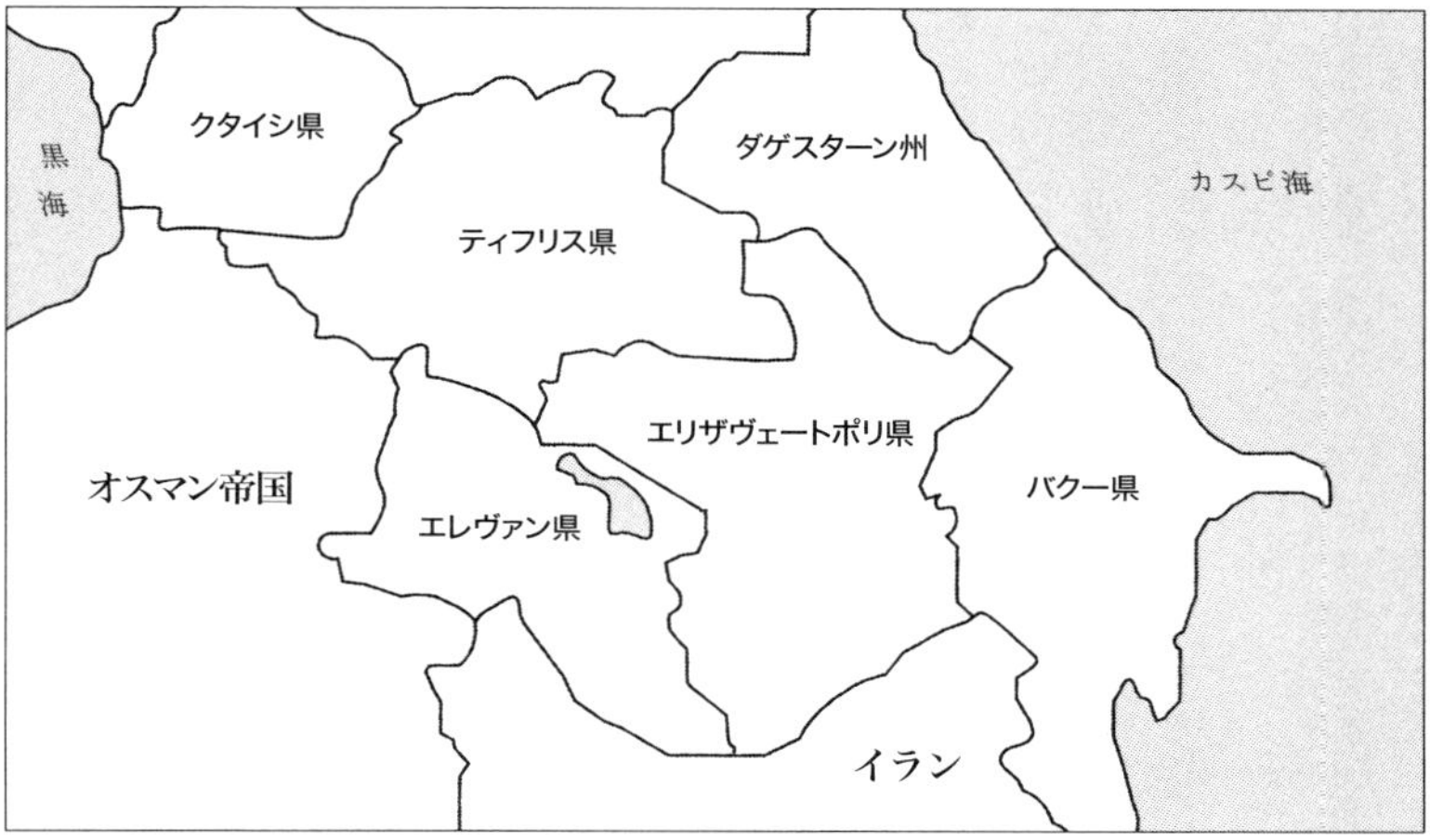

地図36　トランスコーカサス（1868 ～ 1878）

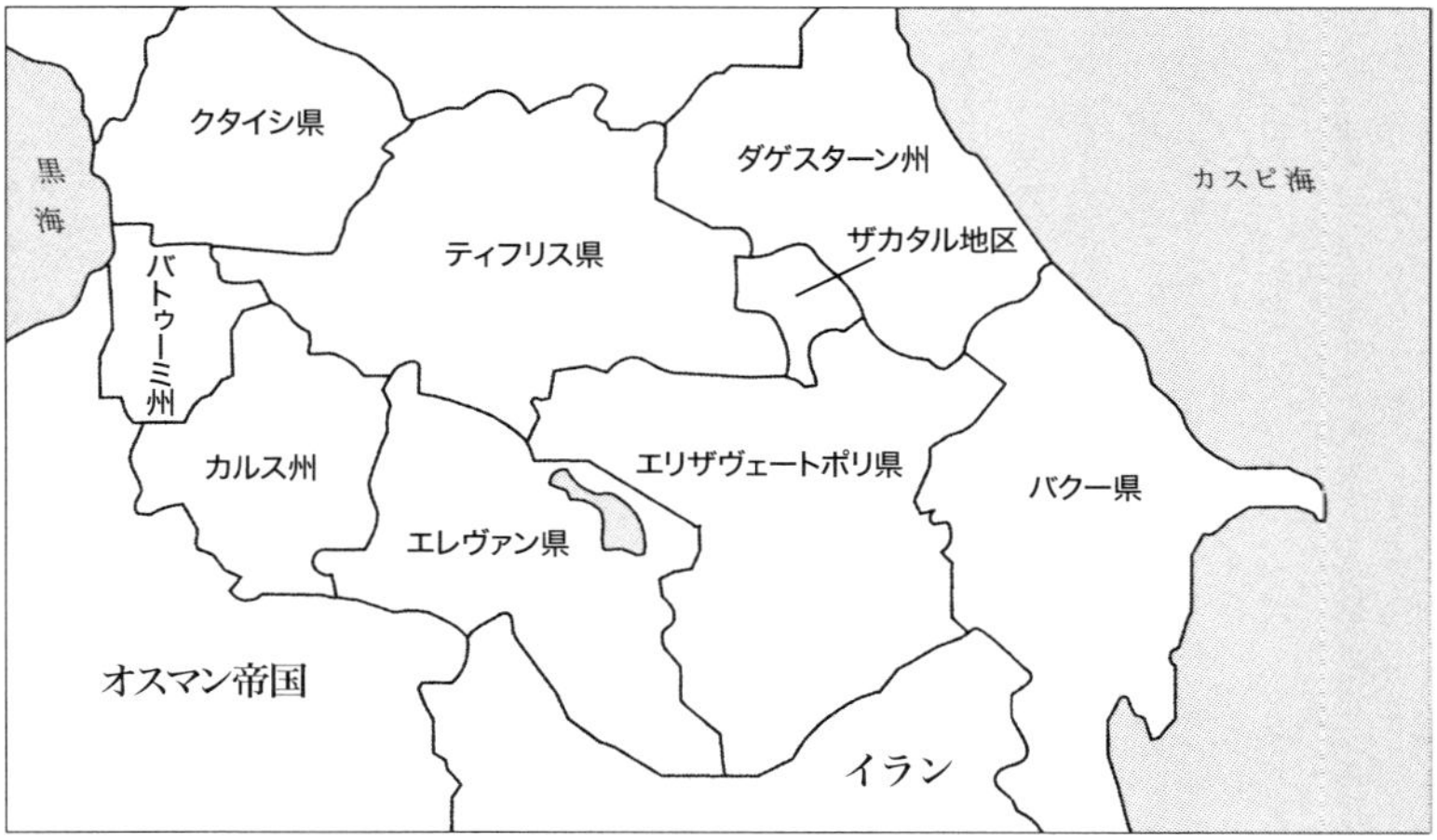

地図37　トランスコーカサス（1878 ～ 1918）

西アルメニアからの移民やロシアによるカルスとアルダハンの併合だけでなく、改善された経済状況の結果、アルメニア人の人口は一八四〇年に五〇万であったものが一八九七年には百万を超え、一九一七年には二百万をわずかに下回るものになるほどに増加した。ムスリムたちはナヒチェヴァンやオルドゥバードの町で多数派に留まり続けた。エレヴァンのみで、第一次世界大戦以前にアルメニア人が多数派を占めていた。しかし、エレヴァン県の全ての都市部の中心地において、アルメニア人たちはしっかりと多数派を維持した。一部の企業家たちはエレヴァンやアレクサンドロ―ポリ（後のレニナカン、今日のギュムリ）の町やアラヴェルディの地域に魅力を感じ、彼らはワインとコニャックの製造業、外国貿易や銅鉱業を開設したものの、アルメニア人の中産階級は東アルメニアのわずかな都市部の中心地ではなく、ティフリスやバクーに集中していた。ティフリスはロシアによるコーカサス統治の中心であった。皮肉なことに、ジョージア人ではなくアルメニア人がそれらの都市の多数派であった。彼ら〔アルメニア人〕の中産階級は貿易、銀行業、官僚機構、手工業を独占していた。ハコブ・ホヴナタリアン（一八〇六～一八八一年）のような芸術家たちは、ティフリスのロシア人、ジョージア人、アルメニア人のエリートたちの数多くの肖像画を描いた。トゥマノフ家、ゲヴォルコフ家、エギアザロフ家のようなロシア化した姓を有するアルメニア人一族は、皮革業、煙草製造業、織物業をそれぞれ支配していた。それらの都市の市長や市評議会員の大半はアルメニア人であった。しかし、新たなアルメニア人起業家たちを魅了したのはバクーであった。イラン、中央アジア、ロシアとのカスピ海横断貿易の魅力に加え、バクーの原油埋蔵量は世界で最大級のものの一つであった。二十世紀までに、マンタシェフに率いられたアルメニア人の大事業家たちは、バクーの原油の三〇パーセントを所有していた。アルメニア人たちが官僚機構、銀行業、産業で優位を占めるようになる一方で、ジョージア貴族は衰退し、負債の中に沈み込み、ムスリムのハーンたちは彼らの政治的優越を失った。エスニック集団間の不均衡によって、彼らのジョージア人や特にムスリムの隣人たちの側からのアルメニア人に対する敵意や妬みが醸成された。

アルメニア文化復興

都市部のロシアのアルメニア人たちは、オスマン帝国の彼らの同胞たちと同じように、エカチェリーナ大帝とアレクサンドル一世の治世にロシアに入ったヨーロッパの影響を利用した最初の少数派の一つであった。アルメニア人の印刷所は一七八〇年にサンクト・ペテルブルグに設立され、十八世紀末には多くのヨーロッパの古典が翻訳された。十九世紀の二〇年代までに、アルメニア人たちは新ナヒチェヴァンやアストラハンに学校を開設していた。一八一五年に創設された有名なモスクワのラザレフ研究所は、高名な図書館と専用の印刷所を有していた。この研究所はアルメニア語やアルメニア文化を含む東洋の言語や文化の研究に専従し、ゲヴォルグ・ドドヒアン（一八三〇〜一九〇八年）を含む多くの未来のアルメニア知識人たちを教育した。アルメニア人たちはロシアやヨーロッパの高等教育機関に入学し、彼らの多くは画家のアイヴァゾフスキー（一八一七〜一九〇〇年）のように多大な名声を獲得した。ジョージアの併合に続いて、国家はロシア語学校やロシア正教会の神学校をティフリスに開設した。このことに刺激されたアルメニアの聖座は一八一三年、エチミアズィンに神学校を開設し、それはその世紀の末までに有名なゲヴォルギアン学院に変容した。

一八二四年、エチミアズィンの神学校設立の立役者で東アルメニアの残りの解放を組織するためにティフリスに赴いていた大主教のアシュタラクのネルセス〔ネルセス・アシュタラケツィ〕は、ネルスィスィアン神学校を開設し、それはトランスコーカサスにおけるアルメニア人の教育の中心地となり、ハルティウン・アラムダリアン（一七九五〜一八三四年）のような教育者たちを魅了した。十九世紀の中頃までに、アルメニア人たちはカラバフの一箇所を含むおよそ二四の学校と多くの印刷所を有していた。

アレクサンドル二世のより自由主義的な治世によって新たな機会が生み出され、都市部のアルメニア人たちはヨーロッパやロシアの政治・社会的発展に接触することが可能になった。オスマン帝国の同胞たちと同じように、多くのアルメニア人知識人たちは教育活動を行い、民衆の間に民族の意識を作り上げようと試みた。しかし、東アルメニアのアルメニア人教育者たちは、彼らの同胞たちが西アルメニアで経験したものと同じ問題や圧力に直面した。教会指導者たちは学校やカリキュラムを管理しようと試みた。それに加え、一部のロシアの当局者たちは疑念をもち、西洋の影響を制限しようと試みた。教育程度が高く若い世代や妻帯している聖職者たち、世俗の教師たちは、信仰や伝統への服従を理性、科学、近代文学、アルメニア史についての新たな思想で置き換えようと試み、既存の体制と衝突した。それにもかかわらず、その後の五〇年の間にこのより若い世代の者たちは、ロシアで二万の生徒や約一千名の教師を有する約五百の学校を設立することに成功した。

ロシアのアルメニア知識人の当面の関心事はオスマン帝国のそのような人々と同じであって、彼らの民族の大部分を教育し伝達する方法であった。第一の障害は、教会が古典アルメニア語であるグラバルを全ての典礼儀式で使い続け、全てのアルメニア語出版物でその使用を主張したことであった。多くの若い教師や報道関係者はアルメニア人たちが生きた文語を必要としていると感じた。オスマン帝国のアルメニア人たちと同様に、ロシアのアルメニア人たちは近代的な標準化された表現手段の採用を決心した。

ステパノス・ナザリアン(一八一二〜一八七九年)は近代の口語体で書いた最初期の著作家たちの一人であった。ハチャトゥル・アボヴィアン(一八〇五〜一八四八年)やガブリエル・パトカニアン(一八〇二〜一八八九年)の全文学作品は、アララト地方で話される方言である口語体すなわちアシュハルハバルによるものであった。彼らや彼らの弟子たちの尽力によって、今日ロシア、トランスコーカサス、イランのアルメニア人たちが用いる東アルメニア文語がやがて作り上げられた。アボヴィアンはドルパト(今日のエストニアのタルトゥ)大学で学び、教師になるためにアルメニアに戻った。彼の小説『アルメニアの傷(ヴェルク・ハイアスタニ)』は、アルメニア語を讃え、彼の故郷の外国による支配を嘆く愛国的作品であった。彼は保守的なアルメニア人聖職者とロシア当局者の両者と衝突し、一八四八年、不可解にも失踪した。

パトカニアンは、自身がヴェネツィアでムヒタル修道会による教育を受けた父親に、ティフリスで教育された。家族は父親がアルメニア語学校で教えるアストラハンに移住した。ロシア語とフランス語を学ぶロシア人学校に通った後、パトカニアンは新ナヒチェヴァンやクリミア半島の多くの学校で教え、そこで彼は司祭に叙任された。彼は保守的な聖職者層と衝突し、修道院に追放された。一八四六年、彼はネルスィスィアン神学校で教えることを許され、そこでまた新聞『コーカサス（コフカス）』の発行を助けた。古典アルメニア語で書かれたその新聞は、ティフリスで同じく発行されていたロシア語紙『カフカス』と競い合った。『コフカス』は歴史・伝記記事やヨーロッパの大衆小説の翻訳を掲載した。一八五〇年までに、近代東アルメニア語による最初の新聞である『アララト』を発行したが、それは教会からの圧力やロシアの検閲官による疑いによってまもなく発行停止された。アボヴィアンや特にパトカニアンの影響や教えは新たな世代に受け継がれ、その中にはガブリエルの子のラファエル・パトカニアン（筆名のガマル・カティパで知られる。一八三〇〜一八九二年）やガブリエルの教え子のミカエル・ナルバンディアン（一八二九〜一八六六年）が含まれていた。ナルバンディアンは、神学と並んでロシア語や西洋諸語や文学を、新ナヒチェヴァンのガブリエル・パトカニアンによって運営される学校で学んだ。彼は教会指導者たちに対して彼の教師を擁護し、このことによってモスクワに行くことを強いられた。彼はラザレフ研究所やモスクワ大学で学んだ。ツァーリのアレクサンドル二世治下の検閲の大幅な緩和によって、ナルバンディアンと彼の友人のステパノス・ナザリアンは一八五八年、世俗的で反教会的な新聞である『オーロラ・ボレアリス（北極光）』を出版することができた。極端なまでに反カトリックであったナルバンディアンは、ムヒタル修道会やアルメニア文化復興に対する彼らの影響すらも批判した。ステパン・ヴォスカニアンやナルバンディアンは一八四八年のヨーロッパの諸革命に真に影響され、アルメニア民族の復興において教会が優位を占めるべきではないと主張した最初のアルメニア知識人たちであった。彼らは民族を真に成す者たち、すなわち一般市民を教育するために、近代的な学校が創設されるべきであると感じた。生涯の終わり近くにナルバンディアンはロンドンを訪問し、そこで彼はロシアの社会主義者たちと出会い、影響を受けた。彼は帰国の際に逮捕され、ロシア南西部に流刑され、一八六六年に没した。

一八六九年、アレクサンドローポリでアルメニア知識人の小さな集団が故地解放のための団体を結成したものの、ティフリスはアルメニア人の知的活動の中心に留まった。アルメニア人の保守派たちはネルスィスィアン神学校の校長であるペトロス・シモニアン〔シメオニアン〕の主導の下、新聞『アルメニアの蜂』を発行し、それは共同体の指導者としての教会の伝統的な役割を擁護した。しかし、西洋化されたトランスコーカサスのアルメニア人たちの大部分は、一八七二年、グリゴル・アルツルニ（一八四五～一八九二年）によって創刊された新聞『耕作者（ムシャク）』を受け入れた。アルツルニやロシアのその他の進歩的なアルメニア語新聞の編集者たちは、ロシアの役割によって文化復興が可能になっただけでなく、社会経済的発展や侵略からの安全保障がアルメニア人たちに提供されたと指摘した。アルメニア人ブルジョアジーが出現し、彼らの子供たちはロシアや国外で学び、ロシアの将校団に加わり、帝国の行政機構に参加する機会を有していたと、それらの新聞は付け加えた。

アルメニア人の人民主義、社会主義、民族主義

イタリア、スイス、フランスで学び、フランス革命、空想的社会主義者たちの哲学思想、ギリシア人やイタリア人の蜂起に影響されたオスマン帝国のアルメニア知識人と異なり、ロシアのアルメニア人たちはベルリン、ライプツィヒ、サンクト・ペテルブルグで学んだ。彼らはロシアの知識人たちと並んで、ドイツの哲学思想の影響をより受けた。しかし、ロシア人やその後のジョージア人の知識人や革命運動家は、彼らの父祖の地に住み、より社会主義に引き寄

せられた一方で、ディアスポラの地に離散し、故地の大半と民族の半数が抑圧的なオスマン支配下にあったアルメニア人たちは民族主義に傾倒した。

十九世紀後半から二十世紀初頭にかけて、東アルメニアの小説家、劇作家、新聞編集者、歴史家、詩人は、郷土愛、正義、自由を賞賛することで西洋の作家たちのロマン主義を模倣し始めた。ラッフィ（ハコブ・メリク・ハコビアン、一八三二〜一八八八年）、ペルチ・プロシアン（一八三七〜一九〇七年）、スムバト・シャハジズ（一八四〇〜一九〇一年）、ムラツァン（一八五四〜一九〇八年）、ガブリエル・スンドゥキアン（一八二五〜一九一二年）、ガザロス・アガヤン（一八四〇〜一九一一年）、アレクサンドル・シルヴァンザデ（一八五八〜一九三五年）、レオ（アラケル・ババハニアン、一八六〇〜一九三二年）、レヴォン・マヌエリアン（一八六四〜一九一九年）、ホヴァネス・ホヴァニスィアン（一八六四〜一九二九年）、アレクサンドル・ツァトゥリアン（一八六五〜一九一七年）、ハコブ・ハコビアン（一八六六〜一九三七年）、アヴェティス・アハロニアン（一八六六〜一九四八年）、ナル・ドス（一八六七〜一九三三年）、ホヴァネス・トゥマニアン（一八六九〜一九二三年）らの小説によって、より若いアルメニア人の世代は奮起された。バルカン半島、ポーランド、ボヘミアの彼らの同胞たちと同様に、彼らもまた外国支配に対する反乱と抵抗の概念を受け入れた。

一八八〇年代までに、人民の中に出向き、彼らについてより多くを学び、それと同時に彼らを教育し、彼らを革命の熱で鼓舞するというロシアの人民主義者〔ナロードニキ〕の思想は、トランスコーカサスにも到達した。アルメニア知識人たちは、小アジア東部に暮らす彼らの同胞のアルメニア人たちにとっての状況は、ロシアで経験されるいかなる困難よりもはるかにひどいものであると確信した。彼らはまた、イスタンブルやスミルナのアルメニア人たちが小アジア東部から遥か遠くに切り離され、バクーやティフリスのアルメニア人有力者たちのようにあまりにコスモポリタンになってしまったと確信した。ロシアの人民主義者と同じように、これらの若いアルメニア人たちは、国境を隔てて彼らのすぐ近くで苦しむ彼らの同胞のアルメニア人たちに対して責任があると感じた。「人民のもとへ」を主張したロシアの人民主義者のモットーを援用し、民族主義的傾向のアルメニア人たちは「デピ・エルキル」すなわち「故郷のもとへ」のモットーを採用した。

アルメニア人の人民主義者たちは、ロシアの人民主義者の農村社会主義や革命活動、そして後のテロ活動を採用しなかった。ロシアの彼らの同等の者たちとは異なり、彼らは、西アルメニアの解放をもたらすのであれば、ロシアの専制を受け入れるつもりであった。クリミア戦争の間、アルメニア人の義勇部隊はロシア軍に加わり、ベブトフ、アルハゾフ、ロリス・メリコフのようなアルメニア人将校たちは英雄的に行動した。その戦争の間のロシアによる西アルメニアの一部分の占領によって、アルメニア全土がまもなくロシア支配下になるであろうという希望が起こされた。パリ条約の後の西アルメニアからのロシアの撤退によっても、その希望は減じなかった。前述の通り、二一年後、ロシアは屈辱的なパリ条約を無効とし、十九世紀の三度目にして最後のロシア・トルコ戦争を引き起こした。アルメニア人将軍のロリス・メリコフ、テル・グカソフ、ラザレフは、ロシア軍を率いて西アルメニアに侵入した。トランスコーカサスのアルメニア人たちは一八八七年まで徴兵の義務がなかったため、彼らは再び志願し、彼らの故郷を解放するためにロシア人たちと並んで戦った。アルメニア人義勇兵たちはついに自らが自分の民族のために何かを成しているると感じた。一八七八年までに、西アルメニアのほぼ全てがロシアの手中となり、アルメニア人たちはもう一度ロシアの保護下での統一アルメニアを想像し始めた。和平交渉の間、東西アルメニアの宗教的、軍事的、商業的な指導者たちや彼らのロシア人の支援者たちは、最終的な条約の中に西アルメニア人たちの運命を含めるために、彼らが有するあらゆる影響力を用いた。

前述の通り、サン・ステファノ条約の一六条では、タンズィマートで約束された政治改革が実施されるまでロシア軍が西アルメニアに留まるということが述べられた。ベルリン条約の第六一条によってアルメニア人の失望は挫かれたものの、それによってロシアは西アルメニアのかなりの部分を併合することを認め、約一〇万のアルメニア人たちがロシア帝国に編入された。ヨーロッパの外交官たちの保証を無視して、二万以上の追加のアルメニア人たちがロシア軍の撤退と共にヴァン、ビトリス、エルズルムを去った。西アルメニアの残余からのロシアの撤退にもかかわらず、東アルメニア人たちはロリス・メリコフがロシアの首相〔正確には内相〕に任命されたことを、近いうちにロシアが歴史的アルメニアの残りの解放に成功するであろうというさらなる保証と見なした。

アレクサンドル二世の暗殺によってトランスコーカサスに重大な変化がもたらされた。アレクサンドル三世はロシア化政策や非ロシア系民族の積極的な迫害に没頭した。トランスコーカサスのロシアの行政機構はアルメニア人を攻撃目標にすることを決定した。成功したアルメニア人中産階級は都市部の中心地を支配していた。富裕な商人や資本家の経済力やある程度の政治力によって、アルメニア人エリートが生み出され、地域のロシア人、ジョージア人、トルコ・タタール系の人々に妬まれ不興を買っていた。一八八五年、全てのアルメニア人学校が閉鎖され、ロシア人学校に取って代えられた。アルメニア人たちが地下学級を組織し始めると、政府は学校を再開させたが、多くの教師を交代させ、カリキュラムをロシア化した。

ロシア政府の行為によって、アルメニア人たちの一部はロシアの革命運動家たちを模倣したり、社会主義、さらには無政府主義すらをも取り入れた。六名のアルメニア人がジュネーヴに集まり、一八八七年、フンチャク革命党を結成し、後に社会民主（マルクス主義）フンチャク党と再命名した。彼らは新聞『フンチャク（鐘）』を発行し、それはヨーロッパで発行されていたロシアの社会民主主義新聞（『コロコル』すなわち『鐘』）の名称を借用していた。アヴェティス・ナザルベキアンと彼のフィアンセのマロ・ヴァルダニアンに率いられ、この政党は武装闘争によって勝ち取るべき独立、社会主義アルメニアを唱えた。この国家はやがて未来の社会主義世界の社会の一部になることになっていた。

一方で、ロシアのアルメニア人たちも怠けていたわけではなかった。革命グループがエレヴァン、カラバフ、モスクワ、サンクト・ペテルブルグ、ティフリスで結成された。最後のものは、クリスタポル・ミカエリアンの指導の下、青年アルメニア人と呼ばれる革命組織を結成し、イランやオスマン帝国で構成員を募集した際にはアルメニア人の革命活動の主要な中心地となった。一八九〇年までに、アルメナカン党やフンチャク党を含む全てのアルメニア人革命家たちは、アルメニア人革命家たちを、社会主義・民族主義をその主な綱領とする単一の政党にまとめあげることを決定した。ミカエリアン、シモン・ザヴァリアン、ステパン・ゾリアンの指導の下、彼らはアルメニア革命家連合(ハイ・ヘガポハカンネリ・ダシュナクツティウンすなわちダシュナク党)をティフリスで結成した。連合はそのまさに最初から社会主義派と民族主義派の議論に直面した。ティフリスの指導部はジュネーヴにおけるフンチャク党の創始者たちを満足させるほど十分に社会主義的ではなかった一方で、ジュネーヴの集団は西アルメニアの解放よりも国際社会主義の成功に、より関心を持っていると見なされた。

フンチャク党は構成員たちをロシアやオスマン帝国から募集しようと試みたが、イスタンブルやキリキアのよりヨーロッパ化された社会の中において、多数の構成員を引きつけることができただけであった。アルメニア人たちの大半は社会主義を理解せず、その思想を実行に移すことはできないと感じた。人民主義者や民族主義者のスローガンは彼らの心により近かった。多くの妥協が模索されたが、一八九一年までに、孤立したと感じたジュネーヴのフンチャク党指導部は、公式の連盟に同意せず、彼ら自身の道を進むことを主張した。一八九五〜一八九六年の虐殺に続いて、フンチャク党自身は過激派と改革派(穏健派)に分裂した。過激派のフンチャク党員たちはプロレタリアートと世界革命のための闘争に加わり、オスマン帝国やロシア帝国のみならずヨーロッパや合衆国の都市部の中心地でも構成員を引き寄せた。改革派のフンチャク党員は人民主義的志向を維持した。彼らの一部は結果的にダシュナクツティウンに吸収され、それは民族の問題に社会主義を従属させることで、アルメニア人の大半を束ねることに成功し、社会主義の度合いに関わる政党の分裂にもかかわらず、最も影響力のあるアルメニア人の政党として登場した。残された改革派のフンチャク党員たちは後にラムカヴァル党に加わった。

一八九二年、ティフリスにおいて、アルメニア革命連合（ハイ・ヘガポハカン・ダシュナクツティウン）と再命名されたダシュナクツティウンは、自由選挙で選ばれる政府の樹立、全ての民族・宗教集団の平等や言論・出版・集会の自由や、土地なし農民への土地の分配、支払い能力に合わせた徴税や平等な徴兵や義務教育や生命の安全保障や勤労の権利を求める綱領を採用した。この政党は住民を武装させ、戦闘部隊を創設し、プロパガンダやスパイ活動を行うことや、腐敗した当局者、裏切り者、搾取者を殺害することで、アルメニア人たちを守ったのであった。ダシュナク党の綱領は多くの点でロシアの人民主義者運動の人民の意思派に類似していた。皮肉にも、マルクス主義のフンチャク党が独立西アルメニア（そして結果的には東アルメニア）を求めた一方で、より民族主義的なダシュナク党や彼らの新聞『旗（ドロシャク）』はオスマン帝国の枠内での自治を提唱した。

二十世紀初頭、トランスコーカサスには百万以上のアルメニア人が存在した。彼らの半数はエレヴァン県に住む農民であった。バクー、ティフリス、その他の都市部の中心地の油田や工場で働く何万ものアルメニア人もまた存在した。ロシア社会民主労働党はマルクス主義団体を結成しストを行うために、ロシア人、ジョージア人、さらにはいくらかのムスリムの知識人や労働者を募集することに成功していたものの、彼らはアルメニア人たちのごく一握りを引きつけただけであった。まもなくアルメニア人のマルクス主義者たちは、ステパン・シャフミアンのように多民族のコーカサス同盟に加わり、正統派マルクス主義に従い、階級闘争を説く者たちと、具体派として言及される彼ら自身のアルメニア社会民主労働連盟を結成した者たちとに分裂した。後者は、アルメニア人の状況はロシアのその他の労働者のそれとは異なると主張した。それはマルクス主義運動の内部で民族・文化的自決の具体的な考慮を必要とした。

一九〇三年のロシア社会民主労働党のメンシェヴィキとボリシェヴィキという派閥への分裂は、アルメニア人マルクス主義者たちにも影響を与えた。シャフミアンのようにボリシェヴィキの道に従う者たちもいれば、メンシェヴィキの思想に同調する者たちもおり、さらには別個の社会主義団体を結成した者たちもいた。少数のアルメニア人たちはまた、ダシュナク党のように土地の社会主義化を求める人民主義者集団である社会革命党に加わった。圧倒的多数がメンシェヴィキの思想を採用したジョージアの知識人たちとは異なり、ロシアのアルメニア人の大多数はダシュナク党に従った。

アルメニア教会危機とアルメニア人・アゼリー人紛争（一九〇三〜一九〇七年）

ダシュナク党の綱領は革命とテロルを主張したものの、それはロシア国家の転覆には反対で、その構成員たちがロシアの当局者たちを攻撃したり殺害したりすることは禁じていた。強力なロシアは、それが西アルメニアの解放の助けになるのであれば必要であった。しかし、二十世紀の最初の一〇年間の諸事件によって、ダシュナク党はその戦術を変え、初めて積極的にロシア国家と対立することを余儀なくされた。一九〇三年六月十二日、ツァーリのニコライ二世は、コーカサス総督のゴリーツィン公爵の助言に従って一八三六年のポロジェーニイェを廃止し、アルメニア教会の財産の没収とその学校のロシアの監督への移行を命じた。ゴリーツィンは、教会と学校をアルメニア人の管理から取り除くことで、ロシア化がより迅速に進み、アルメニア人革命家たちが彼らの力を失うと的確に推測していた。

実際には、その布告は反対の効果を有していた。アルメニア人たちは教会の背後で団結し、政治・革命活動の外に留まっていた市民たちはダシュナクツティウンによって組織された中央防衛委員会に加わった。その他のアルメニア人政党の大半も委員会に加わった。ダシュナクツティウンはロシアに対するその政策を改訂し、より社会主義的な態度を採用し、ツァーリ制国家に対してアルメニア人の権利を守ることを誓った。オスマン帝国のアルメニア人の民族的覚醒の影響を受けたカトリコスであるヴァンのフリミアン〔フリミアン・ヴァネツィ〕（ムクルティィチ一世、フリミアン・ハイリクとして知られる。一八九二〜一九〇六年）は、委員会を支援し、新たなロシアの布告を受け入れることを拒んだ。

その後の二年間でアルメニア人革命家たちによる暴力的な示威行動、ストライキ、テロリズムのさまざまな行為が目撃され、三名のフンチャク党員によって刺されたゴリーツィンを含む何百ものロシア当局者が殺害され、障害を負わされ、傷つけられた。

一九〇五年一月九日、ロシアで全体の状況を変える事件が起こった。ロシア人の大群衆が彼らの堪え難い経済的状況を軽減するようツァーリに請願するために、サンクト・ペテルブルグの冬宮前に平和裏に集まった。彼らは銃撃され、多くが死ぬか傷ついた。「血の日曜日」として事件が知られるようになるにつれて、一九〇五年革命が始まった。これが日露戦争（一九〇四～一九〇五年）での敗北や全体的な経済的停滞と重なって、反乱はロシアの全ての隅々に拡散した。危機的な状況に直面して、ツァーリはドゥーマ（代表制立法府）の創設と改革の開始を約束した。彼はまた、賢明な人物で初代総督の親戚であるヴォロンツォフ・ダシュコフ伯爵（一八三七～一九一六年）を、トランスコーカサス統治のために任命した。一九〇五年八月、ツァーリは一九〇三年の布告を撤回しただけでなく、アルメニア人の臣民に対して特別の好意を表した。アルメニア人の指導者たちは即座にツァーリと総督に対する彼らの完全な支持を表した。アルメニア人革命運動家たち、特にダシュナクツティウンは主要な勝利を収めた。

しかし、一九〇五年に始まった革命はさらに二年の間、進行を続けた。反乱の残り火がトランスコーカサスに拡散するのを恐れたロシアの当局者たちは、ロシアの政治的大変動からコーカサスをそらすために、その地域で民族・宗教的対立を引き起こした。社会経済的対立はすでにそこに存在し、前述の通り、あまり繁栄していないジョージア人、トルコ・タタール系の住民はアルメニア人を妬んでいだ。その時までに、ジョージア人たちは彼ら自身の社会主義、民族主義政党を樹立していた。社会経済的等級の最底辺に位置していたトルコ・タタール系の住民もまた政治的に覚醒しており、ロシアのタタール人、イラン人、オスマン帝国の人々の間の進歩的、民族主義的な思想に影響され、民族的アイデンティティを確立しようと模索していた。

新世紀の初めまでに、汎イスラーム思想や汎トルコ主義は、トランスコーカサスのムスリムたちの間でいくらかの信奉者を獲得し始めた。多くの知識人たちはシーア派イランとの宗教的結びつきを好んだが、大半はオスマン帝国により親しみを感じていた。彼らの指導者たちの一部は、隣接するイラン領アゼルバイジャンで同じ方言を話す人々の名称である、アゼルバイジャン・トルコ人という語を採用した。一〇年後、彼らは自らの独立を宣言し、彼らの住む土地をアゼルバイジャンと言及したのであった。

前述の通り、ロシアの行政区分によって多くの郡や地区でアルメニア人とアゼリー人住民の混住地域が作り出された。一部のロシア当局者たちに鼓舞され、古くからの宗教・民族的対立に刺激され、彼らの間の経済的不平等に憤慨させられ、ロシアにおける緊張した情勢によって、二年の間続くアルメニア人とアゼリー人との間の民族紛争が引き起こされた。ロシア軍は一九〇七年に第一次ロシア革命がようやく終焉を迎えるまで介入しないよう命じられた。戦争によって両者に何千もの被害者や財産の損害がもたらされたものの、それによってアルメニア人たちは永遠に被害者でいる必要はないことを教えられた。彼らはよき戦士であり、ムスリムは征服できない相手ではなかった。一方で、アゼリー人は民族意識を獲得した。

ロシアのドゥーマの創設によって、もう一つのアルメニア人政治集団に意見を述べる機会が与えられた。ダシュナク党やフンチャク党が議会選挙をボイコットしていたため、ドゥーマに選出された四名のアルメニア人はいかなる政党の構成員でもなく、自由主義的なティフリスの中産階級の要素を代表し、ツァーリ制当局者たちと折り合いをつけ、革命運動家たちを完全に否定していた。こうして第一ドゥーマのアルメニア人たちはロシア立憲民主党と同一視された。一九〇七年までに、ツァーリはドゥーマを解散するに十分に力をもったと感じた。一方、ダシュナク党は彼らの議論を解決し、より明確な社会主義的綱領を採用し、一九〇七年、第二社会主義インターナショナルに加入した。第二ドゥーマは五名のアルメニア人を有し、全てがダシュナク党とフンチャク党の出身であった。五名全てのアルメニア人代表者は第二ドゥーマのその他の過激な議員に賛成した。ツァーリは招集された第二ドゥーマを同年に解散し、選挙法を体制の支持者に有利になるように変更した。第三、第四ドゥーマ(一九〇七年と一九一二年)までに、各民族集団から一名の代表者のみが議会に座することを認められるだけになった。アルメニア人たちは両機会共にダシュナク党員のホヴァネス・サガテリアンを選出した。

アルメニア人革命運動家たちは一九〇七年以降彼らの主導権を失った。ツァーリの大臣であるストルイピンと秘密警察は、疑わしい政治指導者たちを逮捕し始めた。多くの者たちは一九一二年に彼らが最終的に裁判にかけられるまで投獄された。ロシアの未来の首相のケレンスキーに弁護され、大半の者たちは解放され、その他の者たちも軽い判決を受けた。一方、アルメニア人たちの大多数は、ロシアがオスマン領アルメニア解放のための彼らの唯一の希望であるという結論に至っていた。ヴォロンツォフ・ダシュコフは、彼がトランスコーカサスを平定しその忠誠を確保するために、アルメニア人中産階級を用いることができると感じた。カトリコスのゲヴォルグ五世(一九一一〜一九三〇年)はオスマン帝国のアルメニア人たちの運命を無視しないようツァーリに請願した。オスマン帝国がドイツに接近するにつれて、前述の通り、ロシアは西アルメニアでの諸改革の実施要求を一新した。

ロシアとアルメニア問題(一九一四〜一九一八年)

第一次世界大戦の勃発によってアルメニア人のために大きな希望が作り出された。ツァーリ、総督、カトリコスに保証され、彼らは故郷の解放を期待した。約一万五千人のアルメニア人、すなわちトランスコーカサスのアルメニア人たちの約一〇パーセントがロシア軍に加わった。ロシアのアルメニア人たちの大多数がヨーロッパ戦線に送られたため、ヴォロンツォフ・ダシュコフは、教会やティフリスのアルメニア人市長アレクサンドル・ハティスィアンに主導された共同体の活動家たちの助けで、オスマン帝国からのアルメニア人移住者たちやトランスコーカサスのアルメニア人たちの小集団の中から四部隊を徴集した。アンドラニク、ドロ、ケリなどの人気のある指揮官たちが部隊を率いた。数カ月後、ヨーロッパ、ロシア、合衆国からのアルメニア人義勇兵たちによってさらに三部隊が創設された。一九一六年中頃までにロシア軍は西アルメニアの大半を占領していたが、オスマン帝国によって実行されたジェノサイドによって、そこにアルメニア人たちは残されていなかった。一方、ロシア政府はアルメニア人たちや西アルメニアに対するその態度を変化させていた。サイクス・ピコ協定によってオスマン帝国は英国、フランス、そして後にはロシア、イタリアの間で分割された。英国はアラブ人の土地の大半を手にすることに、フランスはレバノン、今日のシリア、キリキア、西アルメニアの半分の地域を支配することになっていた。ロシアはトラブゾン県、西アルメニアの残部、イスタンブルを受け取ることになっていた（**地図**38参照）。ヴォロンツォフ・ダシュコフはまもなく解任され、アルメニア人のマスコミは抑圧された。オスマン帝国のアルメニア人難民たちはロシアから故郷に戻ることを禁じられ、アルメニア人義勇兵部隊は解隊されロシア軍の一部とされた。

しかし、ロシア軍はヨーロッパ戦線で成功を収めなかった。一九一七年二月までに、数多くのロシアの敗北や食料不足によって、もう一つのロシア革命が引き起こされた。ケレンスキーが間もなく臨時政府を主導し、アルメニア人たちは新体制によってロシア保護下で自治アルメニアが創設されるであろうと確信した。善意を示すために、新政府はトランスコーカサスの地図を描き直し始めた。カラバフのようなアルメニア人が多く集中する地区は新アルメニア州に含まれることになっていた。新政府はまた、約一五万人のアルメニア人難民が西アルメニアで彼らの生活を再建するために帰還することも認めた。トランスコーカサスの統治もまたアルメニア人、ジョージア人、アゼリー人から成る委員会に移された。

度重なるロシアの敗北やボリシェヴィキの敗北主義者的プロパガンダは、ロシアの西アルメニアからの撤退がオスマン軍を東アルメニアにもたらすことを知っていたアルメニア人たちにとって重大な懸念であった。トランスコーカサスのアルメニア人指導者たちは、それゆえにティフリスで議会を開いた。彼らのロシアの同胞たちの例に倣って、

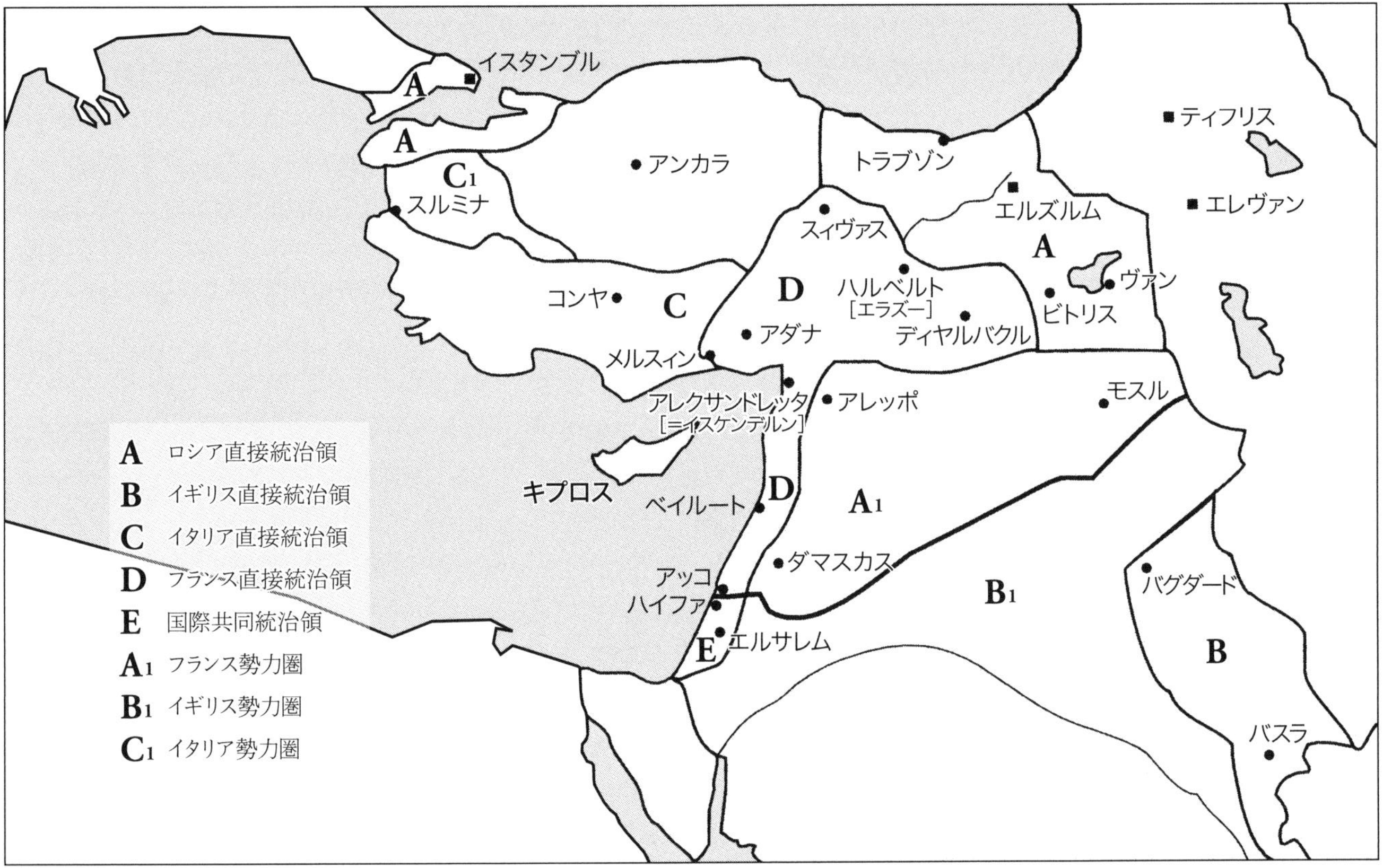

地図 38　サイクス・ピコ案によるオスマン帝国の分割（1915 ～ 1916）

少数のアルメニア人ボリシェヴィキたちは議会をボイコットした。ダシュナク党が代表者たちの中で多数派を占めていたが、人民主義政党である新たに結成されたアルメニア人民党（ジョゴヴルダカン・クサクッティウン）は、トランスコーカサスのアルメニア人のリベラルな中産階級の代表としてカデットに取って代わっており、代表者たちの中で第二位を占めた。フンチャク党、社会革命党、無党派の者たちはごく僅かな議席を有しただけであった。ダシュナクツティウンのアヴェティス・アハロニアンに主導された民族評議会が形成され、彼らはボリシェヴィキの活動によって引き起こされた危険な情勢に鑑み、ヨーロッパで戦うアルメニア人部隊がトランスコーカサスに帰還できるよう、暫定政府に彼らの解散を促進するよう働きかけた。

アルメニア人の切望は六カ月後、ボリシェヴィキが権力を掌握した際に打ち砕かれた。十月革命（ユリウス暦で十月二十五日、グレゴリウス暦で十一月七日）によって、ロシアの代表政府は終焉し、それはボリシェヴィキのコミッサールたちに置き換えられた。ステパン・シャフミアンが議長を務めるボリシェヴィキのコミューンによって統治されていたバクーを除き、トランスコーカサスの残りの地域は新政府の承認を拒んだ。その代わりに彼らはその執行部（コミッサリアート）とジョージア人、アゼリー人、アルメニア人から成る立法府（セイム）を有する連邦を形成した。ジョージア人やアゼリー人の構成員たちの一部は個別の国家の創設を意図したが、アルメニア人たちは民主ロシアの回復が彼らの唯一の救済であると信じた。一九一七年末までにボリシェヴィキがロシア軍をオスマン領アルメニアから撤退させ、ドイツとの個別の和平のための交渉を始めたため、彼らが正しかったことが判明した。

一九一八年初頭にボリシェヴィキとドイツとの間で調印されたブレスト・リトフスク条約によって、西アルメニアに悲運がもたらされた。この条約はヨーロッパ戦線に関係するものであったが、オスマン帝国は彼らのための領土的利益も含めるようドイツに圧力をかけた。ロシアは戦争中に占領した地域から撤退することになっただけでなく、カルス、アルダハン、バトゥーミ、すなわちロシアが一八七八年に獲得した地域もまた返還することを強いられた。いかなる代償を払っても和平を望むレーニンは同意し、アルメニア人たちはボリシェヴィキ政府がロシア帝国を代表するものではないと主張したにもかかわらず、オスマン帝国は彼らの領土的利益を占領するために前進し、四月中頃までに彼らは数千のアルメニア人とジョージア人の義勇軍を一八七八年以前の国境線まで押し戻した。一方で、ロシアでは内戦が始まり、トランスコーカサスは自身の運命に委ねられた。

ロシア軍の撤退と共に、アルメニア人部隊と義勇兵たちはトマス・ナザルベキアン、アンドラニク、ドロなどの指揮官たちに率いられ、小規模のジョージア人勢力と共に自力で国境を守ることを強いられた。アゼリー人たちがアルメニアやジョージアの領域を守ることがないのを確信し、さらに連邦の構成員たちの相互防衛の義務を試すことを望んで、オスマン帝国は和平交渉を提案した。彼らは間もなく、ジョージア人たちが彼らの領土が脅かされないため西アルメニアを犠牲にするつもりであることを見出した。投票数で敗れ孤立したアルメニア人たちは、この妥協を受け入れることを余儀なくされた。ジョージア人、アルメニア人、アゼリー人から成る使節団が、西アルメニアの譲渡を交渉するためにトラブゾンに出発した。トラブゾンに到着するとすぐに、ジョージア人とアルメニア人はブレスト・リトフスク条約のことを知らされ、オスマン帝国が今やロシア軍が撤退した西アルメニアの地域に加えて、カルス、アルダハン、バトゥーミの返還を要求することを悟った。ジョージア人たちはカルスを犠牲にすることでバトゥーミを救おうと望んだが、オスマン帝国は強硬であった。使節団はティフリスに戻り、アゼルバイジャンが軍隊に貢献することを拒んだものの、ティフリスの議会はオスマン帝国との戦争を採決した。

しかし、その戦争は実現しなかった。バトゥーミがオスマン帝国の手に落ちたことによって、ジョージア人たちはブレスト・リトフスク条約の条項を受諾することを余儀なくされ、アゼリー人議員や失望したアルメニア人代表者と共に、ロシアからの彼らの独立とザカフカース民主連邦共和国の樹立を宣言した（一九一八年四月二十二日）。ジョージア人たちは最も重要な行政職を要求し、アルメニア軍にカルスを明け渡すよう命じた。東アルメニアを救うために、ハティスィアンとホヴァネス・カチャズヌニに主導されたダシュナク党は、ジョージア人メンシェヴィキと協力し、連邦に留まった。トランスコーカサスの代表者たちはブレスト・リトフスク条約の条項を受け入れるためにバトゥーミに赴いたが、オスマン帝国が今やアフルカラクとアハルツィヘやエレヴァン県の西半分を要求していることを知って驚かされた。回答を待つことなく、オスマン帝国はアレクサンドローポリを侵略し占領した。彼らはその後ティフリスやエレヴァンに向けて進軍した。ロシア・ドイツ関係における緊張を恐れるドイツは、オスマン帝国にブレスト・リトフスク条約の国境を侵害しないよう伝え、ドイツ人の監視員をバトゥーミに送り、彼はオスマン帝国がトランスコーカサスの全てのアルメニア人たちの殺害やアゼルバイジャンとの連合トルコ人国家の創設を計画していることを報告した。オスマン帝国に対するドイツの圧力が不毛であると判明すると、ジョージア人たちは再びアルメニア人たちを見捨て、彼ら自身をドイツの保護下に置いた。そのようにするために、彼らは連邦から身を引いた。一九一八年五月二十六日、ジョージア人たちは独立を宣言し、ティフリスにドイツ国旗が掲げられた。二日後、アゼリー人たちはアゼルバイジャンの独立を宣言した。バクーがボリシェヴィキとダシュナク党の連立政権――実に奇妙な相手同士であるが――の手にあったため、彼らはエリザヴェートポリ（後のキロヴァバード、今日のギャンジャ）を暫定的な首都に選び、オスマン軍のバクー解放を待った。アルメニア人たちは単独で残され、五月二十八日、ティフリスのアルメニア民族評議会は、バトゥーミのオスマン代表団と交渉し、彼らの故郷に残されたものを救うことを可能にするために、アルメニアの独立を宣言すること以外に選択肢がなかった。

20　一千日間
最初のアルメニア共和国（一九一八〜一九二一年）

アルメニア民族評議会はアルメニア諸県に対する独裁的な権力を一九一八年五月二十八日に確立していたものの、彼らは公衆への宣言を五月三十日まで行わなかった。さらにその時ですら、声明に「独立」という語は含まれていなかった。それというのも、アルメニアという国家が存在し得るかどうかや、たとえそうであったとしても何がその的確な規定要因となるのか、確信をもつ者が誰もいなかったからである。オスマン帝国軍は二週間前に東アルメニアを侵略し、アレクサンドローポリやその他の町や集落の多くで虐殺を行っていた。オスマン帝国軍はエレヴァン地方を包囲し、歴史的アルメニアの終焉が予測されていた。アルメニアを救ったものは、サルダラパト、カラ・ケリサ、バシュ・アパランの戦いでの、女性や高齢の者を含む全ての年代、階層のアルメニア人たちの英雄的な抵抗であった。六月二日、これらの交戦でのオスマン帝国の敗退や彼らのエレヴァンからの撤退が確認された。二日後、バトゥーミ条約がアルメニアとオスマン帝国との間で調印された。その時になってようやくティフリスで非公式に、独立したアルメニア共和国が宣言された。

共和国を宣言することがそれを創造するわけではなかった。アラム・マヌキアンやドロ将軍がエレヴァンの防衛を監督した一方で、アルメニア民族評議会は新たに独立したジョージア共和国の首都であるティフリスにあった。全員がティフリスにいたさまざまなアルメニア人政党の指導者たちの間での不和から、六月最後の日まで連立政権の樹立が妨げられ、その際に、小規模なアルメニア人政党の引き続く反対によって、ダシュナク党が支配的な民族評議会は民主的な儀礼を捨て、それ自身の内閣を組織することを余儀なくされた。ティフリスで歓迎されていないアルメニア人指導部は、アレクサンドローポリの喪失後、アルメニア人たちに残された唯一の都市部の中心地であったエレヴァンへ去った。七月十九日、首相のホヴァネス・カチャズヌニに率いられたアルメニア政府はエレヴァンに到着し、アラム・マヌキアンの軍事指導部に取って代わった。アルメニアの独立共和国が公式に成立した。

バトゥーミ条約によってアルメニアに約一万一五〇〇平方キロの岩がちの領土（地図39参照）と七〇万の住民が残されたが、そのうち三〇万は西アルメニアからの飢えた難民たちで、一〇万はアゼリー人とクルド人であった。産業の中心地であるアレクサンドローポリやシャルルやナヒチェヴァンの肥沃な原野、それに鉄道の大半は共和国に含まれなかった。動物や耕作設備の喪失によってその地域の農業生産もまた低下した。ロシア帝国の主要な中心地になることのなかったエレヴァンは、僅かな政府庁舎を備えてはいたが、産業はほとんどない埃っぽい地方の小都市であった。陸地に囲まれ、対立する隣人たちに包囲され、共和国はコレラやチフスの流行にも脅かされた。アルメニア人の知識人、職人、企業家の大多数は、ティフリス、バクー、もしくはロシアにあった。食料や医薬品の欠乏、堂々と日中に襲撃を行う武装集団の存在によって、新たな共和国のために明るい未来が予兆されることはなかった。

そのような状況の下で選挙を行うことはできないと感じて、拡大された民族評議会がその代わりに議会（ホロルド）として機能した。しかし、ダシュナク党が内閣を支配し、議会で多数派の議員を有したものの、その他の政党も選出され、熱い議論が行われたため、民主的原則が完全に無視されたわけではなかった。ムスリムやロシア人の少数派たちは彼ら自身の代表者たちを有していた。独立は不意に到来した。共和国の中産階級の指導部の大多数は歴史的アル

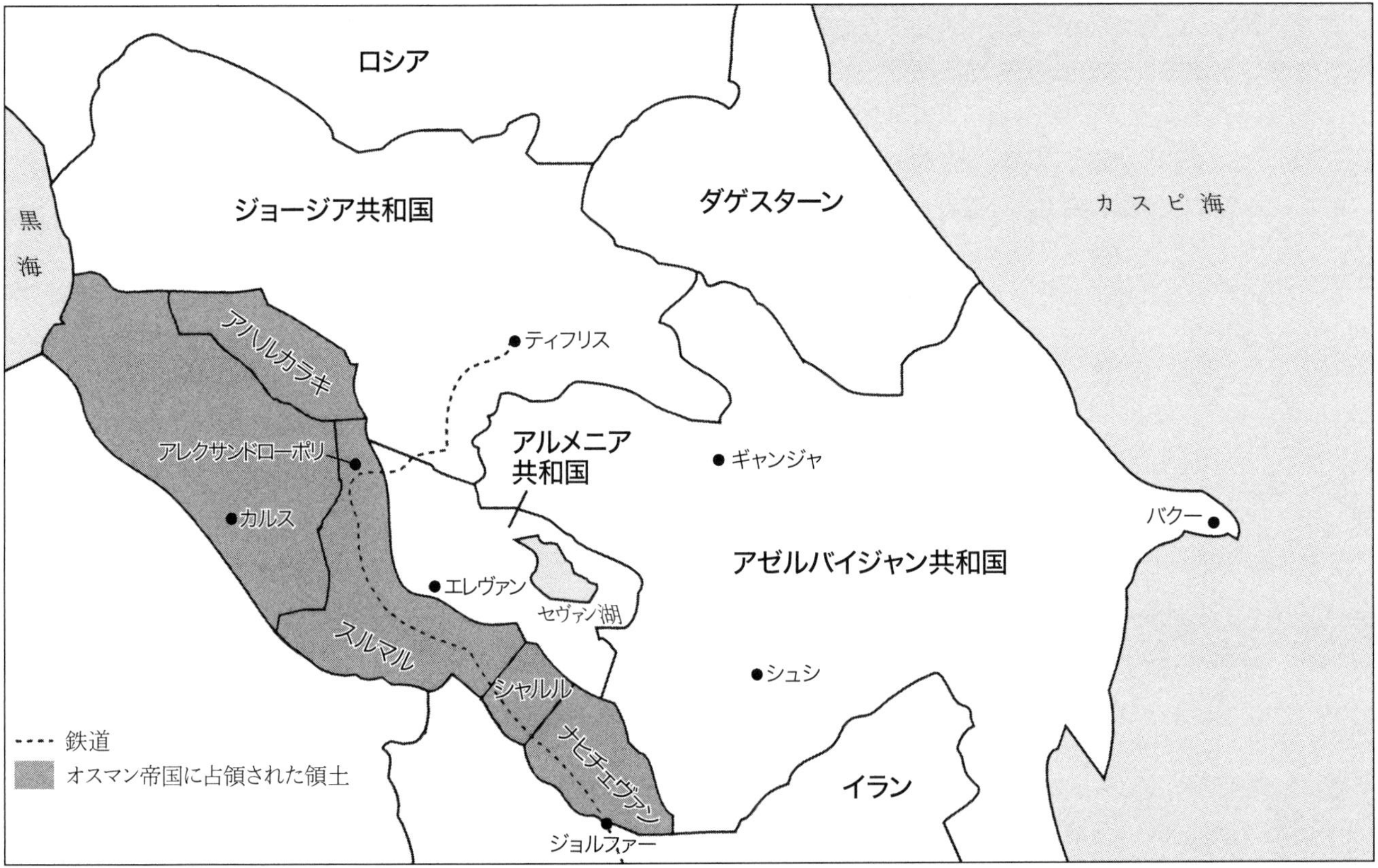

地図 39　バトゥーミ条約（1918 年 6 月）以降のアルメニア共和国

メニアの外で育ち、エレヴァンを訪れたことすらなかった。その後の四カ月は、ある意味での混沌からある種の道理が造り出され、悲惨な状況の中に生きることに慣れ、オスマン帝国にさらなる要求を断念させるようドイツに請うことに費やされた。

一方で、アゼリー人とオスマン軍は九月にバクーを占領し、多くのアルメニア人がすでにその都市から逃れていたとはいえ、一万五千人以上のアルメニア人が虐殺された。オスマン帝国軍はその後カラバフ山地に入り、情勢はアルメニア人が居住する飛び地やアルメニア共和国にとって不吉なものとなった。アンドラニク将軍とスィウニク・ザンゲズルの彼の義勇兵たちは、オスマン軍をカラバフから追い払うために即座に出撃した。バトゥーミでオスマン帝国と交渉することを容認せず、ダシュナク政権と決別していたアンドラニクは、ザンゲズルに行き、その地方からアゼリー人たちを追い払う途中であった。しかし、何も解決されないうちに、オスマン帝国の連合国に対する降伏によってトランスコーカサスにおける世界大戦に終止符が打たれ、イギリス軍がバクーに到着した。

ムドロス休戦協定によって、オスマン帝国はトランスコーカサスやイラン領アゼルバイジャンから部隊を撤退させ、両海峡を連合国に引き渡すことを要求された。オスマン帝国軍が彼らの戦前の国境まで撤退したことで、ドロ将軍に率いられたアルメニア軍は、その直後に共和国の領域を拡大することが可能になった。ロシアが内戦に対処している間に、アルメニア人はカルスを、ジョージア人はバトゥーミを占領したが、その二地域の間に位置し主にアルメニア人たちが居住していたアルダハンとオルティの両地区は、ジョージアとアルメニアの両者から要求された。以下で論じられるその他の領土紛争によって二つのキリスト教徒の隣人たちの間に緊張がもたらされた（地図40参照）。

オスマン帝国の敗北はアルメニア人たちに重大な心理的影響を与えた。懐疑的であった多くの者たちは今や共和国に生存の見込みがあることを悟った。ティフリスに留まっていた多くのアルメニア人の知識人や財界の指導的人物は、エレヴァンに移住し、共和国に彼らの事業を提供することを決意した。さらに重要なことは、コーカサスで立憲民主

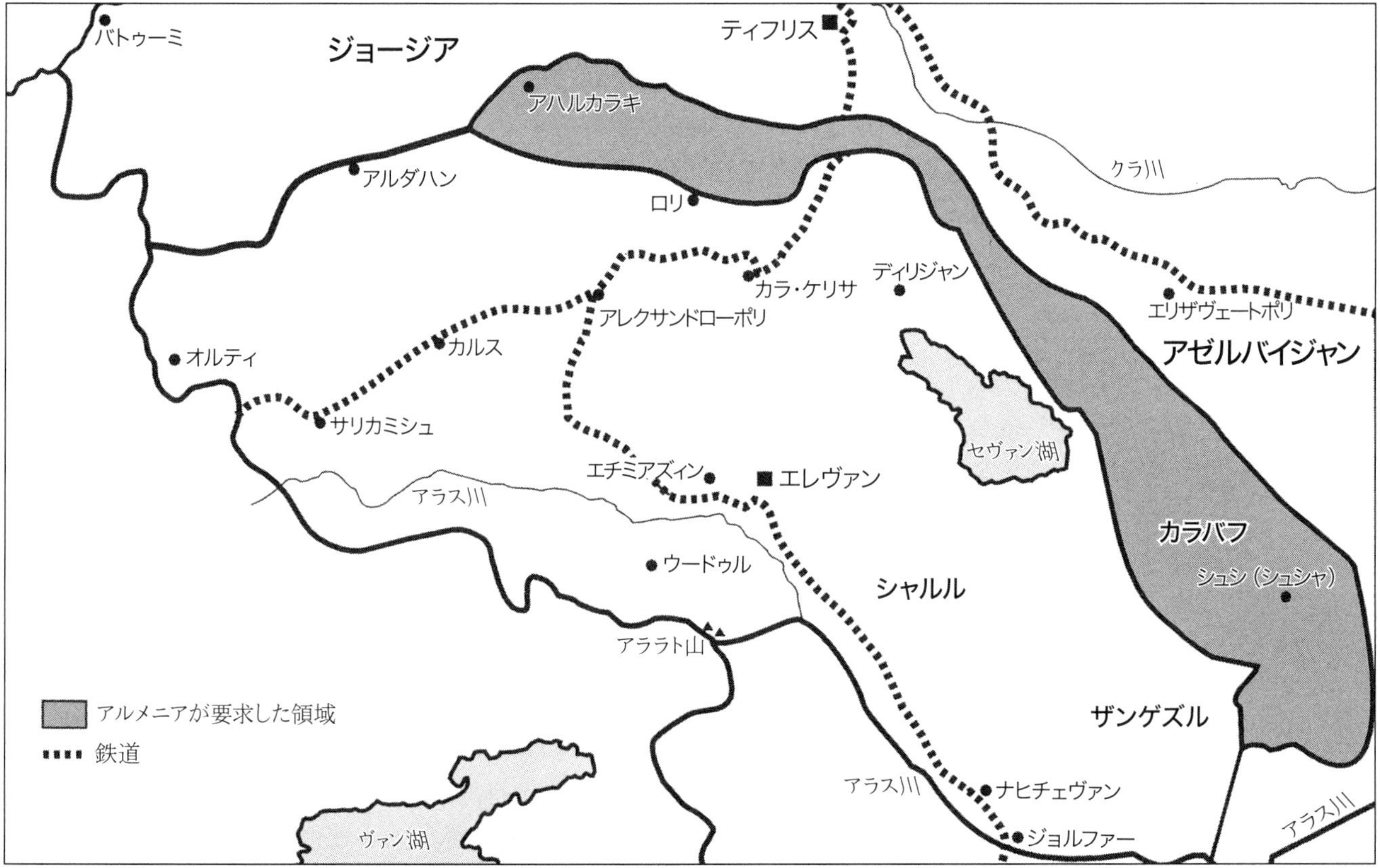

地図 40　アルメニア共和国（1920 年 9 月）

党（ラムカヴァル）と同等のものとなり、中産階級を代表していた人民党が、今や内閣への参加を決断したことであった。中産階級の職業人たちの専門知識を必要とし、アルメニアが急進派たちに統治されてはいないということを連合国に示すことを望んだダシュナク党は、自由主義者たちを抱き込み、最重要なものではないとはいえ、内閣の職の半分を彼らに与えた。

このような楽観的な政治的状況にもかかわらず、アルメニアは一九一八年から一九一九年の厳しい冬に耐えねばならなかった。食糧、燃料、薬品、避難所の欠如によって、暴動、伝染病、飢饉が引き起こされた。人々は草、死んだ動物、茹でた獣皮を食べ、カニバリズムの事例も報告された。それが収束するまでに、約二〇万の人々が飢餓、極寒、チフスによって死亡した。しかし、救援隊は最終的に到着した。宣教師たちによって組織され、ジェームス・バートンが主導する全米近東基金は「飢えたアルメニア人たち」のために数百万ドルを調達し、春までに糧食、衣服、医薬品が到着し始めた。さらに重要なものは、合衆国政府による援助であった。夏の終わりまでに、ハーバート・フーヴァーに監督されたアメリカ救援局は約五万トンの食糧を送り、それによって何千もの命が救われ、共和国では穀物の作付けが可能になった。アルメニア政府も怠けていたわけではなかった。彼らは司法、公衆衛生、教育の諸制度の問題や税制度、国家予算案に取り組んでいた。エレヴァンのワインやコニャック製造のような数少ない既存の産業や多くの製粉所が国有化された。電信や鉄道は修復され、新たな鉱山が探査された。

三つの問題が政府の関心において最重要課題として残った。それは一九一九年一月に始まったパリ講和会議、ジョージアとアゼルバイジャンの両者との領土紛争であった。フランスの首都での会議では、ドイツ、オーストリア・ハンガリー帝国、オスマン帝国との講和条件が練られ、国際連盟の創設を通じた将来のための平和が保障され、ウィルソン大統領によって彼のアメリカ連邦議会への声明（一九一八年一月八日）の中で表明された一四カ条の平和原則の五条と一二条に触発され、自治か独立を通して自決を求めるさまざまな民族の申し立てが聴取されることになっていた。

アルメニア共和国はアヴェティス・アハロニアンに率いられた代表団を派遣した。その使命は、共和国の西アルメニアすなわちオスマン帝国のアルメニア六州に対する要求を強く推し、それと同様に、共和国に黒海への出口を与えるよう連合国を説得することであった。

到着に際して、代表団はもう一つのアルメニア人の集団に出くわした。それは、西アルメニア人やディアスポラのアルメニア人たちを代表するポゴス・ヌバル・パシャに率いられたアルメニア民族代表団であった。その代表団の大半のメンバーは立憲民主党に属していた。ヨーロッパの大物政治家たちの間でのポゴス・ヌバルの地位によって、彼は非公式に多くのアルメニア人の要求を推すことが可能になった。彼は、キリキアが地中海の出口と共にアルメニア人の要求に含まれるべきであるとアハロニアンを説得した。二つの代表団は、その後統合され、トランスコーカサスから地中海まで伸びる拡大したアルメニア共和国のための共同請願を提出した。

しかし、アルメニアの主張には多くの困難な状況が伴っていた。サイクス・ピコ協定によってキリキアと西アルメニアの半分はフランスに割り当てられていた。ロシアの内戦は収束からはほど遠く、もしも白軍が勝利した場合、ロシアは同じ合意に即して、トラブゾンや西アルメニアのもう半分を手にすることになっていた。さらに、クルド人の領土的要求はアルメニアの要求と衝突した。その上、小アジアのオスマン軍は武装解除されておらず、小さなアルメニア共和国が、約二五万六千平方キロを超えるアルメニアを防衛することは、武器や資金の欠如から不可能であった。アルメニアはそのような過渡期において自らを助ける強力な国家を必要としていた。ウィルソン大統領にはアメリカによる委任統治の用意があったものの、アルメニア人たちはまず第一に、二つの事件の結果を待たねばならなかった。それは、その他のいかなる問題が解決されるよりも前に締結されるべきであったドイツとの講和と、合衆国上院による和平合意と国際連盟の承認であった。アルメニアはより小規模な民族の大部分と同様に会議で席を与えられず、さらには、英国首相のデヴィッド・ロイド・ジョージ、フランスの指導者のジョルジュ・クレマンソー、イタリアのヴィットーリオ・オルランドとの間の個人的な議論に加わることができなかった。

ドイツを罰し、普仏戦争で失った領土を回復し、戦争賠償を受け取るという彼らの願望において強硬であったフランスは、ドイツとの条約に専念した。ヴェルサイユ条約は一九一九年六月二十八日に調印された。ドイツが十八、十九世紀に獲得した多くの地域はポーランドとフランスに与えられた。ドイツの一部の工業地域の支配権も一時的にフランスに渡された。ドイツはその植民地を失い、制限された軍隊のみが認められた。最大の結末は、ドイツが戦争の全責任を受け入れることを余儀なくされ、それによってドイツは天文学的な賠償額を負わされた。屈辱はドイツ国民を憤慨させ、その経済を疲弊させ、極左と極右の両方の政党の勃興を促し、ヨーロッパを第二次世界大戦への道に導いた。

将来のドイツの勢力の脅威を一時的に軽減したフランスやイギリスは、オスマン帝国の分配の決着を急ぐことはなかった。サイクス・ピコ協定によって、彼らには小アジアやアラブ人の土地における植民地拡大の可能性が与えられた。加えて、英国とフランスは厄介な状況にあった。前者はユダヤ人たち（バルフォア宣言において）やアラブ人たち（アラビアのロレンスやその他の者たちを通して）に、自治地域についての相反する曖昧な約束を与えていた。クルド人や「アッシリア人」にもまた一定の自治が約束されていた。両強国はまたトランスコーカサス、ヨーロッパ、中東のアルメニア人指導層に、過去の不正義が最終的に正され、大虐殺の復讐がなされるという最も強力で最も誠実な誓約を与えていた。さもなければ、彼らはムサ・ダグからの難民たちから組織された四千名の部隊や、パレスティナやキリキアで活動したヨーロッパ、中東、インド、合衆国からの義勇兵たちであるアルメニア人軍団の勇気を忘れることになるのであった。連合国に保護された広大な独立アルメニアが彼らの報酬となることになっていた。ヨーロッパでの議論を連邦議会に提出するためにウィルソン大統領がアメリカへ出発したことによって、オスマン帝国との和平の進展は遅れた。中央ヨーロッパやアルメニアの運命は将来の会議や条約において決定されることになっていた。アルメニアやその他の抑圧された民族は、ヴェルサイユ条約、国際連盟、アルメニア委任統治領を巡るウィルソン大統領と上院との議論を待っていた。一方で、政治的現実が約束よりも先行され始め、ロシアの内戦は激しさを増した。

その後の六カ月の間に、ヨーロッパは合衆国連邦議会の決議を待つ一方で、サン・ジェルマン条約（一九一九年九月十日）によって、オーストリア・ハンガリー帝国の成り行きを定め、それによって、ポーランド、チェコスロヴァキア、ユーゴスラヴィアの独立が承認され、オーストリアはポーランド、イタリア、ユーゴスラヴィアに領土を奪われた。ヌイイ条約（一九一九年十一月二十七日）によって、ブルガリアは領土の損失（マケドニアの大半とトラキア全土はギリシアとユーゴスラヴィアに与えられた）と賠償金の支払いによって罰せられた。ハンガリーは経済問題に苦しみ、反乱が起こり、クン・ベラの下でボリシェヴィキ体制が樹立された。短命の国家はハンガリーを無傷に保つために戦争を始めた。その国家は数カ月後に敗れ、新政権はトリアノン条約（一九二〇年六月四日）に調印し、それによってハンガリーは、トランシルヴァニアやその他の地域をルーマニア、オーストリア、チェコスロヴァキアに割譲し、オーストリア・ハンガリー帝国の賠償金の一部を背負った。

一方で、トランスコーカサスにおける情勢は平穏からはほど遠かった。その地域が三つの独立共和国に分裂したことで、アルメニアはまだ解決されていない国境問題を有することになった。以前に述べたように、これらはロシア帝国の十九世紀の行政区分に起源があった。第一のものはアハルカラキとロリという地区をめぐるアルメニア・ジョージア紛争で、それらの両者とも濃密なアルメニア人多数派を有し、歴史的アルメニアの一部であったが、ティフリス県の一部であり続け、ジョージアによってその新たな共和国の一部として要求されていた。紛争によって二つのキリスト教国家の間で小規模な軍事衝突が引き起こされ、それは、アルメニアがロリの半分の支配権を得る一方、もう半分は中立地帯とされ、ジョージアがアハルカラキの支配権を維持するという妥協によって解決された。

第二の問題ははるかに深刻で、アルメニアとアゼルバイジャンとの間の領土紛争を包含していた。アルメニア人の目には、トルコ系アゼリー人とトルコ人自身との間にほとんど区別はなかった。一九一七年から一九一八年の間のオスマン帝国とのアゼリー人の協力もまた、アゼリー人民族主義者や汎トルコ主義感情がその存在の脅威であるというアルメニア共和国の見方の一因となった。さらに、アゼリー人はアルメニアを単に一八四九年のエレヴァン県の縮小版と見なした。アゼルバイジャンは自身をバクー県やエリザヴェートポリ県の後継者と見なしたため、彼らの目ではカラバフやザンゲズルはアゼリー人の領土であった。彼らはまたムスリムの小居住区を有するアルメニア北部やジョージアの東端地域をアゼルバイジャンの一部と見なした。アゼリー人たちはまたロシアに一八七八年以降征服された西アルメニアの諸地域も要求した。要するに、彼らはカスピ海から黒海まで広がる国家を構想し、それとオスマン帝国との間に小さなアルメニアは挟まれていた。さらに事態を複雑化させたのは、アルメニアの北部やエレヴァンには数万人のムスリムが居住しており、数十万人のアルメニア人がカラバフ山地、ザンゲズル、バクーやエリザヴェートポリの都市部や郊外に居住していたことだった。第一次世界大戦末期、アンドラニク将軍指揮下のアルメニア人戦力は、以前に触れたように、カラバフ山地の占領を準備していた。戦争が終結し、英国がアンドラニクへ前進をやめ、パリ講和会議を待つよう求めた際、アルメニア人たちは彼らの歴史・民族学的議論が彼らにカラバフを保証すると確信した。

しかし、バクーの英国軍司令部は、そこに上陸するとすぐにその地域の原油を汲み上げ売り始めたので、したがって彼らは親ムスリムであった。それに加えて、大英帝国は、スルタンをカリフと見なし、敗北したオスマン帝国に対する英国による寛大な扱いを期待する多くのムスリム臣民を有していた。このようなことからイギリスはカラバフやザンゲズルにおけるアゼリー人の主張を後押しした。アンドラニクによって完全にアルメニア人の支配下となっていたザンゲズルでは、そこに到着したアゼリー人の軍人や行政官を退去させた。カラバフがアゼリー人の支配を受け入れることを拒否したことによって、妥協に達する前に、多くのアルメニア人の村で虐殺が行われた。カラバフのアルメニア人居住区は域内的自治権を得たが、当分の間、アゼリー人の管轄下に置かれた。まさに最初からアゼリー人たちは合意を侵害し、アルメニア人の反乱の結果、アゼリー人によってカラバフ山地の中心都市であるシュシの焼き討ちが行われた。エレヴァンの政府は介入できるほど力がなく、カラバフ問題は、その他のアルメニアに関係する領土問題と共に、平和条約を待たねばならぬこととなった。

それと同時に、別の問題が共和国の内政問題を邪魔した。一握りの社会主義者たちが政権内に存在したものの、政治的指導部は先に見たようにダシュナク党によって占められており、彼らは内閣の最重要の地位を成し、リベラルな人民党が内閣のもう半分を成していた。それぞれが異なる思想を有していた。人民党は組織においてより柔軟でより開かれた政府を主張した。ダシュナク党は活発な革命運動家たちで、彼らの目標を達成するために、アルメニア人と非アルメニア人の両者に対して時に非民主的手段とも見なされるものを用いた。彼らの党組織、特に中央局は厳格で、その成員たちに完全な服従を要求した。両集団の知的、政治的指導者たちは心の中ではアルメニアやアルメニア人の幸福を考えていたが、異なる社会的、経済的背景から登場し、それを異なる手段で達成しようと模索した。人民党の成員たちは、ティフリス、バクー、モスクワ、サンクト・ペテルブルグの中産階級上層部の自由主義的伝統の中で育ったが、一方で、ダシュナク党は東ヨーロッパで流布した革命的な熱気や民族的機運に影響された中産階級下層部や農民、労働者の産物であった。

一九一九年春以前、その綱領の大半がエレヴァンの無学で飢えた大衆と嚙み合わない自由主義者たちは、当時の困難にもかかわらず、政府における彼らの存在が、仕事やより代議制が反映された議会の創設によって、アルメニア人の大衆に益することを望んでいた。しかし、六カ月後、二つの政党の間での緊張が顕在化し始めた。ポゴス・ヌバルと彼の自由主義代表団のパリへの到着によってエレヴァンの人民党は励まされ、彼らは自分たちが今や以前よりも広範な声を有していると感じた。最終的な分裂は初の国民選挙の直前に起こった。共和国の一周年を記念して、ハティスィアンは政府のために演説し、東西アルメニアの将来の統一を宣言した。自由主義連合はその時何も言わなかったが、数日後、政府から退き、西アルメニア人たちを代表するポゴス・ヌバルと彼の政党は助言を求められておらず、ダシュナク党は統一アルメニアの将来の政府を強奪する試みにおいて再び民主的原則をなし崩しにしていると主張した。

自由主義者たちのボイコットの結果、ダシュナク党の圧倒的勝利（得票の九〇パーセント）がもたらされた。アルメニアにおいてよりもジョージア、アゼルバイジャン、ロシア、ヨーロッパにおいてさらなる成員を有するさまざまな社会主義政党は、残りの一〇パーセントをどうにか獲得した。社会主義者や自由主義者は、全ての議論が共和国の支配権を得るためにダシュナク党によって演じられたものであると断言した。新政権を組織したハティスィアンは、その非難が大きな反響を持ちうると理解した。状況を和らげ、確信を抑えるために、彼は非ダシュナク党員たちをさまざまな地位に含めようと尽力した。彼の政策に同意せず、むしろ政党を強化し、大衆の支持を彼らに勝ち取らせる社会改革の促進を画策したダシュナク党の中央局と彼は衝突した。中央局の指導者たちは、アルメニアの労働・貧困階級が結局のところ忍耐を失い、内戦での彼らの煽動や勝利が平均的労働者に影響を与え始めていたボリシェヴィキに加わることを恐れていた。党と政府との間の主な衝突は一九一九年末の党会議の際に訪れた。ハティスィアンは、党が国家の運営に固執するのであれば、彼らとボリシェヴィキの間に何も違いはないと主張した。政府は党から独立するべきであると彼は付け加えた。党は立法府の彼らの代表者たちを通じてその綱領を実行するべきであった。しかし、古参党員たちは、党の支配なしに国家は今後の困難な日々を生き残ることはできないと主張した。政権に入った中央局の構成員たちが、彼らの任期中はその組織での活発な参加から身を引くことで決着がなされた。実際のところこの妥協はあまり機能しなかったが、見せかけの態度によって全面的な対立は避けられた。

共和国の第二年は前途有望な様子で始まり、鉄道や電信は業務が再開され、産業にも僅かな復興が見られた。インフレーション、ムスリム住民、難民たちの食糧や住居、そして、最も重要なことには農民たちへの土地の分配――ダシュナク党が約束したもののまだ実行されていない問題――が存在した。この最後の項目によって社会革命党に、一部の不満をもつ農民たちの勧誘のための材料や将来さらに多くの成員を獲得する機会が与えられた。主要な問題はアルメニア共和国がバクーやティフリスのような社会基盤を有さないことであった。戦争や短期間オスマン帝国に地方の半分が占領されたことによって、家畜や設備が持ち去られたり破壊されていた。農業の事業、ダム、学校、獣医療、森林再生の計画やその他の項目は長期間で準備され、将来においてのみ成果が出るものであった。近代的な裁判所が準備されており、地方の自治も組織されていた。アルメニア語を行政の主要言語として導入する取り組みすら存在したものの、知識人たちの大半がロシア語を用いていたため、政府は両言語で機能していた。初等、中等学校や国立大学が多くの都市部の中心地に開校されたが、燃料の不足や財政的な制約によって、学校への出席は散発的なものとなった。しかし、楽観論も存在し、郵便切手や通貨が図案化され発行された。同年、ウィルソン大統領はJ・G・ハーボード少将に率いられた委員会を派遣し、彼らは委任統治の可能性を評価するために西アルメニアやアルメニア共和国で二カ月を過ごした。委員会はアメリカの委任統治に賛成と反対の対等の議論を併記した。彼らは、それが人道的見地から望ましいものの、費用が膨大なものとなり、合衆国を多種多様な問題に巻き込むと述べた。

ロシア内戦の行く末が不確かである以上、ヨーロッパ列強はアルメニアやその他のトランスコーカサスの共和国の承認を拒んだ。一九二〇年初頭、デニーキン将軍の下での白軍の敗北によって、トランスコーカサスの諸共和国が事実上の国家として承認され、ボリシェヴィキに対抗するために武装されるべきであることが明らかとなった。英国外相のカーゾン卿はアルメニアに武器を供給することに賛成であったが、陸軍省のウィンストン・チャーチルは、そのような武器は勝利することが確実なボリシェヴィキの手に落ちることになると主張して、承認しなかった。

同時に、アルメニア政府はその全ての希望をヨーロッパや合衆国に託した。一九二〇年春、合衆国上院はヴェルサイユ条約と国際連盟を拒絶した。国際連盟が委任統治領を治めることになっていたため、アルメニア委任統治領の問題はあらゆる点で消え去った。しかし、合衆国や上院でのアルメニアに対する強い支持は続き、アルメニア共和国とその外交使節アルメン・ガロ（ガレギン・パストルマチアン）は公式に承認された。アルメニア人にとって状況を複雑化させたのは、合衆国が一度もオスマン帝国に宣戦布告しておらず、したがって、上院でのウィルソンの敗北の後、合衆国がオスマン帝国の分割についての議論から退いた事実であった。オスマン帝国の解決の実行の遅れは、アルメニアにとって悲惨であることが明らかとなった。この間に、内陸部のトルコの民族主義者たちは、オスマン帝国分割のためのヨーロッパの計画に対する強力な反対勢力を組織していた。オスマン軍は動員解除も武装解除もされておらず、ムスタファ・ケマル（後にアタテュルクとして知られる）によって有能な勢力に再組織されていた。同時に、ヨーロッパの、そして後にはアメリカの実業家たちは、存続するオスマン帝国やその交易路からの方が、飢えて陸地に囲まれたアルメニアからよりも大きな利益を得られると感じた。さらに、ヨーロッパの植民地当局は、もしもカリフ位の位置するオスマン帝国がドイツやオーストリアがされてきたように扱われたら、彼らの植民地のムスリムたちの感情がどのようなものになるかということを熟慮し続けていた。英国やフランスには小アジアで衝突する利害はなかったが、アラブ人の土地に関する重大な不一致が存在した。ギリシアとイタリアの野望は小アジアで衝突し、ギリシアはイギリスの承諾によって、一九一九年五月、スミルナに軍を上陸させた。フランスもイギリスも遠く離れた小アジアのトルコ人民族主義者たちを攻撃する方法も決意も有していなかったため、彼らはギリシアの侵略によって、オスマン側が、非公式に議論されていたヨーロッパの提案に折り合いをつけ、受け入れを余儀なくされることを望んだ。

アルメニア人たちに対する同情は存在したものの、彼らにとって時間切れになりつつあった。上院がウィルソンの敗北を準備している一方で、ヨーロッパ列強はようやくオスマン帝国との平和条約の審議をイタリアのサンレモで開始した。同時に、トルコ人民族主義者たちがキリキアに戻ったアルメニア人たちを殺害しているという知らせが届いた。ギリシアの上陸に憤慨して、トルコ人民族主義者たちはイスタンブルからの布告を無視し、彼ら自身をトルコの真の政府であると見なした。トルコ人によるマラシュ、スィス、ハドジン、ウルファ、アインタブのアルメニアやフランスの駐屯地への攻撃や、フランスがキリキアを守ることを拒絶したことは、結局のところアルメニア領キリキアの死を意味した。殺されも捕われもしなかった者たちは再び彼らの故郷を去り、レバノンやシリアに向かわねばならなかった。一九二一年末までに、フランスの外交官フランクリン・ブイヨンは、シリアを保持することと引き換えにキリキアをトルコ人民族主義者たちに渡した。

一方で、イスタンブルやギリシア軍が、トルコ人民族主義者たちにトルコ人国家の縮小を説得する機会は存在した。同時に、一九二〇年四月までにサンレモの連合国はアルメニアにヴァン、エルズルム、ビトリスや黒海への出口を与えることに同意した。しかし、連合国は、そのような広大な領土に対する支配を確立するためにアルメニア人を助ける軍を引き受ける準備がヨーロッパのどこにもなかったため、同意が空手形であることを十分に良く確信していた。フランスとイギリスの両者は、アルメニア人に対する彼らの幾多の戦時中の特権をどのように満たすかというジレンマに直面した。ボリシェヴィキがサイクス・ピコ協定を拒絶していたため、英国はアルメニアにロシアに約束されていた西アルメニアの半分を与えた。英国はアルメニアが問題を解決したと感じ、ギリシアとコーカサスの諸共和国がトルコ人民族主義者とボリシェヴィキの駆逐に成功することを望んだ。

しかし、フランスとイギリスは、ウィルソンと合衆国がより小規模のアルメニアのために責任を引き受ける意志があると期待し続けていた。彼らはウィルソンに、サンレモで合意された指針の範囲内でアルメニアの最終的な国境線を引くよう求めた。ウィルソンはアルメニアの最終的範囲を十一月まで（地図41参照）提出しなかったものの、一九二〇年四月十八日、戦勝国はサンレモで、合意が最終的になされたことを発表した。ほどなくして、上院はまたアメリカによる委任統治案を却下した。

一九二〇年六月にアドリアノープルがギリシアに占領されたことによって、イスタンブルはサンレモ会談の条件を受け入れることを余儀なくされ、一九二〇年八月十日、オスマン帝国、ヨーロッパ連合国、アヴェティス・アハロニ

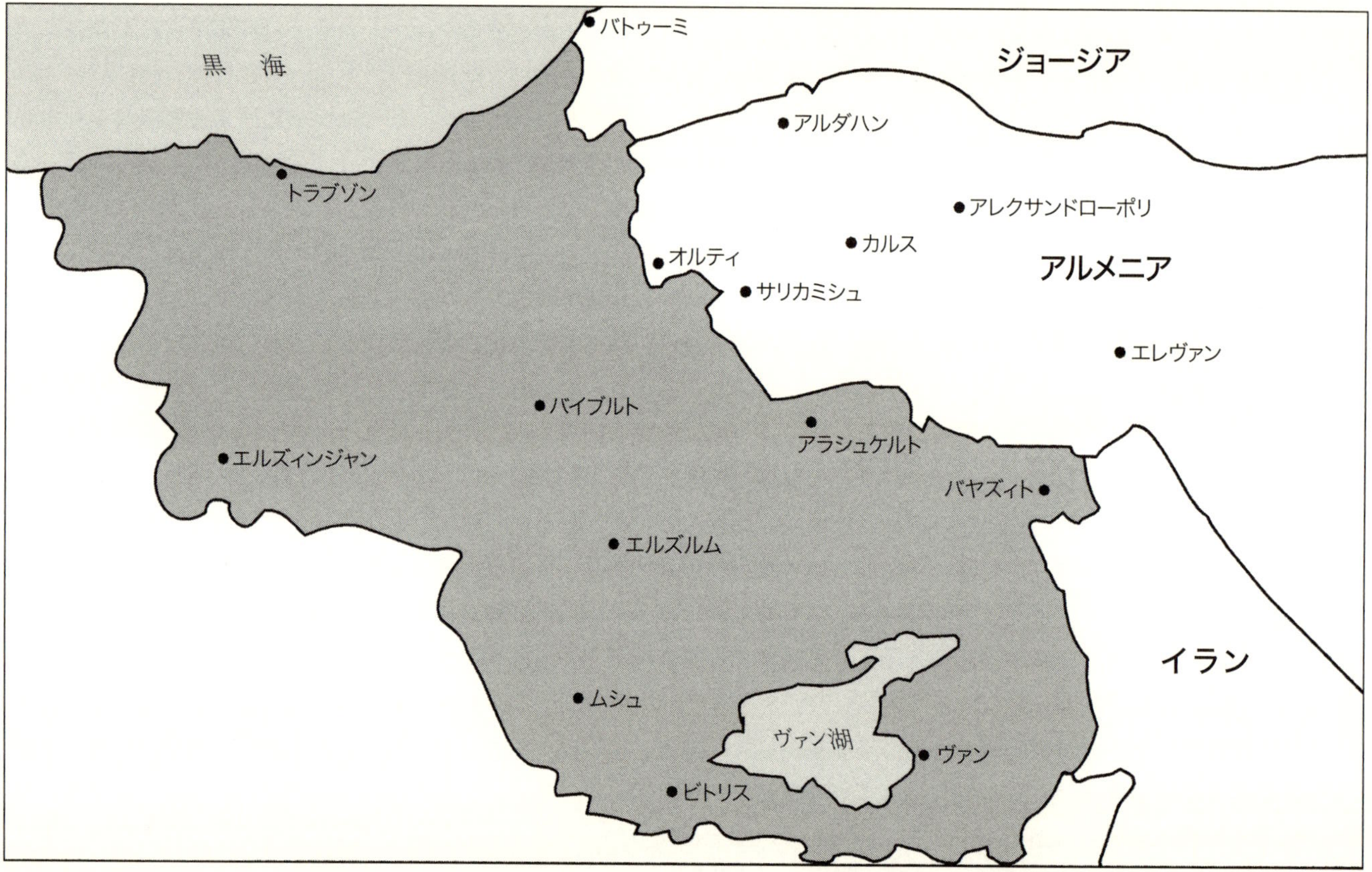

地図 41　セーヴル条約（1920）のためにウィルソンが提案したアルメニアの領域

アンとポゴス・ヌバル・パシャを代表とするアルメニアはセーヴル条約に調印した（地図41参照）。条約は（ヴァン、ビトリス、エルズルムの諸州とトラブゾンの黒海への出口を含むことになっていた）将来のウィルソンの境界線を受け入れ、大虐殺の生存者たちへの賠償と財産の回復を約束した。それはまたトルコ人やクルド人によって連れ去られるか養子にされたアルメニア人の女性や子供の帰還にも同意した。最終的に、条約はアルメニアの独立を承認し、アルメニア人大虐殺に責任のある者たちを罰することを約束した。アルメニアはその代わりに西アルメニアに残留することになるムスリムたちの宗教的、文化的権利の保証を約束した。こうして、第一次世界大戦の終結から二一カ月後、戦後の国境についての交渉は公式に終了した。

一九二〇年夏までに、アルメニア共和国には希望や恐れの多くの根拠が存在した。アルメニアは今や正式に（法律上）、ベルギー、フランス、イギリス、イタリア、チリ、アルゼンチン、ブラジルやアメリカと並ぶその他の国々によって承認された。アルメニアのパスポートは効力あるものと見なされ、アルメニアの外交官たちは中国、日本、エチオピア、ギリシア、トルコ、ルーマニア、ユーゴスラヴィア、ブルガリア、イラン、イラク、ドイツ、ベルギー、イタリア、フランス、イギリスで働き始めた。

しかし、一方では不吉な暗雲が形作られていた。ムスタファ・ケマルはサンレモで成された合意が弱く切り裂かれたトルコ国家を意味すると確信し、イスタンブルの政府はトルコ国民を代表しておらず、それが調印したいかなる合意も価値なく無効であると宣言した。連合国の艦隊がイスタンブルにあったため、ムスタファ・ケマルは別個の政府をアンカラに樹立した。抜け目のない政治家、カリスマ性ある有能な指導者、能力ある軍事司令官であるムスタファ・ケマルは、彼がトルコ人たちの故郷、すなわち小アジアのみに関心があると知らしめた。換言すれば、彼はかつてのオスマン帝国の領土的統合を主張したわけではなかった。バルカン地方はすでに独立国家に分割され、アラブ人地域は新たなトルコ国家から切り取られ得た。イギリスとフランスはしたがって彼らの影響圏を維持したのであった。強いトルコは、ボリシェヴィズムの餌食になり得る弱いトランスコーカサスの諸国家よりも、彼らにとって好ましいものであった。連合国の無為を確信し、ケマルはウィルソンのアルメニアの阻止やギリシアの侵略の駆逐に転じた。

二つの戦線で同時に戦うことができなかったことから、ケマルはロシア領トルキスタンに逃亡していたエンヴェル・パシャを通じてボリシェヴィキに接近した。ケマルはボリシェヴィキに、もしも彼らが自分に武器、穀物、金を提供するのであれば、アゼルバイジャンに数多くのトルコ人の軍事顧問や将校を自分の側で送り、「帝国主義者」のアルメニア人たちを排除すると保証した。ボリシェヴィキは四月末にバクーに入り、彼らのかつての民族主義的熱狂を忘れ、彼ら自身を労働者階級の代表者として描くアゼリー人指導者たちに好意をもって迎えられた。バクーの陥落によって、エレヴァン政府はボリシェヴィキに、独立した友好的なアルメニアがその地域のロシアの利益にとってより良いということを説得するために、五月に使節団をモスクワに送ることを余儀なくされた。一方、ボリシェヴィキ運動はアルメニアにゆっくりと到来し、小さな少数派であったものの、彼らは多弁で、五月にアレクサンドローポリで小規模な反乱を起こすことに成功し、ソヴィエト共和国の樹立を要求した。ダシュナク党の反応は素早かった。アルメニア人ボリシェヴィキの一部は処刑され、残りはバクーに逃れた。短期間の反乱の主な結末は、ハティスィアンの首相職と彼の政策を終わらせたことであった。ダシュナク党の中央局はハマザスプ・オハンジャニアンを首班として政府を引き継いだ。ボリシェヴィキを一掃した後、中央局は政府の権威を受け入れない全てのムスリムたちの排除を命令した。多くのムスリムたちが共和国南部を去り、社会主義者たちはダシュナク党の政策に抗議しなかったものの、これらの行いは自由主義者たちをさらに疎外した。共和国の第二周年はかなり異なる機運の中で祝われた。

それに続く事件には異なる解釈が存在する。ダシュナク党に同情的な史料は、モスクワでのソヴィエト・トルコ交渉の結果を待つ間に、ボリシェヴィキがアルメニアに虚偽の保証を与えたと主張する。反ダシュナク史料はエレヴァン政府が責められるべきであったと指摘する。ダシュナク党の大多数はモスクワと協力することを拒んだ。アルメニア政府はこうしてモスクワへのその返答を遅らせ、ロシア人たちにトルコと取引することを余儀なくさせた。ダシュナク党はモスクワとのいかなる合意も西洋を彼らの敵に回してしまうと反論した。セーヴル条約が八月まで調印されなかったため、彼らはモスクワとの和解を遅らせようと試みた。フンチャク党の見解では、ダシュナク党の中央局によるエレヴァン政府の奪取やアルメニアでの若者のボリシェヴィキ運動の粉砕によって、ボリシェヴィキとの交渉のいかなる希望にも終止符が打たれただけでなく、彼らがアルメニアの民族的機運に対して永遠に不信感をもつようになったと指摘されている。

一方で、ボリシェヴィキとトルコの交渉は続いていた。多くのボリシェヴィキは、トルコがアルメニアに西アルメニアからいくらかの領土を与えなければならないと主張したものの、トルコは国境問題を議論することを拒み、国境への言及なしに同盟条約が協議されるべきであると主張した。アルメニア人を好まないスターリンやより大きな問題に関心を持っていたレーニンは同意した。セーヴル条約のすぐ後、ロシアとトルコはモスクワで協定を結んだ(一九二〇年八月二十日)。それは帝政政府によって以前に結ばれた全ての条約を無効にしただけでなく、アンカラ政府によって受け入れられていないセーヴル条約のようないかなる国際条約もモスクワによって承認されないことを明言した。セーヴル条約の彼らの完全な拒絶を世界に示すために、ロシアの協力と不介入、アメリカの中立、ヨーロッパの無為を確信したトルコは、九月下旬、アルメニアを攻撃した。九月末までに、トルコ軍はサリガミシュを占領し、一九二〇年十月三十日、彼らはカルスを占領した。十一月、カラベキル将軍に率いられたトルコ軍はアレクサンドローポリに入り、ブレスト・リトフスク条約の境界に基づいて休戦を受け入れるよう要求した。

トルコの迅速な前進に驚かされたロシアは、ジョージアの黒海諸港とイランへの唯一の鉄道連絡の損失を恐れた。彼らはエレヴァン政府に接近し、彼らに代わって仲裁を申し出た。トルコはいかなるロシアの介入をも拒んだ。トルコの勝利のために非難されたダシュナク党の中央局は、政府の統治権をシモン・ヴラツィアンに主導された新たな内閣に引き渡した。内閣は依然としてダシュナク党が優勢であったが、二名の社会革命党の成員を有していた。十一月末、ボリシェヴィキはアルメニアの領域に入り、アルメニアの救済は、ボリシェヴィキ国家となり、セーヴル条約を非難し、西洋とのその関係を切ることであると主張した。トルコは前進を続け、シャルルとナヒチェヴァンを占領した。完全な壊滅に直面して、アルメニア政府はトルコと交渉するためにハティスィアンをアレクサンドローポリに送り、政府をボリシェヴィキに移譲するためにドロ将軍に率いられたチームを任命した。十二月二日、アルメニアは「独立」ソヴィエト国家となり、ボリシェヴィキは一九二〇年九月以前の国境の回復を約束した。一般的な考えに反して、アルメニア共和国がその日付に完全に存在しなくなったわけではなかった。共和国はその政治的指導部を変えたものの、ダシュナク党員はその他の政党の代表者たちと同様に自由を保証され、多くの地位において国家に尽くし続けていた。

同日、トルコはアルメニアがセーヴル条約やカルスやアルダハンを含む西アルメニアに対する全ての要求を放棄する条約に直ちに調印するよう要求した。それに加えて、アルメニアはナヒチェヴァンとシャルルにおける一時的なトルコの管轄権を受け入れねばならなかった（地図42参照）。その代わりに、トルコは共和国の残りの部分の独立を保証することになっていた。ハティスィアンはボリシェヴィキとのドロの交渉を知っており、アルメニアの同意を十二月二日の深夜まで遅らせた。彼はそれからアレクサンドローポリ協定に十二月三日の早朝に調印した。こうしてアルメニアの小さな部分はトルコの占領から救われた。彼の政権は十二月三日にはもはや存在していなかったため、ハティスィアンは、ボリシェヴィキが条約を価値なく無効なものとして破棄し、トルコがかつての境界に戻るよう要求するであろうと判断した。同時に、ダシュナク党は、もしもボリシェヴィキが彼らの約束を守らず、共和国を完全に奪取しようと試みるのであれば、彼らを撃退するというトルコの保証に頼り得ることを望んだ。アルメニア人たちはこうして、ロシアかトルコのどちらかを彼らの利益のために利用することを望んだ。それは計算された動きであったが、

地図 42　アレクサンドローポリ条約以降のアルメニア共和国（1920 年 12 月）

最終的に失敗した。

数日後、赤軍は革命委員会の熱狂的な若いアルメニア人や非アルメニア人のボリシェヴィキと共にエレヴァンに到着し、ドロとの合意に反して、数多くの政府高官や将校を逮捕した。「戦時共産主義」として知られる期間がその無情な徴発、懲罰、そして伝統的な価値観への攻撃と共にアルメニアに到来し、サルギス・カスィアンやアヴェティス・ヌリジャニアンの指揮の下でその後の二カ月の間、大混乱を引き起こした。ボリシェヴィキとトルコはその後、トランスコーカサスで最後の独立地域であったジョージアに移った。赤軍が去ると共に、戦時共産主義に辟易し、ボリシェヴィキの裏切りに憤り、西アルメニアの喪失に直面した住民は一九二一年二月、反乱を起こした。ダシュナク党員や無党派の者たちに主導されて、彼らはボリシェヴィキのアルメニア人たちを追い出し、ヴラツィアンを大統領として国民救済政府を樹立した。

勝利は一時的なものであった。なぜなら、ジョージアのソヴィエト化の後、赤軍は三月に戻り、四月初めまでに反乱軍はザンゲズルに撤退することを余儀なくされ、そこでヌジュデの指揮の下、彼らはその地域を独立山岳アルメニア国家（レルナハイアスタン）と宣言して、戦い続けた。一方、三月にエレヴァンが赤軍によって陥落させられた後、トルコとロシアは、アルメニアやジョージアの代表者を一人も加えず、アルメニアやトランスコーカサスの残りの運命について交渉した。アルメニアに関する限り、条項はアレクサンドローポリ条約の全体的な範囲に従ったが、いくつかの重大な変更を伴っていた。トルコとの共通の国境を有するように、ナヒチェヴァンとシャルルはアルメニアに返還されず、アゼルバイジャンの一部となったのであった。トルコはまた、常にイラン領アルメニアやロシア領アルメニアの一部であったアララト山と共にスルマル地区を要求した。ロシアは、その一部をトルコが占領していたバトゥーミ、アハルカラキ、アハルツィヘと引き換えに、それに同意した。後に（一九三二年）、トルコとイランは小規模な土地交換を行った。イランがオルーミエ湖西側の地域を手にした一方で、トルコはアララトの小峰とその周辺を獲得した。こうして、アルメニアの象徴であるアララトの双峰はトルコの一部となった。最終的に、条約が後に調印されトランスコーカサスの諸共和国によって批准されることが合意された。一九二一年三月十六日に調印されたモスクワ条約は、その正式の樹立から約一千日後の、最初のアルメニア共和国の最後の呼吸であった。

一方、トルコはその取り組みを小アジアのギリシア軍に集中させた。一九二二年末までに、トルコ軍はギリシアを破り小アジアから押し出すことに成功した。スミルナのアルメニア人街やギリシア人街は焼かれ、アルメニア人やギリシア人の住民は虐殺されるか、西洋の船でギリシアなどの国外へ逃れた。

最後の一撃は一年後、ヨーロッパ列強が美辞麗句をわきに置いて、アルメニア人たちを見捨て、セーヴル条約を再交渉した際にやって来た。ローザンヌ条約（一九二三年七月二十四日）はアルメニア問題に言及すらしなかった。トルコは賠償金を支払わず、戦争中に犯したいかなる残虐行為についても責任を負わされなかった。しかし、トルコはトルコにわずかに残っていたキリスト教徒少数派の保護に同意した。両海峡は武装解除され、平時には全ての船舶に、戦時には中立国の船舶に開放された。第一次世界大戦で破れたトルコは、それにもかかわらず、ボリシェヴィキやヨーロッパの支援とアルメニアの犠牲によって、一八七八年に失った領土を再獲得しただけでなく、ロシア領アルメニアから領土を得て、アルメニアを犠牲にソヴィエト・アゼルバイジャンの拡大を可能にした。

21 ネップからペレストロイカへ

ソヴィエト・アルメニアあるいはアルメニア第二共和国（一九二一～一九九一年）

かつての共和国の心臓部は救われ、ソヴィエトとはいえども、再びロシアの保護と統治の下に置かれた。一九二一年六月までにザンゲズルの大半は、レーニンの代理人である外交的手腕の優れたアレクサンドル・ミアスニキアンによって、アルメニアがザンゲズルを維持し、反乱者たちには恩赦が認められると保証された後、占領されるか制圧されるかした。最後のダシュナク党の拠点メグリでは、七月十三日にその成員たちがアラス川を渡りイランへ入るまで、活発だった。その後七〇年の間、アルメニアはただ一つの公認政党、すなわちアルメニア共産党のみを有することになった。社会革命党、メンシェヴィキ、スペシフィストらは活動を断念し、後に粛清されるか、共産党に加わるかした。

多くの政党はディアスポラで活動を続けた。最も小規模なものはフンチャク党であった。ヨーロッパの社会主義者や共産主義者のように、フンチャク党にはソヴィエト体制に反発する派閥も存在したが、彼らは最終的には消え去り、この党は新たなソヴィエト・アルメニアのほぼ全ての政策を断固として支持した。アルメニア人の社会主義者たちの集団で自らを進歩連盟（アラチャディマカン）と呼ぶ者たちは、いつもモスクワと一致するわけではなかったが、概してフンチャク党と共通意見を見出した。

さらに大規模な政党はアルメニア民主自由党（ラムカヴァル・アザタカン・クサクツティウン）であった。それは一九二一年に結成されたものの、アルメニアのソヴィエト化の後に、前述のように、実際のところ最も古いものから最も新しいものまでのアルメニア人の政治集団、すなわちアルメナカン党、改革フンチャク党、人民党、立憲民主党の合同によって成立した。その政党は保守派、自由主義者、職人、専門家、実業家、知識人の連合体であった。自由主義的で資本主義的であったものの、ラムカヴァル党は、ソヴィエト・アルメニアが当時、唯一のアルメニア人民族国家であり、海岸線を持たず敵たちに囲まれたアルメニアはロシアの保護なしで生存できないことから、それは支持されるべきであると感じていた。

最も規模が大きく最も活発な政党であるアルメニア革命連合すなわちダシュナク党は、ソヴィエト・アルメニアを支持しなかっただけでなく、ボリシェヴィキが彼らを裏切ったと感じていた。彼らは、ソヴィエト連邦の敵たちと共同し、ソヴィエト・アルメニアと歴史的アルメニアの双方が解放されるまで休まないことを誓った（23章参照）。

アルメニアにおけるネップ

戦時共産主義によってボリシェヴィキの多くの支持者たちは彼らに反対するようになり、一九二一年三月十五日、レーニンはボリシェヴィキの中に過剰に熱心になっていた者たちがいたことを認めた。共産主義へのより漸進的な移行へと帰着することになった新たな政策が実施された。新経済政策（ネップ）と称される政策は、共産主義の目標を断念することはなかったが、ある程度の経済的誘因や西側との共同事業――国家資本主義として知られることになるもの――を許容した。

地元の伝統や文化に対してより慎重なボリシェヴィキの当局者たちが、彼らの熱狂的な同志たちに取って代わった。

前述のように、レーニンに近い人物であるミアスニキアンは地域を安定させ、穏やかにソヴィエトの雛形へと導くために党第一書記としてアルメニアに派遣された。レーニンは、アルメニアやトランスコーカサスの残りの部分が、ロシアそれ自体よりもさらに漸進的に社会主義に向かって動くことになると書いた。経験豊かな党員であるミアスニキアンは来たるべきトルコとの交渉において領土の一部の再獲得に努めることを約束し、レーニンの後押しでアルメニアの一部に留まっていたザンゲズルの平定に成功した。モスクワはようやく、ザンゲズルがトルコとソヴィエト連邦のトルコ系民族との緩衝地帯に過ぎないと悟ったかもしれない。

トランスコーカサス諸国家がモスクワ条約を批准して以来、彼らはロシアやトルコの代表者たちとカルスで会談した。交渉はほぼ三週間続き、ソヴィエト代表団が少なくともアニとコグブ（現在のトゥズルチャ）をアルメニアに回復しようと試みたものの、トルコは拒否した。カルス条約（一九二一年十月十三日）によって、今日アルメニアとジョージアをトルコから隔てる、モスクワで合意されたものと同じ国境線に帰着した（**地図43**参照）。

一九二四年までに、トルコはスルタン制とカリフ制を廃止し、ムスタファ・ケマルを初代大統領とする共和国となっていた。今やアタテュルクと呼ばれるムスタファ・ケマルは、一〇年強で西欧におけるトルコ像の改善に成功した。彼はラテン文字アルファベット、トルコ風の地名を導入し、女性に投票権を認め、トルコを世俗化し、（ソヴィエト方式に緩やかに基づいた）五カ年計画を通して農業と工業の改革を開始し、（一九三九年、フランスによって返還された）アレクサンドレッタ〔イスケンデルン〕県の返還のための交渉を開始した。

アルメニア人たちにとって不安は遂になくなった。彼らはなんとかザンゲズルを保持し、新たなソヴィエト国家の存在はアルメニアの安全を保障した。前述のように、さらに多くのアルメニア人たちがソヴィエト・アルメニアの外に住んでおり、彼らの大半はティフリス、バクーや、ロシアのいくつもの都市に住んでいた。主要な産業を欠き、コーカサスの諸共和国の中で経済的に最も遅れていたアルメニアは、ロシアの支援や、陸地に囲まれた共和国からの全て

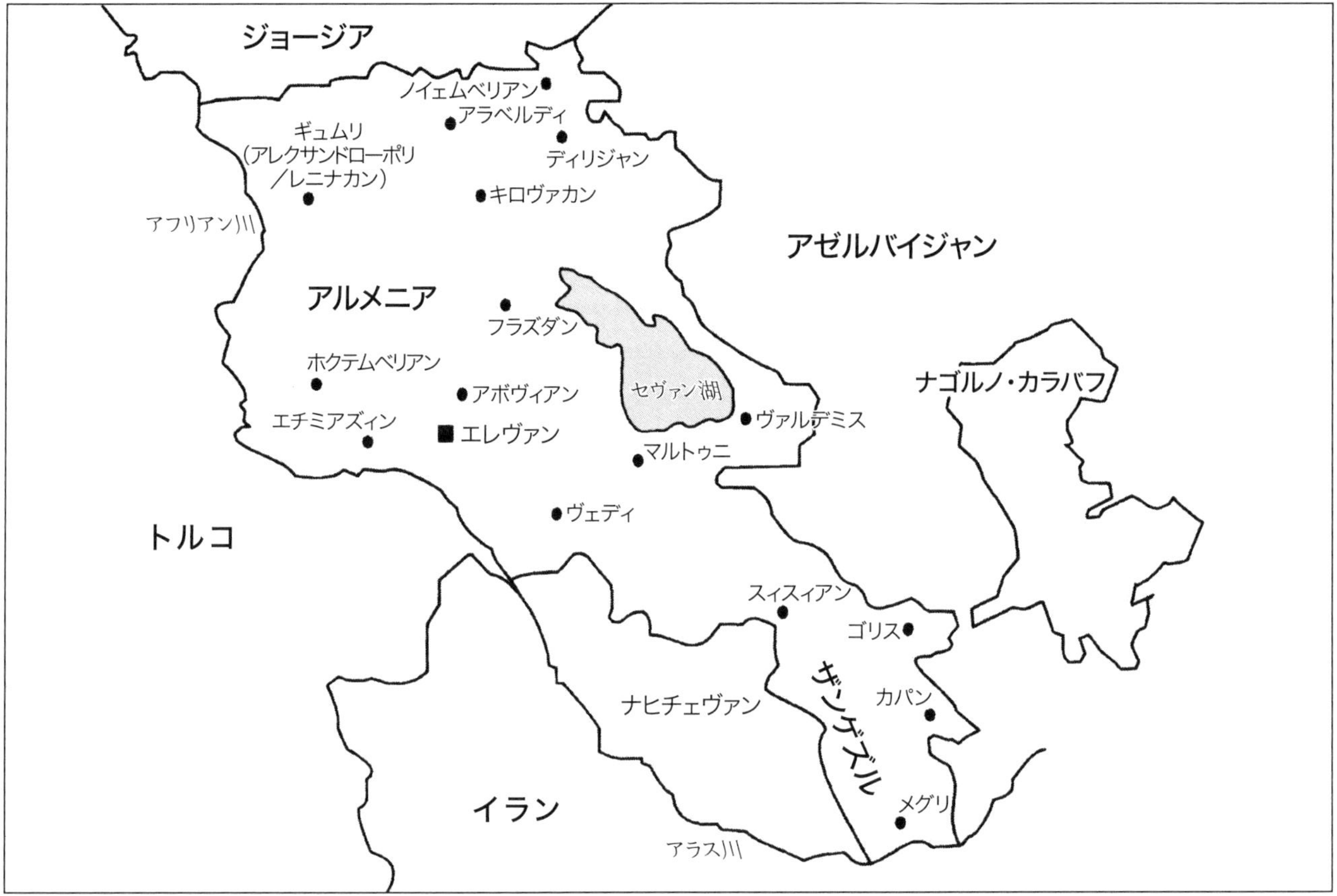

地図 43　ソヴィエト・アルメニア、ナヒチェヴァン、カラバフ（1921 ～ 2003）

の経路を支配する二つのより大きな隣人たち〔ジョージアとアゼルバイジャン〕の助けを大いに必要としていた。

アルメニアはジョージアやアゼルバイジャンとの連邦を形成するよう圧力をかけられていた。ソヴィエトの諸民族を担当する人民委員であったスターリンは、トランスコーカサスを一つの単位に合同し、それを政治的、経済的にモスクワに帰属させようと望んでいた。ジョージアはそのようなつながりを拒絶したが、結局のところ、そのようにすることで孤立のままで留まってしまうと悟って、特に諸共和国間の国境紛争の解決を容易にするために同意した。三つの全ての共和国がどうにかその報いを受けた。アルメニアはロリを受け取ったが、ジョージアがアハルカラキを受け取った。アルメニアはザンゲズルを保持したが、アゼルバイジャンがカラバフとナヒチェヴァンを受け取った。アルメニア人共産主義者の抗議への譲歩として、カラバフ山地（公式なソヴィエト用語法ではナゴルノ・カラバフ）――それは何世紀もの間ペルシア領アルメニアとロシア領アルメニアの不可分の部分であった――はソヴィエト・アルメニアから切り離され、アゼルバイジャンに属する自治共和国とされて、アゼルバイジャン内の自治地域として分類された（**地図44**参照）。加えて、前述のように、エレヴァン県の一部であるシャルル地域はナヒチェヴァンに割譲された。歴史的アルメニアの一部であり、十八世紀から親ロシア活動、反ムスリム活動の砦であり、濃密なアルメニア人多数派を有してきたカラバフもまたソヴィエト・アルメニアの境界の外に留まった。カラバフ問題は第一アルメニア共和国の指導者たちを悩ませていた。事実、アンドラニク将軍は、アルメニア軍と共にそれを包囲するために進軍したが、ヴェルサイユでその問題を解決すると約束した英国によって止められた。一九二一年、ソヴィエト政府はトランスコーカサスのムスリムたちからの好意を獲得するため、そしてトルコからの圧力の下で、アゼリー人の要求に屈し、カラバフをアゼリー人支配の下に置いた。しかし、アルメニア人が多数派であることに留意し、一九二三年、（ギュリスタン地区を除く）カラバフはアゼルバイジャン内の自治地域に指定された。

一九二二年春、三つの共和国によって連邦的同盟が形成され、それによってそれらの国家にモスクワに対する一定

地図44　ナゴルノ・カラバフ（1923～2003）

の自治権が与えられた。スターリンはこの取り決めに満足しておらず、それらの完全な従属を望んでいたが、レーニンは諸共和国が一定の自治を保つことを主張した。その年の秋までにソ連（ソヴィエト社会主義共和国連邦）が創設された。ザカフカース社会主義ソヴィエト共和国連邦的同盟は解体され、ザカフカース社会主義連邦ソヴィエト共和国がその位置についた。ロシア（トルキスタンすなわち中央アジアの五ムスリム共和国をも含む）、ウクライナ、ベラルーシ、トランスコーカサスがソ連を形成した。各共和国はロシア共和国のものを見本とした独自の憲法を有していた。地元の共産党は政治局を統制するクレムリンの党指導部（中央執行委員会）に従属することになった。個々の共和国の予算は全連邦予算の一部であった。対外政策、対外貿易、民法と刑法の法体系、教育、公共医療、軍はソ連全体のために画一化された。トランスコーカサスの場合、連邦の決定はモスクワのものに従属した。アルメニアは、連邦の下位の構成国として、時にそのより強力な隣国に屈することもあったが、トランスコーカサスにおけるレーニンやスターリンの代理人とミアスニキアンとの近さやグルシアのモスクワに対する抵抗によって、アルメニアに一定の影響力が与えられた。

ネップの時代はアルメニアの経済や文化に重大な影響を与えた。病気に先立つレーニンの主要な決定の一つは、「土着化」（コレニザーツィア）という発想であり、それはさまざまな民族による彼ら自身の共和国の統治を促進することであった。全ての地元の新聞、学校、劇場は、共和国の固有の言語を用いることになっていた。それぞれの共和国の言語や文化は国家によって支援される予定であった。レーニンはこれが共和国の知識人たちを党に参加させ、ロシアの排外主義が過去のものであり、共産主義が全てを平等に扱うと諸民族を納得させる唯一の道であると推測した。

他の地域のアルメニア人たちは移住を促された。ティフリスやバクー出身のアルメニア知識人たちは、ジョージアやアゼルバイジャンの文化の「土着化」に直面し、エレヴァンへと移った。ヨーロッパや中東からの移民も到来した。エレヴァンの人口は倍増し、一部の産業が発達し始めたが、アルメニアの人口は大部分が農民であった。初めてアルメニア語が共和国の公用語となった。五十歳までの全ての文盲の市民は学校に入学し、彼ら自身の言語を学ばねばならなかった。教師たちを育成するための特別の学校が創設された。学校が都市や村に開校され、エレヴァンに国立大学が創立された。学術機関が設立され、五百年以上の後、アルメニア語は再び学術的な出版や講義に用いられた。移民たちや地元の人々の多くの方言が問題を生み出したため、エレヴァンで話されている方言が標準文章語となり、単純化された正書法も考案された。レオ、アチャリアン、アベギアン、スペンディアリアン、サリアンなどの歴史学者、言語学者、作曲家、画家、彫刻家、小説家、詩人がアルメニアに到来し、母なる大地で彼らの学芸を追究するために国家の支援が与えられた。音楽院、国立劇場、映画スタジオもまた設立された。宗教が非難されることはなかったが、反宗教的宣伝が国家によって徹底的に唱えられた。まだ少ないながら都市住民は、農民の大衆よりも宗教色は薄かった。カトリコスはソヴィエト・アルメニア共和国を承認したものの、教会とアルメニア共産党の指導者たちとの間には容易ならざる関係が存在した。最後に、大抵のアルメニア人男性にとって非常に無念であったことに、女性の伝統的な役割も変化しつつあった。妊娠中絶、離婚、労働力における女性の存在が初めて生じた。民族主義や反ソヴィエト感情は許容されなかったが、「土着化」やムスリムたちのアゼルバイジャンへの出国によって、より同質的なアルメニアが作り出された。アルメニアの言語、文学、芸術は、共産主義によって課せられた限度内で民族を一体化し復興させた。一九二〇年から一九三七年までの間に、トゥマニアン、イサハキアン、テリアン、アルメン、エサヤン、マハリ、トトヴェンツ、アラザン、ゾリアン、バクンツ、デミルチアン、チャレンツらの作家や詩人は、社会主義を彼らの民族主義的な気質に結合することや、アボヴィアンやラッフィの東アルメニア文学の伝統を復興することに成功した。

一方で、アルメニアでは政治的変化が生じた。一九二三年末、ダシュナク党は公式にアルメニアでの存在を絶たれ、その成員たちは無所属の社会主義者たちと共に共産党や政府の地位から罷免され、逮捕された者もいた。アショト・ホヴァニスィアンが、一九二五年に飛行機事故で死亡したミアスニキアンの後継者となった。ハイク・ホヴセピアンが一九二七年、彼の後を継いだ。彼は一年のみ地位を保ったが、ハイカズ・コスタニアンに取って代わられ、彼は権力を二年間保持した。頻繁な交代はクレムリン内での権力闘争を反映していた。

スターリンとアルメニア人

ロシアでは一九二四年のレーニンの死に続く三年間で、スターリンの台頭とトロツキーの失脚が見られた。一方では、ネップは望まれた結果を産み出さなかった。産業は十分に発達せず、低い農産物価格によって農民は農産物を出し渋ることを余儀なくされた。一九二八年の秋までに、都市における食糧不足によって、ネップの継続に賛同する者たちの主張に終止符が打たれた。ネップの支持者であったブハーリンと協力関係にあったスターリンは、トロツキー、カーメネフ、ジノヴィエフを打倒するために、今やブハーリンとの関係を絶った。スターリンが権力を固めるにつれて、彼に忠実な人々は昇進し、残りの者たちは降格されるか排除されるかした。一九二九年春、ネップの代替案としてのスターリンの一国社会主義論とロシアを工業化するための五カ年計画は実行に移された。急速な工業化を支援するために、農民たちは集団農場に加わり、彼らの穀物や家畜を国家に引き渡さねばならなかった。その結果は農民の抵抗であった。農夫たちは引き渡すよりはむしろ自らの家畜を殺し、収穫物を破棄した。アルメニアだけでも百万頭近い家畜が殺された。結局のところ、抵抗は無意味であって、脅迫、逮捕、処刑やウクライナにおける国家によって仕組まれた飢饉のような手段の後、アルメニアの農民たちはその他全ての者たちと同様に集団化された。農場や村落における厳しい条件によって、多くの者たちは都市への移動を余儀なくされ、新たな労働者階級が出現した。産業は力強い国家の後援や中央経済計画の下で急速に発展した。経済全体が国家の統制下にあった。アルメニアの労働者階級は育成され、間もなく人口の三分の一にまでなった。農民たちは党の序列においても昇進し、党全体の性質は変化し始めた。次の一歩は新秩序に疑問を持つ者や反対する者の粛清であった。古参の共産主義者たちはスターリンの弟子や取り巻きに取って代わられた。一九三〇年、スターリンはアガスィ・ハンジアンをアルメニア共産党の長とした。アルメニアのためのハンジアンの尽力やカラバフの喪失についての彼の関心によって、彼はアルメニアで人気ある指導者となったが、力あるジョージア人共産主義者でスターリンの親友であり、トランスコーカサスにおける非公式の政府の番犬であったベリヤの不評を買った。一九三六年、ハンジアンはティフリスに呼び出され、そこで「自殺した」。ハンジアンはハイク・アマトゥニに取って代わられ、彼はアルメニアからハンジアンの支持者たちを追放した。一年後、アマトゥニと彼の一派は、アルメニアから共産主義の敵たちを取り除く努力を十分に行っていないとして追放された。クレムリンのアルメニア人高官であるミコヤンとベリヤが今やエレヴァンに到着し、ベリヤの子分であるティフリスのグリゴル・ハルテュニアンがアルメニアの指導者に任命された。最高位のアルメニア人共産主義者たちの中核のほぼ全てや多くの知識人たちが逮捕され、処刑されるか、シベリアに追放された。彼らの中にはカスィアン、ヌリジャニアン、ホヴセピアン、アマトゥニ、イェサイアン、バクンツ、トトヴェンツ、マハリ、チャレンツが含まれていた。一九三九年までに粛清は終了し、スターリンと彼の秘密警察（内務人民委員部）は全ての反対者を排除した。大半が非労働者階級の知識人であった年長のマルクス主義者世代は、労働者階級か生え抜きの官僚たちの若い世代に取って代わられた。彼らはスターリンに忠実であり、一九七〇年代末まで権力の座に留まった。国家は全ての抵抗を取り除き、その市民たちの政治、社会経済、文化生活の全ての面を独占した。

アルメニアやその他の諸民族に対するもう一つの打撃は、「土着化」の終焉であった。ロシア語が全ての学生にとって必修科目となった。学生たちはアルメニアに開校していた新たなロシア語学校への入学を奨励された。モスクワでの昇進や進級を望む者は皆、アルメニア語学校に通うことが職業的な行き詰まりを招くと感じた。ロシア語の単語が特定のアルメニア語の用語に置き換えられもした。民族主義は非難され、それ自体がロシア民族主義の形であるソヴィエト愛国主義に取って代わった。ラッフィの人気ある小説は民族主義的であるとして非難された。ある学者によれば、粛清は東アルメニアの文芸復興を完全に中断させた。反宗教的な活動が増加したため、教会も容赦されることはなく、カトリコスのホレン一世（一九三二～一九三八年）が、伝えられるところではエチミアズィンで絞殺された際、新たなカトリコスが選出されることはなかった（一九四五年まで）。抽象芸術もまた非難され、社会主義リアリズムが全ての芸術の規範となった。そのうちにロシア人たちが政府の重要な地位のいくつかを引き継ぎ、自らを非ロシア人よりも優勢であると見なし、また、そのように見なされ始めた。

第二次世界大戦はアルメニアに多くの変化をもたらした。ナチスの脅威によって、スターリンは、教会と和解し、共通の故郷を救うために全ての民族の支援を求めることを余儀なくされた。ラッフィの作品は再び出版され、エチミアズィンの教会や印刷所は開かれ、聖職者を教育する新たな神学校が認可された。一部の聖職者のシベリアからの帰還も許された。ナチスの残虐行為によって人々は過去の悪習を忘れ、国家の周りに結集するほどに脅かされた。トルコはナチスに接近しつつあり、フォン・パーペンのアンカラへの代表団は無視できるものではなかった。トルコ・ドイツ同盟への懸念から、アルメニア人たちはその他のいかなる可能な行動をも拒むことになった。大半の健康で丈夫なアルメニア人の男たちは赤軍と共に前線にあり、トルコからの攻撃に対する防御手段はほとんどなかった。第一次世界大戦中の同様の状況の記憶はまだ生きていた。

東ヨーロッパのダシュナク党の小集団は、アルメニアを解放するため、ヒトラーへの共感からというよりも共産主義ロシアへの対抗から、自発的にナチスに加わった。しかし、ソヴィエト連邦やディアスポラのアルメニア人の多数派はヒトラーに反対し、アメリカ軍、フランスのレジスタンス、そして特に赤軍に加わり、そこでは五〇万のアルメニア人部隊が最も困難な戦闘に従事し、六〇名の将軍、バグラミアン元帥を含むソヴィエト連邦の一〇人の元帥のうち四人を輩出した。戦争におけるアルメニア人の損失は一七万五千人に達し、新たな記録によると約三千万人のソヴィエト市民の命が奪われた。戦争の終結までに、主教として戦争活動でソ連政府と協力していた新たなカトリコスのゲヴォルグ六世（一九四五～一九五四年）が選出され、エチミアズィンに居住することが許された。教会と国家は帰還運動を開始した。ディアスポラの多くのアルメニア人、特にラムカヴァル党やフンチャク党は故郷への帰還を支援した。帰還によって一〇万を超えるアルメニア人が主にギリシアや中東からやって来た。これらの者たちの大半は一九一五年から一九二二年までの間に追放されていた移民であった。戦後に残された僅かなものを分け合うことを嫌った地元の住民は、彼らの到来を特に歓迎しなかった。彼らは蔑みを込めてアグバル（最適な訳は「哀れな親戚」となりうる）と呼ばれた。冷戦の到来と共に一九四八年までに、彼らがソヴィエト式の生活や思考に適応できないことによって、彼らは疑われ、多くの者たちはシベリアへ追放された。

スターリンは再びアルメニア問題を提起した。一九三〇年代中頃までソ連と良好な関係を有していたトルコは、一九三〇年代末にナチスとの親交を開始し、戦後には国際的に孤立していた。スターリンはカルスとアルダハン、すなわち彼が見なすところでは一八七八年に獲得され一九二一年に失われたロシア領の返還を要求した。伝えられるところによれば、その領土はジョージア人の共和国に併合されることになっていたため、スターリンの動機はアルメニア人とは何も関係がなかった。むしろ、アルメニア問題は単に中東でのスターリンの拡大主義的政策の隠れ蓑に使われただけであった（一九四五～一九四六年のイラン領アゼルバイジャンの共産主義者たちへの支援におけるソヴィエトの活動でもそれは表明された）。モスクワはこうして、アルメニア人たちの帰還とアルメニア人ジェノサイドについての作品の出版を是認した。スターリンの政策によって、トルコは合衆国から支援を求めることを余儀なくされた。トルコは西側陣営に参入し、結局はNATOに加盟し、アルメニア問題は棚上げされた。アルメニア人たちに対するクレムリンの政策もまもなく変化した。帰還者たちは疑われ、ジェノサイドについての書籍は禁止された。一九五〇年までに、中国の共産主義と朝鮮戦争によってかつての連合国とのソ連の協調に終止符が打たれ、冷戦の精神構造が増大した。古代、古典時代、中世と同様に、再びアルメニアは二つの超大国の間で板挟みとなった。戦争の場合には、西アルメニア（トルコ東部）のアメリカのミサイルが東アルメニアに向けて、そしてその逆もまた同様に配備されることになっていた。アルメニアとディアスポラとの間の関係も事実上途絶え、スターリンは民族文化のいかなる表現についても統制を厳しくした。ラッフィは再び禁止され、アラム・ハチャトリアンのような現代の作家や作曲家たちは、彼らの作品があまりに民族主義的で労働者階級の精神を欠いていると告げられた。新たな追放によって、疑わしい「ダシュナク党員たち」はアルメニアから中央アジアへと追放された。

スターリンの政策はアルメニアに重大な社会経済的衝撃を与えた。工業が促進され、農民たちは都市に到来し始め、都市部の人口は増大した。アルメニアはゆっくりと農民経済から工業経済へと変化し、その過程は一九七〇年代末まで続いた。エレヴァンも変化した。古ぼけた町は主要な都市部の中心地へと変容した。都市設計者で建築家のタマニアンの設計で、並木通りが計画され、オペラ劇場、博物館、国立文書館、政府庁舎や並木道が、多くはエレヴァンにその独特の外見を与えている赤、赤橙、黄、藤色の火山性のトゥファ石から建設された。ソヴィエトの計画経済は、各地域に特定の製品の生産を割り当てることで、諸共和国間の相互依存を維持するよう設計されていた。アルメニアやその他の小さな共和国は四〇年後の彼らの独立に際して、このような方策に完全な衝撃を感じることになるのであった。

フルシチョフとアルメニア人

一九五三年のスターリンの死は、アルメニアやソヴィエト連邦のその他の地域にとっての新時代を開いた。その第一歩は秘密警察の行き渡った統制を取り払うことであった。ベリヤは処刑され、アルメニアを含むソヴィエト連邦の内務人民委員部（ＮＫＶＤ）の取り巻きは排除された。スレン・トヴマスィアンがアルメニア共産党の新たな長となり、一九六〇年まで権力を握った。トヴマスィアンは強硬派であったため、彼の在任中アルメニアでの政治的変化はほとんどなかった。しかし、社会、文化面に関しては変化が起こった。今や政治局の最上位の委員であったミコヤンに後押しされたニキータ・フルシチョフの、スターリンの崇拝者たちや犯罪に対する攻撃によって、ハンジアンやチャレンツなど死んだ共産主義者たちの名誉回復、シベリアの強制収容所からの何千もの人々の解放、ラッフィやパトカニアンの再出版が可能となった。スターリンの亡骸は赤の広場のレーニン廟から撤去され、アルメニアの彼の大きな像は倒され、やがてアルメニアの母の像に置き換えられた。政党は再びアルメニア語やアルメニア文化を容認し、「土着化」の新政策が登場した。ソヴィエト連邦のその他の地域からアルメニア人たちがエレヴァンに到来し、イランからも多くの者が到来した。こうした政治状況によってかつての帰還者たちの生活も改善され、一部の者は西欧への移住すら許可された。

フルシチョフによる経済部門での変化は、アルメニアにとっても重要であった。広大な集団農場はより小さなものに分割された。アルメニアは穀物に加えてその他の作物の生産も認められた。アルメニアの土壌や気候により適したタバコ、野菜、葡萄やその他の果実が作付けされた。モスクワに対して責任を負う現地の省庁には、より大きな政策決定権限や、より教育ある管理者が与えられた。数十年間の間、ソヴィエトの消費者たちは、産業の発展や国家の防衛のために必需品を犠牲にしてきた。全ての民族の農民や労働者がこれらの欠乏の軽減を切望した。フルシチョフ時代には消費材が登場し始め、農民たちには彼ら自身の個人利用のために小区画を耕作することが認められた。家畜の生産やさまざまな灌漑事業によって、アルメニアの農業生産高は増加した。しかし、土地の不足は、アルメニアの農場がその隣国たちのものよりも生産高が少なく、アルメニアが食糧でその他の共和国に依存せねばならないことを意味した。アルメニアの強さはその工業部門にあり、それはジョージアやアゼルバイジャンのそれを凌駕した。ソヴィエト・アルメニアでは当初その人口の八〇パーセントが農業に従事していたが、七〇年後、都市部に居住するその人口の八〇パーセント近くが重工業、経営、サービス業に従事するようになった。スターリン主義的な官僚主義を廃止し、経済、政治部門で実験に乗り出すフルシチョフの取り組みによって、一九六〇年代初頭、権力闘争が始まった。旧体制と関係のないヤコヴ・ザロビアンにアルメニアは委ねられた。知識人や経営者の新たな集団が権力の座に昇った。モスクワに従属していたとはいえ、彼らは意識の中でアルメニアの幸福をまず第一に考えていた。アルメニア人の能力、技量、達成へのある種の誇りという新たな民族主義が、一九六五年までに出現した。これはその後の二〇年間にわたって、アルメニア人たちに重大な文化、政治的影響を与えることになった。

ブレジネフとアルメニア人

一九六四年のフルシチョフの追放によってソヴィエト連邦は長い停滞の時期に追いやられた。改革や実験は不意に中断され、レオニード・ブレジネフの指導の下、多くのスターリン主義的な官僚すなわち党官僚が、クレムリンや国家のその他の部分で次第に復権した。一九六六年、典型的な党役員であるアントン・コチニアンにアルメニアは委ねられた。消費材や芸術的自由の要求、民族の誇りなどのフルシチョフによって開かれた扉が、完全に閉じられることは今や不可能であった。むしろ、ブレジネフの体制によって「慈悲深い無視」の時代が始まった。全てがモスクワに忠実でスターリンの官僚の被保護者であった現地の党指導者たちは、自らの共和国の問題に取り組むことにおいてより広範な自治権を認められた。生産割当てが満たされ、混乱がない限り、中央が現地の事柄に干渉することはほとんどなかった。アルメニア人の民族的感情やより自由な知識人たちへの譲歩として、党指導者たちは、サルダラパトの英雄たち、ジェノサイドの被害者たち、アンドラニク将軍やヴァルダン・マミコニアンの記念碑の建造を次第に許可した。アルメニアの歴史や文学についての無数の書籍が出版された。アルメニア人ジェノサイドや一九二〇年代の歴史が、まだいくらかの制限はあったものの、かつてよりも遥かに公然と議論された。パルイル・セヴァク、ゲヴォルグ・エミン、ホヴァネス・シーラーズ、ミナス・アヴェティスィアン、ハコブ・ハコビアンのような作家や芸術家の新たな世代は、アルメニアの芸術や文学において新時代を開いた。一九七〇年代、ソヴィエトの統計によって、アルメニア人の九九パーセント以上が自らの民族語をロシア語よりもアルメニア語であると見なしていることが明らかにされた。アルメニアに住むクルド人、アッシリア人、アゼリー人でさえもアルメニア語を話した。民族語をコミュニケーションの第一手段と見なす住民の割合が、これほど高い共和国はほかになかった。一九七〇年代までに、アルメニア人は共和国の人口の九〇パーセントを成し、それは自身の共和国に住むその他の民族集団よりも高い割合であった。しかし、厄介な事実はそのままであり、このことにもかかわらず、アルメニア人はユダヤ人に続いていまだにソヴィエト連邦で最も分散した民族であった。ソヴィエト連邦の三分の二のアルメニア人がアルメニアに住んでいるのみで、残りの三分の一は主にジョージア、アゼルバイジャン、ロシアに住んでいた。したがって、アルメニアのアルメニア人たちが民族の誇りを育む一方で、共和国の外では多くのアルメニア人たちがロシア化しつつあった。

観光産業はソヴィエト・アルメニアの経済の重要な部分となった。ディアスポラからのアルメニア人たちには、故郷に来てその進歩を直接見ることが奨励された。ホテルや博物館が開かれ、交流行事が設けられた。対在外アルメニア人文化関係特別委員会が組織され、象徴的にエレヴァンの最後のダシュナク政権の建物に居を構えた。ダシュナク党員たちでさえもが、彼ら自身で大いなる変化を見に来ることが歓迎された。アルメニア語の教科書がディアスポラの学校のために印刷され、エレヴァンで発行・出版された新聞、定期刊行物、その他の書籍と同様に無料で送られた。

工業はアルメニアに大きな影響を与え続け、さらに多くの人々が都市へと移動した。アルメニアだけでなくジョージアやアゼルバイジャンの暖房や電力の必要を満たすために、一九七〇年代にはメッァモル原子力発電所が建設された。アルメニアの工業生産高が増加し、ジョージアやアゼルバイジャンのそれを凌駕するにつれ、その公害や環境への被害も同様となった。スモッグの茶色いヴェールの後ろに隠されたアララト山は、エレヴァンから滅多に見ることができず、癌は増加していた。アルメニアの全ての主要な河川は生態学的に死を宣言され、お粗末に計画された事業の結果、セヴァン湖の水位は低下した。

ブレジネフの慈悲深い無視の政策によって助長されたもう一つの嘆かわしい結果は、現地の共産党指導者たちによって形成された派閥と権力基盤であった。汚職が蔓延するようになり、第二経済は外国製品を持つ余裕がある者や縁故を必要とする者につけ込んだ闇市場を発達させた。存在しない労働者が給料支払い簿に登場し、一部の者たちは一つ以上の仕事を保持した。政府からの支給品や商品の盗難はありふれたものとなった。粗悪な建造物が建てられ、粗悪な商品が割当を満たすためのみに作られた。セメントや鉄は学校やその他の国家の建物から私有の住居に転用され、塗料、ドア、窓、トイレ、その他の品目は盗まれ、売られるか民間の請負業者によって用いられた。党の指導者たちは個人の利益や昇進のために、経済的もしくは生態学的にアルメニアに有害となる事業を認可した。投機や贈収賄行為はありふれたものとなった。個人の親戚関係や縁故のネットワークが訓練、知識、才能よりも遥かに重要となった。大学でさえもその影響から逃れられず、教授たちは商品と引き換えに高い評価を与えることが知れ渡っていた。エレヴァンの派閥の下で役割を果たすことはできなかった知識人や企業家は、彼らの能力が報われ、現地の行政機構で高い地位を達成できるその他の共和国に移住した。同時に、このより自由な雰囲気によって、広く行き渡った情勢を嫌い、汚職、才能ある個人の移民、汚染、倫理観の全般的な喪失がアルメニアを大災害の道へと導くと感じる新たな知識人が生み出された。トランスコーカサスや中央アジアの汚職はその他全ての共和国で見られるものを凌駕し、遂にはクレムリンがそれを無視できないほどの割合に達した。

僅かな反体制派たちの側での反ソヴィエト活動の結果、一九七四年にコチニアンは解任され、ロシアで教育を受け、共和国を「掃除する」ことが仕事であったカレン・デミルチアンが招かれた。デミルチアンは汚職に対して断固たる態度で臨み、地下鉄、スポーツ複合施設、新空港などの主要な事業を開始した。デミルチアンの約束や活動によって、今や具体的な変化を求める政治的な知識人たちの希望は高まった。多くの者たちには行政機構において役割が与えられ、容易ならざる同盟が開始された。しかし、ソヴィエト体制はあまりに硬直しており、デミルチアン政権は一部のアルメニア人たちから行動が遅すぎると批判された。

一九七八年、新たなソヴィエト憲法をめぐる議論の間に、失敗したとはいえ、何千ものアルメニア人が、山岳カラバフとナヒチェヴァンのアゼルバイジャンからの分離をモスクワに請願した。同時に、憲法の変更部分と公用語としての現地語の使用の除外を検討した際には、アルメニア人はジョージア人と共に激しく抗議し、提案を覆した。アルメニア語の単語が間もなく公式のロシア語の用語に置き換わった。アルメニア民族主義は再び表面化したが、バルト諸共和国やジョージアの民族主義とは異なり、それはロシアに向けられたものではなく、トルコに向けられたものであり、それが公然になりすぎない限りデミルチアン政権はその表現を許容した。四月二十四日は公式の追悼の日となり、カラバフの状態やナヒチェヴァンのアルメニア人の遺跡の破壊に関するいくつかの書籍が出版された。アルメニア問題もまた一部の言論界で非公式に取り上げられた。カトリコスのヴァズゲン一世（一九五四〜一九九四年）の下で教会はより活発になり、カトリコスはディアスポラの多くの共同体を訪問した。アルメニアでは、新たな教会が建設され、古い教会や歴史的な遺跡が修復され、典礼活動が出現した。国外出身のアルメニア人聖職者はエチミアズィンで学ぶために到来し、大半が中東出身でフンチャク党やラムカヴァル党と近い関係にあるディアスポラのアルメニア人の男女は、エレヴァン大学で学ぶためにやって来た。デミルチアン時代（一九七四〜一九八八年）は今日、ソヴィエト・アルメニアのビロード時代と見なされている。

ソヴィエト・アルメニアにおける政治的不一致

ディアスポラの大半のアルメニア人が気づいていなかったことは、一九六七年にはすでにそれ自体が顕在化していたアルメニアでの反体制運動の発生であった。共産主義に飽き飽きし、ディアスポラのアルメニア人政党の無益で時に身勝手な活動に不満を抱いた若いアルメニア人の集団は、皮肉にもボリシェヴィキ革命の五〇周年記念日にアルメニアで秘密政党を結成した。民族統一党はナヒチェヴァン、山岳カラバフ、西アルメニアの返還や独立民主国家の創設を要求した。一九七四年、その政党は不法に一冊の冊子を発行し、党員がレーニンの写真をエレヴァンの中心広場で燃やすという抗議運動を展開することに成功した。コチニアンは運動を鎮圧しなかったことで非難されて解任され、秘密警察はアルメニア人活動家の一部を逮捕した。

その集団は間もなく二つの派閥に分かれた。ステパン・ザティキアンに率いられた第一の集団は、ソヴィエト体制に対するテロ行為を唱え、伝えられるところではモスクワ地下鉄に爆弾を仕掛けた。この派閥の一部の者たちは逮捕され処刑された。穏健派から成るもう一つの集団は、人権グループとして活発になり、一九七五年のヘルシンキ合意に代わって市民の権利を監視した。その集団はアルメニアのための一定の自治、アゼリー人支配からのカラバフの解放、汚職や工業や核の汚染の終焉を要求した。しかし、カラバフは最も不安定な問題として残った。その人口の八〇パーセントがアルメニア人であるカラバフはアゼリー人の管轄下に留まり、クレムリンの自治の約束にもかかわらず、バクーに縛り付けられた。約一二万五千人のアルメニア人たちはあらゆる点や目的から彼らの文化から切り離されていた。エレヴァン、バクー、あるいはモスクワがカラバフ問題に取り組むことを拒んだことによって、アルメニア人の反感は強固になった。

ゴルバチョフとアルメニア人

一九八二年のブレジネフの死によって、前例のない変化の時代がもたらされた。ＫＧＢの長であったユーリー・アンドロポフがブレジネフに取って代わり、社会に対する国家の統制の引き締めを開始し、汚職に対する真剣な取り締まりを試みた。一九八四年の彼の死に際して、彼の後継者であるコンスタンチン・チェルネンコが中央委員会の古参の成員たちによって選ばれ、アンドロポフの規律ある手法を覆そうとする熱意に欠けた試みを始めた。しかし、国家は経済的にも技術的にも西洋に遅れをとっており、時はすでに遅かった。国外に旅行したことがあったり学んだことがある新たな教育ある指導部は、もしも、ソヴィエトが二十一世紀に西洋と首尾よく競争しようとするのであれば、ソヴィエト社会の全ての組織が変化せねばならないと感じていた。翌年のチェルネンコの死によって、新たな知識人にとって自説を主張する機会が訪れた。共産党指導者たちの新世代の支援を受けたミハイル・ゴルバチョフが、非常に困難な道に沿って国家を率いるために選ばれた。「新しい共産主義者」であるゴルバチョフは、ソヴィエト体制の完全な改造を計画した。彼は経済システムの再建（ペレストロイカ）を提案し、自由な社会表現（グラスノスチ）を認め、政治的脱集権化（デモクラチザーツィヤ）を主導した。ゴルバチョフはソ連からの少数派の離脱には反対したものの、より広範な政治的、文化的自治を彼らに約束した。

一九八八年初頭、山岳カラバフのアルメニア人たちはゴルバチョフの宣言に勇気づけられ、アルメニアやロシアのアルメニア人指導者たちによってなされた多くの声明に刺激されて、平和的にデモを行い、アルメニアの一部にされることを要求した。二月二十日、カラバフ・ソヴィエトは圧倒的多数でその地方のアルメニアへの移譲を可決した。同じ日、エレヴァンで大きなデモが続いた。その後の数日間、さらなるデモがエレヴァンや山岳カラバフのソヴィエト時代の首都であるステパナケルトで催された。モスクワの指導部もエレヴァンの指導部も反応しなかった。反応はアゼルバイジャンからやって来た。二月の最後の三日間に、バクー北の工業都市であるスムガイトのアゼリー人たちにポグロムの実行が許され、その中で彼らが何百人ものアルメニア人を殺し、強姦し、傷つけ、燃やし、彼らの財産を破壊したのである。バクーによって仕向けられ、警察の完全な眼前で実行されたポグロムは、一八九五〜一八九六年の虐殺の影を帯びていた。スムガイトに関するモスクワの無策によって、ソヴィエト連邦中のアルメニア人たちが憤慨し、彼らはゴルバチョフに反発するようになった。長い年月で初めて、アルメニア民族主義は、まず第一にはクレムリンの指導部に対するものとはいえ、反ロシア的色調のものとなった。これらの事件が、ひどく硬直し彼の改革に反対するトランスコーカサスや中央アジアの腐敗した党機構の信用を傷つけようと望んだゴルバチョフに、歓迎されたという確証のない報告も存在する。

一九八八年中頃、モスクワで勤務経験がありエレヴァンの「マフィア」と繫がりのないスレン・ハルテュニアンが、デミルチアンの後継者となった。ハルテュニアンは、アルメニア人大衆に対してその信用性を失っていた体制に仕える、単なるもう一人の共産主義者と見なされた。その年末までに、アルメニアの知識人は分裂し、ある者たちは落ち着いて漸進的な改革を成し遂げようとするゴルバチョフの改革を信頼するよう大衆に求め、彼らに伝統的なアルメニアの立場はロシアを信頼することであると思い出させた。その他の者たちは、いずれもエレヴァンを拠点とするカラバフ委員会、民族自決連合、民族統一やカラバフのツル委員会に主導され、モスクワがカラバフのアルメニアとの統一のためにいかなる歴史的、人口学的、文化的、そして法的な議論ですらも考慮しないと確信し、離脱ではないものの、より直接的な変化を求めた。エレヴァンでのソヴィエト軍とデモ隊との間の暴力的な衝突に続いて、ハルテュニアンは彼が有していたかもしれないいかなる支持をも失った。モスクワはアゼリー人たちがカラバフのアルメニア人たちの憲法上の権利を侵害したことを認め、モスクワからの代理人たちが状況を評価するために派遣されると約束したものの、アルメニアと合同するというカラバフの要請を最高会議が拒否したことによって、緊張が増した。大規模集会やストライキがエレヴァンで行われ、それに反対するデモがバクーで行われた。一九八八年末までに、政府はアルメニア全土で連日の外出禁止令を課した。共産党政権がその信用性を失うにつれて、カラバフ委員会は尊敬を集め、事実上、非公式の政府となった。

一九八八年十二月七日の正午、恐ろしい地震がアルメニア北西部を襲い、二万五千人以上の人々が死亡し、数十万人が傷つき、家を失った。ゴルバチョフはニューヨークにおり、彼の即座の帰還とそれに続く国際報道機関の報道によって、世界の注目がアルメニアに集まった。アショト・マヌチャリアン、レヴォン・テル・ペトロスィアン、ヴァズゲン・マヌキアンに率いられたカラバフ委員会は、その独自の救援事業を組織することによって国家の権威に挑戦し、大惨事にもかかわらず、カラバフ問題の解決を要求し続けた。その一一名の構成員はモスクワからの命令で逮捕され、戒厳令が宣言され、ゴルバチョフ、カトリコス、多くのアルメニアの知識人たちは落ち着くよう促し、カラバフの状況の徹底的な再調査を約束した。

一九八九年一月、モスクワはアルカジー・ヴォリスキーを派遣し、彼はアゼルバイジャンからカラバフの行政機構を引き継いだ。一方で、ゴルバチョフはジレンマに直面していた。モスクワの前党第一書記であったボリス・エリツィンのようなより急進的な改革支持者たちの側につけば、彼はより民主的な国家を創設し党の権力を減じることを余儀なくされるのであった。そのような行為は必然的にいくつかの共和国、特にバルト諸国の完全独立に繋がるかもしれなかった。もしも彼が保守派たちの側につけば、党の規律を遵守させ、現状を維持し、民族主義者の反体制派たちを厳しく取り締らざるを得なくなるであった。争いはソ連を分裂させた。新たな選挙によってさらに多くの革新派たちが最高会議にもたらされたものの、ゴルバチョフはなおも、より早急な変化を求める者たち、より緩やかな歩調を好む者たち、いかなる変化に対してもともかく反対する者たちの間で、繊細なバランスを維持することを余儀なくされていた。

一九八九年五月までに、モスクワは民族の英雄と見なされていたカラバフ委員会のメンバーたちの釈放以外に選択肢がないことを確信した。一方、カラバフでのゼネストはアゼリー人によるアルメニアの鉄道封鎖に拍車をかけ、地震の再建のための供給物を遅らせ、いくらかの食糧と燃料の不足を引き起こした。また、アゼルバイジャンのアルメニア人たち（約二五万人）はロシアやアルメニアへ移住を始めた。秋までにさまざまなアルメニア人の反体制派や民族派集団は、アルメニア全国民運動（ANM）すなわちハヨッ・ハマアズガイン・シャルジュムを結成した。その後の五カ月間、学者のレヴォン・テル・ペトロスィアンに率いられた国民運動と、ハルテュニアンに率いられた共産主義者たちとが共存した。一九八九年夏までに、独立の意見はますます人気を得ていった。一部のソヴィエト・アルメニアの反体制派は、ディアスポラのダシュナク党と同様に（カラバフ、ナヒチェヴァン、西アルメニアを含む）歴史的アルメニアの回復を唱えた。その他のアルメニア人たちは、アルメニアの救済がロシアと共にあり、汎トルコ主義はより大きな脅威であると主張し続けた。

テル・ペトロスィアンに率いられたアルメニア全国民運動の指導部は同意しなかった。彼らは西アルメニアやナヒチェヴァンまでもの回復の問題は、非現実的で時宜にかなっていないと見なした。アルメニアは、伝統的に捕らえどころのないものと判明していた主要勢力の支援なしにそのような目標を達成することはできなかった。しかし、カラバフは異なり、彼らは固持した。アルメニア共和国と異なり、カラバフのアルメニア人たちは自治を求めていた。これは領土問題ではなく、民族自決の一種であった。ヴォリスキーはカラバフのアルメニア人評議会の希望を考慮せねばならなかった。一方でアゼルバイジャンは、ヴォリスキーの追放やカラバフに対するアゼリー人支配の回復を要求し続けていた。十一月、ソヴィエト最高会議はアゼルバイジャンに与して採決を行い、カラバフはアゼリー人支配に戻された。

一九八九年末までに、東欧諸国の体制崩壊によって、アゼルバイジャンやジョージアでは民族主義者と共産主義者との衝突が助長され、バルト諸共和国では深刻な分離主義活動が開始された。モスクワの親アゼリー人的立場によって、アルメニアでも分離主義運動が始まった。アゼリー人民族主義者の指導者たちは、バクーやギャンジャの大衆を制御できなかったか、制御せず、一九九〇年一月には暴徒たちがポグロムを組織し、アルメニア人たちを殺し、傷つけ、それらの都市の彼らの財産を略奪した。ロシアは部隊をバクーに派遣し、残されたアゼルバイジャンのアルメニア人たちは全ての彼らの財産を残し、ロシアかアルメニアに逃れねばならなかった。アルメニア人たちはアルメニアに住むアゼリー人農民たちを攻撃することで反応し、数万人がアゼルバイジャンへ去ることを余儀なくされた。こうして両方の側が無数の難民を抱えることになった。交渉での全ての努力は失敗に終わり、情勢は制御できなくなっていった。

アルメニア人の苛立ちよりも遥かにアゼリー人の民族主義やイスラームの復興を恐れるモスクワは、共産主義者のアヤズ・ムタリボフをアゼルバイジャンの新たな大統領として就任させるためにバクーで市民の暴力を用いた。その後の四カ月間、アゼルバイジャンはカラバフでのアルメニア人の抵抗を鎮圧して、モスクワの祝福を受けた。ロシア軍はアルメニア人たちを彼らの村から追い出し、彼らの代わりにアゼリー人たちを定住させるために展開された。

アルメニアのモスクワに対する信頼の完全な喪失の結果、五月の選挙でアルメニア全国民運動の立候補者たちは大きな収穫を得た。ソヴィエト・アルメニアの国旗はかつての独立共和国の三色旗に取って代わられ、五月二十八日はアルメニア共和国の国祭日となった。クレムリンはカラバフに対するさらに大きな支配権をバクーに与え、エレヴァンに戦車を送ることで反応した。アルメニアの首都とその住民たちは茫然とし、失望した。この行動は裏目に出て、八月までにレヴォン・テル・ペトロスィアンがアルメニア議会の長に選出された。彼はそのうえ一年以内にアルメニアが独立の問題に関して住民投票を行うと発表した。しかし、テル・ペトロスィアンは対立を避けるために慎重であった。「独立」と対照的に「独立の問題」という語を用いたことや、テル・ペトロスィアンがソヴィエト憲法の規則を遵守したことは、アルメニアがこの問題に関して民主的で自由な多党的な住民投票プロセスを採用したソヴィエト連邦で唯一の共和国であることを意味した。そのような選択には、ソ連からの離脱のために投票数の三分の二が必要であった。多くの西側の観察者たちは、アルメニア政府が入念に憲法の条文に従うことで、リトアニアでなされたように、ゴルバチョフがロシア軍を送ることを避ける状況を慎重に作り出したと感じた。それはまた、もしも住民投票がモスクワに反するものになれば、世界にアルメニアの独立を義務づけるものになるのであった。

アルメニアの共産主義者たちは今や完全に信用を傷つけられ、全国民運動はすぐにアルメニアの支配権を獲得した。一九一八〜一九二一年とは異なり、移行の間に内的な争いは起こらなかった。軍事的駐留を正当化するために紛争を作り出そうとするモスクワの取り組みにもかかわらず、アルメニアの共産主義者たちは争いなく彼らの地位を明け渡し、新政府はかつての指導者たちに対して復讐するためのその機会を利用しなかった。そのような整然とした移行を誇ることができる共和国は他に存在しない。

テル・ペトロスィアンの議会の長としての初期の数カ月は、アゼリー人の封鎖やカラバフからのアルメニア人の強制移送に苛立ち、警察署や軍の兵舎を占拠しただけでなく、アゼルバイジャンとの公然の紛争を求めていたアルメニア人たちの、武装解除に費やされた。

一九九一年の最初の八カ月の間、アゼリー人たちはロシア軍の武器、装備に助けられ、カラバフのアルメニア人たちは恐ろしい爆撃や攻撃にさらされ、それは英国のジャーナリストで歴史家の者によると、占領下のヨーロッパにおけるナチスの報復行為に似ていた。一九〇三〜一九〇七年の反アルメニア的措置以来、そのような敵意に満ちた反アルメニア感情がロシア政府の側で現れたことは決してなかった。ソヴィエトのヘリコプターや戦車はアルメニア人たちを殺害し、武装解除させ、カラバフのシャフミアンやハドルトの地域から彼らを追い出した。無数の村々で住民が皆殺しにされ、アゼリー人たちはアルメニア共和国の内側でザンゲズルのゴリス、カパン、スィスィアン、メグリなどの都市を爆撃した。カラバフでアルメニア人の男、女、子供が包囲され殺されている一方で、世界の報道機関、国際連合、主要国は沈黙したままであった。一方で、アゼルバイジャン、カラバフ、地震の被害地からの難民たちのための救援は、アゼリー人の封鎖によって妨害された。アルメニアでの状況は、第一共和国が包囲下にあった一九二〇年の状況のいくつかを思い出させた。

その一方で、ゴルバチョフはかつての諸共和国をロシアに縛りつける条約を定めることでソヴィエト連邦を救おうと試みていた。スラヴ系やムスリムの共和国のみがそれに調印する準備があった。アルメニア、ジョージア、モルダヴィア、バルト諸共和国は拒絶した。ロシアがアゼルバイジャンを支援し続け、アルメニアの封鎖が厳しさを増したため、アルメニアは拒絶したことへの高い代償を支払うことになった。アルメニアはその工業製品の大半をロシアに輸出し、食料の多くをその隣国から輸入してきたため、今やアルメニアは不足に直面せざるをえなかった。春、ジョージアが独立を宣言し、その夏にはアゼルバイジャンが続いた。アルメニアはまたもや、その未来の方針を決定するトランスコーカサスにおける最後の地域であった。したがって、来るべき住民投票は最大限に重要になるのであった。

しかし、新たな連邦条約が調印される以前に、共産主義者の強硬派たちは、崩壊したソヴィエト連邦を目にすることを望まず、一九九一年八月、モスクワでクーデターを実行した。クリミアで休暇中であったゴルバチョフは自宅軟禁下に置かれた。アゼルバイジャンの大統領のムタリボフはクーデターを歓迎したものの、ジョージアの新たな指導者であるズヴィアド・ガムサフルディアは中立を保ち、アルメニアは無条件に奪取された政権の承認を拒絶した。アルメニアは、ゴルバチョフの十分な反アルメニア的政策にもかかわらず、民主主義的原則を忘れず、強硬派たちに対してロシアの正当な大統領を支持した。クーデターは成功せず、ゴルバチョフはモスクワに戻り、九月二十日、アルメニアの住民投票は圧倒的に（九九パーセント）独立を支持した。一九九一年九月二十一日、アルメニア議会は二一三対〇の採決でアルメニアを主権国家と宣言し、ソヴィエト連邦から離脱した。アルメニアは遂にその独立を宣言した。新たなアルメニア共和国が誕生した。次の一歩は新政府を選出することであった。

22 新たなディアスポラ

アルメニア人の全世界的共同体（一九〇〇～二〇一一年）

十九世紀末までに、オスマン帝国やロシア帝国、イランやエジプト以外のアルメニア人共同体は、同化するか、その経済的、政治的影響力を失っており、概して、いくつかの都市部の中心地において影響力なき集団となっていた。一八九五～一八九六年の虐殺やスルタンのアブデュルハミトの反アルメニア人政策によって、多くのアルメニア人は小アジアからの移住を余儀なくされた。ヨーロッパや中東の共同体に加わった者がいた一方で、アメリカ大陸へ旅立った者もいた。アルメニア人ジェノサイドによって何千もの難民が生まれ、彼らはやがて新旧両世界に定住した。かなりの数は一九一八～一九一九年や一九三〇年代初頭にアルメニア共和国に向かったものの、前述のように、一九二〇～一九二一年に逃げ去った者や、一九三六～一九三九年の時期にスターリンによって追放された者もいた。およそ一〇万人の帰還者たちの第二の波は一九四五～一九四八年にソヴィエト・アルメニアに到来し、第三のはるかに小規模な集団は一九五三～一九六五年に到来した。しかしながら、一九八五年までに戦後の帰還者たちの半数近くは西側へ移住していた。第二次世界大戦後の四〇年間を通したアジアや北アフリカでの革命や内戦の結果、その地のアルメニア人共同体は減少し、ヨーロッパ、オーストラリア、アメリカ大陸でアルメニア人ディアスポラは発展した。ソヴィエト連邦の崩壊に続く経済的困難によって、百万人以上のアルメニア人がロシア、ヨーロッパ、北アフリカ、オーストラリアへの移住を余儀なくされた。こうして過去百年間の歴史的事件の結果、新たなアルメニア人移住者たちが共同体のアルメニア人アイデンティティを復興させることによって、以前のディアスポラを活性化させるという傾向が生まれた。現在、アルメニア人、ユダヤ人、そしてその他のいくつかの集団のみが、彼ら自身の国家よりもディアスポラにより多くの成員を有する。世界の七百万人以上のアルメニア人のうち、わずか二五〇万人のみがアルメニア共和国に居住していると見積もられている。ユダヤ人と同様に、地球のほぼ全ての国でアルメニア人に出会えるであろう。以下の概説ではこれらの共同体の大半が検討されるであろう。

東ヨーロッパ

17章で取り上げた東ヨーロッパの大規模なアルメニア人共同体は、反宗教改革の後、巨大な圧力に直面し、ゆっくりとではあるが確実に同化した。二十世紀までに、東ヨーロッパの数多くのアルメニア人は五〇万人以上からかろうじて四万人に届くほどにまで減り、彼らの大半は通婚の産物であって、彼らのアルメニア人の遺産についての知識をほとんど、もしくは全く有していなかった。

ポーランド

中世後期の最大のアルメニア人共同体の中心であったポーランドのアルメニア人共同体は、第二次世界大戦以前に著しく縮小していた。アルメニア人はルヴォヴの町に集中しており、そこではアルメニア教会の大聖堂やアルメニア人の聖職者が共同体の必要を満たしていた。しかし、ポーランドのアルメニア人の大半はカトリックに改宗していた。

一九三八年、カトリックのアルメニア人大主教が死去し、ほどなくして第二次世界大戦によりポーランドのアルメニア人共同体の大部分は（カトリックと使徒教会の両方が）消滅した。戦後、ルヴォヴはウクライナの一部となった。

しかし、ポーランドとのアルメニアの結びつきは存続した。ソヴィエト連邦やソヴィエト・アルメニア出身のアルメニア人学生の中には、共産主義ポーランドの比較的自由な雰囲気に魅了され、ポーランド人と結婚し、ワルシャワに定住した者たちがいた。共産主義体制の崩壊に続いて、非合法のアルメニア人移民たちが大挙して押し寄せ、今日、約五万のアルメニア人がグダニスク、ワルシャワ、クラクフを含む国中の六都市ほどに居住している。多くの者が街頭の物売りである一方、小さな喫茶店やバーを開いた者もいる。大多数がカトリック教会の配慮を得てきたので、グリヴィツェの十五世紀のカトリック教会は近年、アルメニア・カトリック教会に転換された。これは唯一のアルメニア教会であり、アルメニア語を話すポーランド人司祭によってミサが執り行われている。ポーランドにおける大きなアルメニア人の存在は、疑いなく、新たな文化的、宗教的中心地に拍車をかけ、新たなアルメニア人ディアスポラを始動させるかもしれない。

ウクライナ

一九四五年以来ソヴィエト・ウクライナの一部であるルヴォヴでは、クリミアにおいてと同様に、彼らの共同体におけるアルメニア人の歴史的存在が忘れられることはなかった（17章参照）。ソヴィエト連邦崩壊以来、ロシアのその他の地域出身のアルメニア人は、アルメニア出身の者たちと同様に、ウクライナへと再定住し、そこには現在一五万のアルメニア人が存在する。総勢約三千人以上のルヴォヴのアルメニア人共同体は、一九四六年に共産主義者たちによって閉鎖されたアルメニア教会大聖堂の所有権を取り戻す過程にある。エチミアズィンは教区の指導者をウクライナに赴任させ、宗教的復興が始まった。17章で述べたように、アルメニア人はクリミアで主要な存在であった。十二世紀から十五世紀の間に建てられた七つのアルメニア教会は、その地域における強力なアルメニア人の商業活動の名残である。スターリンが一九四四年にクリミアのほぼ全てのアルメニア人住民を強制移住させたにもかかわらず、クリミアにおけるアルメニア人の存在は復活し、特にフェオドシヤには約一万のアルメニア人が存在する。フェオドシヤのアイヴァゾフスキー美術館は有名なアルメニア人芸術家の絵画を所蔵している。アルメニア人はまたクリミアのその他の地域にも居住している。今日、七千人以上のアルメニア人がシンフェロポリに存在し、彼らは共産主義者たちによってブルドーザーで破壊されたものに代わるアルメニア教会の建設を計画している。ヤルタのアルメニア人も同様に総勢七千人と有力で、彼らの二十世紀初頭に建てられた石造の教会で礼拝を行っているが、その教会はソヴィエト時代に放置されていたものの、現在は修復の途中である。二万五千を数えるクリミアのアルメニア人は、その地域の経済復興の第一線に立っている。

ウクライナ最大のアルメニア人の中心地はオデッサとキエフである。黒海における主要な港湾で国際的な都市であるオデッサに、ロシアやアルメニア出身のアルメニア人は引き寄せられ、現在そこには三万以上のアルメニア人が存在する。共産主義時代に取り壊された古いアルメニア教会の代わりに、新しい教会が近頃建設された。ウクライナのその他のアルメニア人はキエフ、ケルソン、セヴァストーポリに集中している。

ハンガリー

ハンガリーのアルメニア人は一九九〇年代以前、東ヨーロッパで最も活気のない共同体であった。大半の者はアルメニア語を話さなかった。ブダペストにある小さなアルメニア・カトリックのムヒタル修道会の教会が、国内唯一のアルメニア人の礼拝の場であって、今もそうである。多数のハンガリーのアルメニア人がソヴィエト・アルメニアで学び、帰国の際には、できるだけ彼らのアルメニアの出自を維持しつつさまざまな官職に就いた。共産主義体制崩壊後の一九九四年、ハンガリーが少数派に自治権を与えただけでなく、その目的のために特別の基金を割り当てもした際に情勢は変化した。四年後、アルメニア人はその国の一三の公認少数派のうちの一つとなった。そのすぐ後、ブダペストのアルメニア人は週一回のラジオ番組、隔週のテレビ番組、二カ国語の新聞を立ち上げた。アルメニア人指導部の主な目的の一つは、ハンガリー人にアルメニアの歴史や文化を普及させることであった。書籍、映画祭、そしてその他の文化活動に加えて、一八四八〜一八四九年にオーストリアに対して戦った一三名の英雄のうち三名がアルメニア人であったという事実の公表に成功した（17章参照）。現在、近年アルメニアから到来した少数の者を含め、一万二千以上のアルメニア人がブダペスト、ヴェスプレーム、セーケシュフェヘールヴァールに存在する。

モルドヴァ

ベッサラビアという地域におけるその長い歴史にもかかわらず（16章、17章参照）、十八世紀にエカチェリーナ二世によって基礎が築かれた大きなアルメニア人共同体は、その地域を巻き込んだ大変動の最中に重い代償を支払った。ロシア帝国の解体によってベッサラビアはルーマニアに返還された。スターリン・ヒトラー協定によってその地域は短期間ソヴィエト支配下となった。ソヴィエト連邦へのヒトラーの侵略の間、ドイツはその地を占領した。戦後、ソヴィエトはその地域を併合し、それをモルダヴィア共和国とした。ソヴィエト連邦崩壊によって、モルダヴィア人（住民の約六〇パーセント）は、その地域を独立したモルダヴィア共和国と宣言することになった。規模の大きなロシア人とウクライナ人の少数派（住民の約三〇パーセント）は、モルダヴィア人がルーマニアとの再統合を求めるのを恐れて武器を取り、内戦後には離脱し、沿ドニエストル共和国を形成した。

一九九〇年代初頭までに、祖先が十八世紀の間にやって来た者もいれば、ソヴィエト期にそこに定住した者もいたアルメニア人共同体は、五千人以下に縮小しており、主にキシナウ（以前のキシニョフ）、バルツィ、沿ドニエストル地方に含まれるグリゴリオーポリに居住していた。約二万五千のアルメニア人がアゼルバイジャン、新ナヒチェヴァン、カラバフから到来した際に、情勢は劇的に変化した。共同体は復興し、ソヴィエト期に活動を絶たれていたアルメニア教会を管理してきた。クラブ、協会、そして文化行事は少しずつ始動しつつあり、アルメニア人はこのかつて有力であった共同体を今に蘇らせることだろう。

ブルガリア

ブルガリアのアルメニア人共同体は、一九一五〜一九二二年の時期に、隣接するロシアやトルコでの政治的変動からの多くの難民を受け入れた。大半の者はソフィア、プロヴディフ、ブルガスに定住した。総勢三万以上の有力な共同体は経済的復興の途上であったが、第二次世界大戦がその進展を阻んだ。戦後、共産主義者たちはこれらのアルメニア人によって所有された私企業の大半を閉鎖した。ブルガリアのアルメニア人の中には、アメリカ大陸へ去る者がいた一方で、多数の者はソヴィエト・アルメニアへと帰還した。一九四六年から一九九一年まで、ブルガリアのアルメニア人は政府が資金を提供する共産主義のエレヴァン協会によって監督され、それは新聞『エレヴァン』を発行していた。共産主義体制の崩壊によって、総勢二万以上の有力なアルメニア人共同体は活力を与えられてきた。旧ソヴィエト連邦からのアルメニア人難民はルセのブルガリアの蚤の市が利益をもたらすものと悟り、共同体の規模を拡大している。二紙の新しい新聞が一紙はプロヴディフで、もう一紙はブルガスで登場し、(十九世紀に設立された)プロヴディフのアルメニア人学校は再開校された。現在ブルガリアには七つのアルメニア教会が存在し、アルメニア人聖職者の不足が深刻な問題となってきている。

ルーマニア

ルーマニアのアルメニア人共同体もまた、一九一五年から一九二二年の時期の間にトルコからの難民の波によって活性化された。彼らはブカレスト、コンスタンツァ、スチャヴァ、バカウ、ゲルラ、ピテシュティ、トゥルチャ、ボトシャニに定住し、ルーマニアのアルメニア人の総数を六万に増やした。一部の者は、ブルガリア、ギリシア、シリア、エジプト、レバノンの同胞と同じように、一九四六年、アルメニアへ去った。さらに多くの者は一九四七年の共産主義体制の成立後、合衆国へ去った。国有化政策によって、多くのアルメニア人は自らの私有の事業なしに放置された。数多くの富裕なアルメニア人実業家は全てを失った。約四千のアルメニア人がルーマニアに残るのみであるが、彼らは議会に代表を有している。ブカレストのアルメニア人博物館は十一世紀のアニ陥落にまで遡る重要な史料を所蔵している。ブカレストのアルメニア教会（一九一一〜一九一五年に古い教会の跡地に再建された）やアルメニア人墓地（一八五六年）は、十四世紀から十八世紀の間に建てられた二一のその他の教会と同様に、今日の人数にもかかわらず、ルーマニアにおける強力なアルメニア人の存在を示唆している。

チェコ共和国

チェコ共和国には一万三千以上のアルメニア人が存在する。彼らのほぼ全てはソヴィエト連邦崩壊後にやって来た。多くの者は雇用を求める若者や商品を街頭で売る芸術家や工芸家である。共同体は少しずつ発展し、アルメニア人の学校やレストランが近年プラハに開かれた。一部の者は東欧の全体主義政権の崩壊にもかかわらず「ヴォイス・オブ・アメリカ」と共に放送を続けている「ラジオ・フリー・ヨーロッパ／ラジオ・リバティー」で仕事を見つけたのであった。

アルバニア

アルバニアのアルメニア人は、主として一九二〇年代や一九三〇年代にそこに定住した。教育によって彼らは概して無学な大衆に対して優位となり、首都ティラナに中産階級共同体を確立した。一九四五年の共産主義者による政権奪取によって彼らは財産を失い、多くのアルメニア人は投獄さえされた。一九八五年以前、アルバニアの数百名のアルメニア人は完全な孤立した生活を送っていた。エンヴェル・ホッジャの政策によってアルバニアは西側からのみならず、全てのその他の共産主義国家からも切り離されていた。共産主義体制の崩壊によって、約一五〇人のアルメニア人は、ドイツやイタリアでの政治的保護を求めアルバニアを後にすることを余儀なくされた。

ギリシア

一八九五年以前、ギリシア全土にはわずか約五百人のアルメニア人が存在したのみであった。この集団の大部分はテッサロニキに居住していた。元来ムシュ出身の彼らは、一八七二年にドイツによって、テッサロニキをイスタンブルと結ぶ鉄道建設やその他の事業のために雇われ、帰還しなかったのであった。一八九五〜一八九六年の虐殺の後、さらに多くの者が到来し、オスマン帝国に対する第一次バルカン戦争でギリシア側に加わった者もいた。最大のアルメニア人の集団は一九二二年以降、スミルナ（イズミル）からのキリスト教徒追放に続いて到来した。一万七千の孤児を含む約一五万のアルメニア人が、スミルナからの五〇万のギリシア人難民と共にギリシアにやって来た。当時のギリシアの経済状況はそれゆえに緊迫していた。大半のアルメニア人は留まることを望まず、一九二四年、約一〇万がその他の国々に旅立った。損なわれた生活を再建し始めた六万の残されたアルメニア人の生活は、第二次世界大戦中のドイツの占領によって、改善することはなかった。第二次世界大戦後、何千もの人々がアルメニア、北アメリカ、オーストラリア、ヨーロッパへと去り、かろうじて一万のアルメニア人がギリシアに残されただけであった。小規模であったものの、共同体はさらに教育があり富裕なものになった。共産主義体制崩壊によって、ロシア、アルメニア、ジョージア出身のアルメニア人が到来し、今や共同体は二万五千以上を数えるようになった。アルメニア福音教会を含む多くの教会やクラブは、大半の者たちがアテネに住むギリシアのアルメニア人の必要を満たしている。ギリシアとアルメニア共和国との間の非常に良好な外交関係によって、共同体はジェノサイドを追悼し、ギリシア政治においてより活発な役割を果たすことが可能となった。

キプロス

キプロスのアルメニア人共同体もまた一八九五年から一九二二年に到来した難民の産物である。一九二六年、ジェノサイドの孤児たちを教育し保護するためにメルゴニアン教育研究所が創設された。レバノン内戦の間、メルゴニアン研究所には、その戦争で荒廃した国からの多くの学生が在籍しており、今日その学生の多くはブルガリア出身のアルメニア人である。一九七四年のトルコによるキプロス侵攻は、クラブ、学校、教会を備えたニコシアのアルメニア人街の大半がトルコ占領地域となったため、アルメニア人共同体に深刻な影響を与えた。アルメニア教会や聖マカル修道院が廃墟と化し、店舗へと改修されたファマグスタの教会も不幸なことにまったく同様である。侵攻前に一万五千以上の成員を有していたキプロスの共同体は、わずか二千人へと縮小され、残りの者たちは西側へ移住した。メルゴニアン研究所の閉鎖によってキプロスのアルメニア人はさらなる打撃を受けている。

西ヨーロッパ

西ヨーロッパのアルメニア人共同体もまた十九世紀末までに衰退していた。トルコ、中東、旧ソ連からの難民によって一部の既存の中心地は拡大され、新しいものもまた生み出された。

イタリア

サン・ラッザロ〔スルブ・ガザル〕のアルメニア・カトリックの聖職者たちを除いて、二十世紀以前、イタリアには一二のアルメニア人家族が存在したのみであった。14章で述べられたアルメニア人の大きな存在は消滅していた。ジェノサイドによって数百のアルメニア人が到来し、ロードス島からイタリアにやって来た者もおり、共同体はその世紀の終わりまでに約二千を数えるまでに成長した。今日、ミラノとヴェネツィアという二つの主要なイタリアのアルメニア人の中心地が存在する。ミラノの共同体は最大のもので、最も豊かでアルメニア文化活動においても最も活発である。アルメニア人の芸術家、建築家、製造業者、ジャーナリストは、アルメニアやその文化をイタリアの人々に紹介してきた。ヴェネツィアは、サン・ラッザロ島のムヒタル修道会や本島にある彼らのムラド・ラファエリアン学校（現在閉鎖中）の存在によって、イタリアにおけるアルメニア人の歴史的中心地として留まっている（17章参照）。

フランス

フランスは、第一次世界大戦中に健常者のフランス人男性が大量に死亡したことによる労働者の不足から、一九二三年のローザンヌ条約に続いて、多数のアルメニア人の難民や孤児を受け入れた。二〇万を超えるアルメニア人が第二次世界大戦以前に、マルセイユ、ヴァランス、グルノーブル、リヨン、ニース、パリやその他の都市に定住した。アルメニア人はフランス軍に従軍し、ドイツによる占領の間レジスタンス運動に従事した。多くの者がフランス語を学んでいた新たな移住者たちは、一九五六〜一九五八年の諸革命に続いてアラブ世界から到来した。トルコからは一九五五年の反アルメニア人デモの後、レバノンからは一九七四年の内戦の開始後、イランからは一九七九年のイスラーム革命後に移住者がやって来た。

二十世紀末までにフランスの共同体はヨーロッパで最も活発なアルメニア人共同体となり、トルコからの重大な圧力にもかかわらず、フランスはアルメニア人ジェノサイドを承認したのであった。フランスには三〇万を超えるアルメニア人が存在する。ファッション、法律、政治、エイズ研究、教育、映画、音楽などあらゆる主要な業種にアルメニア人を見出すことが可能である。二〇の使徒教会を含む約三五のアルメニア人の教会が共同体の必要を満たしている。アルメニア人の新聞、組織、学校、高等教育機関もまた発展し、セーヴルのムヒタル修道会の学校もそれに含まれている。フランスのアルメニア人共同体は、アンリ・ヴェルヌイユ、グレゴワール・アスラン、シャルル・アズナブール、カルズー、ジャンセンなどの芸術家や、シラルピー・デル・ネルセスィアン〔＝スィラルピ・テル・ネルスィスィアン〕などの学者を輩出してきた。広く評価されている学術誌『アルメニア研究雑誌（Revue des Études Arméniennes）』がパリで発行されており、ヌバリアン図書館はアルメニア語の書籍や新聞の膨大なコレクションを所蔵している。

ベルギー

ベルギーのアルメニア人共同体は直接にヨーロッパの世界戦争を経験した。第一次世界大戦中、なおもオスマン臣民であった多くのアルメニア人はドイツの猛攻撃から逃れるため、そして徴兵のためオスマン帝国に送還されることへの恐れから、ベルギーからオランダへ去った。大半の者は戦後に戻り、一九三一年にはブリュッセル大学にアルメニア学講座が開設され、最初の講座担当者に有名な教授ニコラス・アドンツ〔ニコガヨス・アドンツ〕が就任した。アルメニア人は第二次世界大戦後かなりの人数でベルギーに到来し、間もなくタバコ製造業を支配した。その他のアルメニア人共同体と異なり、ベルギーのアルメニア人はアルメニア人内部の政治的分裂の紛争の外に留まった。総勢五千人強の共同体はイラン、レバノン、アルメニアからの新たな移民を受け入れてきており、一九八五年には、トルコ東部の二つのクルド人村（シルナクとセロペ）に住む一五〇〇人のアルメニア人を受け入れた。ベルギーのアルメニア人は結束力ある集団で、その成員は法曹やダイアモンド産業に従事している。事実、アントワープのダイアモンド街には約五〇のアルメニア人ダイアモンド商が存在する。ブリュッセルのアルメニア教会はアルメニア人社交センターと並んで、アルメニアからの新たな移民の集合場所となっている。

オランダ

オランダのアルメニア人共同体は、オランダからのインドネシアの独立後、一九五〇年代初頭にインドネシアから何組かのアルメニア人家族がそこに到来した際には、ほとんど消滅していた。その他の者たちはレバノン内戦、イランのイスラーム革命、湾岸戦争に続いて一九七〇年代から一九八〇年代の間にそこにやって来た。トルコ、特にシルナクのクルド人村からのアルメニア人もまたオランダに新たな住処を見出した。新たなアルメニア人の移民はロシアやアルメニアからも到来した。アルメニア文化センターが設立され、一八二八年にカトリック教会に売却されていたアムステルダムのアルメニア教会は、一九八七年に買い戻された。現在、約八千のアルメニア人がオランダに存在し、彼らの一部は不法移民や難民である。アルメニア人が少数しかいないにもかかわらず、オランダは名高いライデン大学にアルメニア研究プログラムを有している。

中東の政治的大変動の結果、多くの新たな共同体が西ヨーロッパに出現しており、旧ソヴィエト連邦からの近年のアルメニア人移民によって、着実に成長している。六つのアルメニア教会と多数の文化センターがこれらの共同体に住む五万のアルメニア人の必要を満たしている。これらのうちで最重要のものはオーストリア、英国、ドイツ、スウェーデン、スイスに存在する。少数のアルメニア人が十七世紀という早い時期にオーストリアに存在しており、あるアルメニア人はウィーン初のコーヒー・ハウスを開設したと伝えられている。ポーランド軍出身の多数のアルメニア人は、一六八三年のオスマン軍の撃退を助けた後、ウィーンに定住した。一八一一年のムヒタル修道会の到来は、ロシアやオスマン帝国出身の少数の学生たちに門戸を開いた。スウェーデンにおけるアルメニア人の存在は、エジプトのアルメニア人がストックホルム郊外に礼拝堂を建てた十九世紀に遡る。今や約五千人のアルメニア人がスウェーデンに存在する。大半の者たちはアルメニアや中東の混乱からの難民である。彼らの大多数はストックホルムやウプサラに居住している。英国は少数のアルメニア商人を十六世紀から十八世紀にかけて受け入れ、彼らは一七八〇年、ロンドンにアルメニア人の印刷所を設立した。その他の者たちは第一次世界大戦後に到来した。主な者たちは一九八〇年以降に到来し、イランからの多くのアルメニア人が含まれていた。その共同体は近年、さまざまな文化活動に着手している。ジュネーヴは相当なアルメニア人の存在を有するスイスで唯一の都市である。スイスのアルメニア人は、少数であるにもかかわらず、政治的、文化的に活発である。ドイツのアルメニア人は大半が北部に居住し、全てがアルメニア出身の難民か不法労働者である。新たなアルメニア人の集団はその他のヨーロッパの都市でも出現している。

アラブ世界

中東のアルメニア人共同体は過去百年で最大限の変化を経験してきた。アラブ世界のアルメニア人共同体は虐殺やジェノサイドの難民や生存者のかなりの割合を受け入れた。ヨーロッパの委任統治によって、アルメニア人は経済・行政部門に進出し、文化・政治団体を結成することが可能となった。

エジプト

15章で述べたように、エジプトのアルメニア人は十九世紀にその国で強力な存在となり、とりわけヌバリアン家は特権を享受した。ABGU（アルメニア慈善協会）の本部や英国の撤退が、逆にエジプトのアルメニア人共同体に影響を与えることはなかった。エジプト政府におけるアルメニア人の役割は、アルメニア人による事業の成功と並んで、この国が主要なアルメニア人の中心地として留まることを助け、そこでは無数の学校、教会、新聞がカイロやアレクサンドリアに住む四万のアルメニア人の指針となった。一九五二年の軍による反乱に続くエジプトの政変や、一九五六年以降のナーセル大統領の経済政策によって、多くのアルメニア人はヨーロッパ、オーストラリア、カナダ、合衆国への移住を余儀なくされた。現在、エジプトには約五千のアルメニア人が、主としてカイロやアレクサンドリアに残るのみである。アルメニア人共同体の衰退にもかかわらず、エジプトは重要で活発なアルメニア人の文化的中心地として留まっている。三紙のアルメニア語新聞、二校の学校、四カ所のスポーツ・クラブ、大きな教会がエジプトにおけるアルメニア人の歴史的存在を維持している。エジプトとアルメニア共和国との間の外交関係は非常に友好的で、アルメニア人はコプト教徒が経験しているような反キリスト教的暴力に晒されてはいない。近年のエジプトでの動乱が小規模なアルメニア人共同体に影響を及ぼしているようには見えない。

パレスティナ、イスラエル、ヨルダン

規模が大きかったことは一度もないパレスティナやヨルダンのアルメニア人共同体もまた、トルコからの難民の一

部を引き寄せ、彼らはエルサレム、ハイファ、アンマンに新たな中心地のための基礎を築いた。英国委任統治期の束の間の安定は、間もなくアラブ人・ユダヤ人闘争に道を譲った。一九四八年のイスラエル国家の建国やアラブ・イスラエル戦争に続いて、多くのアルメニア人はヨーロッパ、合衆国、そして中東のより平穏な中心地へと移住した。その地域のアルメニア人の大多数は、主としてエルサレムのアルメニア総主教座を取り巻く宗教的、学術的活動に従事している。イスラエルのアルメニア人が直面している主要な問題は、特に右派のシャロン政権統治期の、過激派シオニストによるアルメニア人の財産に対する侵害である。

シリア

虐殺やジェノサイドのアルメニア人生存者の大半は、シリアの主にアレッポに定住した。新たな到来者たちはアルメニア人やアメリカ人の宣教団や慈善組織に支援され、以前の居住地を活気づけ、二十世紀の最も活発なアルメニア人共同体の一つを生み出すことに成功した。多くの点でシリアの特にアレッポやその周辺のアルメニア人学校、教会、中核施設、病院は、二十世紀後半にベイルート、バグダード、エルサレム、アンマンのアルメニア人共同体にとって刺激や模範となった。第二次世界大戦終結までこの地域は英国とフランスの委任統治下であった。幸運にも、その地域は第二次世界大戦の間、戦争の舞台とはならず、実際のところ、北アフリカからドイツ軍を撃退するためそこに集結していた軍事物資や人員から恩恵を受けた。アルメニア人、アッシリア人、キリスト教徒のアラブ人、ドルーズ派、アラウィー派、イスマーイール派など多数の非スンニー派ムスリムの宗派はヨーロッパ人に好まれ、彼らと協力した。しかし、一九四四年のシリアの独立がアルメニア人の安寧を脅かすことはなく、それは約七万五千人にまで成長し続けた。しかし、一九五八年の革命やエジプトとのアラブ連合共和国の創設は、一九六三年の軍事クーデターと並んで、アルメニア人の事業を損なっただけでなく、アルメニア人の文化活動をも制限した。レバノンに移住する者もいれば、合衆国に移住する者もいた。アルメニア人にとって幸運なことには、シリアは間もなくエジプトの政治、経済計画を中止し、一九七一年に統治を開始したハーフェズ・アル・アサド大統領はバアス党の極端な政策を改善し、より寛容なシリアを作り上げた。ここでは社会的な計画や事業によって国家の大幅な人口増加を維持するよう尽力された。アラウィー派が政府の主要な地位を占め、アルメニア人共同体は好意的に扱われた。アレッポのみで、アルメニア人の中核施設、一〇校の学校、一箇所の病院を活用し、共同体が後援する無数の行事を組織する約四万のアルメニア人が存在する。ダマスカスの共同体もまた二十世紀の最終四半世紀に成長し、新たなアルメニア人の事業は移民の波を止めることに成功している。事実、レバノン、イラク、クウェート出身でそれらの国家の動乱から逃れた一部のアルメニア人は、一時的もしくは恒久的にダマスカスに定住している。一〇万を超えるアルメニア人が存在するシリアは現在、アラブ世界で最大のアルメニア人共同体を有している。バシャール・アル・アサドとアルメニア共和国との間のさまざまな互恵的協定や親密な外交関係は、シリアのアルメニア人が強力な存在を維持することを助けてきた。しかし、近年のシリアにおける混乱はやがてはアルメニア共同体に影響を与えるかもしれない。

レバノン

レバノンのアルメニア人はしばらくの間、ソヴィエト連邦や合衆国の外でイランの次に最も重要なアルメニア人共同体であった。近代の共同体の中核は、オスマン帝国での虐殺やアルメニア人ジェノサイドの結果として到来した。一九二六年までに、レバノンには約七万五千のアルメニア人が存在しており、レバノン憲法によって彼らやその他の少数派には市民権が与えられ、同時に、それによってアルメニア人は議会の彼ら自身の代表者を選出することが可能になった。その国家の地理的な位置やフランスによって提供された安定は、キリスト教徒が優勢な政府と並んで、さらに多くのアルメニア人をそこに引きつけ、一九三〇年にキリキアのカトリコス座はベイルート郊外のアンテリアスに移転した。アルメニア・カトリックやアルメニア福音派の教会もまたベイルートに中心地を設立した。以前に触れたように、一九三九年、ムサ・ダグを含むアレクサンドレッタ県はトルコに移譲された。その結果として三万のアルメニア人がシリアやレバノンに移住した。ムサ・ダグのアルメニア人はアンジャルの高原に定住した。アルメニア人は迅速に経済的、政治的重要性を獲得し、レバノンの自由主義的な政府によって、全てのアルメニア人政党が地位を確立することが可能となった。一九五八年の短いレバノンの国内紛争の間、アルメニア人は分裂し、両派の側についた。一九七四年までに二〇万を超えるアルメニア人が存在し、彼らは二四の教会、約七〇の学校を有し、その中にはアメリカ・アルメニア人宣教協会と中東アルメニア福音教会連盟によって一九五五年に創立されたハイカジアン大学のような高等教育機関も含まれていた。加えて、五〇以上の体育、愛国、慈善組織やさまざまな文学的、文化的な定期刊行物や新聞が存在した。レバノン内戦（一九七四〜一九八九年）は被害をもたらし、アルメニア人は中立に留まり、彼らの共同体の施設は無傷で残ったものの、数千の者たちがより安全な地域、特に合衆国に去った。約七万五千が留まっており、彼らの中立性や彼らの指導者たちの尽力により、シリアが後押しした国民和解文書〔ターイフ合意〕において役割を果たし、再びレバノンの独特な情勢の恩恵を享受している。レバノンとアルメニア共和国との間の外交的紐帯は大変友好的なものである。四七のアルメニア人学校や経済発展のためのアルメニア人基金を含む無数の協会や組織によって、共同体は回復への道を歩み、議会や中央政府にも成員を有している。近年のレバノンにおける政治的混乱によって、再びこの情勢は変化するかもしれない。

イラク

イラクのアルメニア人の大半の者たちは第一次世界大戦後に到来し、バグダード、モスル、バスラに共同体を確立した。アルメニア人は個人事業に従事するか、英国石油会社のために技術、管理、財務部門で働くか、ペルシア湾と地中海との間の貿易業に従事した。彼らはまたイラクへの共産主義の紹介でも役割を果たした。一九三二年にイラクが独立を達成した後でも、イギリスの存在は変わらず、特に、アッシリア人やクルド人と異なり、アルメニア人が反政府的、民族主義的な活動に従事しておらず、忠実な臣民と見なされていたため、彼らはイラクの経済的興隆の恩恵を享受し続けた。アルメニア人組織、教会、学校はこの国の三万五千のアルメニア人の必要を満たしている。一九五八年の革命や結果としてのバアス党の急進的な政策によって、イラクからレバノン、クウェート、合衆国、湾岸諸国への多くのアルメニア人の移住が強要された。イラン・イラク戦争（一九八〇〜一九八八年）の間、一部のアルメニア人は徴兵され（イランに徴兵されたアルメニア人と同様に）戦死した。困難な政治的・経済的状況はイラクに対する湾岸戦争の破壊的な影響と重なり、この地のアルメニア人共同体の終焉をもたらした。多くの者たちは移住するか、一時的に不安定な情勢を捨て、一万以下のアルメニア人がイラクに留まった。二〇〇三年のアメリカによるイラク侵攻と蔓延する暴力は、アルメニア人共同体をさらに縮小させている。

ペルシア湾岸諸国

ペルシア湾岸諸国のアルメニア人共同体は、第二次世界大戦後にその存在を十分に確立した。大半の者たちはイラン、レバノン、シリアから到来し、より近年ではアルメニアからである。今日一五〇〇のアルメニア人がアラブ首長国連邦に存在する。経済的成功にもかかわらず市民権を得られない彼らは、管理職、宝石商、技師、貿易商、機械工として完全な自由を享受している。アルメニア人学校は週末の課程に通う約百人の生徒を有している。週末のアルメニア語の礼拝が現地の教会の一つで行われ、アンテリアス出身の司祭が共同体の精神的要求を満たしている。バハレーンやカタルにもアルメニア人は存在するが、彼らの人数は現実的な共同体を成すには少なすぎる。ペルシア湾で最大の共同体はクウェートのもので、それはこの国の好景気の間に急速に発展した。アラブ民族主義やエジプトやシリアでの徴兵義務によって、若いアルメニア人の男性たちはクウェートへと追いやられた。アルメニア教会と学校によって、間もなく存続可能な共同体が生み出された。市民権の欠如によっても、アルメニア人が自動車修理業、配管業、電気業、その他の業種で突出することは止まらなかった。イラクによる侵攻以前、クウェートには一万二千を超えるアルメニア人が存在し、七百人の生徒がアルメニア人学校に通っていた。イラクの侵攻は、多くのアルメニア人家族や彼らの子供たちがシリアやレバノンなどの国外にいる夏の間に起こった。大半の者たちは戻らず、逃れた者たちもいた。翌年（一九九一年）そこには五百のアルメニア人のみが残っていた。今日、約二五〇〇のアルメニア人が存在し、共同体はゆっくりと回復しつつある。戦争後にわずか九〇人しか生徒がいなかったアルメニア人学校は現在三百人を超える生徒を有している。

非アラブのムスリム国家

トルコ

前述のように、ジェノサイドは西アルメニアやトルコの無数のその他のアルメニア人の中心地を破壊した。トルコのアルメニア人共同体のうちで残されたものは主としてイスタンブルに集中していた。第二次世界大戦に続く反アルメニア人政策――一九四二年の少数派に対する富裕税〔Varlik Vergisi〕や一九五五年のイスタンブルやイズミルのアルメニア人やギリシア人の店舗への暴徒の襲撃――によって、一部の者は移住を余儀なくされた。しかし、残りのアルメニア人たちは、できる限り自らのアイデンティティをどうにか作り上げ維持することを学んだ。アルメニア人学校ではジェノサイドやその他の民族の問題について話すことが禁じられていた。アルメニア人の中には彼らの姓を改め、

より トルコ風の音である -oğlu 語尾を用いる者もいた。一九五六年以降、状況は大いに改善された。アルメニア人の孤児たちが内陸部から集められ、イスタンブルに連れて来られた。アルメニア人はいかなる公認の差別もなく、彼らの経済的、文化的活動を続けた。今日、約六万のアルメニア人共同体は無数の組織や協会、三〇を超える活動中の教会、二〇の学校、二つのスポーツ団体、九の合唱団、一つの大きな病院を有している。アルメニア人が一四五三年のオスマン帝国の到来以前からイスタンブルに大規模な共同体を既に有していたことから、イスタンブルのアルメニア人共同体が自身をディアスポラと見なしていないということは興味深い。トルコのアルメニア人の主要な問題は、新たな聖職者を養成する本物の神学校やアルメニア語を教授する高等教育機関が存在しないことである。彼らの二〇の学校に約五千のアルメニア人生徒を有しているにもかかわらず、彼らは国外から教師を雇用することができず、アルメニアの大学や教育機関に彼らの卒業生を送る点で困難を抱えている。アルメニア人学校では週六時間しかアルメニア語を教えることはできず、残りのカリキュラムは主としてトルコ人教師によってトルコ語で教えられている。大半のアルメニア人はトルコ語を話す方を好み、一部ではアルメニア人とトルコ人との間での通婚も起こっている。イスタンブルのアルメニア総主教座はアルメニア総主教と同様に、ディアスポラとトルコの双方において彼らの特権の一部を保持しており、トルコ政府当局者との間で頻繁に行き来がある。ヨーロッパや北アメリカでのアルメニア人の政治活動やカラバフ紛争によって、アルメニア教会や墓地に対する暴力的な行為が行われているものの、フラント・ディンク〔ジェノサイドを告発して暗殺されたジャーナリスト〕の殺害と一部のトルコ当局者や自由主義者の側での声明や行為は、トルコのアルメニア人にとり良い兆しとなっている。

イラン

二十世紀までエジプトと同様にイランは、中東のアルメニア人の生活の主要な中心地であった。前述のように、十九世紀末までにイランには約一〇万のアルメニア人が存在した。トランスコーカサスや小アジア東部へのイラン領アゼルバイジャンのアルメニア人の近接によって、彼らはロシアやトルコのアルメニア人の政治活動の影響下に置かれた。アルメニアカン党、フンチャク党、ダシュナク党の細胞がタブリーズやサルマースに開かれ、多くのアルメニア人革命家がロシア帝国やオスマン帝国の官警から避難した。一八九五〜一八九六年の虐殺によって、アルメニア人難民がイラン北西部に到来した。ロシアの一九〇五年革命はイラン北西部に重大な影響を与え、一九〇六年、イラン人自由主義者や革命家に多くのアルメニア人が加わり、イランにおける憲法を要求した。シャーはこの文書に署名したものの、彼の後継者はマジュレスすなわち議会を解散したため、革命家たちが君主にその特権の一部の断念を余儀なくさせたのは一九〇九年になってからであった。イラン立憲運動においてエプレム・ハーンやケリのような指導者の指揮の下、アルメニア人軍団が果たした役割は十分に記録されている。

ジェノサイドの間、数千のアルメニア人がイランに逃れた。第一次世界大戦中のオスマン帝国のイラン領アゼルバイジャン侵攻によって、ホイやサルマースなどその地域の多数のアルメニア人共同体が荒廃した。一九二一年、アルメニアからダシュナク党指導部が到来したことによって政治的若返りを経験した。パフラヴィー朝の成立によって、アルメニア人にとり新たな時代が始まった。レザー・シャー(一九二五〜一九四一年)やモハンマド・レザー・シャー(一九四一〜一九七九年)の近代化事業によってアルメニア人に進歩のための広い機会が与えられ、アルメニア人の西洋との接触や彼らの語学力によって、地元のイラン人に対する優越が彼らのものになった。彼らは間もなく、芸術、学術、イラン石油会社、キャヴィア産業、有利な職業である仕立業、製靴業、写真業、自動車整備業、さらにはカフェやレストラン経営において重要な地位を獲得した。ロシアからの移民や難民によって、アルメニア人共同体は一九三三年まで増加し続けた。第二次世界大戦では連合国がイランをソ連への架け橋として用いることを決めたため、アルメニア人にさらに経済力を増す機会が与えられた。西側の武器や物資がイランを通して送られ、ロシア語を理解する一部のアルメニア人はこの事業において主要な役割を果たした。フンチャク党は特に活発であり、イラン共産党はアルメニア人要員も有していた。アルメニア人の多数派はダシュナク党に忠実でありつづけたが、共産主義への共感を持つ少数派は地下に潜るか、イラン領アゼルバイジャンでの共産主義体制樹立失敗に続いて一九四六年にイランの社会主義者がソ連に逃れた際に、共に去った。一九五三年、モサッデグ政権期の間に、イラン人と少数のアルメニア人の共産主義者は短期間の返り咲きを果たしたが、シャーの復権によって再び彼らの集団はその地位を失った。しかし、大半のアルメニア人はダシュナク党の主導の下、体制に対して中立か忠実に留まり、シャーによって報償を受けた。二十世紀の次の四半世紀の間、イランでアルメニア人の幸運は高まり、テヘラン、タブリーズ、エスファハーンは主要な中心地となり、三〇万のアルメニア人が存在した。シャーはアルメニア人臣民を信用して好み、テヘランはベイルートのようにアルメニア人の生活の主要な中心地となった。

アルメニア教会、学校、文化的中核施設、スポーツ・クラブ、協会が繁栄し、アルメニア人は彼ら自身の上院議員や国会議員を有していた。三〇の教会や約四八の学校や図書館が共同体の必要を満たした。アルメニア人の出版所は無数の書籍、学術雑誌、定期刊行物、新聞を出版・発行した。しかし、十分に教育を受けた上流階級は数の上で少なく、レバノンの彼らの同胞と比べると、比較の上では文化的に非生産的であった。

イスラーム革命はイランのアルメニア人共同体の第二の黄金時代に終止符を打ったものの、共同体はその重要性を完全に失ったわけではない。アーヤトッラー・ホメイニーの規制、イラン・イラク戦争、イランの孤立に起因する経済問題によって、約二〇万のアルメニア人が出国を余儀なくされた。現在の政府はより好意的で、アルメニア人はクルド人やイランのアゼリー人と異なり、彼ら自身の学校、クラブを有し、彼らの教会の大半を維持している。ソヴィエト連邦の崩壊、アルメニアとイランの共通の国境、アルメニア・イラン間の外交的・経済的合意によって、イランのアルメニア人にとって新たな時代が開かれている。

アフリカ

先にそのアルメニア人共同体を論じたエジプト以外では、アフリカのアルメニア人はその大陸に主として第一次世界大戦以前にやって来た。少数の者たちはスーダンや南アフリカに定住したものの、大半の者たちは彼らの新たな住処としてエチオピアを選んだ。エチオピアのアルメニア人は皇帝ハイレ・セラシエの好意を得て、アルメニア人のゲヴォルグ・ナルバンディアンはエチオピアの以前の国歌を作曲しさえした。アルメニア人の実業家たちは製粉所、皮なめし工場、靴工場、印刷所を興した。一九三四年には大きな教会がアディスアベバに建設され、翌年にはアルメニア人学校も開かれた。共同体は決して大きくはなく、最大でも一五〇〇の成員を有したのみで、彼らの一部はエチオピア・アルメニア混合の家系であった。軍事革命や内戦（一九七四〜一九九一年）によってアルメニア人の事業は国有化され、共同体は約一五〇の成員にまで減少し、その他の大半の者たちは合衆国、オーストラリア、カナダへと移住した。アルメニア人学校はわずかに一一人のアルメニア人生徒を有しているのみで、彼らのうち六人は混合家系の出身である一方、司祭なき教会は助祭の助けで機能している。しかし、アララト・アルメニア人社会クラブやレストランは外交関係者によく知られており、その収入は教会や学校の維持を助けている。

スーダンのアルメニア人共同体はハルツームに集中しており、そこには教会が建てられた。一九八〇年代後半に始まったスーダンの内戦によって、その共同体の存在は終焉した。南アフリカのアルメニア人は主としてヨハネスブルグに定住していたが、南アフリカでの混乱によって大半の者たちの合衆国、カナダ、オーストラリアへの移住が促進された。

南アジア

インドのアルメニア人共同体はインドが英国王室の植民地となった後、衰退した。ガルストン、チャーターのような一部の富裕なアルメニア商人はビルや公園を建設し、かなりの寄付を残したが、チャーターを含む大半の者たちはその地方を後にした。第一次世界大戦や第二次世界大戦の争乱やインドの分離〔印パ分離〕によって、アルメニア人の数はさらに減少した。二十世紀後半までに、デリー、アクラ、チンスラー、ダッカ、スラートのアルメニア人は存在しなくなっていた。マドラスとボンベイでは小さなアルメニア人共同体を維持するために努力がなされている。ボンベイの大きなアルメニア教会（一七九六年）は破壊され、新たな質素な教会がアララトと名付けられた商業ビルと並んで一九五七年、跡地に建設された。（一八二一年に創立された）アルメニア人大学、ダヴティアン女学校、アルメニア人スポーツ・クラブを擁するカルカッタは、唯一の存続するアルメニア人共同体として残っている。生徒の不足によって、二つの学校がアルメニア人アカデミーへの併合を余儀なくされた。その英国式のカリキュラムはイランやレバノン出身のいくらかの少年たちを魅了し、一九六〇年代初頭までにその学生数は二百を超えるまでになった。しかし、オーストラリアでの経済的可能性や通婚によって、インドのアルメニア人の数は減少し続けた。その世紀末までに、マドラスにはわずか三人のアルメニア人、ボンベイには四人のアルメニア人が残っていただけであった一方、カルカッタのアルメニア人アカデミーはわずか六人の学生を有するのみであった。現在、五つの教会の存在にもかかわらず、インドには大半の者がカルカッタに居住する混合家系の二百のアルメニア人がかろうじて存在するのみで、バングラデシュには残っていない。アルメニア政府はインドと学生交換計画を開始し、ニューデリーのアルメニア大使館の存在によって、インドに残るアルメニア人は活動が盛んになるかもしれない。

極東

一九二〇年代、ロシア革命、内戦、ボリシェヴィキから逃れたアルメニア人は、ハルビン、中国の満州〔中国東北部〕や上海に到来した。アルメニア教会がハルビンに建設され、アルメニア人の商人や職人は中国や東南アジアで事業を興した。アルメニア人は中国のヨーロッパ人と緊密に働き、時には通婚した。第二次世界大戦によってその地域に残っていたアルメニア人の中心地は荒廃した。日本は中国、ビルマ、インドネシア、フィリピン、マレーシア、シンガポールで、アルメニア人を含む全てのヨーロッパ人を狩り集めた。戦争の破壊を生き延びた者たちは間もなく、南アジアや東南アジアの脱植民地化に続く民族主義もしくは社会主義政権の差別的な政策に直面した。大半の者たちはオーストラリアか南アメリカに移住した。かつて成功を収めた共同体のうち、一五〇以下のアルメニア人がマレーシア、シンガポール、香港に残るのみである。しかし、バンコクは新たなアルメニア人移民を引きつけている。

オーストラリア

南アジアの重大な混乱によってその地域のアルメニア人は集団で去り、彼らの多数がすでに一九二〇年代に移住していたオーストラリアに避難した。東ヨーロッパや中東での政変や経済的困難によって、さらに多くの移民がオーストラリア（さらに少しの者はニュージーランド）に到来した。多様性を志向するオーストラリア政府の政策によって、アルメニア人共同体はさまざまな職業に就き、共同体の政治や資金提供において声をあげることが可能となった。旧ソヴィエト連邦からの移民は、オーストラリアのアルメニア人共同体の数を六万に膨らませた。大半の者たちはメルボルンやシドニーに居住しており、教会、クラブ、新聞が活気のある共同体を助長している。

南アメリカ

南アメリカのアルメニア人共同体は、オーストラリアのそれと同様に、二十世紀の前半に、多数はトルコからでもあったものの、南アジアからの移民によって築かれた。大多数の者たちはアルゼンチン、ブラジル、ベネズエラ、ウルグアイに向かった。ヨーロッパやアジアのその他の地域に移住していた彼らの同胞と異なり、アメリカ大陸のアルメニア人は異なる文化に順応する上で、彼らを助ける商業的、文化的に特権的な関係を有していなかった。一九四〇年代までにこれらの国々のそれぞれがアルメニア人の教師、技師、医師、法律家を有していた。加えて、アルメニア人の職人は彼ら自身の事業を興し、この地域の好景気によって富裕になった。彼らの経済的成功によって、ギリシア、中東、極東、そして近年ではアルメニア共和国から、その他のアルメニア人の移住が促進された。二十世紀末までに二万を超えるアルメニア人がブラジルに、一万五千がウルグアイに存在し、それぞれサンパウロ、モンテヴィデオに集中している。しかしながら、アルゼンチンのアルメニア人を除いて南アメリカのアルメニア人は結束した共同体ではないため、その人数はいくぶん疑わしい。(カトリックと福音派を含む)一二余りの教会、多くの学校、新聞、クラブ、組織が設立されているが、同化も起こっており、経済的なハイパー・インフレによって、政治的不安定と同様に一部の者は北アメリカへ移住することになっている。

アルゼンチンのアルメニア人共同体は南アメリカで断然最大で、最も結束したアルメニア人共同体である。アルゼンチン政府は移住を促進し、一九四〇年中頃までに約二万のアルメニア人がアルゼンチンに存在した。全てのアルメニア人政党は、ＡＢＧＵや地域的な連盟と同様にブエノスアイレスに支部を設立し、学校や教会が建てられ、共同体の中核施設がアセヴェド通り（現在のアルメニア通り）に建設された。アルメニア人はアルゼンチンの教育の権利や社会的流動性を利用し、音楽、医学、ジャーナリズムを含むあらゆる職業で重要な地位に上り詰めた。二十世紀末までにアルメニア人の人口は一〇万に近づき、いくつかのアルメニア人学校は二千を超える生徒たちを受け入れている。

北アメリカ

合衆国

史料によれば、十七世紀前半、元来はジョルファー出身のマーティンと呼ばれる一人のアルメニア人が、アムステルダム経由でヴァージニアにやって来たということである。しかし、合衆国のアルメニア人共同体の起源は二世紀以上後に始まった。アメリカの宣教団が十九世紀後半にトルコに学校を設立した後、彼らは一部のアルメニア人に合衆国に向かうことを奨励し、さらに多くのアルメニア人を「約束の地」へと引き寄せた。アルメニア人の小さな集団はこのようにして東海岸に定住し、一八九一年マサチューセッツ州ウースターに教会を建設した。しかし、アメリカは大半の者にとって到達するには遠すぎて費用もかかり、アルメニア人男性の大きな集団が、失うものが何もないと確信し、危険を冒してアメリカへと旅したのは一八九五〜一八九六年の虐殺の後になってからであった。一九〇〇年までに約一万五千が到着していた。大半の者たちはボストンとウォータータウンに定住した。一九〇〇年から一九一六年の間に約七万のアルメニア人が合衆国に移住した。彼らの圧倒的多数は四十五歳以下の熟練労働者の識字層で、成功を追求するために彼らの妻や家族を残してきた男性たちであったということを統計は示している。一九二四年の移民規制以前に、さらに約二万三千のアルメニア人が北アメリカに到来した。圧倒的多数がトルコ出身の合計一〇万以上の者たちが合衆国に定住した。

一九四八年、強制追放者法の下で数千のアルメニア人がヨーロッパから到来した。DPとして知られる彼らの中には、撤退するドイツ軍と共にロシア西部から逃れてきたアルメニア人が含まれていた。さらに多くのアルメニア人が、中東の政治問題に続いて一九五〇年代末から一九六〇年代初頭に到来した。

合衆国への初期の移民は、東海岸の都市部の産業の中心地の主としてニューヨーク、マサチューセッツ、コネティカット、ニュージャージーに定住していたが、少数の者たちはデトロイト、シカゴ、クリーヴランドなどの中西部の都市に定住した。テキサスやユタに定住する者もいた。このパターンに従わなかった唯一のアルメニア人は、十九世紀末に中部カリフォルニアのサンホアキン・バレーに定住した者たちであった。ここで彼らは特にフレズノの周辺で農業やブドウ栽培に従事した。その後半世紀の間、フレズノのアルメニア人たちは猛烈な差別に苦しんだ。「アルメニア人お断り」と述べる看板が商店の窓や不動産事務所に出現した。それにもかかわらず、フレズノの共同体はサンフランシスコやロサンゼルスが新たな移民を引き寄せ始める大恐慌まで拡大した。一九六〇年代まで、東海岸や中西部がアルメニア人移民の最大の割合を受け入れた。その他の移民の慣例にもれず、最初の二世代は新たな土地に落ち着くために勤勉に働いた。できる限り早く同化しようと試みる者がいる一方で、自らの伝統に固執する者もいた。彼らはさらに家族を呼び寄せ、小さな事業を興すために金を貯めた。彼らの教育や技術は可能な時にはいつでも彼らが向上することを意味した。一部の地域や特定の時期に顕著であった差別も、はるかに酷い環境を生きてきたアルメニア人を思いとどまらせることはなかった。

第三世代までに、アメリカのアルメニア人は無数の医師、法律家、技師、研究者や非常に成功した企業家を輩出した。アラン・ホヴァネス、ルーベン・マムーリアン、アーシル・ゴーキー、ウィリアム・サローヤンのようなアルメニア人の政治家、スポーツ選手、作曲家、俳優、芸術家、作家は、アメリカのアルメニア人の新たな世代の間で誇りの感覚を作り出した。アレックス・マヌージアン、カーク・カーコリアン、ホヴナニアン家、そしてその他の者たちのような成功したアルメニア人実業家は、共同体の中核施設や学校設立のために何百万もの寄付を行った。

一九七〇年代から一九八〇年代には、一部の者たちが一九四〇年代末に帰還していた約八万のソヴィエト・アルメニア出身のアルメニア人が、デタントや、主としてソ連のユダヤ人のために制定された緩い移民法を利用して、合衆国にやって来た。加えて、レバノンでの内戦、イランでの原理主義的イスラーム革命、イラン・イラク戦争を逃れたアルメニア人もこの地に移住した。一九八八年の地震やアルメニアや旧ソヴィエト連邦での状況の悪化によって数千以上の者たちが合衆国にやって来た。アルメニア人共同体はオレゴン、ワシントン、テネシー、フロリダ、ウィスコンシン、ヴァージニアを含むあらゆる主要な州に存在する。しかし、過去三〇年のアルメニア人移民の大規模な洪水は、西海岸の特にカリフォルニアを好んでいる。特にロサンゼルス大都市圏は六〇万を超えるアルメニア人の故郷となっている。

現在、百万以上のアルメニア人が合衆国に存在する。百を優に超える教会、数多くの学校、協会、学術プログラム、文化団体、雑誌、新聞や影響力ある組織を備えた合衆国のアルメニア人は評価されるべき勢力である。アルメニア人の政治行動委員会、研究者、職業人は、アルメニア人ジェノサイドを否定しようとするトルコの取り組みを覆すことに成功した。アメリカ・アルメニア人会議、アルメニア民族研究所、議会アルメニア人執行部、アルメニア国民委員会、アルメニア人権評議会の助力で、彼らはまたトルコの忠実な支持者である合衆国に公式にアルメニア人ジェノサイドを承認するよう圧力をかけている。

カナダ

十九世紀末にオスマン帝国から合衆国へと去ったアルメニア人の間で、少数の者がカナダの主にオンタリオ南部に定住した。一八九五〜一八九六年の虐殺に続いて、さらに多くのアルメニア人がその地域に到来し、一九三〇年までにアルメニア教会がセントキャサリンズに建設された。その他のアルメニア人はケベック地域に定住した。初期の到来者の大半の者たちは、プロテスタントかカトリックであった。一九〇八年、カナダは「野蛮なアジア人」に分類されていたアルメニア人に対して国境を閉ざした。一部の難民や孤児はジェノサイド後、到着を認められたが、共同体が四千を超えることはなかった。

一九四八年、カナダ・アルメニア人会議の尽力によって、一九〇八年の禁止は解除され、数千の者たちが戦禍を被ったヨーロッパから到来した。間もなくして、中東の政治的混乱の結果、エジプト、レバノン、シリア、パレスティナ、イランから数千におよぶ者たちが移民した。アルメニア人はあらゆる主要な職業に就き、共同体はカナダの政治的・文化的生活における力となった。有名な写真家のカーシュやカヴク、映画制作者のアトム・エゴヤンのような芸術家やゾリアン研究所は七万以上を数える活気に満ちた共同体を象徴し、主にトロントやモントリオールに、そしてより小さな集団がカルガリー、バンクーバー、エドモントン、オタワ、キッチナーに居住している。一六の教会、一四の文化センター、七つの学校が成長する共同体の必要を満たしている。

旧ソヴィエト連邦

ロシア

革命前のロシアにおけるアルメニア人の存在は16章と19章で論じた。少数のアルメニア人——彼らの大半は軍人か政府官吏であった——が一九六〇年代以前にロシアに移動した。大半の者たちはロシア人女性と結婚しロシア化した。

しかし、一九六〇年から一九九〇年の間に数千のアルメニア人が、モスクワ、レニングラード（サンクト・ペテルブルグ）、イルクーツク、ハバロフスク、ノヴォシビルスク、ソチ、サラトフ、ロストフ・ナ・ドヌー、クラスダール（エカテリノグラード）やその他の都市部の中心地に定住した。若いアルメニア人の職業人たちはロシア共和国の外交、軍事、経済、科学の分野で実績を積み上げた。高度な教育を受けたアルメニア人はソヴィエト連邦の主要な共和国で職を得るために競うことができ、そのようにした。これらの者に加えて、何千ものアルメニア人がモスクワやレニングラードに流れ、そこで不法な住民として公開市場や闇市場で商品を売った。

ソヴィエト連邦の崩壊は多くの者の不意を襲った。ロシアは一九九二年二月六日以前にロシアに合法的に住んでいた全ての者に国籍を与えた。多くのアルメニア人はその法律を利用したが、利用しなかった者や利用できなかった者も存在した。アルメニアでの悲惨な経済状況によって、数十万のアルメニア人がロシアで仕事を求めることを余儀なくされた。ロシアにおける恒常的または一時的なアルメニア人居住者の数を見積もるのは困難である。多くの資料は、現在約二百万かそれ以上のアルメニア人がロシアに存在すると主張している。モスクワは約七〇万、ロストフは二〇万を擁し、約三〇万がサンクト・ペテルブルグに、一〇万がソチに、五万がクラスノダールに住んでおり、残りの者たちはシベリアやロシアのその他の都市部の中心地に存在する。これらの統計に従えば、アルメニア共和国に存在するのと同じ数のアルメニア人がロシアに存在することになる。大量の流入によって過去のアルメニア人の中心地は活気を取り戻した。没収されるか閉鎖されるか廃墟となっていたアルメニア教会や十八世紀の建物が今や修復され、サンクト・ペテルブルグ、モスクワ、ロストフ／新ナヒチェヴァンで機能している。クラスノダールやソチには新しい教会が建設されてきた。過去と同じように、ロシアの影響力あるアルメニア人共同体は、ロシアの概して親アルメニア的な政策を維持するために重大な役割を果たし続けている。

トランスコーカサス、バルト諸国、中央アジア

ソヴィエト連邦の崩壊によって、自身のものではない国家に位置する——アルメニア人を含む——大きな民族圏が残された。アルメニア人はソ連のさまざまな共和国、特にウズベキスタン、アゼルバイジャン、ジョージア、ラトヴィア、リトアニア、エストニアで快適な生活を享受していた。新たな民族政策によって、現地の民族集団以外のあるゆる者たちは、新たな国家の政治的生活へ参加することから公然と除外されるか丁重に阻止された。新たな国家で多くのアルメニア人は国籍を与えられなかった。大半の者が職業人であるアルメニア人は、一部の地域で彼らの存在や職の維持がどうにかできているものの、その他の地域では深刻な問題に直面している。

バクーやスムガイトでのアルメニア人に対する恐ろしいポグロムや、バクーのアルメニア教会の冒瀆によって、旧ソ連で第三に大きいアルメニア人共同体を誇ったアゼルバイジャンにおけるアルメニア人の存在は終焉を迎えた。ジョージアでの政治的混乱や戦争によって、旧ソ連で第二の規模を誇りかつては膨大だったアルメニア人共同体は、大いに縮小した。アルメニア語の新聞、劇場、教会は定期的な嫌がらせの標的となった。

エストニア、ラトヴィア、リトアニアのバルト諸国は、ソヴィエト時代の間、アルメニア人の職業人や軍人を引き寄せた。エストニアは一九九一年以前、約二千のアルメニア人を有していた。さらに多くの者たちがソ連崩壊後、科学分野の職を求めて到来した。アルメニア人共同体は約三千を数え、共同体の精神的必要を満たすため、近年古いルター派教会を賃借しており、ほとんど全ての者たちが首都タリンに居住している。

多数のソヴィエト・アルメニア兵たちがラトヴィアに駐屯していた。彼らは結婚し、首都リガに留まった。さらに多くのアルメニア人がバルト諸国の相対的な自由に魅了され、一九八〇年代にその地に到来した。芸術家や専門技術者はラトヴィアを安息地と見なし、共同体は少しずつ成長した。さらに多くのアルメニア人が独立以降に到来してお

り、小規模な事業投機を始めている。アルメニア人学校と教会がラトヴィアの三千のアルメニア人の必要を満たしている。

リトアニアのアルメニア人もまた第二次世界大戦後にやって来た。彼らは定住し、現地の女性と結婚した。さらに多くの者が一九八八年の地震やソヴィエト連邦崩壊後に到来した。重大な困難にもかかわらず、彼らの大半は合法的な居住身分を伴っており、三千のアルメニア人が首都ヴィリニュスに居住している。

中央アジアにおけるアルメニア人の存在はシルクロード時代に遡る。タメルラン（ティムール）は強制的にアルメニア人の職人をサマルカンドに移住させたが、大半の者は同化した。十九世紀末までに、約五千のアルメニア人がその地域に存在していた。大半の者たちは貿易、綿花栽培、鉱山業に従事していた。間もなく八つの教会や多数の学校が中央アジアに存在するようになった。ロシア革命によってアルメニア人の優勢は終わりを迎え、全ての教会が破壊された。新たなアルメニア人は、第二次世界大戦中に彼らがロシアの交戦地帯から避難する際に中央アジアに到来し始めた。スターリンによる粛清の時代にそこに追放された者もいたが、さらに多くの者は一九五六年以降に到来した。一九八〇年までに、高度に教育されたアルメニア人はムスリム共和国の特にウズベキスタンで非常に高い生活水準を享受した。アルメニア人は政府、科学界、観光産業内の主要な地位に雇用された。何千ものアルメニア人が、一九八〇年代末から一九九〇年代を通して、アゼルバイジャンやカラバフからウズベキスタンに到来した。四万以上のアルメニア人共同体は、タシケントと（アルメニア教会を備える）サマルカンドにその基盤を有している。アルメニア人は今のところウズベキスタンで歓迎されており、管理職、技師、医師、弁護士、判事として雇用されている。

23 思想的対立から党派政治へ

ディアスポラ政党と諸組織（一九二一～二〇一一年）

ソヴィエト・アルメニア成立の結果、アルメニア人政党の間では厳しい政治的分裂が発生し、アルメニア共産党を除く全ての政党が故郷の外に組織を設立した。最も強力なディアスポラ政党であるダシュナク党は、アルメニアの外で主導権を獲得するため、総力をあげての取り組みを行った。彼らはソヴィエト・アルメニアに対抗し、歴史的アルメニアの領域を包含する自由で独立したアルメニア国家を要求し続けた。フンチャク党は大概においてソヴィエト・アルメニアを支持し、公然たる民族主義的な発言を行うことは控えた。実行可能な政治的綱領を持たないラムカヴァル党は、アルメニアの現状を受け入れ、文化活動を通じてディアスポラのアルメニア人のアイデンティティを維持することに努めた。

アルメニアのソヴィエト化以降、フンチャク党とラムカヴァル党は、アルメニア共和国を独裁政権のごとく統治しているとしてダシュナク党、特に中央局を非難した。彼らの主張によれば、ダシュナク党の政策や頑迷さの結果、共和国が失われただけでなく、トルコ人やアゼリー人に対して更なる領域まで失われたのである。フンチャク党とラムカヴァル党は、第一共和国の歴史から彼ら自身を切り離していた。彼らは共和国の赤・青・橙の三色旗をダシュナク党の党章であるとして拒絶し、ソヴィエト・アルメニアの国旗を受け入れた。同時に、ダシュナク党は、第一共和国の国旗と歴史的記録の独占的な所有を要求した。ダシュナク党は、フンチャク党をボリシェヴィキの追従者であるとして、ラムカヴァル党を、アルメニア人の圧倒的多数派やアルメニア史の現実からかけ離れているとして非難した。彼らはラムカヴァル党を、歴史的アルメニア独立のための闘争を無視し、中流階級の上位や富裕なアルメニア人たちに合致した社会的・文化的活動に自らの取り組みを集中させる自由主義的な実業家として描いた。

より綿密な検討を行うと、全ての側がこの分極化において多くの事実を無視したことが明らかとなる。一九二〇年中頃まで、アルメニア政府は最上位の内閣の職を例外として、その成員の間に非ダシュナク党員を含んでいた。三色旗は党旗ではなく、共和国の象徴であった。当時説かれていたように、ボリシェヴィキのイデオロギーにはアルメニア民族主義の余地がないことを確信し、ダシュナク党は彼らの全ての希望を協商国やウィルソン大統領に託した。加えて、ダシュナク党は協商国にはセーヴル条約を履行する力があり、それが果たされるはずである一方、条約の参加者でもなくトルコ民族主義者と交渉しているボリシェヴィキはそれを拒絶すると信じていた。彼らの究極の失望は、全てのアルメニア人によって共有されたものであった。一方で、フンチャク党や特にラムカヴァル党は、関与しないというよりも、むしろ単に現実的であっただけで、当時においてディアスポラがソヴィエト・アルメニアへの決定的な支援を提供することが可能になる、ボリシェヴィキとの対話の可能性を作り出したのである。加えて、自由主義的であるが慎重なラムカヴァル党の政策によって、彼らの中流階級の財産は、大規模なアルメニア人ディアスポラを文化的に益する事柄に向けられた。

一九三三年十二月二十四日、ニューヨークでダシュナク党員らに大主教ゲヴォンド・ドゥリアンが暗殺されたことによって、ディアスポラはさらに分裂した。しかし、モスクワがディアスポラのアルメニア人にソヴィエト・アルメニアへ帰還するよう招いたことや、カルスやアルダハンを取り戻そうとするソヴィエトの尽力などのその他の展開によって、統一が促進された。しかし、帰還者たちは歓迎されず、実際のところしばしば追放され、カルスとアルダハンはトルコの一部に留まった。これら両方の試みの期待はずれの結果や次いで起こった冷戦によって、ディアスポラは再び政党の路線別に分裂した。非共産圏ディアスポラのアルメニア人共同体は、ソヴィエト・アルメニアに対して共感するのか反対するのかをはっきりと明言した。合衆国とその同盟国が共産主義の拡大を制限しようと結束するにつれて、その取り組みを助けるようアルメニア人、ポーランド人、ウクライナ人、クロアチア人、ラトヴィア人、エストニア人、リトアニア人のような民族集団の成員を彼らは勧誘し、財政的に支援し、時には募った。

ダシュナク党は彼らの革命的・社会主義的背景にもかかわらず、ソヴィエト・アルメニア政府に対する反対によって西側の信頼を得たが、その一方で、西側とその反共産主義同盟国はフンチャク党に疑いをもった。ラムカヴァル党は板挟みとなった。彼らは共産主義アルメニアを支援しているとしてダシュナク党に非難され、時にはアメリカ政府にも疑いをもたれた。ラムカヴァル党は自らの政策を擁護するために、ソヴィエト・アルメニアに対する支援がイデオロギーではなく、愛国主義や故国との文化的な絆に基づくものであると主張した。東ヨーロッパ、東アジアのアルメニア人はこの亀裂に直面しなかったものの、アラブ世界、イラン、北アメリカの大規模で政治的に活発なアルメニア人共同体は、この戦後のイデオロギー論争に著しく影響された。

一九五二年、キリキアの聖座のカトリコスが死去すると、ダシュナク党は彼らの方針を好む候補者が選出されるよう手助けした。ソヴィエト・アルメニア当局者やディアスポラの反ダシュナク派に促されたエチミアズィンの聖座は選挙の承認を拒み、教会もまた分裂した。この教会の分断によって、ディアスポラ共同体はさらに分裂した。アルメニア人の派閥は相争い、裏切り合い、一九五三年のイランや一九五八年のレバノンでのように時折殺し合う一方、アルメニア人のフンチャク党員や共産主義者は反シャーや反マロン派の派閥を支援し、ダシュナク党は西側寄りの連合に加わった。一方では、キリキアの聖座はレバノン、シリア、キプロス以外にその管轄権を拡大し始め、ダシュナク党が支持を集める共同体、特にイラン、ギリシア、カナダ、合衆国で別個の教区を創設した。

政治的には弱かったものの、ラムカヴァル党は一九六〇年代までに、アルメニア慈善協会（ＡＢＧＵ）やその学校の世界的ネットワークにおいて主要な地位を得ることに成功した。彼らのソヴィエト・アルメニアとの関係によって、エチミアズィンに監督されているディアスポラの教会では彼らに主要な発言力も与えられた。

一九六〇年代中頃までにアルメニア人は地球の隅々に定着し、イデオロギー的な差異は大きかったものの、それはもはや唯一の関心事ではなかった。安定していてホスト国に受け入れられた共同体は、その他の問題、特に同化の懸念やトルコによるアルメニア人ジェノサイドの否定に対する不満に対処し始めた。ムスリム世界のアルメニア人にとって文化を維持することは比較的容易であったが、キリスト教世界、特にヨーロッパや北アメリカにおいては、アルメニア人は多数の者たちが通婚しており、一部の者たちが「白い虐殺」と呼ぶ現象が起こっていた。アメリカのアルメニア人は特に、自身をアメリカ人と見なし、たとえ自由な国家であってもアルメニアへの帰還を望まなかった。彼らはアルメニア人である者たちから、アルメニア人であると感じる者たちに変化したのである。伝統的なアルメニア人の価値基準もまたディアスポラの至る所で挑戦を受けた。離婚率は上昇しており、若者たちは彼らが「時代遅れ」と見なす伝統に興味を持っていなかった。現代イスラエルの樹立以前の大半のユダヤ人のように、アルメニア人はディアスポラを永続的な状態と見なし始めた。ソヴィエト連邦はそこに留まるように思われ、国連にもアルメニア問題を再審議するつもりはなく、最悪なことには、トルコ政府はアルメニア人に対して犯した残虐行為について沈黙かあからさまな否定を続けていた。しかし、一九六五年、ジェノサイド五〇周年の折や一九八八年の地震に続いて、再び大半のディアスポラのアルメニア人は過去の分裂に目をつぶり、政治・教会の各派は非公式に協力し始めた。

独立、そして新たなアルメニア共和国の成立によって、ディアスポラのアルメニア人、特に彼らの政党は不意を打たれ、疑念や論争がやがて当初の強烈な幸福感に続いた。独立した共和国によって、ディアスポラの全役割が再検討されねばならなくなった。即座に全ての財源で新しい共和国を支援しようと急ぐ者たちもいれば、そのような取り組みが重要なディアスポラの事業や活動、特に学校から資金を奪っているとして不満を述べる者たちもいた。キリキアの聖座と関係する教会は、今や彼らの引き続く分離を正当化せねばならず、教会合同への圧力も表面化し始めた。最終的にディアスポラ政党の存在そのものが無用となった。ディアスポラで最大であり最も活発なダシュナク党や、最小であり最も活動の少ないフンチャク党は、特に当惑した。ソヴィエト体制の消滅と共に、後者の政党は威信を失っていたが、その党員の地位がほぼ世襲となっていたため、彼らは政治的活動を続けた。しかし、前者は深刻なジレンマを抱えていた。七〇年の間、ダシュナク党の存在理由は、自由で非共産主義体制のアルメニアの達成であった。アルメニアは最終的に自由になったが、その課題を達成したのはダシュナク党ではなかった。

ラムカヴァル党とフンチャク党は間もなくアルメニアの新政府と行動を共にした。政治的に活発なダシュナク党は軽視されていると感じた。七〇年間の努力の後、彼らは新たなアルメニア国家に包含され、政府の重要な地位を与えられることを望んだ。一九九一年の選挙でごくわずかしか得票できなかったため(24章参照)、ダシュナク党は野党となった。彼らはカラバフでのアルメニアの取り組みやそのトルコに対する非戦闘的な語調を批判した。この政党は間もなくアルメニアで非合法化されたが、ダシュナク系の出版物でその攻撃を続けた。アルメニアの経済的・政治的災難や失策によって、ダシュナク党にアルメニアを非難する十分な材料が与えられた。非合法化は数年後に撤回され、ダシュナク党はそれ以来批判を和らげてきた(24章参照)。

ディアスポラ政党の中にアルメニアで重要な影響力を有するものがいないことから、三党全てがディアスポラで機能し続けてきた。ラムカヴァル党のように派閥に分裂するものもあった。これは例のない出来事であり、自由で独立したアルメニアの存在を踏まえると多くの者にとって不合理である。このことによって政党を去る党員や、権力の放棄を拒む時代遅れの指導部と彼らが見なすものから分離する党員もいた。ディアスポラのアルメニア教会のうち、レバノンのアンテリアスのキリキア・カトリコス座に主導される部分もまた、その歴史的に独立した地位と見なすものを維持した。エルサレムとイスタンブルのアルメニア総主教座もまた、時にエチミアズィンとの完全な協力を拒んだ。

全ての民族的機関が国外に存在するため、ディアスポラ政党が公選に頼ることは決してなかった。彼らの時代遅れの指導者たちは、比較的小さな内部の層によって選ばれており、より広範な選挙民に答える必要はないのである。ディアスポラのアルメニア語新聞も、少数の例外を除き、三つの政治組織に資金を供給されており、政党の方針に従っている。ディアスポラの政党や出版物が、彼ら全てがあれほどまでに対立していた消滅したソヴィエト体制に酷似しており、民主的に機能する方法を知らないように見えるのは皮肉である。アルメニアの政治的・宗教的組織の統一を最終的に見届けるために、さらなる不幸が降りかかる必要のないことが期待される。

アルメニア慈善協会

前述のように、強力なアルメニア人共同体を有するエジプトはアラブ世界のアルメニア人の先頭にあった。二十世紀初頭、エジプトのアルメニア人は新たな指導者として、ヌバル・パシャの子のポゴス・ヌバルを見出した。ポゴスは農学や工学をスイスやフランスで学んだ。帰国の際に彼はエジプト鉄道の長官を務め、スーダンのための政府の灌漑計画を監督していた。彼は銀行家、多数の会社の企業役員となり、父と同じようにパシャの称号を与えられた。

トルコでの一八九五〜一八九六年のアルメニア人の虐殺と、特に一九〇五年に始まったトランスコーカサスでのアルメニア人・アゼリー人衝突は、エジプトのアルメニア人中流階級を覚醒させる影響を与えた。自由主義者や失望した社会主義者は、世界的なアルメニア人の社会慈善団体の必要があることを感じた。一九〇六年の復活祭の日曜日（四月十五日）、一〇人のアルメニア人職業人がカイロのポゴス・ヌバルの邸宅で会合し、アルメニア慈善協会（ABGU）の会則を起草した。

当初、ＡＢＧＵが政治集会の役割も務めるという一部の計画が存在したものの、その案は即座に放棄された。ＡＢＧＵの使命は、学校、図書館、作業場、病院、孤児院を設立するか援助することによって、歴史的アルメニアのアルメニア人を助け、農民たちに土地、種子、家畜、工具を提供し、火災、飢饉、地震、その他の天災または人災の際に支援することであった。支援は宗教的または政治的帰属にかかわらず、全てのアルメニア人に提供されることになっていた。一九一三年までに、ＡＢＧＵはヨーロッパ、アメリカ、アフリカ、オスマン帝国に一四二の支部を有していた。ジェノサイドの間にそれはオスマン帝国におけるその八〇の支部の全てを失った。第一次世界大戦後の最初の一〇年は、孤児たちを捜し出し、孤児院や病院を設立することに費やされた。難民たちは保護されねばならなかったが、近東救援隊（ＮＥＲ）がアラブ地域から撤退した際にはＡＢＧＵやその他のアルメニア人組織がそれに取って代わった。アルメニアでボリシェヴィキが彼らの権力を確立するにつれて、そこで外部の組織が活動することはますます困難になり、ＡＢＧＵはどうにかアルメニアを助けたものの、それは今やディアスポラの社会慈善事業に集中した。

一九二二年、英国のエジプト保護国化の終わりに、ＡＢＧＵの本部はまずパリへと移動し、第二次世界大戦後には合衆国に移動し、そこでその組織はかなり成長した。それは今や二四以上の学校とアルゼンチン、オーストラリア、オーストリア、ベルギー、ブラジル、ブルガリア、カナダ、キプロス、エジプト、英国、エチオピア、フランス、ギリシア、オランダ、イラン、イラク、イタリア、レバノン、南アフリカ、スイス、シリア、アラブ首長国連邦、ウルグアイに同様に支部を有し、合衆国にも同様に二〇を超える支部が存在する。

前述のように、ラムカヴァル党員たちはその組織で重要な地位を獲得することに成功し、ＡＢＧＵを彼らの政治的課題に向けて転換し始めた。ラムカヴァル党の指導部がＡＢＧＵを多くのアルメニア人の必要を満たす広範な組織に変容させた事実にもかかわらず、ＡＢＧＵは一九六〇年代までにその党派を超えた目標の多くを失い、実質的にはラムカヴァル党の組織となっていた。それはまたしばしばダシュナク党の攻撃を受けた。アルメニアにおける恐ろしい地震や独立後のその経済的苦境によって、ＡＢＧＵの新たな指導部はその本来の職務に目覚めさせられた。それはラムカヴァル党から自らを遠ざけようと試みたが、その紐帯を切ることはできず、今なおラムカヴァル党の牙城と見なしている者もいる。それにもかかわらず、ＡＢＧＵはアルメニアの再建において最も重要な組織の一つとなってきた。三千万ドルを超える年間予算によって、ＡＢＧＵはアルメニア・アメリカ大学、アルメニア管弦楽団、高齢者食事施設、奨学金、病院、そして色々な慈善、産業事業を含む無数の活動や機関に助成している。ＡＢＧＵ財源の大半のアルメニアへの移転は地元のＡＢＧＵ支部によって批判されてきており、彼ら〔ＡＢＧＵ支部〕は中央委員会からの従来の支援なしに自らの年間予算を維持するために今や苦闘せねばならないのである。

ディアスポラでの文学活動

前述のように、アルメニア人ジェノサイドはオスマン帝国のアルメニア知識人のほぼ全人材を消滅させた。発展するまでに一世紀を要したものが、一九一五年四月という一カ月で破壊されたのである。しかし、小集団はどうにか生き延び、ある専門家によれば、過渡期の文学世代を形成した。フランスと中東が西アルメニア文学の新たな故郷となった。一九三〇年までに、シャハン・シャフヌル、ビュザンド・トパリアン、ヴァズゲン・シュシャニアン、ヌシャン・ペシクタシュリアン、ニコゴス・サラフィアン、ティラン・チュラキアン（・イントラ）、シャヴァルシュ・ナルドゥニを含む若者の集団はパリで新たなサークルを創設し、雑誌『メンク』を発行した。彼らの詩、短編、小説、評論は過去に囚われず、その代わりに明るい未来を予言した。しかし、第二次世界大戦によってこの短命な復興は終了した。シャント、ハコブ・オシャカン、ヴァハン・テケヤンは彼らの新たな故郷として中東を選択した。シャントは空想的な戯曲を書き、教育者となった。オシャカンは一九二〇年、当時まだヨーロッパ支配下にあったイスタンブルに戻り、テケヤン、コスタン・ザリアン、その他の者たちと共に文学的声明を発表した。彼らはアルメニア人の文学活動復興の目標と共に文芸誌の『バルズラヴァンク』や『メヒアン』、新聞『チャカタマルト』を創始した。一九二二年、トルコ民族主義者たちがイスタンブルを占領し、そのサークルは解散した。テケヤンとオシャカンはトルコを去り、ヨーロッパを旅し、結局のところ、前者はカイロに後者はエルサレムと中東に定住した。テケヤンの作品が主に詩から成る一方、オシャカンの著作は、ある研究者によればジェノサイドという大惨事に対する真に文学的な反応であった。彼らやその他の者たちは、ベイルート(『アヘカン』、『アコス』)、アレッポ(『ナイリ』)、ボストン(『ハイレニク』)、ニューヨーク(『ノル・ギル』)のさまざまな雑誌で彼らの作品を出版した。ザペル・エサヤン、ヴァハン・トトヴェンツ、グルゲン・マハリなど多くの西アルメニア人作家は、ソヴィエト・アルメニアに移住するか、そこに避難場所を求めた。前二者は(前述のようにエギシェ・チャレンツやアクセル・バクンツの命をも奪った)一九三〇年代のスターリンによる粛清期に命を落とし、マハリの死は容赦ない非難や迫害によって早められた。公衆や国家の支援を欠いたため、西アルメニア人による文学的生産量は概してごく少量であり、ディアスポラ文学に対するソヴィエト・アルメニアの規制によってさらに制限されてきた。アルメニアにおける現在の自由が、ディアスポラにおける文芸復興の引き金となるかどうかは今後明らかになるであろう。

24 高まる独立の痛み

アルメニア第三共和国（一九九一〜二〇一一年）

新たに形成されたアルメニア共和国での選挙運動は平和的なものであったが、加熱した議論が特徴的だった。レヴォン・テル・ペトロスィアンの独立アルメニアの見通しは、彼の同胞の一部の者たちのそれとは一致せず、彼らはこの国が直面する多くの危機的な問題に対する彼の政策、特にカラバフに関してある程度妥協しようとする彼の政策に激しく反発した。かつてのカラバフ委員会の多くの成員たちは政府から退き、アルメニア全国民運動から去り、それぞれの党派を形成するか、彼ら自身が大統領職に立候補することを宣言した。以前の反体制派政党であった民族自決連合とその指導者パルイル・ハイリキアンは、次の選挙以降、アルメニアがソヴィエト連邦との全ての関係を切らねばならないと主張する綱領を発表した。

アルメニアにおける一九九一年の選挙は、ディアスポラのアルメニア人政党の未来にとって決定的に重要なものであった。彼らの成長の可能性を示すために、三者のディアスポラ政党全てが来るべき大統領選挙のために即座に登録した。アルメニア政府と常に協力してきたラムカヴァル党は、レヴォン・テル・ペトロスィアンの立候補を支持した。新政府において発言力をもつことが絶望的なフンチャク党もまた、テル・ペトロスィアンを支持した。ダシュナク党は基本的にハイリキアンの公約に賛意を示したものの、計算された動きの中で、彼ら自身の候補者として尊敬を集める俳優のソス・サルグスィアンを擁立した。

独立のほぼ一カ月後の一九九一年十月十六日、アルメニア人は投票に向かった。アルメニア全国民運動（ＡＮＭ）を代表するレヴォン・テル・ペトロスィアンが得票の八三パーセントを獲得した。その他の候補者たちは実に哀れな結果に終わり、民族自決連合とダシュナク党の候補者たちが合わせてわずか一二パーセント（ダシュナク党はわずか四・四パーセントを得たのみ）を、その他のさまざまな政党や個人も合計で五パーセントを獲得しただけであった。ダシュナク党も共産党も敗北を受け入れることができなかった。前者は優越を失い、後者は特権を失ったことで、彼らは皮肉にもレヴォン・テル・ペトロスィアン政府に対して共通の大義名分を見出した。

明確な委任を受けたことは、レヴォン・テル・ペトロスィアン政府が内的もしくは外的な圧力から自由であることを意味しなかった。重大な内政上の問題は、アゼルバイジャンによるアルメニアの事実上の封鎖と、アゼルバイジャンや地震地域からの何十万ものアルメニア人難民の窮状であった。その他の国内問題には、自由市場改革の実施、民主的な政府構造の確立、土地の私有化が含まれていた。対外的な関心には、ロシア、トルコ、ジョージア、イランとの将来の関係が含まれていた。加えて、再編成されたソヴィエト連邦を維持しようとするクーデター後のゴルバチョフの取り組みは、西側が直ちに新しい共和国を承認しないことを意味した。しかし、目下の関心は、山岳カラバフを巡るアゼルバイジャンとの紛争と、四〇万人のアルメニア人を含むジョージアでの政治的不安定さであった。いくつかの点で一九一八年の筋書きそのものが繰り返されていた。

一方で、ゴルバチョフは彼の新たな連邦に加わるようアルメニアに圧力をかけるために、アゼルバイジャンを支援し続けた。テル・ペトロスィアンの最初の仕事は、ロシアとの将来のアルメニアの関係についてのモスクワの関心を和らげることであった。選挙の翌日、カラバフやアルメニアに関するアゼルバイジャンの無数の攻撃に直面し、モスクワとの一定の協調を成すという彼の意志を示した。政治同盟に加わることはなおも拒んだものの、アルメニアは自由貿易地帯を創設し、食料・工業・エネルギー資源で協調するための合意を成す経済協定に調印した。ゴルバチョフは一定の影響力を得たことで、それと引き換えにカラバフでの停戦の仲介を申し出た。カラバフの全ての前線で前進していたアゼルバイジャンは、アルメニアとカラバフが間もなく彼らの膝元に入るであろうことを確信しており、それゆえにアゼルバイジャンは招待を受けることを拒んだ。しかし、テル・ペトロスィアンは政治的勝利を収めていた。彼は、アルメニアが独立したにもかかわらずモスクワとの関係を断絶していないということを示していた。彼はまた西側やディアスポラの多くのアルメニア人に対しても、彼の政府が衝動的ではなく、慎重かつ漸進的に紛争の解決に向かっていくことを示した。

テル・ペトロスィアンの次の一歩は、アルメニアにはトルコに対する領土要求がなく、隣国としての外交的・経済的関係を望んでいるということをトルコに保証することであった。同様の声明がジョージア、イラン、アゼルバイジャンに対しても送られた。思想的に教条主義的な態度を採用するというよりもむしろ、アルメニアは現実的で柔軟な外交政策を有する予定であった。カラバフに関する限り、アルメニアはその紛争がアルメニアとアゼルバイジャンとの間のものではなく、山岳カラバフのアルメニア人居住地帯とバクーとの間のものであると再度繰り返した。それは人権と自決の問題であり、直接対話によって解決されるべきものであった。

結局のところ、トルコとの政治的・経済的関係を確立しようとするアルメニアの取り組みは実現しなかった。トルコは彼らのアルメニアに対する封鎖を維持しただけでなく、何かが議論され得る以前にカラバフ問題が解決されねばならないと主張した。アゼルバイジャンの封鎖の結果、食料と燃料が不足することになり、一九八九年以来、事実上地震の再建のための供給は中断していた。一九八九年のメッァモル原子力発電所の閉鎖は、多くの難民を含むアルメニア市民がまた一つの困難な冬に直面せねばならぬことを意味した。ロシアとジョージアにおける政治的・経済的状況によって、アルメニアは若干の外国の支援を別にして、主として独自の努力に頼らねばならないことを意味した。同時に、テル・ペトロスィアンのトルコに対する政策はダシュナク党によって激しく批判された一方で、フンチャク党や共産党はモスクワとの生温い関係を批判した。

ゴルバチョフは依然として旧ソ連の救済を望んでおり、主権国家連合の創設を提案した。彼はアゼルバイジャンを含む七つの共和国の指導者たちから口頭の合意を受け取っていたが、アルメニア、ジョージア、バルト諸国、そして最も重要なことにはウクライナは含まれていなかった。アゼルバイジャン大統領のムタリボフはゴルバチョフとの協調を続け、カラバフに服従を強いるためのロシアの軍事支援を受けた。一九九一年十一月初頭、アゼルバイジャンはアルメニアへのガス・パイプラインを閉じた。同時に、トルコはアゼルバイジャン共和国を承認した最初の国となった。十一月末までに、アゼルバイジャン議会は軍事的・経済的成功に勇気づけられ、多くの支持者を獲得していた超民族主義政党である人民戦線に促され、カラバフの自治身分を廃止し、飛び地の直接支配を決議した。モスクワの国家評議会は、そのような行動によってテル・ペトロスィアンが彼の穏健な立場を放棄するだけでなく、アルメニアに同情的であった欧州議会の強い反発を招いてしまうと確信した。ゴルバチョフの緩衝地帯案を無視し、ロシア国家評議会はアゼルバイジャンにその決定を撤回するよう命令した。人民戦線の人気を恐れたムタリボフは議会に考えを変えるよう促した。その地域でのロシアの新たな存在を望まないトルコもまた人民戦線に主張を放棄するよう助言し、イランは二者の間の仲裁を申し出た。

一方ジョージアも、ゴルバチョフが進める主権国家連合への加入を拒否したためにひどい目に遭っていた。人気のある反体制派知識人で共産党によって投獄され、一九九一年春にジョージア大統領となったガムサフルディアは、ロシア共和国の北オセチアに加わる願望を示していた南オセチアのムスリム居住地帯によって、重大な問題に直面していた。オセチアはその分離主義運動を一九九〇年に始めていたが、ジョージアを同盟の一員と見なしていたモスクワによって警告されていた。しかし、一年後の一九九一年、独立したジョージアの行動の結果、オセチアに対するロシアの軍事支援が行われ、こうしてオセチアはジョージアに対して戦争を始めた。換言すれば、カラバフでのアルメニア人の分離主義運動を思いとどまらせていたゴルバチョフは、南オセチアでの同種の運動を奨励していたのである。ガムサフルディアの極端な民族主義や高圧的な統治が事態を助けることはなく、実際のところアブハジア人のようなその他のムスリム少数派を敵に回した。結局、民主的原則への彼の配慮の低さによって民族防衛隊の反乱に火が付けられ、それによって年末までにガムサフルディアは不安定な立場に置かれた。

しかし、事態は誰の予想よりも速く推移した。ゴルバチョフの主権国家連合計画は決して実現しなかった。一九九一年十二月一日、ウクライナで独立のための投票が行われ、十二月八日、ボリス・エリツィンに主導されたロシアや、ウクライナ、ベラルーシの指導者たちは共同体を結成し、独立国家として加わるようその他の旧ソヴィエトの共和国を招いた。エリツィンはゴルバチョフに策略で勝っていた。アルメニアは共同体に加わるつもりであると即座に発表し、十二月二十一日、アゼルバイジャンを含むその他の八共和国と共に、独立国家共同体（ＣＩＳ）に加わることを正式に申し出た。一九九二年三月、アルメニアは公式にＣＩＳの構成国となった。その年の五月、アルメニアはＣＩＳ防衛条約にも加入した。

一九九一年十二月二十五日、ミハイル・ゴルバチョフは大統領を辞任し、ソヴィエト社会主義共和国連邦は正式に解体した。一九九二年一月六日、ナゴルノ・カラバフはその独立を宣言した。アゼルバイジャンで歓迎されなかったロシア指導部の変化は、アルメニアでは大いなる熱狂をもって迎えられた。ムタリボフは強硬路線の共産主義者であって、モスクワが彼や彼の派閥を権力の座に留め、カラバフでのアルメニア人の運動を撲滅しようとするアゼルバイジャンの取り組みを支持する限り、その命令に従うつもりであった。ゴルバチョフの退陣と共に彼はＣＩＳに加わり、エリツィンに取り入ろうとしたが、彼の過去の行動、特に八月クーデターへの支持やバクーの民族的ロシア人に対する扱いによって彼は評価を落とした。

ソ連の崩壊によって再びアルメニアは国際舞台に出ることを余儀なくされた。一九九二年三月二日、アルメニアは主権国家として承認され、国際連合の一員となった。新しい外交官たちに財政的・実際的な支援を与え得るアルメニア人共同体が存在する国に、アルメニアの外交使節団が急いで開設された。そのすぐ後、旅券、切手、そして最終的には新しい通貨が導入された。通りの名や地名もまた変えられた。難民の状況、食料・医薬品・燃料の欠乏、アゼルバイジャンの封鎖、ジョージアでの国内不安定、敵対的なトルコ、党派政治によって一九一九〜一九二〇年の多くのことが思い出されたが、重要な違いもあった。その全ての問題にもかかわらず、ロシアは内戦の中にはなかった。アルメニアはより組織化され、より代表された政府を有しており、国連憲章によって保護され、その第一共和国よりも良いインフラを有していた。

ゴルバチョフの退陣と共にロシア軍はカラバフから撤退した。カラバフのアルメニア人たちは反撃し始め、一年後には飛び地の大半を再占領しただけでなく、その地域の外にあるケルバジャルをも奪った（地図44）。アルメニアの右派のようにロシアとの完全な断絶を唱え、トルコとのより緊密な関係を要求していたアゼルバイジャン人民戦線は、政府で新たな追随者たちを獲得し始めた。アゼルバイジャン議会はＣＩＳ条約の批准を拒否し、ムタリボフを辞任に追い込んだ。人民戦線の暫定政府と共産党員の大臣たちは、春の終わりの新たな大統領選挙まで統治しようと試みた。しかし、二カ月後、共産党員が支配的な議会は権力の喪失を恐れてムタリボフを復権させるよう投票し、彼は即座に非常事態を宣言し、来るべき選挙を取り消した。人民戦線の武装した支持者たちによる暴動によって翌日、彼は逃亡を余儀なくされ、六月初め、学者で人民戦線の指導者アブルフェズ・エルチベイが選挙で勝利し、アゼルバイジャンの新たな大統領となった。ＣＩＳに加入することに対する彼の絶対的な拒絶やトルコへの彼の近さによって、ロシアだけでなくイランもまた悩まされた。

一方、ガムサフルディアは自らに対する反乱を抑えることができず、一九九二年一月初めにトビリシから逃亡した。一三年の間（一九七二〜一九八五年）ジョージア共産党の長であり、後にはゴルバチョフ内閣の一員となり、ソ連の外相となったエドゥアルド・シュワルナゼがジョージアに帰国した。ＣＩＳ加入に対する彼の拒絶によって、アブハジアの少数派に彼らがＣＩＳへの加入を望んでいると宣言する機会が与えられた。モスクワはその地域で再び影響力を持ち、トルコの影響を阻止するために、アブハジアに一定の支援を与え、彼らはジョージアやジョージア軍に対して何とか抵抗した。一九九三年秋までに、ジョージアはＣＩＳへの加入が賢明であると決心し、アブハジアとの交渉を開始した。

一方、エルチベイの民族主義的政策や親トルコ的態度によってロシアやイランが離れていっただけでなく、スンニー派の遊牧民であるレズギー人やイラン系シーア派の人々であるターレシュ人による分離主義運動もまた発生した。アルメニアはＣＩＳの構成国として、構成国ではないアゼルバイジャンよりもはるかにロシアを頼ることができた。一九九三年夏までに、カラバフのアルメニア人は、アルメニアとカラバフとの間の回廊全てと同様にシュシを占領した（**地図44**参照）。アゼルバイジャン軍と反対派はエルチベイの排除を決心した。この時点で、アゼルバイジャンのかつての共産党の長（一九六九〜一九八七年）でゴルバチョフ時代の政治局員であったヘイダル・アリエフはこの状況を利用した。トルコとより緊密な関係を築いたナヒチェヴァンで、彼は好機を待っていた。ナヒチェヴァンをトルコと結ぶ二つの橋がアラス川に架けられており、トルコの大統領はその地域を訪問し、経済的援助を約束し、アルメニアにナヒチェヴァンを攻撃しないよう警告した。夏の終わりまでに、エルチベイよりもモスクワに好まれていたアリエフは共和国を指導しており、民主的に選ばれたエルチベイはナヒチェヴァンに避難した。初秋、アゼルバイジャンはＣＩＳの構成国となり、一九九三年十月までにモスクワはコーカサスでの主な調停者となった。コーカサスでのモスクワの影響力が回復されると共に、ロシアの役割は仲介者や大物の調停者のそれに変化していた。しかし、過去とは異なり、ロシアは旧ソヴィエト諸共和国の領土的統合に関していかなる発言も行わなかった。モスクワは消耗戦を好んでいるようであった。

一方、アルメニアに対する容赦ない封鎖は続いていた。GNPは一九九一年と一九九三年の間で六〇パーセント低下した。燃料とガスは特に不足していた。一九九二〜一九九三年の冬はとりわけ厳しかった。メッツァモル原子力発電所は閉鎖されたままで、暖房と電力の不足から学校、事業所、工場、病院も閉鎖せねばならなかった。多くの本や木が、暖をとるためだけに犠牲となった。合衆国、ヨーロッパ、そしてアルメニア人ディアスポラからの援助によって大いに助けられたものの、子供や老人の死亡率は高かった。出生率もまた低下した。よく組織されたことや外国の援助、さらにはイランやトルクメニスタンからの燃料によってエネルギー危機は軽減され、一九九二〜一九九三年の恐ろしい状況は再発はしなかった。

一九九四年までにアルメニアは外交面で巧みに動き、アジア、ヨーロッパ、アメリカ大陸にさらなる外交団を設けた。不安定であったが休戦合意もカラバフで見られた。カラバフでの闘争で二万の生命が犠牲となったが、その結果、アグダムやフィズリを占領した（地図44参照）。アルメニアが直面していた引き続く問題は、アゼルバイジャンでの民族浄化、ジョージアでの内戦からの約三〇万人の難民や、一九八八年の地震で住居や財産を失った者たちであった。継続するアゼルバイジャンとトルコの封鎖によって、いかなる経済回復もひどく妨害され、ロシア、イランだけからの輸入品や外国の援助によって経済の動きは保たれたとはいえ、非常に遅い歩調であった。一九九四年末までに五〇万以上のアルメニア人（彼らの一部はジョージアやアゼルバイジャンからの難民であった）が、一時的もしく恒久的にロシアか旧ソ連のその他の地域、北アメリカ、オーストラリア、ヨーロッパに去っていった。

国際通貨基金からの融資の受け取りを可能とするために、アルメニアは民営化政策を続けた。価格自由化の拡大や国家の助成金の停止は速い歩調で続いた。一九九五年までに、GDPの四〇パーセントが民間部門に所有された。しかしながら、必要不可欠な食料品の価格は二五パーセント上昇し、パンの値段は一一倍に上昇し、電気料金は以前の六倍であった。

困難な経済状況によって野党が強化され、アルメニア全国民連合の旧メンバーにより新たな連立が作り出された。アルメニア共産党、国民進歩機構、アルメニア民主党、民族自決連合、アルメニア革命連盟の全てが、人権を侵害しているとして政府を非難した。野党の指導者たちに対する身体的攻撃や逮捕は、ダシュナク党やその新聞の禁止と共に、非難に油を注いだ。世界銀行からの二八〇〇万ドルの融資にもかかわらず、地震地帯の再建は非常に遅い歩調で進み、四五万の住民は、惨害の六年後も仮設住宅に居住し続けていた。野党は民族合同同盟を結成し、一九九五年の間に多くの反政府集会を催した。

一方、カラバフでの情勢は大いに改善した。アゼリー人による境界の村々に対する散発的な銃撃にもかかわらず、一九九四年には休戦合意が成され、欧州安全保障協力機構（ＯＳＣＥ）やロシアによって組織された多くの場で、アルメニア人とアゼリー人の指導者たちは会合をもった。アルメニア政府はロシアとの歴史的結びつきにもかかわらず、独立の方針を進めようと試みた。アルメニアはロシアの国内的不安定が、陸地に囲まれたアルメニアに深刻な影響を与えることを懸念していた。エリツィンのチェチェンでの問題やジョージアのムスリムや分離主義者との問題に対して、アルメニアは警戒を保っており、エレヴァン政府は第一アルメニア共和国を破壊したのと同様の状況を十分に熟知していた。合衆国の政策がトルコやアゼルバイジャンに好意的なものであることを理解し、アルメニアはロシアに新たな申し入れを慎重に行い、二五年間アルメニアで基地を借り入れることをロシア軍に認める合意に調印した。ロシア軍部隊は間もなくアルメニアのトルコとの国境を防衛したのであった。

しかしながら、一九九五年の二つの重要な出来事は、メツァモル原子力発電所の再開と新たなカトリコスの選挙であった。環境保護運動家たちからの抗議にもかかわらず、メツァモル原発は部分的な運転を開始し、国家に必要とされる電力の多くを供給した。エレヴァンでの頻繁な停電はようやく終わった。一九九五年四月、キリキアのカトリコスであるガレギン二世が故ヴァズゲン一世に代わり一三一代目の全アルメニア人のカトリコスとして選出され、ガレギン一世を名乗った。テル・ペトロスィアン大統領に主導された政府がガレギンが選出されるよう巨大な圧力をかけたと噂されたものの、ガレギンの雄弁さとその他の候補者たちに対する彼の神学的優位によって彼は最良の選択肢となった。選挙はアルメニア全国民運動（ANM）にとって実に大きな成功であった。キリキアの聖座は中東における重要な教区を監督しており、ヨーロッパやアメリカ大陸の大規模なアルメニア人ディアスポラの中でかなりの支持者を有していた。二つの教会の合同の呼びかけがすぐに開始され、新たなカトリコスによって歓迎された。アルメニアは今や独立国家であり、エチミアズィンの聖座のカトリコスは対立する聖座のかつての指導者であった。ダシュナク党や共産党が今や分離主義者として描かれ、見なされる一方で、ANMは統一と協調の提唱者となった。一九九五年七月の議会選挙でANMは支配を保った。大統領にさらなる権力を付与するアルメニアの新憲法もまた、投票者の六八パーセントによって承認された。野党は欺瞞と選挙操作であるとして政府を非難した。政府は多数の野党指導者を逮捕し、彼らの本部の捜索を実施することで応えた。五年の任期の後、テル・ペトロスィアンは一九九六年に再び大統領選挙に出馬するつもりであることを発表した。GNPは六パーセント平均で成長し（一九九八年まで同様に続いた）、大統領はそれを自身の功績とした。大統領は、ANMやラムカヴァル党を含むいくつかのより小規模な政治集団を代表する共和国ブロックの旗印の下で出馬した。六人のその他の候補者が一九九六年九月の大統領選挙に参加した。彼らは国民民主連盟、共産党、民族統一連合、アルメニア民主党、民族自決連合、産学市民連合、アルツァフ・アルメニア運動を代表していた。

テル・ペトロスィアンの公約には、民主的制度の強化、汚職や犯罪の継続的な排除、軍隊と情報機関の強化、賃金の追加的な上昇を含む経済改革の加速、国民社会保障制度の創設が含まれていた。彼はまたロシア、ジョージア、イランとの協力の拡大と同様に、アゼルバイジャンやトルコとのより安定した関係の構築を訴えた。しかしながら、最も重要なことは、カラバフ紛争解決のために妥協を見出し、世界中の影響力あるアルメニア人ディアスポラとの関係を改善するという彼の約束であった。彼は経済復興を妨げてきた長く犠牲の大きいカラバフ紛争の終結を、アルメニア人が心から望んでいると付け加えた。アルメニアはカラバフについての真摯な保証や特別な自治的地位と引き換えに、占領した山岳カラバフ外のラチン回廊を除く全ての領域を返還するつもりであるとした。

九月までに、民主党、民族自決連合やアルツァフ・アルメニア運動からの候補者たちは選挙から撤退し、国民民主連合の候補者であるヴァズゲン・マヌキアンを大統領にすべく支持した。非合法化されたダシュナク党もまたマヌキアンを支持した。マヌキアンの公約は、カラバフの完全な独立、新たな議会選挙と、強力な行政府に対してさらに多くの力を立法府や司法府に与える新憲法を、掲げたものであった。

選挙の結果、テル・ペトロスィアンは彼を支持する五一パーセントの得票と共に勝利した。マヌキアンが得票の三七パーセントを受けた一方、共産党は意外にも強い結果を示し、三位についた。野党は票の集計において大規模な不正が行われたとして再び与党を非難した。外国の監視団は一部の不法行為に言及したが、それらが結果に著しく影響を与えるものではないと結論付けた。継続する集会、暴動、銃撃戦の結果、逮捕や全ての公共の集会の短期間の禁止が実施された。テル・ペトロスィアンはアルメン・サルグスィアンを首班とする新内閣を任命し、エレヴァンに平穏が戻った。

一九九六年の重要な出来事の一つは、アラス川に架かるイランへの橋の開通であった。アルメニアは今やメグリからイラン北西部への高速道路を有したのであり、イランはロシアに続き二番目に大きな貿易相手国であった。天然ガス、布地、食料品がさらに大量にイランから到着し始めた。アルメニアはさらに多くの外交団をヨーロッパやアジアに開設し、世界貿易機関（ＷＴＯ）への加盟を申請した。アゼルバイジャンとの対話の結果、捕虜が交換され、トルコとの話し合いによって二国間の国境の開放の可能性が高まった。一九九七年まで、アルメニアは一部の批判にもかかわらず巧みに動いた。アルメニアの人権状況はアゼルバイジャンやジョージアよりも良かった。その経済はわずかに成長し、民営化は続き、インフレ率は二〇パーセントにまで劇的に低下した。失業はなおも重大な問題であり、薬物依存やエイズの症例は増加していた。さらに、UNDP（国連開発計画）による調査によれば、独立以来約七〇万のアルメニア人が国を去っていた。

アルメン・サルグスィアンの体調不良による辞任は、サルグスィアンが政府と野党やディアスポラの指導者たちとの間の親善を担っていただけに、テル・ペトロスィアンにとって打撃であった。カラバフの大統領であったロベルト・コチャリアンがアルメニアの新首相に任命された。コチャリアンは直ちにダシュナク党を含む野党の指導者たちと会合し、国民調和計画を約束した。一方、アルメニアとロシアは緊密な経済・軍事協力のための互恵的条約を結んだ。同時に、アルメニアはNATOに「平和のためのパートナーシップ」への加盟を求めた。

二つの問題が一九九七年後半の話題をさらったが、それはすなわちダシュナク党に対する活動禁止の解除と、政府がカラバフを断念しそれをアゼルバイジャンに服属させようと準備しているという噂であった。OSCEのミンスク・グループによって進められた計画によって、この飛び地の最終的な政治的地位に関する話し合いの前に、カラバフからアルメニア軍が撤退することが提案された。カラバフのために提案された和平案の詳細な開示の拒否は、噂を強めただけであった。議会内のエルクラパフ（土地の防御者）として知られるいわゆるカラバフの政党は、議会に選出され防衛大臣のヴァズゲン・サルグスィアンの支持を受けた、戦争からの復員軍人から成っていた。一九九八年一月までに、カラバフを巡ってレヴォン・テル・ペトロスィアンと彼自身の内閣の成員たちとの間で重大な分裂が発生した。首相のコチャリアン、防衛大臣のヴァズゲン・サルグスィアン、内務・国家安全保障大臣のセルジュ・サルグスィアンは連邦モデルがカラバフ紛争の唯一の解決策であると主張した。カラバフとアゼルバイジャンはその地域を巡って対等の地位を享受することになっていた。外務大臣のアレクサンドル・アルズマニアンを含む大統領のその他の支持者たちは、間もなく辞任した。大統領、彼の家族、親しい仲間たちはまた、闇取引や汚職から利益を得ているとして非難された。

一方、ロシアの経済危機（一九九八年）によってアルメニアの最大の貿易相手国は打撃を受け、アルメニアの防衛支出は一九九三年から一九九八年の間に予算の九パーセントに上昇した。一九九八年二月三日、レヴォン・テル・ペトロスィアンは国家の完全な不安定化を恐れて辞任した。ロベルト・コチャリアンが事実上の大統領となり、新選挙を延期した。コチャリアンはダシュナク党に対する活動禁止を部分的に解除し、その指導者たちは来るべき選挙で彼の立候補を支持した。コチャリアンはまたディアスポラのアルメニア人たちの二重国籍保持を妨げるテル・ペトロスィアンの政策を覆した。ソヴィエト・アルメニアを一四年間率いた今や人気あるデミルチアンも、また立候補を発表した。一九九八年十一月、OSCEは、名目上カラバフをアゼルバイジャンの一部として維持するものの、それに自治の広範な力を与える「共通国家」の創設を提案した。アゼルバイジャンはこの案を拒絶した。

コチャリアンの公約は、産業の強化、雇用のさらなる創造、外国投資の増大、闇市場と徴税逃れの取り締まりであった。彼は賃金の上昇、社会保障・年金制度の改革、貧困層のための無料健康管理の導入を約束した。ロシアとのより緊密な結びつきが唱えられ、アルメニア人ジェノサイド問題が再び活発化した。選挙の結果、コチャリアンには票の三八パーセント以上が与えられ、デミルチアンには三〇パーセント以上が、国民民主連合のヴァズゲン・マヌキアンは一二パーセント、共産党の候補者は一一パーセントを受けた。再び不正行為の告発がなされたが、外部の監視団は、不備はあったものの選挙全体の結果は有効であると結論付けた。五〇パーセント以上を受けた候補者がいなかったため、二週間以内に決戦投票が予定された。第二次選挙によって票の六〇パーセントがコチャリアンに、四〇パーセントがデミルチアンに与えられた。新大統領は首相のアルメン・ダルピニアンの下で彼の内閣を組織した。ダシュナク党に対する活動禁止は完全に撤廃され、コチャリアンは彼らを政府に含めた。ほどなくして、コチャリアンは、トルコやアゼルバイジャンを含む加盟国間の自由貿易とより大きな経済関係の必要を強調する、黒海経済協力機構に参加した。一九九八年夏までに経済は六・四パーセント成長していた。特にディアスポラ出身のアルメニア人の投資は増大した。カラバフの裏切りの噂は大部分なくなり、政党間の対立はかなり収まった。

一九九八年末までに、多数の政治的殺人や小さな派閥によるエリート主義や支配に対する非難によって、コチャリアンの評判は傷つけられた。マヌキアンやデミルチアンは批判を加えた。ダシュナク党でさえもが問題を巡る懸念を声にした。コチャリアンは、自分がカラバフの本来の本拠地さえも統制していないことを間もなく悟った。おまけに、彼が選んだカラバフ大統領のアルカディ・グカスィアンは彼自身の議会に対してほとんど影響力がなく、それは防衛大臣のサムヴェル・ババヤンに支配されていた。一九九九年五月の議会選挙は力の均衡を作り直した。ヴァズゲン・サルグスィアンに主導された統一連合とカレン・デミルチアンに率いられたアルメニア人民党が選挙を制し、コチャリアンは議会の多数派に対するいかなる統制もなしに残された。首相となったヴァズゲン・サルグスィアンは、カラバフ出身でコチャリアンの最も親密な盟友であったセルジュ・サルグスィアンを内務大臣の地位から追い出した。一方、カレン・デミルチアンは国会議長となった。サルグスィアンは、アルカディ・グカスィアンがカラバフに対する強固な支配を得て民主的改革を開始するのを助けることに成功した。サムヴェル・ババヤンは防衛大臣としての地位を失い、カラバフ軍の長となった。政府の支配を引き受ける際に、サルグスィアンは脱税、汚職、闇経済を攻撃することを直ちに誓った。彼はまた徴兵に適格な学生の教育延期を巡ってコチャリアンと衝突した。アリエフとコチャリアンは今やカラバフに関する直接の二者会談に乗り出し、解決の可能性が生じ始め、その中でカラバフはアゼルバイジャン内の事実上の独立国家となることになっていた。一九九九年九月までに、政治情勢が最終的に安定し、経済が相当に回復しているという大いなる希望がアルメニアに存在した。しかしながら、悲劇的なのはカトリコスのガレギン一世の死であり、それによって二つの対立する聖座の統一の希望は潰えた。アルメニア教会や世俗の指導者たちは後継者の選択で分裂した。ディアスポラ出身の指導者たちは第一候補であったエレヴァン大主教ガレギン・ネルスィスィアンを完全に承認することを拒んだが、彼は神学的慧眼の欠如にもかかわらず、アルメニア政府と同様にアルメニアやロシアのアルメニア人住民に好まれており、彼らの大半はこの状況には故郷出身のカトリコスが必要であると感じていた。

代表団が新カトリコスの投票で忙しかった十月二十七日、五名のテロリストがアルメニア国会の建物に侵入し、ヴァズゲン・サルグスィアン、カレン・デミルチアン、二名の副議長、二人の大臣、四人の議員を殺害した際、多くのアルメニア人の楽観主義は砕かれた。防衛大臣のヴァガルシャク・ハルテュニアンは冷静な頭脳を持った指導者として登場した。彼の断固たる堅実な行動によって、軍が政府を倒すことは防がれた。彼はまた、アルメニア軍がトルコもしくはアゼルバイジャンからの起こりうる侵攻に対して警戒中であることを国家に確信させた。彼は将軍たちとコチャリアン大統領との間の調停役となった。ほどなくして彼は、カラバフ大統領のアルカディ・グカスィアンに対して武装襲撃を命令したと伝えられるババヤンの罷免に役立った。主要政党の調和や統合を維持するために、コチャリアンは殺害されたヴァズゲンの弟のアラム・サルグスィアンを首相に、殺害されたカレンの子のステパン・デミルチアンを人民党の議長に任命した。カラバフの地位を巡るアリエフとの会談は延期された。大主教のガレギンが新たなカトリコス（ガレギン二世）に選出され、彼の最初の公式の職務は九人の死亡した政治家の葬儀を司ることであった。

新たな千年期にはアルメニアのキリスト教受容一七〇〇周年の世界的祝賀が目の当たりにされた。開明者グリゴルに因んだ新たな大聖堂が、共和国の一〇周年（二〇〇一年九月二十一日）に合わせて完成された。教皇ヨハネ・パウロ二世はアルメニアを訪問し、一九一五年の「重大な犯罪」について述べた。この時期には多数のヨーロッパ諸国によるジェノサイド承認が見られた。しかしながら、コチャリアンの政治的運命は低下し、彼の政権はかつてない規模で腐敗を非難された。二〇〇一年以降、経済はいくぶん改善したものの、カラバフの問題はいまだに解決しておらず、より遅い歩調であったものの国外への移民は衰えずに続いていた。一方、外国資本を誘致するために民主的な憲法・経済・司法の改革が緊急に必要とされた。コチャリアンは移民を止め、汚職や縁故主義を阻止することで公衆の信頼を回復しようと試みた。一方、ステパン・デミルチアンやその他の候補者たちは、次期大統領選挙でコチャリアンに挑戦する意志を発表した。二〇〇三年の選挙は不正、逮捕、政治的殺人によって損なわれた。それによってコチャリアンにもう一期が手渡されたが、その結果エレヴァン中で大規模な抗議が行われた。

脆弱な経済、縁故主義の非難、汚職、カラバフの問題によって、コチャリアンの第二期は苦しめ続けられた。二〇〇八年の新たな大統領選挙は再び論争、暴動、逮捕の中で混乱し、コチャリアンの親密な盟友であるセルジュ・サルグスィアンが大統領に就任した。

アルメニアは、アメリカやヨーロッパの石油会社が、カラバフでのアゼルバイジャンの要求を後押しするよう彼らの政府に及ぼしていた圧力に、特に関心を持っていた。アゼルバイジャンとナヒチェヴァンやトルコとを結ぶメグリの回廊とラチン回廊との交換の噂は最終的に消え去った。そのような領土交換は、友好国であるイランとアルメニアの唯一の連絡を閉ざすだけでなく、トルコをコーカサスや中央アジアの全てのトルコ系民族と結びつけるため、アルメニアにとっては潜在的に破滅を招くかもしれなかった。

合衆国、ヨーロッパ、そして国連は、ナヒチェヴァンとカラバフが常にアルメニアの一部であった事実を無視し続けた。彼らはまた、セーヴル条約（一九二〇年）や、アララト山、カルス、アニ、アルダハンをアルメニアから引き離したモスクワ条約やカルス条約（一九二一年）が基本的に違法なものである事実を取り下げた。合衆国やヨーロッパが、常に歴史的アルメニアの一部であり数百年の間かなりのアルメニア人多数派を有してきたカラバフの独立の承認を拒んだ一方で、アルバニアの領土であったことが一度もなくそのアルバニア系住民が相対的に新来者であるコソヴォの独立をどうして支持したのか理解するのは、アルメニア人たちにとって困難である。アルメニア人はまた、アルメニア人ジェノサイドの承認を彼らの選挙運動の間に約束していたにもかかわらず、当選した後はそのようにすることを拒んだ合衆国の大統領候補たちの行為によっても失望させられていた。

二〇〇一年九月十一日のテロリストの攻撃に続く、アゼルバイジャンを支持し、中央アジアのさまざまなトルコ系政権諸国に基地を設立するというアメリカの宣言は、さらなる不安材料であった。アメリカのジョージアの領土的要求に対する支持やシリアやイランに対する脅しもまた潜在的な関心である。西側は第一次世界大戦後の時期と同様に、再びアルメニア人たちを捨て去っているかもしれない。こうしてアルメニアは、ロシアへの過度の依存やロシアの防衛部隊の雇用、ロシアのミグ29戦闘機の購入を続けた。またギリシアと軍事協定を結び、後三者が全てトルコの隣国である中国、イラン、シリア、そして今やイラクとの友好的な関係を築いた。

合衆国に圧力をかけられ、新政権はトルコとの関係の改善や、最終的には二つの隣り合う国家の間の国境を開放することに努めた。そのような動きは、前述のように、トルコに利するよりも、大いにアルメニアやアルメニア経済に利するのであった。

合衆国によって仲介された多くの対話の後、アルメニアとトルコは二〇〇九年九月四日、関係正常化のための議定書に調印した。両国の議会による承認を条件とする議定書によって、アルメニア・トルコ間の共通の国境の開放だけでなく、外交・貿易関係の正常化が約束された。アルメニア人たち、特にディアスポラの者たちにとって腹立たしい点は、一九一五年の出来事に関する歴史記録を調査する委員会の設立であった。加えて、一部のアルメニア人たちは、議定書が二国間の国境を一九二一年の「非合法な」カルス条約によって規定されたものとして容認するものであると感じた。間もなく、議定書が本国で支持を欠いていることが両者の側に明らかとなり、議定書はさしあたり脇に置かれた。

経済はわずかに回復したものの、ナゴルノ・カラバフの問題は未解決に留まり、アゼリー人による無数の休戦の違反行為が報告されている。このことはサルグスィアンのイランとのより緊密な経済的結びつきや、さらに重要なことには、次の二四年間アルメニアの安全保障でロシアにより大きな役割を与える、新たなロシア・アルメニア間の軍事協定の調印の説明となるかもしれない。結局、この戦略的地域を監視するためにエレヴァンにトランスコーカサスで最大の大使館を設立したアメリカの関心を鎮めるために、サルグスィアンはその協定がアルメニアのＮＡＴＯとの協力の発展を少しも妨げるものではないと述べた。サルグスィアンによれば、ロシア・アルメニア間の防衛協定は、カラバフでの戦闘の可能性を少なくするものなのである。モスクワもまたアルメニア軍に近代的な兵器を供給するであろう。

今日のアルメニア（**地図45**参照）は、独立から二〇年経ち、いまだに資源や人口ではアゼルバイジャンやジョージアに劣っている。資料によればアルメニア人が大量に国を離れ続けていることが示されている。一九八九年以来、合計約一五〇万のアルメニア人が故郷を去っている。ロシアやアメリカに、アルメニアよりも多くのアルメニア人が住んでいると主張する者もいる。人口は二百万未満と見積もられている。現政権の主な目標は国家の軍事的経済的安定を確実にすることである。汚職が共和国を悩まし続け、アルメニアはそのＧＤＰにおいてアゼルバイジャンやジョージアに遅れをとり続けている。

一部の前向きな兆候も存在する。古い教会の修復、新たな施設の建設、ディアスポラのアルメニア人との絶え間ない連絡の保持における新カトリコスの努力によって、アルメニア教会の活力が取り戻され、さまざまな外国の宣教師たちの活動を減ずるだろう。イスタンブルの『アコス』紙のアルメニア人発行者フラント・ディンク殺害に対するリベラルなトルコ人の反応は、リベラルなトルコ人ジャーナリストや作家の作品と同様に、過去を議論する上で新たな時代を開始させるかもしれない。しかし、公式なトルコの見解は、アグタマルの教会の頂点に十字架を据えることを

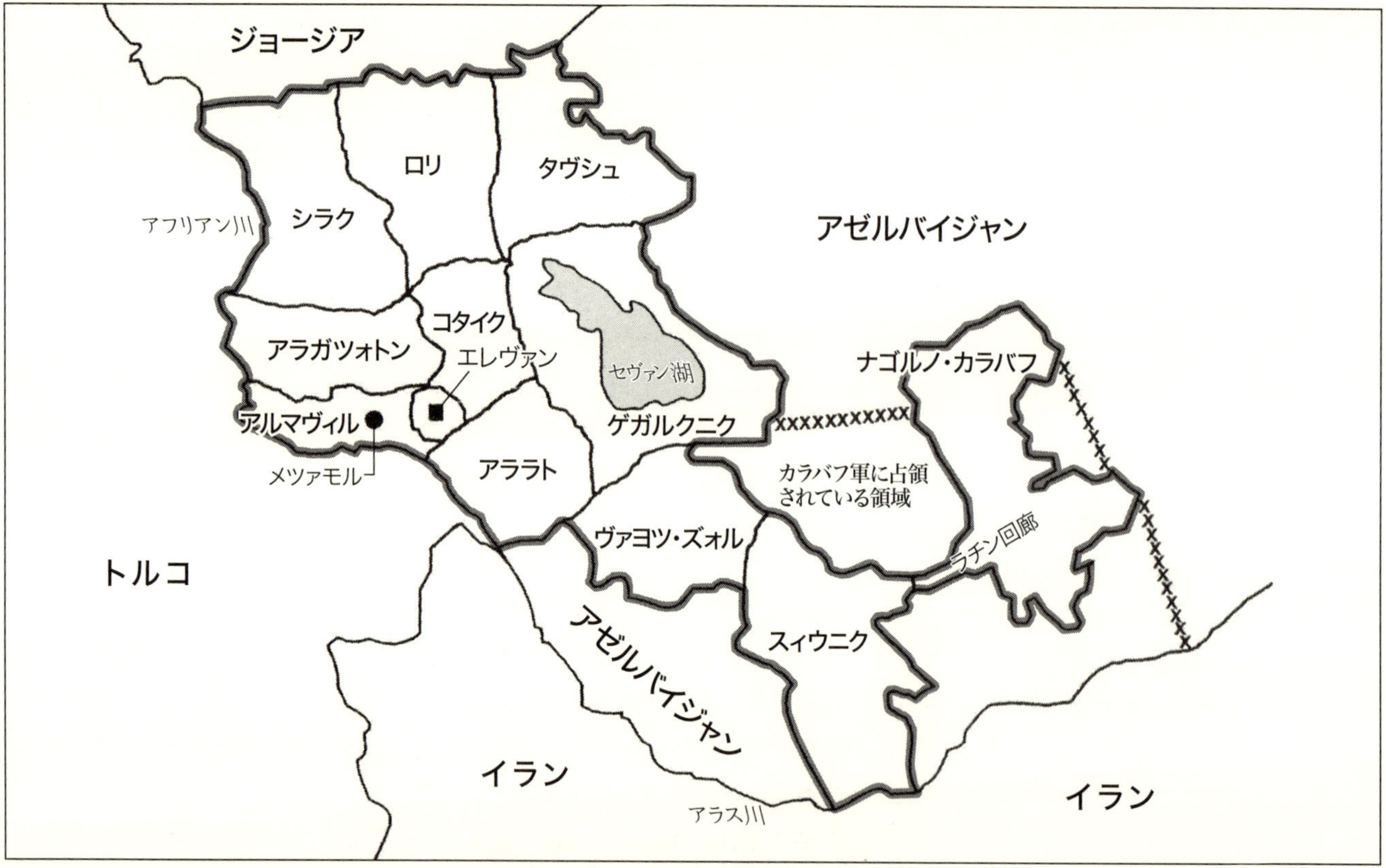

地図 45　今日のアルメニア共和国の行政区分

拒んだことから示されるように、変わらぬままである。

アルメニアは小さく陸地に囲まれた資源に乏しい国で、多数の敵対的で強力な隣国に囲まれている。その唯一の財産は、その国民の進取の気性、高い教育水準、その科学者たちの約束された才能、そして多様で繁栄しているディアスポラである。アルメニアは巨大な防衛力と成長可能な経済や少数独裁政治よりも、その国民全ての権利の合法的な保証人と見なされる国家の樹立によってのみ、その今日の状況から抜け出すことができるであろう。為すべき多くのことが残されている。歴史が、アルメニアやその国民に盲目的な信仰やドグマよりも用心、節度、慎重さがより成功をもたらすと教えていることを望むものである。

監訳者あとがき

本書は、G. A. Bournoutian; *A Concise History of the Armenian People* (6th Edition, Mazda, 2012) の全訳である。

「アルメニア人」といっても、名前を聞いたことがないという人も日本には多いであろう。実際、我が国に存在するアルメニア人の数は決して多くなく、そのコミュニティもないのであるから、そのような反応が出るのもしかたないかもしれない。しかし、本書を一読すればおわかりの通り、東アジアやサブ・サハラ以南アフリカなど一部の地域を除いて、アルメニア人は世界中に広く分布している民族である。

アルメニア人の故地はトランスコーカサス地方(カスピ海と黒海に挟まれた地域のうち、コーカサス山脈の南方)である。アルメニア人はその地域に古代から暮らし、古代アルメニア王国を建国して一大文明を築いてきた。しかし、その居住地域はローマと古代ペルシア帝国に挟まれていたために、双方から狙われ、しばしば存亡の危機を迎えていた。そうした中で四世紀初頭にはキリスト教を採用し、世界初のキリスト教国になるとともに、五世紀初頭には現在まで続く独自のアルメニア文字を発明するなど、独自の道を歩いてきた。こうして一時繁栄を見せたアルメニアであったが、イスラームの勃興とその拡大、トルコ系やモンゴル系の民族の流入などの状況の変化で、トランスコーカサスのアルメニア王国は十一世紀中期までに滅亡してしまい、アナトリア半島南東部に成立したキリキア・アルメニア王国も、十字軍の混乱の中、十四世紀後半には姿を消してしまった。こうして、アルメニア人たちは、ユダヤ人同様ディアスポラの民として世界各地に分散してしまったのである。

アルメニア人といえば、第一次大戦中の一九一五年四月二十四日に、オスマン帝国が東部アナトリアなど領内に居住するアルメニア人に対して発令したユーフラテス川上流域（現、シリア北東部）への強制移住令に端を発する「アルメニア人大虐殺」いわゆるジェノサイドが有名である。この命令の結果、各地で餓死者が出たり虐殺が起こって、一五〇万人を超えるアルメニア人が殺害されたとされている。この事件については、トルコ政府が長年ジェノサイドの事実自体を認めてこなかったために、トルコ系とアルメニア系の対立の原点になってきていた。

しかし、この事件は本書の原書出版以降に大きな進展を見た。二〇一四年四月二十三日、トルコのエルドアン首相（当時、現、大統領）はこのジェノサイドについて、アルメニア語の東西両方言を含む九言語で声明を発表し、「第一次大戦の出来事はわれわれの共有の痛みである」と表明し、今後の学術的検証を呼びかけたのである。アルメニア側もこの声明を好意的に受け止め、今後の両国関係のあり方に変化が出てくるものと期待された。だが、ジェノサイド百周年の二〇一五年四月二十四日が近づくと、ローマ・カトリックの教皇フランシスコやＥＵ議会がジェノサイドを「大虐殺」であると非難する発言や決議を行った。これに対しては、エルドアン大統領は「大虐殺など行っていない」との従来の立場を強調して、猛烈に反発した。このため、この問題はトルコのＥＵ加盟問題などに波及する可能性を秘めることになってしまった。

二〇一三年八月二十三日から九月三日まで、筆者は上智大学アジア文化研究所の援助でアルメニアと隣国のジョージア（後述）を訪問する機会を得た。現在のアルメニア、特にエレヴァン市内では建築物などはほとんど近代化されるかソ連時代の集合住宅が残っている程度で、帝政ロシアによる占領以前の雰囲気はほとんど感じられなかった。しかし、教会はかつての建築様式で数多く残っており、現在のアルメニア人の信仰の深さを身をもって知ることができた。

エレヴァン市内の「アルメニア歴史博物館」では、現在トルコ領になっているアニ遺跡の模型を見ることによってその壮大さを知ることができた。また、ドヴィンの遺跡も直接訪問することができた。アララト山はエレヴァン市内からは見ることはできなかったが、近くのホルヴィラプ修道院にまで出かけると、大小のアララト山の美しい姿を堪能することができた。アララト山はアルメニア人にとって象徴的な存在だが、現在トルコ領のため、近づきにくい存在となっている。

エチミアズィンの教会群も観察することができた。荘厳なもので、圧倒された。ちょうど日曜だったので、アルメニア正教会のミサに参加した。午前十一時から始まり午後一時二〇分までかかる壮大なものだった。ヨーロッパなどからのディアスポラのアルメニア人が多く参加しているのが印象的だった。それに対し、エレヴァン市内の「アルメニア人虐殺博物館」はジェノサイド関係の史料や文献、写真などが展示され、見る者をそれなりに感じ入れさせる。しかし、まさにアルメニアとしては国を挙げて宣伝すべき施設なのに、規模といいＰＲのしかたといい、そこまでの勢いは感じられない印象だったのはどういうわけであろうか。

次に、この訳書が作られるに至った次第を簡単に説明しておこう。アルメニアのエレヴァンに留学中であった共訳者の一人渡辺大作氏が、二〇一二年春にエレヴァンで本書の著者ブルヌティアン教授と会い、話をするうちに意気投合して、教授から本書の日本語翻訳権を提供された。しかし、一人で翻訳・出版するのに不安があった渡辺氏は、学部時代の指導教員であった筆者に相談してきたのである。後に触れる経緯などを経て藤原書店での出版も決まり、二〇一二年七月二日から一週間、筆者の属する上智大学アジア文化研究所の招聘でブルヌティアン教授を東京にお招きし、二回にわたる研究会を開催するとともに、翻訳作業を本格的に始めることとなった。

翻訳は序文などを含む全二四章からなる本書を一章ずつ、まず当時エレヴァン在住中の渡辺氏が下訳を作ってメールで日本の筆者に送り、筆者が点検・修正してメールで渡辺氏に送り返し、渡辺氏が再度それを確認してメールで筆者に送り返し、それを筆者が最終的に判断して訳文を作り上げるという形を取った。そのようなかなり繁雑な翻訳作業を行ったために、思わぬ手間と時間がかかってしまった。そのため、第一章の第一稿ができたのはブルヌティアン教授が来日中であった二〇一二年七月八日であったが、最後の第二四章の第一稿があがったのは翌二〇一三年十一月十日であった。その後、全体の再点検などを経て現在の形に仕上がったのである。

なお、翻訳については、筆者が非常勤講師として二〇一三年度から二年間出講した慶應義塾大学大学院東洋史専攻の授業でテキストに使い、その授業に参加してくれた大学院生諸君から多くの助言や示唆を受けた。それらは少なからず翻訳の中にも反映している。これら授業に参加してくれた慶應義塾大学の院生諸君にはここに記して感謝を申し上げたい。

著者のジョージ・ブルヌティアン教授は、ニューヨークのアイオナ大学の歴史学科に所属しておられる。教授は一九四三年にイランのエスファハーンに生まれ、幼時にテヘランに移り、同地で成長された。父上はロシア系アルメニア人で母上はポーランド系アルメニア人だったため、母語のアルメニア語・ペルシア語とともに、ロシア語とポーランド語にも小さい時から通じておられる。

一九六四年アメリカ合衆国に移り、カリフォルニア大学ロサンゼルス校でニッキー・ケディー教授の下で学んだ。一九七六年に歴史学博士の学位を取得しておられる。その後の学術的活動には目を見張るものがあり、処女作である『ペルシア支配の最後の数十年における東アルメニア、一八〇七―一八二七』を初めとする、アルメニア史やアルメニアとイラン・ロシア関係史に関する著作が三〇冊近くある。また、勤務先の大学で世界史全般を教えられていることもあり、直接の専門以外にも世界各地の歴史に非常に詳しい。そのことは、本書を読んでいただければおわかりいただけるであろう。

ブルヌティアン教授の来日経験は意外なことに少なく、二〇一二年の上智大学の招聘での来日が二回目であった。最初の来日は一九七七年で、シベリアから船で来られたそうである。その際、大相撲大阪場所や大歌舞伎などをご覧になり、日本文化に強く引きつけられたという。そのため、日本の時代劇を見るのが趣味で、ご自宅には日本映画の大きなコレクションがあるということである。筆者は二〇一二年の来日時に教授を両国の「江戸東京博物館」へご案内したが、こちらが説明する必要のないほど江戸時代の文物などについていろいろなことをご存じで、びっくりしたことを覚えている。非常に気さくなお人柄の先生である。

本書について、いくつか注意しておきたいことがある。まず、本書ではいくつかの気になる表現がある。例えば、イスラーム期に入っても“Constantinople”と記されたり、“Ottoman Turkey”の表現が用いられている。これらはすべてそれぞれ「イスタンブル」、「オスマン帝国」に訳し直した。また、第一章の長さの単位はすべて「フィート」、「マイル」が使われているが、これらについてはそれぞれ一フィート＝〇・三メートル、一マイル＝一・六キロメートルで換算したため、実際の長さや高さとは異なっているところがある。この点についてはご容赦願いたい。なお、アルメニアの隣国「グルジア」（ロシア語読み）については、日本政府は先方政府からの強い要請を承けて二〇一五年四月二十二日にその呼称を英語読みの「ジョージア」に変更した。そのため、本書でもジョージアを用いることにした。

イスラーム関係の用語は『新イスラム事典』（平凡社、二〇〇二）に、ビザンツ皇帝の名前やヨーロッパ史の用語などの歴史用語は『山川世界史小辞典』（改訂新版、山川出版社、二〇〇四）に、それぞれ原則として準拠して統一することに努めた。アルメニア語表記でわからないものについては、渡辺氏が極力確認・調査したが、それでも不明なものについては本書に準拠した。英文については、細心の注意を払って翻訳と校正を行ったつもりである。しかし、それでも誤りがあるだろうが、その責任はすべて筆者にある。また、地図については渡辺氏が担当し、筆者が確認した。こちらについても、もし誤りがあればそれは筆者の責任である。

渡辺氏から本書の翻訳を持ちかけられた時、まず困ったのが出版社の問題であった。筆者は出版社にほとんど人脈がなく、本書を出版してくれるところを探すといっても五里霧中だったからである。そこで、大学同期の友人である東京外国語大学教授の新井政美氏に相談してみた。そのようなわけで、新井氏から紹介いただいたのが藤原書店であった。新井氏には深く謝意を述べたいと思う。

藤原書店では、社長の藤原良雄氏には励ましのお言葉やお気遣いをいただいた。また、担当の刈屋琢氏には慣れない作業に戸惑う筆者や渡辺氏に貴重な助言や激励の言葉をいただいた。ここに両氏に篤く御礼申し上げる次第である。また、著者のブルヌティアン氏には、翻訳が約束より大幅に遅れてしまったことに対し、衷心よりお詫び申し上げたい。

小牧昌平

二〇一五年十二月二十二日

「アルメニア人の歴史」関連年表（BCE三〇〇〇年〜現代）

①先史時代〜紀元前一〇〇〇年

BCE	アルメニア	肥沃な三日月地帯、エジプト	クレタ／ギリシア	その他の世界
三〇〇〇	コーカサスにおける金属加工（3000頃）	シュメール文明		インダス文明（3000-1600） エクアドルにおける初期の製陶
		太陰暦、初期宗教、ジッグラト、楔形文字（3100-2770頃）		中国における初期都市文明（3000-1800）
		エジプト、古王国（2770-2200）		
二五〇〇				馬の家畜化
				中国における養蚕（2500）
	フルリ人（2300頃）	アッカド帝国（2370-2200）		インドにおけるモヘンジョ・ダロとハラッパーの集落（2500-1500）
		シュメールの復興（2200-2000）		
		エジプト、中王国（2050-1786）		
		太陽暦		
		宗教における個人の不死の信仰		
二〇〇〇	グティ（2000頃）	古バビロニア帝国（2000-1600頃）	クノッソス、クレタのミノア文明（2000-1500頃）	ペルーにおける金属加工
	カッシート人（1900頃）	ギルガメシュ叙事詩	ギリシアの青銅器時代（2000-1500）	
		馬の家畜化		中国における殷王朝（1766-1123頃）
		ハンムラビ法典（1770頃）		中国における表意文字の発達

	インド・ヨーロッパ系諸民族の侵略（1700-1500）	ヒクソスのエジプト侵略／支配（1750-1560頃）		
		エジプト、新王国（1550-1087頃）	ギリシアにおけるミケーネ文明（1600-1200頃）	
		ヒッタイト帝国（1500-1200）		
		フェニキア人が最初のアルファベットを発達	ミケーネ人がクレタを支配（1500-1400頃）	アーリア人のインド侵略（1500頃）
	ミタンニ（1600-1400頃）	エジプト、イクナートン［アメンホテプ四世］による新宗教改革［アマルナ改革］（1375頃）		インドにおける最古のサンスクリット文学
		アッシリア王国の形成（1300頃）		初期ヴェーダ（リグ・ヴェーダ）（1500-1000頃）
		モーセがヤハウェ崇拝でユダヤ人を統一（1250頃）		
		アッシリアの台頭		
		シャルマネセル一世（1274-1245頃）		
	ハヤサ、アズジ、アルメ・シュプリア、ウルアトリの連合が地域に形成される（1300-900）	ヒッタイト帝国の崩壊（1200頃） ヘブライ人がカナンを占領 士師の時代（1200-1025頃）		
		トロイア戦争（1180頃）	トロイア戦争とミケーネの崩壊（1180-1100頃）	メキシコ、サン・ロレンツォにおけるオルメカ文明（1200-900頃）
		ティグラト・ピレセル一世（1115-1077頃）		
一一〇〇 鉄器時代			ギリシア暗黒時代（1100-800頃）	
		シャルマネセル二世（1031-1020頃）		周王朝（1100-256頃）
		アッシリアの衰退（1020-900）		
		統一ユダヤ国家（1025-933）		

②紀元前一〇〇〇～西暦五〇年

BCE	アルメニア	中東、ペルシア、エジプト	ギリシア、ローマ	その他の世界
一〇〇〇	コーカサスにおける鉄器加工	エジプトにおけるリビア人、ヌビア人支配者（1000-700頃）	ギリシア暗黒時代（1100-800）	周王朝が継続（1100-256頃）
		イスラエル王国（933-722）		後期ヴェーダ（1100-500頃）
		ユダ王国（933-586）		カースト制の出現（1000頃）
九〇〇	アッシリアの対抗者としてウラルトゥが出現	アッシリアの復興（900-745頃）		鉄器加工によりアフリカの人口集中地が促進
	アラマ（870-845頃）	アッシュールナツィルパル（884-859頃）		
	サルドゥニ一世（845-825頃）	シャルマネセル三世（860-824頃）		メキシコ、オルメカの中心地がタバスコのラ・ヴェンテに移動
	トゥシュパの建設（840頃）			
	シャルマネセルがウラルトゥを侵略（841）			
	イシュプイニ（825-810頃）			
八〇〇	メヌア（810-785頃）		アテネ、スパルタの勃興（800頃）	アフリカでクシュ王国が創設（800頃）、ウパニシャッド哲学（800-600頃）
	アルギシュティ一世（785-760頃）			ヒンドゥー教の創始
	エレブニの建設（782頃）	メディアの勃興		
	アルギシュティヒンリの建設（775頃）			中国における封建制（800-250頃）
	ウラルトゥの絶頂期	アッシリアがエジプトの一部を支配（740-705頃）		
	サルドゥニ二世（760-735頃）			

	ティグラト・ピレセルのウラルトゥ侵略（744）	ティグラト・ピレセル三世（745-727 頃）	『イリアスとオデッセイア』（750 頃）	
	シリアの喪失（735 頃）	アッシリア帝国（750-700 頃）	ローマの建設（750 頃）	
	ルサ一世（735-714）	サルゴン二世（722-705 頃）	ギリシア植民地の拡大（750-600 頃）	
	キンメリア人の侵略	キンメリア人の侵略	ギリシア土地所有階級の勃興（750-600 頃）	
	サルゴンの侵略（714）			
	アルギシュティ二世（714-685）			
七〇〇	スキタイの侵略	クシュ人がエジプトを侵略、統一（700-525 頃）		古代エチオピア文化の絶頂期
	ルサ二世（585-645 頃）	アッシュールバニパル二世（688-624 頃）		
		エラムの崩壊		メキシコにおけるオルメカ・ピラミッド
	テイシェバイニの建設（650 頃）	ゾロアスター（650 頃）	ギリシアにおける僭主政治時代（650-500 頃）	日本の天皇の系譜の伝説上の起源（650 頃）
		ペルシアの勃興（650-550 頃）	ギリシアにおけるドーリア式建築様式（650-500 頃）	
	エリメナ（625-615 頃）	アッシリアの崩壊（612-610）	ミレトスのタレス（640-546 頃）	
	ウラルトゥの衰退（615-610）	新バビロニア帝国（612-550）		
		メディアが帝国を形成（612-550）		
六〇〇	メディアがウラルトゥを征服	エジプトにおけるクシュ支配	アテネでのソロンの改革（594）	400 までラ・ヴェンテでのオルメカ文明、256 まで周王朝

BCE	アルメニア	中東、ペルシア、エジプト	ギリシア、ローマ	その他の世界
		リディア人が硬貨を発明（600頃）		
		メディア帝国の絶頂期（前580-550頃）	ピタゴラス（582-507頃）	
		ユダヤ人のバビロン捕囚（586-538）		
	エルヴァンド家のメディアへの従属（570-550）	ネブカドネザルが世界の七不思議であるバビロンの空中庭園を建設		
	エルヴァンド家のペルシアへの従属（550-530）	アケメネス朝ペルシア（550-331）		
	アルメニアにおける反乱、アルメニア系のペルシアのサトラップ（530-410頃）	バビロン捕囚の終わり、エルサレムのユダヤ教寺院の再建（538）		ブッダ（563-483頃） 孔子（551-479頃） 老子（550頃）
		ペルシアによるエジプト征服（525）	アイスキュロス（525-456頃）	マハーヴィーラ、ジャイナ教の創始者（540-468頃）
		ダレイオス一世（522-486）	共和政ローマの成立（509）	
		ベヒストーン碑文（520頃）	アテネ民主制の開始（508）	
		王の道の建設		
五〇〇		クセルクセス一世（486-465）	ギリシアにおけるイオニア建築様式（500-400頃）	中国における鉄の使用（500頃） アフリカにおけるノク文化（500頃）
			ペイディアス（500-432頃）	
			オルペウスとエレウシスの密儀教（500-100頃）	
			ソポクレス（496-406頃）	
			ギリシア・ペルシア戦争（499-478）	

年	アルメニア	中東	ギリシア	アジア
			ペリクレス（494-429）、ヘロドトス（484-424頃）、エウリピデス（480-406頃）	中国における石弓と金属器（450）
			デロス同盟（479-404）	
			ソクラテス（469-399頃）、トゥキディデス（460-400）、ヒポクラテス（460-377頃）	
			パルテノン神殿（450頃）	
			アルキビアデス（450-404頃）、アリストパネス（445-385頃）	
	エルヴァンド家がサトラップとして再登場（410頃）		ペロポネソス戦争（431-404）	
			プラトン（426-347）	
四〇〇	クセノポンのアルメニア滞在（401-400）		ギリシアにおけるコリント様式建築（400-300頃）	中国における硬貨の使用
			アリストテレス（384-322頃）	インドにおける叙事詩（前400-後200頃）
		イッソスの戦い（333）		インドにおけるマガダ国ナンダ朝
		ガウガメラの戦い、ペルシア帝国の終焉（331）	エピクロス（342-270頃）	チャンドラグプタとマウリヤ帝国（322-185）
	アルメニアの自治（330-300頃）	アレクサンドロス大王の死去（323）	ストア派のゼノン（320-250）	
		セレウコス朝の創始（312頃）		
			エウクレイデス（320-285頃）	中国における老荘思想の隆盛
			デモステネスの死去（322）	マハーバーラタ

BCE	アルメニア	中東、ペルシア、エジプト	ギリシア、ローマ	その他の世界
三〇〇	独立国家としてのエルヴァンド家支配の大アルメニア（300-200 頃）	セレウコス一世（305-281）		ラーマーヤナ トレス・ザポテスにおけるオルメカ文明
		エジプトにおけるプトレマイオス朝		アメリカ大陸における初期の暦法 アショカ王（270-232 頃）
			アルキメデス（287-212 頃）	ヴァガバッド・ギーター
				周王朝の崩壊（256）
				中国における法家思想（250 頃）
			ローマとカルタゴの間のポエニ戦争（264-146）	秦王朝（221-207） 万里の長城（220-207 頃）
			ローマがギリシアに進出（215）	西安の始皇帝陵（210-200 頃） 中国、漢王朝（前 202- 後 220）
			ポリュビオス（205-118）	中国における易教
二〇〇	エルヴァンド家支配の終焉（200 頃）	エジプトにおけるプトレマイオス朝支配の継続	懐疑学派（200-100 頃）	メキシコにおけるオルメカ文明衰退 漢王朝（後 220 まで）
	アルタシェスがエルヴァンド家支配を転覆（200 頃）	マグネシアの戦い、ローマがアジアに侵入（190）	ローマがギリシアとマケドニアを併合（148）	バクトリア支配
	アルシェス一世（189-160）			
	アルタシェス朝（189- 後 10）	パルティアのミトラダテス一世（171-138）	カルタゴの滅亡（146）	西インドにおけるヘレニズム サブサハラ・アフリカにおける食糧生産の増加
	アルタヴァズド一世（160-115）	ユダ・マカバイに率いられたユダヤ人反乱（167-165）	ローマにおけるストア学派（140 頃）	
			グラックス兄弟の改革（133-121）	シルクロードにより中国がパルティアとローマに開かれる（104 頃）
	ティグラン一世（115-95）	シリアにおけるセレウコス朝権力の終焉（129）	キケロ（106-43）	

一〇〇			
ティグラン二世（95-55）	死海文書（100頃）	ルクレティウス（98-55）	大和氏族が日本国家を形成（100頃） メキシコ、初期テオティワカン文化
アルメニア帝国		ローマ市民権がイタリア住民に賦与（90）	
		スッラのギリシア滞在（88-84）	
		スッラの独裁（88-79）	
	ルクルスの小アジア侵略（73）	スパルタクスの乱（73-71）	
ルクルスのアルメニア侵略（69-68）	ポントスのミトラダテスの死去（65）	ヴェルギリウス（70-19）、ホラティウス（前65-後8）	
	ポンペイウスがシリアをローマ属州と宣言（64）	第一次三頭政治（60-53）	
		リウィウス（前59-後17）	
ポンペイウスのアルメニア侵略（66）		クラッススの死去（53）	
アルタヴァズド二世（55-35）	カルラエの戦い（53）	ポンペイウスの独裁（51-49）	
	クシャーン朝がペルシア東部を侵略	カエサルのルビコン川渡河（49）	
	シリアにおけるローマ・パルティア抗争	ポンペイウスの死去（48） カエサルの独裁（46-44）	
アントニウスがアルメニアを侵略（35）		カエサルの死去（44）	
アルタシェス二世（30-20）	クレオパトラの死去、プトレマイオス朝支配の終焉、エジプトのローマ属州化（30）	第二次三頭政治（43-36）	インド北西部におけるクシャーナ朝支配（前25-後225頃）

BCE	アルメニア	中東、ペルシア、エジプト	ギリシア、ローマ	その他の世界
			オウィディウス（前43 - 後18）	
	アルタシェス朝の衰退と崩壊		セネカ（前4-後65）	
			アクティウムの海戦（31）	
			アントニウスの死去（30）	
			共和政ローマの終焉（27）	
			アウグストゥス（前27 - 後14）	中央アメリカにおける初期マヤ文明

西暦				
	アルメニアにおけるローマ・パルティア抗争		キリストの生誕（前4頃）	
			ティベリウス（14-37）	
			大プリニウス（23-79）	
			キリストの磔刑（30）	
			パウロの伝道活動（35-67）	
			カリグラ（37-41）	
			クラウディウス（41-54）	

③西暦五〇～六〇〇年

西暦	アルメニア	中東、ペルシア、エジプト	ローマ、ビザンツ帝国	その他の世界
五〇		ヴァロゲセス一世（51-77）		大和氏族による日本支配
	コルブロのアルメニア侵略（58-59）	クシャーナ朝のパルティア侵略		漢王朝が中国で支配を継続

	ランディアの和約（64）	ユダヤ人の対ローマ反乱（66）	トルダト、ローマで戴冠（66）	
	アルシャク朝（66-248）			
	トルダト一世（66-88）	ローマによるユダヤ人迫害	ウェスパシアヌス（69-79）	
	ウェスパシアヌスが西アルメニアでローマの権威を確立（72）	ユダヤ人ディアスポラの開始	ネルウァ（96-98）	
一〇〇	トラヤヌスのアルメニア侵略（114-116）		トラヤヌス（98-117）	マヤ文明（100頃）
	ヴァガルシュ一世（117-144）	メソポタミアにおけるローマ・パルティア抗争（115-211頃）	ハドリアヌス（117-138）	
	ヴァガルシャパト建設（120-140頃）	ユダヤ人反乱（116, 132-135）	アントニヌス（138-161）	
	アルメニアにおけるローマ・パルティア戦争（161-163）	パルティアの衰退	マルクス・アウレリウス・アントニヌス（161-180）	
			コンモドゥス（180-192）	
	ホスロー一世（198-216）		セウェルス（193-211）	
二〇〇	トルダト二世（217-252）のローマへの逃亡（252）		パクス・ロマーナの終焉（200頃）	漢王朝の滅亡（220）
	東アルメニアにおけるササン朝支配（260-298頃）	マニ教の誕生（216頃）		
	ナルセ（272-293）	ササン朝ペルシア（224-651）		
	ホスロー二世（279-287）の東アルメニア支配	シャープール一世（240-270）		
	ホスロー二世の暗殺、トルダトのローマへの逃亡（287頃）			
	ニシビスの和約（298）	ナルセ［一世］（293-302）		
	トルダト三世（298-330）		ディオクレティアヌス（284-305）	

西暦	アルメニア	中東、ペルシア、エジプト	ローマ、ビザンツ帝国	その他の世界
三〇〇	キリスト教の国教化（314頃）	シャープール二世（309-379）	キリスト教徒の再迫害（303）	グプタ帝国（320-467）
		ペルシアがキリスト教徒、ユダヤ人、マニ教徒臣民を迫害	コンスタンティヌス（306-337）	
			ミラノ勅令（313）	
	ホスロー三世、ドヴィンの建設（340頃）		コンスタンティノープルの建設（315頃）	
			ニケーア公会議（325）	
	アルシャク二世（350-368）		帝国の共同統治（337）	
	パランゼム（368-369）		聖アウグスティヌス（354-430）	
	パプ（369-374）		ユリアヌス（361-363）	日本が朝鮮半島南部を侵略（369）
			ヨウィアヌス（363-364）	
			ウァレンス（364-379）の東方統治	ペルーにおけるモチェ文化
	アルシャク三世（378-385）による西アルメニア統治（385-390）		テオドシウス（379-395）	
	ホスロー四世による東アルメニア統治（385-389）		ローマ帝国のキリスト教国教化（380）	
	アルメニアの分割（387）		コンスタンティノープル公会議（381）	
	ヴラムシャプフ（389-414）		ローマ帝国の分裂（395）	
	西アルメニアのビザンツ支配（390-640）			
四〇〇	アルメニア文字の考案（400頃）	特定のキリスト教徒に対する寛容政策	教皇インノケンティウス一世（401-417）	メキシコ、テオティワカン文明最盛期

西暦	アルメニア	イスラーム下の中東	ビザンツ帝国と西欧	その他の世界
	アルタシェス四世（422-428）	バフラム四世（420-438）		
	アルシャク朝の終焉（428）	ヤズデギルド二世（438-457）	エフェソス公会議（431）	
	マルズパンの時代（428-638）		教皇レオ一世（440-461）	
	ヴァルダナンク戦争（440-484）			
	アヴァライルの戦い（451）		カルケドン公会議（451）	
	ヌヴァルサク条約（484）	タルムードの完成（480頃）	西ローマ帝国の滅亡（476）	
	アルメニア人がカルケドン信条を拒絶（491及び506）	ペルシアにおけるマズダク教（490頃）		
五〇〇	アルメニアにおけるユスティニアヌスの勅令（535-536）		ユスティニアヌス（527-565）	中央アメリカにおける古代マヤ文明（500頃）
		ホスロー一世（531-579）		仏教が日本に到達（552）
	アルメニア暦の開始（552）	ササン朝の短期間の復興		
	ドヴィン教会会議（554）	ムハンマドの生誕（570頃）	マウリキウス（582-602）	
	アルメニア分割（591）	ホスロー二世（591-628）	教皇グレゴリウス一世（590-604）	

④西暦六〇〇〜九〇〇年

西暦	アルメニア	イスラーム下の中東	ビザンツ帝国と西欧	その他の世界
六〇〇	正教会との断交（609）	ヒジュラ——ヒジュラ暦の開始（622）	ヘラクレイオス（610-641）	中国における唐王朝（618-907）
	ヘラクレイオスによるアルメニア支配（623-627）	ムハンマドの死去（632）	メロヴィング朝の衰退	サンスクリット演劇（600-1000頃）
		正統カリフ時代（623-661）		ペルーにおけるティワナコ・ワリ時代
	アラブ人の侵略と征服（640-650）	ムスリムがエジプトを征服（641）		インドにおける石像寺院建築（600-1200頃）

西暦	アルメニア	イスラム下の中東	ビザンツ帝国と西欧	その他の世界
	ルシュトゥニ・ムアーウィヤ合意（652）	ササン朝の終焉（651）		大化の改新によって日本で天皇制が開始（645）
		スンニー・シーア分裂（656）		エジプト・エチオピアのコプト教会が勢力拡大（650頃）
		ウマイヤ朝（661-750）		
		ムアーウィヤ（661-680）		
七〇〇	アラヴ人がアルミーニーヤ州を創設（700-702）	イスラム商業・産業の絶頂期（700-1300頃）	ムスリムによるコンスタンティノープル包囲（717）	ソバ、ドンゴラの諸国家（アフリカ）
	ナヒチェヴァンの虐殺（703）			
	アルメニアにおけるパウロ派運動			
	ドヴィンでの教会会議（719）			
	マンズィケルトでの教会会議（725）	アッバース朝（750-1258）	ビザンツ帝国におけるイコノクラスム（726-843）	ムスリムがインダス川に到達（712）
	アルメニア人のアラブ人支配に対する反抗（774-775）		イスラム勢力のトゥールでの敗北（732/733）	中央アメリカ、コパンにおけるマヤ文明の最盛期（700頃）
	バグラト朝の興隆		フランク王国の復興（751）	
	アショト・ムサケル（790-826）		シャルルマーニュ（768-814）	
八〇〇		アミン（809-813）	カロリング・ルネサンス（800-850）	
		マームーン（813-833）	ビザンツ帝国の貿易・産業の絶頂期（800-1000）	
		ムータスィム（833-842）	カロリング朝の分裂（850-911）	
			バシレイオス一世（867-886）	

	アルメニアにおけるトンドラク運動（840-850）	ムタワッキル（847-861）		
	アルメニア人がアラブ人の課税に対して反乱（850-851）			
	ブガによるアルメニア支配（851-853）			
	サマッラー捕囚（853-861）			
	アショト・バグラトゥニ、諸公の公（862-884）	ムータミド（870-892）		
	アショト一世、アルメニア王（884-890）	アゼルバイジャンにおけるサージー朝	西欧でのヴァイキング襲撃の絶頂（880-911）	
	スムバト一世（890-914）			

⑤西暦九〇〇～一一〇〇年

西暦	アルメニア	イスラム下の中東	ビザンツ帝国と西欧	その他の世界
九〇〇	アルツルニ家がユースフから戴冠（908）	ムクタフィー（902-908）		アフリカ、ガーナ王国（900-1100頃）
	アショト二世（鉄の）（914-929）	ユースフ（906-929頃）のアゼルバイジャン支配	スペインでレコンキスタの開始（910）	中国、日本で木版印刷が普及
	アバス（929-953）	サッラール朝（916-1090）	オットー一世（大帝）（936-973）	
	アショト三世（953-977）		キエフ・ルーシの創始（950頃）	宋王朝（960-1279）
	アニがアルメニアの首都に		バシレイオス二世（976-1025）	
	スムバト二世（977-990）	エジプトにおけるファーティマ朝（968-1171頃）	ビザンツによるロシアのキリスト教化（988）	メキシコ、トゥーラにおけるトルテカ帝国（900-1200頃）
	ガギク一世（990-1020）			マヤ文明の崩壊

西暦	アルメニア	イスラム下の中東	ビザンツ帝国と西欧	その他の世界
一〇〇〇	ヴァスプラカン王が自身の王国を遺言でビザンツ帝国に付与（1022）			『源氏物語』
	ホヴァネス・スムバト（1020-1042）	セルジューク朝（1038-1194頃）		イスラームがサブサハラ・東アフリカに浸透
	ガギク二世（1042-1045）			
	アニの陥落、アニのバグラト朝終焉（1045）		ローマ・カトリック教会とギリシア正教会の断交（1054）	インカ人がアンデス山脈のクスコ渓谷に定住
	カルスの陥落、カルスのバグラト朝終焉（1064）		ノルマン人がイングランドを征服（1066）	
	ビザンツ帝国とキリキアへの大規模なアルメニア人移住	マンズィケルトの戦い（1071）	ルーム・セルジューク朝（1077-1307）	
		ダーネシュマンド朝（1071-1177）	教皇ウルバヌス二世が十字軍を提唱（1095）	
	キリキアにおけるルベン家、ヘトゥム家の興隆（1070-1085頃）	第一回十字軍（1096-1099）	コムネノス朝（1081-1185）	
	アルメニアとジョージアにおけるザカリアン家の興隆			
	ジョージアの建設王ダヴィド（1089-1125）	十字軍のエルサレム征服（1099）		

⑥西暦一一〇〇～一五〇〇年

西暦	歴史的アルメニア、キリキア	イスラーム下の中東、ビザンツ帝国	ヨーロッパ	その他の世界
一一〇〇	ジョージア臣下でのザカリアン家のアルメニアの一部支配（1100-1236頃）		西欧における都市と貿易の復興（1100-1300年頃）	

				アンコールワット（1100-1150頃）
	トロス一世（1102-1129）	ザンギー朝（1127-1222頃）		中国が南宋と金に分裂（1127）
	レヴォン一世（1129-1137）			
	トロス二世（1144-1169）	第二回十字軍（1147-1149）	フレデリック一世バルバロッサ（ドイツ）（1152-1190）	インドで仏教の破壊（1192）
	ムレフ（1170-1175）	エジプトにおけるアイユーブ朝（1169-1250）		
	ルベン二世（1175-1187）		フィリップ二世オーギュスト（フランス）（1180-1223）	
	ジョージアのタマラ女王（1184-1213）	第三回十字軍（1189-1192）	教皇インノケンティウス三世（1198-1216）	
	レヴォン二世（1187-1199）、王としてはレヴォン一世（1199-1219）			
一二〇〇		第四回十字軍（1202-1204）		クメール帝国の絶頂期（1200頃）
	ザペル（1219-1223）	第五回十字軍（1218-1221）	マグナ・カルタ（1215）	デリー・スルタン朝（1206-1526）
			第四ラテラン公会議（1215）	モンゴルの中国征服（1215-1368頃）
	ザペルとフィリップ（1223-1225）			フビライ・ハーン（1260-1294）
	ザペルとヘトゥム（1226-1269）	エジプトにおけるマムルーク朝（1250-1517）	キプチャク・ハーン国（1226-1502）	インド、ムスリム文化とヒンドゥー文化に分割
	アルメニアにおけるモンゴル（1236-1245）	イル・ハーン国（1256-1353）		

西暦	歴史的アルメニア、キリキア	イスラム下の中東、ビザンツ帝国	ヨーロッパ	その他の世界
	ヘトゥムのモンゴルとの同盟（1247）	バグダードがモンゴルにより陥落、アッバース支配の終焉（1258）		
	レヴォン二世（1269-1289）	モンゴルがマムルーク朝に敗北（1260）		マルコ・ポーロの中国滞在（1275-1292頃）
	ヘトゥム二世（1289-1293）	パレオロゴス朝諸皇帝（1261-1453）		中国、元王朝（1279-1368）
	聖座のスィスへの移動（1292）	最後の十字軍国家がムスリムにより陥落（1291）	教皇ボニファティウス八世（1294-1303）	日本がモンゴルの侵略を防ぐ（1281）
一三〇〇	スィス教会会議（1307）	オスマン帝国によるアナトリアの征服（1300-1395頃）	教皇のアヴィニョン捕囚（1305-1378）	
	オシン（1307-1320）			
	アダナ教会会議（1316）		黒死病（1347-1350）	
	ギー・ド・リュジニャン（1342-1344）		百年戦争（1337-1453）	
		ムラト一世（1362-1389）	イタリアのルネサンス（1350-1550頃）	
	レヴォン五世（1374-1375）		ハンザ同盟（1350-1450頃）	明王朝（1368-1644）
	キリキア・アルメニア王国の滅亡（1375）		大シスマ（1378-1417）	
	ティムールのアルメニア侵略（1386-1403）	バヤズィト一世（1389-1402）		ティムールのデリー略奪（1398）
一四〇〇		ティムールのアナトリア侵略（1400-1402）	コンスタンツ公会議（1414-1417）	ムスリムがマラッカに商業拠点設立（1400頃）
	聖座がエチミアズィンに帰還（1441）	メフメト二世（1451-1481）	フス派の蜂起（1420-1434）	ペルー、インカ勢力の絶頂（1438-1532）

		オスマン帝国がコンスタンティノープルを占領、ビザンツ支配の終焉（1453）	活版印刷機（1450頃）、薔薇戦争（1455-1485）	メキシコ、アステカ勢力の絶頂（1440頃）、ポルトガルがベニンに到達（1440頃）
	アルメニアにおけるカラ・コユンル朝（1380-1468頃）	オスマン帝国（1453-1918）	ロシアのイヴァン三世（1462-1505）	アフリカ、ソンガイ帝国の最盛期（1468-1590）
	アルメニアにおけるアク・コユンル朝（1468-1500頃）		マルティン・ルター（1483-1546）	ディアスが喜望峰を回航（1488）、コロンブスが新世界に到達（1492）
			スペインにおける最後のイスラム国家、グラナダの陥落（1492）	ヴァスコ・ダ・ガマがインドに到達（1498）

⑦西暦一五〇〇～一八〇〇年

イラン、オスマン帝国	西・中央ヨーロッパ	ロシア、東ヨーロッパ	その他の世界
バヤズィト一世（1481-1512）	イタリアにおけるルネサンスの絶頂期（1500-1530頃）	ヴァシーリー一世（1504-1533）	中国、明王朝が支配を継続（1644まで）
イスマーイール一世（1501-1524）（サファヴィー朝）	フランソワ一世（1515-1547）	ジグムント一世（1506-1548）	ソンガイ帝国がスーダンで支配を継続（1591まで）
シーア派がイランの国教に（1510頃）			
セリム一世（1512-1520）		モハーチの戦い（1526）	
チャルディラーンの戦い（1514）	ルター『九五か条の論題』（1517）	第一次ウィーン包囲（1529）	
アルメニアにおけるオスマン・サファヴィー戦争、移送と焦土政策（1514-1590）		イヴァン四世（1533-1584）	ポルトガルの東アフリカでの活動（1500-1600）
オスマン帝国がシリア、エジプトを征服（1516-1517）	英国国教会（1534）	ジグムント二世（1548-1571）	バーブルがムガル朝を創始（1526）

イラン、オスマン帝国	西／中央ヨーロッパ	ロシア、東ヨーロッパ	その他の世界
スレイマン一世（1520-1566）	トレント公会議（1545-1563）		コルテスがアステカ帝国を滅ぼす（1521）
タフマースプ一世（1524-1576）	アウグスブルグの和議（1555）	ルブリン合同（1569）	ピサロがインカ帝国を滅ぼす（1533）
エチミアズィンがアルメニア解放を求める使節を西欧に派遣（1547-1562）		ロシアのシベリアへの拡大（1581-1598）	
オスマン勢力の絶頂期（1550頃）			アクバル（1556-1605）
セリム二世（1566-1574）			
レパントの海戦（1571）		リヴォニア戦争の終結（1582）	
ムラト三世（1574-1595）	グレゴリウス暦の採用（1582）	モスクワが総主教座に（1589）	
アッバース一世（1587-1629）			
イランが東アナトリアをオスマン帝国に対して放棄（1590までに）	ナントの勅令（1598）	ウクライナでユニエイト教会が創設（1598）	
オスマン帝国の勢力に対する挑戦（1600-1700頃）	三十年戦争（1618-1648）	ロマノフ朝の創始（1613）	ジャハーンギール（1605-27）
アッバース一世によるアルメニア人のイランへの移送（1603-1604）		ステンカ・ラージンの乱（1670-71）	東インド会社（1609）
新ジョルファーの創設（1605）			シャー・ジャハーン（1627-58）
ムラト四世（1623-1649）	プロシアのフリードリヒ・ヴィルヘルム（1640-88）	ロシアでアルメニア人が貿易特権を認められる（1667）	
	ルイ十四世（1643-1715）		オランダがジャワを獲得（1628）
ゾハーブ条約（1639）	マザラン（1643-61）		
カトリコスのハコブ（1655-80）	ウェストファリア条約（1648）		アウラングゼーブ（1658-1707）
サファヴィー朝の衰退と崩壊（1666-1732）	コルベール（1661-83）	ニーコンの宗教改革、教会分裂と古儀式派の出現（1667）	イギリスがボンベイを獲得（1661）
ロシア・トルコ戦争（1677-81）	第二次ウィーン包囲（1683）		

	名誉革命（1688）	ピョートル大帝（1689）	
ロシア・トルコ戦争（1695-6）	権利章典（1689）		
カルロヴィッツ条約（1699）		アゾフとカムチャッカの獲得	イギリス、カルカッタに拠点開設（1690）
オスマン帝国の衰退（1700-1800頃）		サンクト・ペテルブルグの創設（1703）	ムガル帝国の衰退（1700-1800頃）
ロシア・トルコ戦争（1710-11）	ユトレヒト条約（1713）	北方戦争（1709-21）	
パサロヴィッツ条約（1718）		イスラエル・オリの死去（1711）	
イスファハーンの陥落（1722）	国王フリードリヒ・ヴィルヘルム一世の下でのプロシアの台頭（1713-40）	サンクト・ペテルブルグがロシアの首都に（1713）	
ロシア・ペルシア戦争（1722-23）			ナーデル・シャーがデリーを占領（1739）
ダヴィト・ベクに率いられたカラバフのアルメニア人がオスマン帝国の攻撃に抵抗（1724-34）		シノドの創設（1721）	アフガニスタンのアフマド・シャー・ドッラーニー（1747-73）
オスマン・トルコ戦争（1734-35）	フリードリヒ大王（1740-86）	ロシア・オスマン協定（1724）	イギリスがインドからフランスを駆逐（1761）
カトリコスのアブラハム・クレタツィ（1734-37）	マリア・テレジア（1740-80）		イギリスがマドラスを獲得（1766）
ギャンジャ条約（1735）	七年戦争（1756-63）		
ナーデル・シャー・アフシャール（1736-47）			
ロシア・トルコ戦争（1736-9）			
カリーム・ハーン・ザンド（1750-79）		エカチェリーナ大帝（1762-96）	
カトリコスのシメオン（1763-80）	パリ条約（1763）	第一次ポーランド分割（1772）	
ロシア・トルコ戦争（1768-74）		プガチョフの乱（1772-74）	

イラン、オスマン帝国	西・中央ヨーロッパ	ロシア、東ヨーロッパ	その他の世界
		クリミアの併合（1783）	
クチュク・カイナルジャ条約（1774）	ルイ十六世（1774-1792）	第二次ポーランド分割（1793）	アメリカ独立宣言（1776）
アーカー・モハンマド・カージャール（1779-97）	フランス革命（1789-91）	第三次ポーランド分割（1795）	
カトリコスのグカス（1780-99）			
ロシア・トルコ戦争（1878-92）			
ヤッシー条約（1792）			
ティフリスの略奪（1795）			
ファトフ・アリー・シャー（1797-1824）			

⑧西暦一八〇〇〜一九一八年

イラン、オスマン帝国	西・中央ヨーロッパ	ロシア、東ヨーロッパ	その他の世界
オスマン帝国の衰退が加速（1800頃-1912）		ジョージアの併合（1801）	
カトリコスのアルグティアン（1800）		アレクサンドル一世（1801-25）	
カトリコスのダヴィト（1801-7）		第一次ロシア・イラン戦争（1804-13）	ラテン・アメリカでの対スペイン反乱（1810-25）
カトリコスのダニエル（1801-9）	ウィーン会議（1814-15）	ゴレスターン条約（1813）	
モハンマド・アリー（1804-48）	神聖同盟（1815）		
ホセイン・コリー・ハーン（1807-27）		ニコライ一世（1825-55）	
マフムート二世（1808-39）		デカブリストの乱（1825）	
カトリコスのエプレム（1809-31）		第二次ロシア・イラン戦争（1826-1828）	イギリスがビルマを獲得（1824-26）
ウンケル・スケレッシ条約（1833）		トルコマンチャーイー条約（1828）	
		アルメニア州（1828-40）	

		ロシア・トルコ戦争（1828-29）	
		アドリアノープル条約（1829）	
アブデュルメジト一世（1839-61）		ギリシアの独立（1829）	
タンズィマート時代（1839-76）			
海峡条約（1841）			
カトリコスのネルセス（1843-57）	共産党宣言（1848）	ヴァロンツォフのカフカース総督時代（1845-54）	
	1848-1849年の革命	クリミア戦争（1853-56）	リベリアの独立（1847）
ナーセル・アッディーン・シャー（1848-96）	第一次社会主義インターナショナル（1864-1871）	アレクサンドル二世（1855-81）	英領インド（1858-1947）
イスマーイール・パシャ（1863-79）	パリ・コミューン（1871）	パリ条約（1856）	米で南北戦争（1861-65）
青年オスマン党の結成（1865）		ゲルツェン『鐘』	
スエズ運河の開通（1869）		農奴解放（1861）	
		三帝同盟（1872）	
総主教フリミアン（1869-73）		ロシア・トルコ戦争（1877-78）	
オスマン帝国憲法（1876）		サン・ステファノ条約（1876）	
アブデュルハミト二世（1876-1909）		ナロードニキ運動（1878-1884）	
イギリスのエジプト占領（1882）		ベルリン会議（1878）	
ヴァンでアルメナカン党が結成（1885）		アレクサンドル三世（1881-94）	
ジュネーヴで青年トルコ人が結成（1891）		フンチャク党の結成（1887）	
	第二次社会主義インターナショナル（1889-1914）	ダシュナク党の結成（1890）	
カトリコスのフリミアン（1892-1907）			米西戦争（1898）
「統一と進歩」結成（1895）		ニコライ二世（1894-1917）	
アルメニア人の虐殺（1896-96）			ボーア戦争（1899）

イラン、オスマン帝国	西・中央ヨーロッパ	ロシア、東ヨーロッパ	その他の世界
総主教のオルマニアン（1896-1908）	ロシア社会民主労働者党がボリシェヴィキとメンシェヴィキに分裂（1903）	反アルメニア人政策（1903-1905）	
イラン立憲革命（1906-1911）	オーストリアがボスニアを併合（1908）	一九〇五年革命	
ＡＢＧＵの設立（1906）		アルメニア人・アゼリー人対立（1905-7）	
青年トルコ人革命（1908）			
サフマナディル・ラムカヴァル党結成（1908）		ヴォロンツォフ・ダシュコフのカフカース総督時代（1905-1916）	
キリキアでアルメニア人の虐殺（1909）	サラエボ事件（1914）		米、ウィルソン政権（1913-21）
第一次世界大戦（1914-1918）	第一次世界大戦（1914-1918）	第一次世界大戦（1914-1918）	
アルメニア人ジェノサイド（1915-22）			
サイクス・ピコ協定（1916）			
アラブ人の蜂起（1916-1917）			
バルフォア宣言（1917）		二月革命（1917） 十月革命（1917）	米、第一次世界大戦参戦（1917）

⑨西暦一九一八〜一九二一年

西暦	トランスコーカサス	ロシア	イスラーム世界	その他の世界
一九一八	サルダラパトの戦い	ボリシェヴィキがドゥーマを解散	オスマン軍がパレスティナで崩壊	ウィルソンによる一四か条の平和原則
	ジョージア、アルメニア、アゼルバイジャンの独立宣言	ブレスト・リトフスク条約	ムドロス休戦協定	第一次世界大戦の終結

年	アルメニア	ロシア	トルコ	世界
	バトゥーミ条約	首都がモスクワに遷都	メフメト六世(1922まで)	チェコスロヴァキア、ポーランド、ユーゴスラヴィアの形成
	アンドラニクによるザンゲズル防衛	赤軍の形成		
	カチャズニ主導のアルメニア政府	日本のシベリア出兵		
		ロシア内戦（1920まで）		
	バクーの陥落、アルメニア人虐殺	ツァーリと家族の処刑		
	オスマン軍がトランスコーカサスから撤退、バクーに英軍が上陸		ギリシア軍がアナトリアに上陸	パリにおけるアルメニア使節団
一九一九	アルメニアにおける飢饉	第三次インターナショナル（1943まで）	ムスタファ・ケマルが連合軍を撃退（1922まで）	フーヴァーがアメリカによる救援を主導
	アハロニアン主導のアルメニア使節団がパリに出発			パリ講和会議
	アメリカの救援物資が到着			ヴェルサイユ条約
	アルメニア・ジョージア領土紛争			サン・ジェルマン条約
	ハツィスィアン主導のアルメニア政府	コルチャークの敗北		米の移民制限
	ハーボード委員会	国有化と外国貿易の独占		
一九二〇	アルメニアの承認			
	バクーがボリシェヴィキにより陥落	内戦の終結	連合国によるイスタンブル占領	
	ボリシェヴィキがアルメニアでデモ	戦時共産主義（1921まで）	アンカラ政府	トリアノン条約
	オハンジャニアンによるアルメニア政府		セーヴル条約	
	ヴラツィアンによるアルメニア政府			
	ボリシェヴィキがエレヴァンに到達		アンカラ政府がアルメニアを攻撃	
	アレクサンドローポリ条約		アンカラ政府・ボリシェヴィキ協定	

⑩西暦一九二一～一九九一年

アルメニア、ソ連	世界の動き
モスクワ条約（1921）	
ネップ（1921-27）	
カルス条約（1921）	
ミアスニキアン（1921-25）	
英ソ通商協定（1921）	
ラッパロ条約（1922）	トルコ共和国成立（1922）
ソ連の結成（1921）	
レーニンの死去（1922）	ローザンヌ条約（1923）
イギリスのソ連承認（1924）	カージャール朝の終焉（1924）
ホヴァニスィアン（1925-27）	カリフの廃位（1924）
スターリン時代（1928-53）	レザー・シャー・パフラヴィー（1925-41）
ホヴセピアン（1928）	
第一次五ヶ年計画（1928）	
コスタニアン（1929-30）	
完全な農業集団化（1930）	
ハンジアン（1930-36）	ヒトラー、独首相就任（1933）
第二次五ヶ年計画（1932）	
ソ連における飢饉（1932）	
カトリコスのホレン一世（1933-38）	
ソ連の国連加盟（1934）	ヒトラー、独総統就任（1934-45）
粛清と裁判（1934-38）	
一九三六年憲法	ローマ・ベルリン枢軸（1936）

アマトゥニ（1936-37）	スペイン内戦（1936-39）
第三次五ヶ年計画（1938）	
ハルテュニアン（1938-53）	ミュンヘン会談（1938）
ヒトラー・スターリン協定（1939）	
ポーランド東部併合（1939）	スペイン、フランコ政権（1939-1975）
モロトフ（1939-1957）	第二次世界大戦（1939-45）
フィンランドとの冬戦争（1939-40）	
バルト三国の併合（1940）	ユダヤ人ホロコースト（1942-45）
日ソ中立条約（1941）	モハンマド・レザー・シャー（1941-79）
ナチスの侵略（1941-44）	
モスクワ総主教座の回復（1943）	
ヤルタ会談（1945）	アラブ連盟の結成（1945）
ソ連対日参戦（1945）	ポツダム会談（1945） 米トルーマン政権（1945-52）
カトリコスのゲヴォルグ六世（1945-54）	ユーゴスラヴィア、チトー大統領（1945-1980） ニューヨークに国連本部（1946）
第四次五ヶ年計画（1946-51）	イスラエル建国（1948）。冷戦の開始（1948）。ＮＡＴＯ設立（1949）
第五次五ヶ年計画（1951）	イランでモサッデク政権（1951-53）
第19回ソ連共産党大会（1952）	トルコのＮＡＴＯ加盟（1951）
スターリンの死去（1953）	ハンガリー動乱（1956）
トゥマスィアン（1953-60）	イラク革命（1958）
カトリコスのヴァズゲン一世（1954-94）	
第20回ソ連共産党党大会でのスターリン批判（1956）	
フルシチョフ（1956-64）	米、ケネディー政権（1961-63）
グロムイコ（1957-1985）	米、ヴェトナムに介入（1963）

アルメニア、ソ連	世界の動き
ザロビアン（1960-66）	
ブレジネフ（1964-82）	プラハの春（1968）
ミコヤンの引退（1964）	
コチニアン（1966-74）	米、ニクソン政権（1969-74）
エレヴァンでのデモ（1974）	チリ、アジェンデ政権（1970-73）
デミルチアン（1974-88）	米、フォード政権（1974-76）。トルコのキプロス侵攻（1974）。エチオピア内戦開始（1975）
	レバノン内戦（1975-89）
一九七八年憲法	ヴェトナム統一（1976）。米、カーター政権（1977-80）。教皇ヨハネ・パウロ二世（1978-2005）
	アフガニスタンでの軍事クーデター（1978）
アフガニスタン侵攻（1979）	ヴェトナムのカンボジア侵攻（1978）。キャンプ・デービッド合意（1978）
アンドロポフ（1982-84）	イラン・イスラーム革命（1979）。イラン・イラク戦争（1980-88）
	米、レーガン政権（1981-88）。エジプト、ムバラク大統領（1981-2011）
チェルネンコ（1984-5）	フォークランド紛争（1982）
ゴルバチョフ（1985-91）	ＡＮＣの活動活発化（1981-93）
グラスノスチ／ペレストロイカ（1987）	南アフリカに対する制裁（1986）
バルト三国とカラバフでの運動の開始（1988）	
ハルテュニアン（1988-90）	湾岸戦争（1990-91）
アルメニア大地震（1988）	
ゴルバチョフの大統領就任（1988）	
ソヴィエト自由選挙（1989）	ポーランド民主化（1989）
ソ連がアフガニスタンから撤退（1989）	ベルリンの壁の崩壊（1989）。マルタ会談（1989）。ハンガリー民主化（1989）。米、ブッシュ政権（1989-92）

アゼルバイジャン、ムタリボフ政権（1990-91）	ドイツ統一（1990）
アゼルバイジャン、エルチベイ政権（1991-92）	ヨーロッパ連盟（1991）
ジョージア、ガムサフルディア政権（1991-92）	ユーゴスラヴィアの崩壊と内戦開始（1991）
ソ連、八月クーデター（1991）	
CISの結成（1991）	
アルメニアがCISに加盟（1991）	
ソ連の崩壊（1991）	
アルメニアの独立（1991）	

⑪西暦一九九一〜二〇一五年

西暦	アルメニア	世界の動き
一九九一	レヴォン・テル・ペトロスィアンが大統領に選出	エリツィンがロシア初代大統領に就任（7月）
	アルメニア・アメリカン大学が創立	
一九九二	カラバフが独立宣言	
	アメリカがアルメニアに大使館を開設	アブハジア戦争勃発
	アルメニアが国連に加盟	バルセロナ・オリンピック
	シュシの解放――ラチン回廊によってカラバフがアルメニアに接続	
一九九二―九三	冬期の深刻な暖房・電力不足	米クリントン政権成立（93年1月）
一九九三	カラバフのアルメニア人がケルバチャル、アグダム、フィゥリを奪取	欧州連合（EU）発足（11月）
一九九四	カラバフでの休戦	ルワンダ、ジェノサイド（4月）
	カトリコスのヴァズゲン一世の死去	NATOのボスニア空爆（8月）
	ロシア軍がアルメニアに駐留	南ア、アパルトヘイトの撤廃（4月）
一九九五	キリキアのカトリコス、ガレギン二世がガレギン一世としてエチミアズィンのカトリコスに選出	世界貿易機関（WTO）発足（1月）、米がヴェトナムとの国交回復（8月）

西暦	アルメニア	世界の動き
一九九六	テル・ペトロスィアンが大統領に再選出	第一次チェチェン紛争休戦（5月）、エリツィン再選（7月）
一九九七	ロシアとの経済・軍事協力互恵条約 コチャリアンが首相に就任	ウクライナ、ジョージア、アゼルバイジャン、モルドヴァがGUAM結成（10月）
一九九八	テル・ペトロスィアンが辞任 ロベルト・コチャリアンが大統領に就任 ダシュナク党の活動禁止が撤廃 ディアスポラのアルメニア人に二重国籍が認められる	ロシア財政危機
一九九九	カトリコスのガレギン一世の死去 アララト総主教のガレギン二世がカトリコスに選出 議会での政府首脳部の暗殺	第二次チェチェン紛争開始（8月） エリツィン辞任、プーチンを大統領代行に指名（12月）
二〇〇〇	ヴェネツィアとウィーンのムヒタル修道会が統一	露、プーチン政権成立（5月）
二〇〇一	アルメニアでのキリスト教一七〇〇周年 ヨハネ・パウロ二世のアルメニア訪問 エレヴァンで聖グリゴル・ルサヴォリチ大聖堂が完成 教皇がマルディンのアルメニア・カトリック大主教イグナティオス・マロヤンを列福	米、J・W・ブッシュ政権成立（1月） 米同時多発テロ事件（9月） 米、アフガニスタン侵攻（10月）
二〇〇三	コチャリアンが大統領に再選出	ジョージア政変（バラ革命）でシュワルナゼ辞任（11月）
二〇〇四		ウクライナでオレンジ革命、ユシチェンコが大統領に就任（11月）
二〇〇五		キルギスでチューリップ革命、アカエフ大統領が辞任（2～3月）
二〇〇八	セルジュ・サルグスィアンが第三代大統領に就任（4月9日） トルコのギュル首相のアルメニア訪問（9月）	ジョージアとロシア間で南オセチア紛争（8月）

	ディアスポラ省発足（10月）	
二〇〇九	サルグスィアン大統領のトルコ訪問（10月）、トルコとアルメニアがスイスの仲介で外交関係樹立議定書に調印（10月）	
二〇一〇		ロシア、ベラルーシ、カザフスタンでユーラシア関税同盟結成（1月）
		チュニジアでジャスミン革命（12月）、アラブ世界全域に反政府運動が波及（アラブの春）
二〇一二	アルメニアがハンガリーと断交（8月）	
二〇一三	サルグスィアンが大統領に再選（2月）	
二〇一五	アルメニアがEEUに加盟（1月）	ロシア、ベラルーシ、カザフスタンでユーラシア経済連合（EEU）結成（1月）
	アルメニア人ジェノサイド百周年（4月） プーチン大統領がジェノサイド追悼式典出席のため訪ア（4月）	

＊原書所収の年表に基づき、訳者が加除を施して作成した。

Akopian, G. *Miniatures of Vaspurakan*. Yerevan, 1989.

Armenian Artists. New York, 1993.

Armenian Miniatures. 2 vols. Yerevan, 1969 and 1987.

Der Hovanessian, D. & Margossian, M. eds. *Anthology of Armenian Poetry*. New York, 1978.

Der Nersessian, S. *The Armenians*. New York, 1970.

——. *Armenian Manuscripts in the Walters Art Gallery*. Baltimore, 1973.

——. *Miniature Painting in the Armenian Kingdom of Cilicia*, 2 vols. Washington, D. C., 1993.

Der Nersessian, S. & Mekhitarian, A. *Armenian Miniatures from Isfahan*. Brussels, 1986.

Durnovo, L. A. *Studies in the Fine Arts of Medieval Armenia*. Moscow, 1979.（原文ロシア語：Дурново, Л. А. *Очерки изобразительного искусства средневековой Армении*. Москва, 1979.）

Ermakov. D. I. *Armenia, 1910* (photos). Rome, 1982.

Guevorkian, A. *Crafts and Mode of Life in Armenian Miniatures*. Yerevan, 1978.

Kendel, B. & Thomson, R. *David the Invincible: Definitions and Divisions of Philosophy*. Pennsylvania, 1983.

Keshishian, J. *Inscribed Armenian Rugs of Yesteryear*. Sterling, 1994.

Mathews, T. and Wieck, R. eds. *Treasures in Heaven: Armenian Illuminated Manuscripts*. New York, 1994.

Mutafian. C. *Le Royaume Arménien de Cilicie*. Paris, 1993.

Nersessian, V. *Essays on Armenian Music*. London, 1978.

Novouspensky, N. Ivan Aivazovsky. St. Petersburg, 1995.

Russell, J. *Yovhannes T'lkuranc'i and the Medieval Armenian Lyric Tradition*. Atlanta, 1987.

Samuelian, T. ed. *Classical Armenian Culture*. Pennsylvania, 1982.

Samuelian, T. & Stone, M. *Medieval Armenian Culture*. Pennsylvania, 1984.

Sanjian, A. ed. *David Anhaght*. Atlanta, 1986.

Sanjian, A. & Mathews T. *Armenian Gospel Iconography: The Tradition of the Glajor Gospel*. Washington, D. C. 1991.

Soviet Armenian Art. Moscow, 1978.（原文ロシア語。書誌不明）

The Inscribed Rugs of Armenia. Kimbell Art Museum, 1984.

Weitenberg, J. S. ed. *New Approaches to Medieval Armenian Language and Literature*. Amsterdam, 1995.

Swietochowski, T. *Russian Azerbaijan, 1905-1920*. Cambridge, 1985.
——. *Russia and Azerbaijan*. New York, 1995.
Trask, R. *The United States Response to Turkish Nationalism and Reform, 1914-1939*. Minneapolis, 1971.

アルメニア・ソビエト社会主義共和国およびアルメニア第三共和国

Aspaturian R. *The Union Republics in Soviet Diplomacy*. Geneva, 1960.
Bournoutian, G. "Rewriting History: Recent Azeri Alterations of Primary Sources Dealing with Karabakh," in *Journal of the Society for Armenian Studies* [JSAS] (6, 1992-1993).
——. "The Politics of Demography: Misuse of Sources on the Armenian Population of Mountainous Karabakh," in *JSAS* (9, 1999).
Chorbajian, L, Donabedian, P, Mutafian, C. *The Caucasian Knot: The History and Gea-Politics of Nagorno-Karabagh*. London, 1994.
Denber, R. ed. *The Soviet Nationality Reader*. Boulder, Co., 1992.
Goldenberg, S. *Pride of Small Nations*. London, 1994.
Hajda, L. & Beissinger, M. eds. *The Nationalities Factor in Soviet Politics and Society*. Boulder, Co., 1990.
Karklins, R. *Ethnic Relations in the USSR*. Boston, 1986.
Libaridian, G. *Armenia at the Crossroads: Democracy and Nationhood in The Post-Soviet Era*. Watertown, Mass., 1991.
——. *The Challenge of Statehood: Armenian Political Thinking since Independence*. Watertown, Mass., 1998.
Matossian, M. *Impact of Soviet Policies in Armenia*. Leiden, 1962.
Mouradian, C. S. *De Staline à Gorbatchev: Histoire d'une Republique Soviétique: l'Arménie*. Paris, 1990.
Norehad, B. *The Armenian General Benevolent Union*. New York, 1966.
Parliament of the Republic of Armenia, *Decision '91. Armenia's Referendum on Independence, September 21, 1991*. Yerevan, 1991.
Rost, Y. *Armenian Tragedy: An Eyewitness account of Human Conflict and Natural Disaster in Armenia and Azerbaijan*. New York, 1990.
Shahmuratian, S. ed. *The Sumgait Tragedy: Pogroms against Armenians in Soviet Azerbaijan*. New Rochelle, N. Y., 1990.
Simon, G. *Nationalism and Policy Toward the Nationalities in the Soviet Union*. Boulder, Co., 1991.
Smith, G. ed. *The Nationalities Question in the Soviet Union*. London, 1990.
Tillet, L. *The Great Friendship: Soviet Historians on the Non-Russian Nationalities*. Chapel Hill, 1969.
Verluise, P. *Armenia in Crisis*. Detroit, 1995.
Walker, C. ed. *Armenia and Karabagh*. London, 1991.
Wright J, et al. eds. *Transcaucasian Boundaries*. New York, 1995.

美術、音楽、建築、言語、文化

Ayvazian, A. *The Historical Monuments of Nakhichevan*. Detroit, 1990.
Avedissian, O. *Peintres et Sculpteurs Arméniens*. Cairo, 1959.

アルメニア人ジェノサイドに関する資料

Adalian, R. ed. *Guide to The Armenian Genocide in the US Archives, 1915-1918.* Alexandria, Virginia, 1994.

Sarafian, A. ed. *United States Official Documents on the Armenian Genocide (3 vols. to date).* Watertown, Mass., 1993-1995.

The Treatment of Armenians in the Ottoman Empire: Documents Presented to Viscount Grey of Fallodon. London, 1916.

The Armenian Genocide. Documentation edited by Institut für Armenische Fragen, vols. I, II, VIII. Munich, 1987-1991.

トルコおよびアメリカの著者による歴史修正主義的文献

Documents on Ottoman-Armenians, 2 vols. Ankara, 1983.

Ercan, Y. ed. *The Armenians Unmasked.* Ankara, 1993.

Karpat, K. *Ottoman Population, 1830-1914. Demographics and Social Characteristics.* Madison, 1985.

Lowry, H. *The Story Behind Ambassador Morgenthau's Story.* Istanbul, 1990.

McCarthy, J. *Muslims and Minorities: The Population of Ottoman Anatolia and the End of the Empire.* New York, 1983.

Ottoman Archives: The Armenian Question (3 vols. to date). Istanbul, 1989.

Show, S. & E. *History of the Ottoman Empire and Modern Turkey*, vol. 2. New York, 1977.

Sonyel, S. R. *The Ottoman Armenians: Victims of Great Power Diplomacy.* London, 1987.

Simsir, B. N. *British Documents on Ottoman Armenians, 1856-1890*, 2 vols. Ankara, 1982-1983.

Uras, E. *The Armenians in History and the Armenian Question.* Istanbul, 1988.

アルメニア第一共和国

Afanasyan, S. *L'Arménie, l'Azerbaïdjan et la Géorgie. De l'indépendance à l'instauration du pouvoir soviétique, 1917-1923.* Paris, 1981.

Baldwin, O. *Six Prisons and Two Revolutions, 1920-1921.* Garden City, N. Y, 1925.

Barton, J. *Story of Near East Relief 1915-1930.* New York, 1930.

Evans, L. *United States Policy and the Partition of Turkey 1914-1924.* Baltimore, 1965.

Gidney, J. *A Mandate for Armenia.* Kent, Ohio, 1967.

Helmreich, P. *From Paris to Sèvres: The Partition of the Ottoman Empire and the Peace Conference of 1919-1920.* Columbus, Ohio, 1974.

Hovannisian R. *The Republic of Armenia*, 4 vols. Berkeley, 1971-1996.

Howard, H. *Turkey, the Straits and US Policy.* Baltimore, 1974.

Kazemzadeh, F. *The Struggle for Transcaucasia, 1917-1921.* New York, 1951.

Kayaloff, J. *The Battle of Sardarabad.* The Hague, 1973.

——. *The Fall of Baku.* Bergenfield, N. J., 1976.

Kerr, S. *The Lions of Marash: Personal Experiences with American Near East Relief.* Albany, N. Y., 1973.

Nansen, F. *Armenia and the Near East.* New York, 1928.

Suny, R. *The Baku Commune, 1917-1918: Class and Nationality in the Russian Revolution.* Princeton, 1972.

——. *Armenia on the Road to Independence, 1918*. Berkeley, 1969.
Kazanjian, P. *The Cilician Armenian Ordeal*. Boston, 1989.
Keyder, C. *State and Class in Turkey*. London, 1987.
Kirakossian, J. *The Armenian Genocide: The Young Turks Before the Judgment of History*. Madison, 1992.
Langer, W. *European Alliances and Alignments, 1871-1890*. New York, 1939.
——. *The Diplomacy of Imperialism, 1890-1902*, 2 vols. New York, 1935.
Lepsius, J. *Armenia and Europe*. London, 1897.
——. *Deutschland und Armenien 1914-1918*. Potsdam, 1919.
Marashlian L. *Politics and Demography: Armenians, Turks, and Kurds in the Ottoman Empire*. Cambridge, Mass., 1991.
Martin, E. *The Hubbards of Sivas: A Chronicle of Love and Faith*. Santa Barbara, Ca., 1991.
Melson, R. *Revolution and Genocide: On the Origins of the Armenian Genocide and the Holocaust*. Chicago, 1992.
Miller, D. & Touryan-Miller, L. *Survivors: An Oral History of the Armenian Genocide*. Berkeley, 1993.
Morgenthau, H. *Ambassador Morgenthau's Story*. New York, 1919.
Mukhtarian, O. & Gossoian, H. *The Defense of Van*. Michigan, 1980.
Nalbandian, L. *The Armenian Revolutionary Movement: The Development of Armenian Political Parties through the Nineteenth Century*. Berkeley, 1963.
Nassibian, A. *Britain and the Armenian Question, 1915-1923*. London, 1984.
Nichanian, M. *Writers of Disaster*. Princeton, 2002.
Peroomian, R. *Literary Responses to Catastrophe: A Comparison of the Armenian and the Jewish Experience*. Atlanta, 1993.
Rifat, M. *The Dark Folds of the Ottoman Revolution*. Beirut, 1968.
Sachar, H. M. *The Emergence of the Middle East, 1914-1924*. New York, 1969.
Sarkissian, A. O. *History of the Armenian Question to 1885*. Urbana, III. 1938.
Seton-Watson, R. *Britain in Europe, 1789-1914*. Cambridge, 1938.
Stuermer, H. *Two War Years in Constantinople*. New York, 1990.
Tarzian, M. *The Armenian Minority Problem*. New York, 1922.
Ter Minassian, A. *Nationalism and Socialism in the Armenian Revolutionary Movement (1887-1912)*. Cambridge, Mass., 1984.
Ternon, Y. *The Armenians: History of a Genocide*. Delmar, N. Y., 1981.
Toriguian, Sh. *The Armenian Question and international Law*. La Verne, Ca., 1988.
Tozer, H. *Turkish Armenia*. London, 1881.
Trumpener, U. *Germany and the Ottoman Empire, 1914-1918*. Princeton, 1968.
Ussher, A. *An American Physician in Turkey*. Boston, 1917.
Walker, C. *Armenia: The Survival of a Nation*. New York, 1990.
Wegner, A. *Die Verbrechen der Stunde-die Verbrechen der Ewigkeit*. Hamburg, 1982.
Werfel, F. *Forty Days of Musa Dagh*. New York, 1934.
Yeghiayan, V. trans. *The Case of Soghomon Tehlirian* (court proceedings). Los Angeles, 1985.
Zürcher, E. J. *Turkey: A Modern History*. New York, 1993.

（原文アルメニア語：Բարխուդարյան, Վ. Նոր Նախիջևանի հայկական գաղութի պատմություն. Երևան, 1967.）

Grigorian, V. ed. *Documents of the Armenian Court at Kamenets-Podolsk*. Yerevan, 1963.（原文アルメニア語：Գրիգորյան, Վ. Կամենեց-Պոդոլսկ քաղաքի հայկական դատարանի արձանագրությունները. Երևան, 1963.）

Mikaelian, V. *History of the Armenian Community of the Crimea*, 2 vols. Yerevan, 1964-1970.（原文アルメニア語：Միքայելյան, Վ. Ղրիմի հայկական գաղութի պատմություն, Հ. 1-2. Երևան, 1964-1970.）

Mirak, R. *Torn Between Two Lands: Armenians in America 1890 to World War I*. Harvard, 1983.

Oles, M. *The Armenian Law in the Polish Kingdom (1356-1519)*. Rome, 1966.

Papazian, K. & Manuelian, P. *Merchants from Ararat*. New York, 1979.

Schutz, E. *An Armeno-Kipchak Chronicle on the Polish-Turkish Wars in 1620-1621*. Budapest, 1968.

Ter-Oganian, L. & Raczkowska, K. *Armenians in Poland: A Bibliography*. Warsaw, 1990.（原文ポーランド語：Ter-Oganian, L., Raczkowska, K. *Ormianie w Polsce : bibliografia*. Warszawa, 1990.）

アルメニア問題とその最終解決

Akcam, T. *Turk Ulusal Kimligi ve Ermeni Sorunu*. Istanbul, 1992.

Anassian, H. *The Armenian Question and the Genocide of the Armenians in Turkey: A Brief Bibliography of Russian Materials*. Los Angeles, 1983.

Astourian, S. "The Armenian Genocide: An Interpretation," *The History Teacher*, 23 (2, 1990).

Aharonian, K. *A Historical Survey of the Armenian Case*. Trans. K. Maksoudian, Watertown, 1989.

Bardakjian, K. *Hitler and the Armenian Genocide*. Cambridge, Mass., 1985.

Bliss. E. M. *Turkey and the Armenian Atrocities*. Fresno, Ca., 1982.

Buxton, N & H. *Travels and Politics in Armenia*. London, 1914.

Charney, I. ed. *Genocide: A Critical Bibliographic Review*. London, 1991.

Dadrian, V. *The History of the Armenian Genocide*. Providence, 1995.

——. *German Responsibility in the Armenian Genocide*. Watertown, Mass., 1998.

Dasnabedian, H. *History of the Armenian Revolutionary Federation. Dashnaktsutiun 1890-1924*. Milan, 1988.

Davis, L. A. *The Slaughterhouse Province: An American Diplomat's Report on the Armenian Genocide, 1915-1917*. New Rochelle, N. Y., 1989.

Derogy, J. *Resistance and Revenge*. New Brunswick, N. J., 1990.

Dobkin, M. *Smyrna 1922: The Destruction of a City*. Kent, Ohio, 1988.

Hoogasian Villa, S. & Matossian, M. K. *Armenian Village Life Before 1914*. Detroit, 1982.

Hovannisian, R. *The Armenian Holocaust: A Bibliography Relating to the Deportations, Massacres, and Dispersion of the Armenian People, 1975-1923*. Cambridge, Mass., 1978.

——, ed. *The Armenian Genocide in Perspective*. New Brunswick, N. J., 1986.

——, ed. *The Armenian Genocide: History, Politics, Ethics*. New York, 1992.

ロシアおよびトランスコーカサスのアルメニア人

A Critical Examination of Armenian Catholic Communities in Transcaucasia. New York, 1994.

Allen, W. E. D. & Muratoff, P. *Caucasian Battlefields: A History of the Wars on the Turco-Caucasian Border, 1828-1921*. London, 1953.

Allen, W. E. D. ed. *Russian Embassies to the Georgian Kings 1589-1605*, 2 vols. Cambridge, 1970.

Atamian, A. *The Archdiocese of Naxijevan in the 17th Century* (Ph. D. diss. Columbia, 1984).

Atkin, M. *Russia and Iran, 1780-1828*. Minneapolis, 1980.

Baddeley, J. *The Russian Conquest of the Caucasus*. London, 1908.

Bryce, J. *Transcaucasia and Ararat*. London, 1896.

Bournoutian, G. *Armenians and Russia, 1626-1796: A Documentary Record*. Costa Mesa, Ca., 2001.

——. *Russia and the Armenians of Transcaucasia, 1797-1889: A Documentary Record*. Costa Mesa, Ca., 1998.

——. *The Khanate of Erevan under Qajar Rule, 1795-1828*. Costa Mesa, Ca., 1992.

——. "The Ethnic Composition and the Socio-Economic Conditions in Eastern Armenia in the First Half of the 19th Century," in *Transcaucasia: Nationalism and Social Change*. Ann Arbor, 1983 (ed. Suny).

——. "Eastern Armenia from the Seventeenth Century to the Russian Annexation," in *The Armenian People*, vol. II. (ed. Hovannisian).

——. "The Russian Archives and Armenian History," in *Journal of the Society for Armenian Studies* (10, 2000).

Gregorian, V. "The Impact of Russia on the Armenians and Armenia," in *Russia and Asia*, W. S. Vucinich, ed. Stanford, 1972.

Hovannisian, R. *Armenia on the Road to Independence, 1918*. Berkeley, 1969.

Lang, D. M. *The Last Years of the Georgian Monarchy, 1658-1832*. New York, 1957.

Lynch, H. F. B. *Armenia: Travels and Studies*, vol. 1. London, 1901.

Rhinelander, A. L. *The Incorporation of the Caucasus into the Russian Empire: The Case of Georgia, 1801-1854* (Ph. D. diss. Columbia, 1972).

——. *Prince Michael Vorontsov: Viceroy to the Tsar*. Montreal, 1990.

Suny, R. *Looking toward Ararat*, Bloomington, 1993.

Villari, L. *Fire and Sword in The Caucasus*. London, 1907.

Von Haxthausen, A. *Transcaucasia*. London, 1854.

ヨーロッパと南北アメリカのアルメニア人

Adalian, R. *From Humanism to Rationalism: Armenian Scholarship in the Nineteenth Century*. Atlanta, 1992.

Amadouni, G. *L'Eglise Arménienne et la Catholicité*. Venice, 1978.

Bakalian, A. *Armenian-Americans, From Being to Feeling Armenian*. New Brunswick, N. J., 1993.

Barkhudarian, V. *History of the Armenian Community of New Nakhichevan*. Yerevan, 1967.

Chaqueri, C. ed. *The Armenians of Iran*. Harvard, 1998.

Garoyants, N. *Iranian-Armenians*. Tehran, 1968.（原文アルメニア語：Գորոյան, Ն. Պարսկաստանի հայերը. Թեհրան, 1968.）

Ghougassian, V. *The Emergence of the Armenian Diocese of New Julfa in the Seventeenth Century*. Atlanta, 1998.

Gregorian, V. "Minorities of Isfahan: The Armenian Community of Isfahan, 1587-1722," *Iranian Studies* 7 (1974).

Herzig, E. "The Deportation of the Armenians in 1604-1605 and Europe's Myth of Shah 'Abbas I," in *History and Literature in Iran*, C. Melville ed. Cambridge, 1990.

——. The Armenian Merchants of New Julfa, Isfahan (Ph. D. Diss. St. Anthony's College, 1991).

Ra' in, I. *Iranian-e Armenians*. Tehran, 1970.（原文ペルシア語：Rāʾīn, I. *Īrāniyān-e Armanī*. Tehrān, 1970.）

Ter Hovhanian, H. *History of New Julfa*. New Julfa, 1980.（原文アルメニア語：Տէր Հովհաննիսյան, Հ. Պատմութիւն Նոր Ջուղայի. Նոր Ջուղա, 1980.）

Zak'aria of Kanaker, *Chronicle*. Vagharshapat, 1870.（原文アルメニア語：Զաքարիա Քանաքեռցի. Պատմագրութիւն. Վաղարշապատ, 1870.）

インド亜大陸のアルメニア人

Emin, J. *Life and Adventures of Joseph Emin 1726-1809*, 2 vols. Calcutta, 1918.

Khachatrian, H. "Shahamir Shahamirian's Views on Natural Law," *Armenian Review* 42 (1989).

Seth, M. J. *Armenians in India*. Calcutta, 1983 (first published in 1937).

Tololyan, M. "Shahamir Shahamirian's Vorogait Parats, (Snare of Glory)," *Armenian Review* 42 (1989).

アラブ世界のアルメニア人

Arberry, A. J. ed. *Religion in the Middle East*, vol. I. Cambridge, 1969.

Azarya, V. *The Armenian Quarter of Jerusalem*. Berkeley, 1984.

Dadoyan, S. *The Fatimid Armenians*, Leiden, 1997.

Lutfi AI-Sayyid, A. *Egypt and Cramer A Study in Anglo-Egyptian Relations*. London, 1968.

Nubar Pacha, *Memoirs de Nubar Pacha*. Beirnt, 1983.

Polk, W. & Chambers, R. eds. *Beginnings of Modernization in the Middle East*. Chicago, 1968.

Rose, J. *Armenians of Jerusalem*. London, 1993.

Sanjian, A. *The Armenian Communities in Syria under Ottoman Dominion*. Harvard, 1965.

Tibawi, A. *A Modern History of Syria, including Lebanon and Palestine*. New York, 1969.

Yapp, M. E. *The Making of the Modern Near East, 1792-1923*. London, 1987.

Ye'or, B. *The Dhimmi: Jews and Christians under Islam*. London, 1985.

ヨーロッパ人のイラン及びトルコ旅行記のなかのアルメニア人

Ghazarian, V. ed. *Armenians in the Ottoman Empire*. Waltham, Mass., 1997.

Vartoogian, J. *The Image of Armenia in European Travel Accounts of the 17th century*. (Ph. D. diss. Columbia, 1974).

Hamilton, W. *Researches in Asia Minor, Pontus, and Armenia*. Zurich, 1984.
Inalcik, H. & Quataert, D. *An Economic and Social History of the Ottoman Empire, 1300-1914*. Cambridge, 1994.
Islamoglu-Inan, H. *State and Peasant in the Ottoman Empire*. Leiden, 1994.
Jelavich, B. *The Ottoman Empire, the Great Powers and the Straits Question, 1870-1887*. Bloomington, 1973.
——. *History of the Balkans, Vol. 1: Eighteenth and Nineteenth Centuries*. Cambridge, 1993.
Kasaba, R. *The Ottoman Empire and the World Economy: The Nineteenth Century*. Albany, NY, 1988.
Krikorian, M. K. *Armenians in the Service of the Ottoman Empire, 1860-1908*. London, 1977.
Lewis, B. *The Emergence of Modern Turkey*. Oxford, 1969.
Lewis, R. *Everyday Life in Ottoman Turkey*. London, 1971.
Lord Kinross, *The Ottoman Centuries: The Rise and Fall of the Turkish Empire*. New York, 1977.
Lynch, H. F. B. *Armenia: Travels and Studies*, vol. 2. London, 1901.
Mardin, S. *The Genesis of Young Ottoman Thought: A Study in the Modernization of Turkish Political Ideas*, Princeton, 1962.
Marriott, J. A. R. *The Eastern Question: A Study in European Diplomacy*. Oxford, 1951.
Oshagan, V. *The English Influence on West Armenian Literature in the Nineteenth Century*. Cleveland, 1982.
Salt, J. *Imperialism, Evangelism and the Ottoman Armenians 1878-1896*. London, 1993.
Sarafian, K. *History of Education in Armenia*. La Verne, Ca., 1978.
Show, S. *Between Old and New: The Ottoman Empire under Sultan Selim III, 1789-1807*. Harvard, 1971.
Stavrianos, L. S. *The Balkans since 1453*. New York, 1966.
Tootikian, V. *The Armenian Evangelical Church*. Detroit, 1982.

イランのアルメニア人

Arakel of Tabriz. *History*. Vagharshapat, 1896.（原文アルメニア語：Առաքել Դավրիժեցի. Պատմութիւն. Վաղարշապատ, 1896. ロシア語訳：Аракел Даврижеци. *Книга историй*. Москва, 1973.）
Baghdiantz-McCabe, I. *The Shah's Silk for Europe's Silver*. Atlanta, 1999.
Bournoutian, G. *The Khanate of Erevan under Qajar Rule, 1795-1828*. Costa Mesa, Ca., 1992.
——. *A History of Qarabagh: An Annotated Translation of Mirza Jamal Javanshir Qarabaghi's Tarikh-e Qarabagh*. Costa Mesa, Ca., 1994.
——. *The Chronicle of Abraham of Crete*. Costa Mesa, Ca., 1999.
——. *History of the Wars, 1721-1738*. Costa Mesa, Ca., 1999.
——. *The Journal of Zak'aria of Agulis*. Costa Mesa, Ca., 2003.
——. "The Armenian Community of Isfahan in the Seventeenth Century," (2 parts), *Armenian Review* 24-25 (1971-1972).
——. "Armenians in Nineteenth Century Iran," in *The Armenians of Iran*, Chaqueri ed.

La Chronique Attribuée au Connétable Smbat (Translated by Gérard Dédéyan), Paris, 1980.
Maalouf, A. *The Crusades Through Arab Eyes*. New York, 1984.
Mikaelian, G. *History of the Cilician Armenian State*. Yerevan, 1952.（原文ロシア語：Микаелян Г. Г. *История Киликийского армянского государства*. Ереван, 1952.）
Mutafian, C. *La Cilicie au carrefour des empires*, 2 vols. Paris, 1988.
Rudt-Collenberg, W. H. *The Rupenides, The Hethumides and Lusignans. The Structure of the Armenian-Cilician Dynasties*. Paris, 1963.
Runciman, S. *A History of the Crusades* (3 vols.), New York, 1964.
Setton, K. M. ed. *A History of the Crusades* (6 vols.). Madison, 1969-1990.
Stewart, A. D. *The Armenian Kingdom and the Mamluks*. Leiden, 2001.

11 〜 16 世紀のアルメニア

Barthold, W. *Turkestan Down to the Mongol Invasion*. London, 1968.
Bedrosian, R. *The Turco-Mongol Invasions and the Lords of Armenia in the 13-14th Centuries* (Ph. D. diss. Columbia, 1979).
Cahen, C. *Pre-Ottoman Turkey*. New York, 1968.
Grousset, T. *The Empire of the Steppes*. New Brunswick, 1970.
Inalcik, H. *The Ottoman Empire: The Classical Age, 1300-1600*. London, 1973.
Juvaini. *The History of the World Conqueror* (trans. Boyle), 2 vols. Manchester, 1958.
Morgan, D. *Medieval Persia, 1040-1797*. London, 1988.
Rashid al-Din. *The Successors of Genghiz Khan* (trans. Boyle). New York, 1971.
Sanjian, A. *Colophons of Armenian Manuscripts 1301-1480*. Harvard, 1969.
Saunders, J. J. *History of the Mongol Conquests*. London, 1971.
Spuler, B. *The Mongols in History*. New York, 1971.
Vryonis, S. *The Decline of Medieval Hellenism in Asia Minor and the Process of Islamization from the Eleventh to the Fifteenth Century*. Los Angeles, 1971.
Wittek, P. *The Rise of the Ottoman Empire*. London, 1971.
Woods, J. E. *The Aqquyunlu: Clan, Confederation, Empire: A Study in 15/9th-Century Turko-Iranian Politics*. Minneapolis, 1976.

オスマン帝国のアルメニア人

Anderson, M. S. *The Eastern Question, 1774-1923*. New York, 1966.
Arpee, L. *The Armenian Awakening: A History of the Armenian Church, 1820-1860*. Chicago, 1909.
Artinian, V. *The Armenian Constitutional System in the Ottoman Empire, 1839-1863*. Istanbul, 1988.
Berkes, N. *The Development of Secularism in Turkey*. Montreal, 1964.
Braude, B. & Lewis, B. eds. *Christians and Jews in the Ottoman Empire*, 2 vols. New York, 1982.
Bryson, T. A. *American Diplomatic Relations with the Middle East, 1784-1975*. Metuchen, N. J., 1977.
Daniel, R. L. *American Philanthropy in the Near East, 1820-1960*. Athens, Ohio, 1970.
Davison, R. *Reform in the Ottoman Empire, 1856-1876*. Princeton, 1963.
Etmekjian, J. *The French Influence in the Western Armenian Renaissance*. New York, 1964.

アルメニア教会と東方キリスト教会

Arberry, A. J. ed. *Religion in the Middle East*, 2 vols. Cambridge, 1969.

Azarya, M. *The Armenian Quarter of Jerusalem*. Berkeley, 1984.

Gonzalez, L. *A History of Christian Thought*, 2 vols. New York, 1971.

Maksoudian K. *Chosen of God: The Election of the Catholicos of All Armenians*. New York, 1995.

Ormanian, M. *The Church of Armenia*. New York, 1988.

——. *Azgapatum*. Constantinople & Jerusalem, 3 vols. 1912-1927.（原文アルメニア語：Ազգապատում, Կ.Պոլիս, Հ. 1-3. 1912-1927.）Additional volumes prepared by Rev. Arzoumanian, New York, 1995-1997.

Sarkissian, K. (Archbishop). *The Council of Chalcedon and the Armenian Church*. New York, 1975.

Tanner, N. P. *Decrees of the Ecumenical Councils*, 2 vols. Georgetown, 1990.

Thomson, R. *The Teaching of St. Gregory*. Cambridge, Mass., 1970.

ビザンティウム、およびビザンツ帝国のアルメニア人

Adontz, N. *Armenia in the Period of Justinian: The Political Conditions based on the Naxarar System* (translated with commentary by N. Garsoian). Lisbon, 1970.

Charanis, P. *The Armenians in the Byzantine Empire*. Lisbon, 1963.

Der Nersessian, S. *Armenia and the Byzantine Empire*. Cambridge, 1965.

Ostrogorsky, G. *History of the Byzantine State*. New Brunswick, 1969.

Runciman, S. *Byzantine Style and Civilization*. Penguin, 1975.

——. Byzantine Civilization. Cleveland, 1967.

Vasiliev, A. A. *History of the Byzantine Empire*, 2 vols. Madison, 1952.

アラブ、イスラーム、バグラト朝

Hourani, A. *A History of the Arab Peoples*. Cambridge, Mass., 1991.

Lane-Poole, S. *A History of Egypt in the Middle Ages*. New York, 1969.

Minorsky, V. *A History of Sharvan and Darband in the 10th-11th Centuries*. Cambridge, 1958.

——. *Studies in Caucasian History*. London, 1953.

Ter-Ghewondyan, A. *The Arab Emirates in Bagratid Armenia* (translated with Commentary by N. Garsoian). Lisbon, 1976.

Toumanoff, C. "Armenia and Georgia," in *Cambridge Medieval History* (vol. 4 pt. 1).

十字軍とキリキア・アルメニア

Atamian-Bournoutian, A. "Cilician Armenia," in vol. I of Hovannisian's *The Armenian People*.

Bedoukian, P. *Coinage of Cilician Armenia* New York, 1962.

Boase, T. S. R. ed. *The Cilician Kingdom of Armenia*. Edinburgh, 1978.

Der Nersessian, 5. "The Kingdom of Cilician Armenia," in vol. 2 of Setton's *History of the Crusades*.

Edwards, R. *The Fortifications of Armenian Cilicia*. Washington D. C. 1987.

Hetoum, *A Lytell Cronycle* (Translated by Richard Pynson). Toronto, 1988.

2 vols. Tbilisi, 1984.（原文ロシア語：Гамкрелидзе Т. В., Иванов В. В. *Индоевропейский язык и индоевропейцы: Реконструкция и историко-типологический анализ праязыка и протокультуры*. В 2 тт. Тбилиси, 1984.）
Kavoukjian, M. *Armenia, Subartu and Sumer*. Montreal, 1987.
Mallory, J. P. *In Search of the Indo-Europeans*. London, 1989.
Piotrovskii, B. B. *Urartu: The Kingdom of Van and its Art*. New York, 1967.
——. *The Ancient Civilization of Urartu: An Archeological Adventure*. New York, 1969.
Renfrew, C. *Archeology and Language: The Puzzle of Indo-European Origins*. Cambridge, 1988.

メディア、アケメネス朝、エルヴァンド家、セレウコス朝、アルタシェス朝、パルティア、アルシャク朝、ササン朝

Bedoukian, P. *Coinage of the Artaxiads of Armenia*. London, 1978.
Bury, J. B. *History of Greece 1o the Death of Alexander*. London, 1955.
Debevoise, N. C. *A Political History of Parthia*. Chicago, 1938.
Dodgeon, M. H. & Lieu, S. N. *The Roman Eastern Frontier and the Persian Wars, AD 226-363*. London, 1991.
Frye, R. *The Heritage of Persia*. London, 1962.
Garsoian, N. "Byzantium and the Sasanians" in *Cambridge History of Iran* (Vol. 3, pt. 1).
——. *Armenia between Byzantium and the Sasanians*. London, 1985.
——. *The Paulician Heresy*. The Hague, 1967.
——. ed. *East of Byzantium: Syria and Armenia in the Formative Period*. Washington, D. C. 1982.
Herodotus, *The History* (trans. G. Rawlinson). New York, 1943.
Lang, D. M. "Iran, Armenia and Georgia," in *Cambridge History of Iran* (vol. 3 pt 1).
Manandian, H. *Tigrane II et Rome* (Lisbon, 1963).
——. *The Trade and Cities of Armenia in Relation to Ancient World Trade* (English translation and commentary by N. Garsoian). Lisbon, 1965.
Olmstead, A. T. *History of the Persian Empire*. Chicago, 1948.
Plutarch, *Lives* (Dryden trans.), 6 vols. New York, 1898.
Rostovtzeff, M. I. *Social and Economic History of the Roman Empire*, 2 vols. Oxford, 1957.
——. *Social and Economic History of the Hellenistic World*, 3 vols. Oxford, 1941.
Russell, J. *Zoroastrianism in Armenia*. Cambridge, Mass., 1987.
Starr, G. *A History of the Ardent World*. New York, 1974.
Strabo, The *Geography* (trans. H. L. Jones), 8 vols. London, 1961.
Toumanoff, C. *Studies in Christian Caucasian History*. Georgetown, 1963.
Xenophon, *Anabasis* (The Persian Expedition) [trans. R. Warner]. London, 1975.

ジョージアとコーカサス・アルバニア

Allen, W. E. D. *A History of the Georgian People*. New York, 1971.
Lang, D. M. *The Georgians*. New York, 1966.
Movses Daskhurantsi *The History of the Caucasian Albanians* (trans. C. J. Dowsett). London, 1961.

Thomson, R. *A Bibliography of Classical Armenian Literature to 1500*. Brepols, 1995.

以下のものはアルメニアの芸術・建築に関する最良の参考書であり、本書の図版のうちいくつかはここから採った。

Ancenay, M. & Buss, W. *Arménie*, Bologna, 1998.
Armenian Churches. Ejmiatsin, 1970.
Armenian Khatchkars. Ejmiatsin, 1973.
Bauer, E. *Armenia: Past and Present*. New York, 1981.
Der Nersessian, S. *Armenian Art*. London, 1978.
Donabedian, P. & Thierry, J. *Armenian Art*. New York, 1989.
Novello, A. L. *The Armenians*. New York, 1986.

アルメニアの歴史 - 文学（英訳）

Agathangelos. *History of the Armenians* (Thomson). Albany, 1976.
Aristakes Lastivertc'i. *History* (Bedrosian). New York, 1985.
Bishop Ukhtanes of Sebastia, *History*, 2 vols. (Arzoumanian). Ft. Lauderdale, 1985-1988.
Daredevils of Sassoun (Surmelian). New York, 1964.
David of Sassoun (Shalian). Athens, Ohio, 1964.
Egishe Vardapet. *History of Vardan and the Armenian War* (Thomson). Cambridge, Mass., 1982.
Ghazar P'arbec'i. *History* (Thomson). New York, 1991.
Ghewond Vardapet. *History* (Arzoumanian). Philadelphia, 1982.
Hovhannes Draskhanakertetsi. *History of Armenia* (Maksoudian). Atlanta, 1987.
Kirakos Gandzakets'i. *History of the Armenians* (Bedrosian). New York, 1986.
Koriun. *Life of Mashtots* (Norehad). New York, 1964.
Matthew of Edessa. *Chronicle* (Dostourian). London, 1993.
Moses Khorenatsi. *History of the Armenians* (Thomson). Cambridge, Mass., 1978.
Nerses Shnorhali. *General Epistle* (Aljalian). New Rochelle, 1996.
P'awstos Buzand. *The Epic Histories* (Garsoian). Harvard, 1989.
Psuedo-Yovhannes Mamikonean. *History of Taron* (Avdoyan). Atlanta, 1993.
Sebeos. *History* (Bedrosian). New York, 1985.
Tovma Artsruni. *History of the House of the Artsrunik'* (Thomson). Detroit, 1985.
T'ovma Metsobets'i. *History of Tamerlane and his Successors* (Bedrosian). New York, 1987.
The Fables of Mkhitar Gosh (Bedrosian). New York, 1987.
The Georgian Chronicle (Bedrosian). New York, 1991.
The Passion of St. Shushanik (Maksoudian). New York, 1999.

ウラルトゥ王国以前、及びウラルトゥ王国

Azarpay, G. Urartian *Art and Artifacts: A Chronological Study*. Berkeley, 1968.
Burney, C. and Lang, D. M. *The Peoples of the Hills: Ancient Ararat and the Caucasus*. New York, 1972.
Gamkrelidze, T. V. and Ivanov, V. V. *Indo-European and Indo-Europeans: A Reconstruction and Historical Typological Analysis of a Proto-Language and Proto-Culture*,

参考・参照文献一覧

概　説

Abrahamian, A. G. *A Concise History of the Armenian Diaspora*, 2 vols. Yerevan, 1964-1967.（原文アルメニア語：Աբրահամյան, Ա. Գ. Համառոտ ուրվագիծ հայ գաղթավայրերի պատմության, Հ. 1-2. Եեևան, 1964-1967.）

Academy of Sciences of Armenia, *History of the Armenian People* (8 vols.) Yerevan, 1971-1984.（原文アルメニア語：ՀՍՍՀ ԳԱ Պատմության ին-տ. Հայ Ժողովրդի պատմություն, Հ. 1-8. Երևան, 1971-1984.）

Bardakjian, K. *A Reference Guide to Modern Armenian Literature, 1500-1920*. Detroit, 2000.

Bosworth, C. E. *The Islamic Dynasties*. Edinburgh, 1967.

Cambridge History of Iran (7 vols.) Cambridge, 1968-1991.

Cambridge Ancient History (12 vols.) Cambridge, 1971-1992.

Cambridge Medieval History (9 vols.) Cambridge, 1911-1967.

Cambridge Modern History (14 vols.) Cambridge, 1967-1971.

Cambridge History of Islam (2 vols.) Cambridge, 1970.

Dédéyan, G. ed. *Histoire des Arméniens*. Toulouse, 1982.

Encyclopedia of Islam.

Encyclopædia Iranica.

Hacikyan, J. ed. *The Heritage of Armenian Literature*, vols. 1-2. Detroit, 2000, 2003.

Hakobian, T. Kh. *Armenia's Historical Geography*. Yerevan, 1968.（原文アルメニア語：Հակոբյան Թ. Խ. Հայաստանի պատմական աշխարհագրություն. Երևան, 1968.）

——. *History of Yerevan*, vols. II-IV: 1500-1917. Yerevan, 1959-1981.（原文アルメニア語：Երևանի պատմությունը, Հ. 2-4. Երևան, 1959-1981.）

——, et al. eds. *Dictionary of Armenian Place Names*, 5 vols. Yerevan, 1986-2001.（原文アルメニア語：Հայաստանի եւ հարակից շրջանների տեղանունների բառարան, Հ.1-5. Երևան, 1986-2001.）

Hewsen, R. *Armenia: A Historical Atlas*. Chicago, 2001.

Hovannisian, R. G. ed. *The Armenian People: From Ancient to Modem Times*, 2 vols. New York, 1997.

Leo, *History of Armenia*, vols. I-V. Yerevan, 1966-1986.（原文アルメニア語：Լեո. Հայոց պատմություն, Հ. 1-5. Երևան, 1966-1986.）

Manandian, H. *A Critical Study of the History of the Armenian People*, 3 vols. Yerevan, 1945-1957.（原文アルメニア語：Մանանդյան, Հ. Քննական տեսություն հայ ժողովրդի պատմության, Հ. 1-3. Երևան, 1945-1957.）

Miansarof, M. *Bibliographia Caucasica et Transcaucasica*. Amsterdam, 1967.

Nersessian, V. *Armenia* (Bibliographical Guide). Oxford, 1993.

Pasdermadjian, H. *Histoire de l'Arménie depuis les origines jusqu'au traité de Lausanne*. Paris, 1949.

Salmaslian, A. *Bibliographie De L'Arménie*. Yerevan, 1969.

地図一覧

19 "Kars Church Of The Apostles 2009" by Bjørn Christian Tørrissen - Own work by uploader, http://bjornfree.com/galleries.html. Licensed under CC BY-SA 3.0 via Commons - https://commons.wikimedia.org/wiki/File:Kars_Church_Of_The_Apostles_2009.JPG#/media/File:Kars_Church_Of_The_Apostles_2009.JPG

20 "Ani saint gregory church". Licensed under CC BY-SA 3.0 via Commons - https://commons.wikimedia.org/wiki/File:Ani_saint_gregory_church.jpg#/media/File:Ani_saint_gregory_church.jpg

22 "Sanahin-external-view" by Steven C. Price - Own work. Licensed under CC BY-SA 4.0 via Commons - https://commons.wikimedia.org/wiki/File:Sanahin-external-view.jpg#/media/File:Sanahin-external-view.jpg

23 "Haghartcin" by FHen - Own work. Licensed under CC BY-SA 3.0 via Commons - https://commons.wikimedia.org/wiki/File:Haghartcin.jpg#/media/File:Haghartcin.jpg

24 "Գեղարդ" by Սերուժ Ուրիշեան (Serouj Ourishian) - Own work. Licensed under CC BY-SA 3.0 via Commons - https://commons.wikimedia.org/wiki/File:%D4%B3%D5%A5%D5%B2%D5%A1%D6%80%D5%A4.jpg#/media/File:%D4%B3%D5%A5%D5%B2%D5%A1%D6%80%D5%A4.jpg

25 "Gandzasar monastery 2015-3" by Yerevantsi - Own work. Licensed under CC BY-SA 4.0 via Commons - https://commons.wikimedia.org/wiki/File:Gandzasar_monastery_2015-3.jpg#/media/File:Gandzasar_monastery_2015-3.jpg

26 Feke Kalesi (Castle of Vakha) by Selçuk Gürsoy © Adanus

27 http://www.ancientarmeniancoins.com/coins/levon-leo-I.html

28 "Khatchkar at Goshavank Monastery in Armenia" by Inna - originally posted to Flickr as 2009.03.08--10.23.43. Licensed under CC BY 2.0 via Commons - https://commons.wikimedia.org/wiki/File:Khatchkar_at_Goshavank_Monastery_in_Armenia.jpg#/media/File:Khatchkar_at_Goshavank_Monastery_in_Armenia.jpg

29 "Leon V of Armenia" by PHGCOM - self-made, photographed at Basilique Saint Denis. Licensed under GFDL via Commons - https://commons.wikimedia.org/wiki/File:Leon_V_of_Armenia.jpg#/media/File:Leon_V_of_Armenia.jpg

34 Aerial photographs of Venice 2013, Anton Nossik, 014 by Anton Nossik - https://picasaweb.google.com/lh/photo/AIE0xiqNpo8qX5cnpWXwjNMTjNZETYmyPJy0liipFm0. Licensed under CC BY 3.0 via Commons - https://commons.wikimedia.org/wiki/File:Aerial_photographs_of_Venice_2013,_Anton_Nossik,_014.jpg#/media/File:Aerial_photographs_of_Venice_2013,_Anton_Nossik,_014.jpg

35 Vank Cathedral, Armenian Quarter, Esfahan, Iran by Mike Gadd - originally posted to Flickr as Vank Cathedral, Armenian Quarter, Esfahan, Iran. Licensed under CC BY 2.0 via Commons - https://commons.wikimedia.org/wiki/File:Vank_Cathedral,_Armenian_Quarter,_Esfahan,_Iran.jpg#/media/File:Vank_Cathedral,_Armenian_Quarter,_Esfahan,_Iran.jpg

36 "2014 Erywań, Katedra św. Grzegorza Oświeciciela (17)" by Photo: Marcin Konsek / Wikimedia Commons. Licensed under CC BY-SA 4.0 via Commons - https://commons.wikimedia.org/wiki/File:2014_Erywa%C5%84,_Katedra_%C5%9Bw._Grzegorza_O%C5%9Bwieciciela_(17).jpg#/media/File:2014_Erywa%C5%84,_Katedra_%C5%9Bw._Grzegorza_O%C5%9Bwieciciela_(17).jpg

37 Mount Ararat and the Yerevan skyline by Սերուժ Ուրիշեան (Serouj Ourishian) - Own work. Licensed under CC BY-SA 3.0 via Commons - https://commons.wikimedia.org/wiki/File:Mount_Ararat_and_the_Yerevan_skyline.jpg#/media/File:Mount_Ararat_and_the_Yerevan_skyline.jpg

口絵出典一覧

1 "Agry(ararat) view from plane under naxcivan sharur" by Самый древний - Own work. Licensed under Public Domain via Commons - https://commons.wikimedia.org/wiki/File:Agry(ararat)_view_from_plane_under_naxcivan_sharur.jpg#/media/File:Agry(ararat)_view_from_plane_under_naxcivan_sharur.jpg

2 "Urartian Art 04b-" by EvgenyGenkin - Բեռնողի սեփական աշխատանք. Licensed under GFDL via Վիքիպահեստ - https://commons.wikimedia.org/wiki/File:Urartian_Art_04b-.jpg#/media/File:Urartian_Art_04b-.jpg

3 "Helmet08" by EvgenyGenkin - Բեռնողի սեփական աշխատանք. Licensed under CC BY 2.5 via Վիքիպահեստ - https://commons.wikimedia.org/wiki/File:Helmet08.jpg#/media/File:Helmet08.jpg

4 "Mount Nemrut - Antiochus (4962117788)" by Klearchos Kapoutsis from Santorini, Greece - Apollo/Mithra/Helios/HermesUploaded by Yarl. Licensed under CC BY 2.0 via Commons - https://commons.wikimedia.org/wiki/File:Mount_Nemrut_-_Antiochus_(4962117788).jpg#/media/File:Mount_Nemrut_-_Antiochus_(4962117788).jpg

5 "Bisotun Iran Relief Achamenid Period" by Hara1603 - Own work. Licensed under Public Domain via Wikimedia Commons - https://commons.wikimedia.org/wiki/File:Bisotun_Iran_Relief_Achamenid_Period.JPG#/media/File:Bisotun_Iran_Relief_Achamenid_Period.JPG

6 ©Trustees of the British Museum.

7 Bibliothèque nationale de France, département Monnaies, médailles et antiques, 1968.407.

8 "Garni Temple 02" by Gnvard - Own work. Licensed under CC BY-SA 3.0 via Commons - https://commons.wikimedia.org/wiki/File:Garni_Temple_02.JPG#/media/File:Garni_Temple_02.JPG

9 "Etchmiadzin cathedral" by Butcher - Echmiadzin cathedral church. October 3, 2008. Licensed under CC BY 3.0 via Commons - https://commons.wikimedia.org/wiki/File:Etchmiadzin_cathedral.jpg#/media/File:Etchmiadzin_cathedral.jpg

10 "Երերույքի Տաճար 05" by Z galstyan - Own work. Licensed under CC BY-SA 3.0 via Commons - https://commons.wikimedia.org/wiki/File:%D4%B5%D6%80%D5%A5%D6%80%D5%B8%D6%82%D5%B5%D6%84%D5%AB_%D5%8F%D5%A1%D5%B3%D5%A1%D6%80_05.jpg#/media/File:%D4%B5%D6%80%D5%A5%D6%80%D5%B8%D6%82%D5%B5%D6%84%D5%AB_%D5%8F%D5%A1%D5%B3%D5%A1%D6%80_05.jpg

11 Mastara Church by Travis K. Witt - Own work. Licensed under CC BY-SA 4.0 via Commons - https://commons.wikimedia.org/wiki/File:Mastara_Church.jpg#/media/File:Mastara_Church.jpg

12 "Armenië - Kaukasus (2896850946)" by Rita Willaert from 9890 Gavere, Belgium - Armenië - KaukasusUploaded by russavia. Licensed under CC BY 2.0 via Commons - https://commons.wikimedia.org/wiki/File:Armeni%C3%AB_-_Kaukasus_(2896850946).jpg#/media/File:Armeni%C3%AB_-_Kaukasus_(2896850946).jpg

14 "Odzun-funerary-monument". Licensed under Public Domain via Commons - https://commons.wikimedia.org/wiki/File:Odzun-funerary-monument.jpg#/media/File:Odzun-funerary-monument.jpg

15 "Kostel sv. Gajané" di I, Ondřej Žváček. Con licenza CC BY 2.5 tramite Wikimedia Commons - https://commons.wikimedia.org/wiki/File:Kostel_sv._Gajan%C3%A9.jpg#/media/File:Kostel_sv._Gajan%C3%A9.jpg

16 "Sevanavanq5" by Vigen Hakhverdyan - Own work. Licensed under CC BY-SA 3.0 via Commons - https://commons.wikimedia.org/wiki/File:Sevanavanq5.jpg#/media/File:Sevanavanq5.jpg

17 "Akhtamar Surb Khach Armenian Church" by Mishukdero - Own work. Licensed under CC BY-SA 3.0 via Commons - https://commons.wikimedia.org/wiki/File:Akhtamar_Surb_Khach_Armenian_Church.jpg#/media/File:Akhtamar_Surb_Khach_Armenian_Church.jpg

ヤ　行

ラ　行

マ　行

ナ　行

ハ　行

タ　行

サ　行

カ　行

人名索引

本文から人名を採り、姓→名の五十音順で配列した。神話・伝承上の人名・神名も採用した。

ア 行

ワ　行

ヤ　行

ラ　行

マ 行

ナ 行

ハ 行

タ　行

サ 行

カ行

地名・事項索引

ローマ字

ア　行

著者紹介

ジョージ・ブルヌティアン（George A. Bournoutian）

1943年イラン生まれのアルメニア人、アメリカ在住（アメリカ国籍）。歴史家。アイオナ大学教授。UCLAにて博士号取得(歴史学、1976年)。アルメニア、イラン研究の第一人者。英語・アルメニア語・ペルシア語・ロシア語・ダリー語・タージーク語を操り、ポーランド語・フランス語・オスマン語は読解可能。著書に、*Eastern Armenia in the Last Decades of Persian Rule, 1807-1827*（UCLA, 1982），*The Khanate of Erevan under Qajar Rule, The 1795-1828*（Mazda Publishers, 1992），*From Tabriz to St. Petersburg: Iran's Mission of Apology to Russian in 1829*（Mazda Publishers, 2014）など、アルメニア・周辺地域の歴史書が多数。また、アルメニア初の史学書であるタブリーズのアラケルによる『史書』、エレヴァンのアブラハムによる『諸戦争の歴史』、クレタのアブラハムによる『年代記』（いずれも17世紀）など、アルメニアの重要な史書・史料の英訳・解説も手がける。

本書は、既にスペイン語・トルコ語・アルメニア語・アラビア語・ロシア語に訳されている。

監訳者紹介

小牧昌平（こまき・しょうへい）
1953年鹿児島県生。上智大学総合グローバル学部教授。専攻：イラン・アフガニスタン近代史。東京大学大学院人文科学研究科博士課程単位取得退学。主要著作に「ヘラートのヤール・モハンマド・ハーン」（『東洋史研究』65-1, 2006）『世界史史料8 帝国主義と各地の抵抗1』（項目執筆、岩波書店、2009）など多数。

訳者紹介

渡辺大作（わたなべ・だいさく）
1981年千葉県生。東京大学大学院総合文化研究科地域文化研究専攻博士課程在籍。専攻：アルメニア近現代史。東京大学大学院総合文化研究科地域文化研究専攻修士課程修了。

アルメニア人《じん》の歴史《れきし》――古代《こだい》から現代《げんだい》まで

2016年1月30日　初版第1刷発行 ©

監訳者　小 牧 昌 平
発行者　藤 原 良 雄
発行所　株式会社 藤 原 書 店

〒162-0041　東京都新宿区早稲田鶴巻町523
電　話　03（5272）0301
ＦＡＸ　03（5272）0450
振　替　00160 - 4 - 17013
info@fujiwara-shoten.co.jp

印刷・製本　中央精版印刷

落丁本・乱丁本はお取替えいたします　Printed in Japan
定価はカバーに表示してあります　ISBN978-4-86578-057-4

ギリシア文明の起源に新説

黒いアテナ (上)(下)

〔古典文明のアフロ・アジア的ルーツ Ⅱ 考古学と文書にみる証拠〕

M・バナール
金井和子訳

考古学・言語学の緻密な考証から古代ギリシアのヨーロッパ起源を否定し、フェニキア・エジプト起源を立証、欧米にセンセーションを巻き起こした野心作の完訳。 [(上)特別寄稿] 小田実

A5上製
(上)五六〇頁 四八〇〇円（二〇〇四年六月刊） (上)◇978-4-89434-396-2
(下)六〇〇頁 五六〇〇円（二〇〇五年一一月刊） (下)◇978-4-89434-483-9

BLACK ATHENA Martin BERNAL

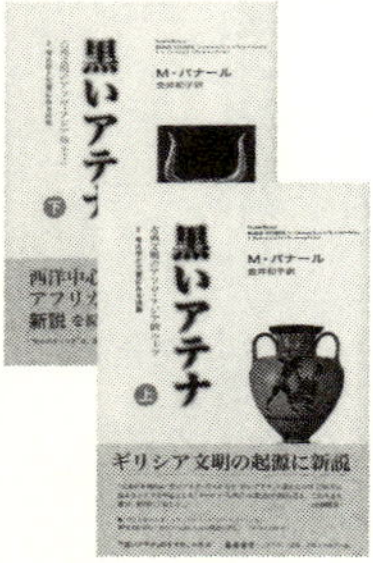

『黒いアテナ』批判の反批判

『黒いアテナ』批判に答える (上)(下)

M・バナール 金井和子訳

問題作『黒いアテナ』で示された、古代ギリシア文明がエジプト、レヴァントなどからの影響を受けて発達したとする〈改訂版古代モデル〉が、より明快に説明され、批判の一つ一つに逐一論駁した、論争の書。

A5上製
(上)四七二頁 五五〇〇円（二〇一二年六月刊） (上)◇978-4-89434-863-9
(下)三六八頁 四五〇〇円（二〇一二年八月刊） (下)◇978-4-89434-864-6

BLACK ATHENA WRITES BACK Martin BERNAL

世界は「オリエント」から誕生した

別冊『環』⑧

「オリエント」とは何か

〈東西の区分を超える〉

〈座談会〉岡田明憲＋杉山正明＋井本英一＋志村ふくみ

〈寄稿〉岡田明憲／堀晄／紺谷亮一／川瀬豊子／吉枝聡子／岡田恵美子／前田耕作／春田晴郎／北川誠一／黒田壽郎／香月法子／小川英雄／大貫隆／山形孝夫／川口一彦／森本公誠／山田明爾／宮治昭／森谷公俊／田辺勝美／岡田保良／長澤和俊／石野博信／増田精一／岡﨑正孝／山内和也／中務哲郎／高濱秀／一海知義／久田博幸

菊大並製 三〇四頁 三五〇〇円（二〇〇四年六月刊） ◇978-4-89434-395-5

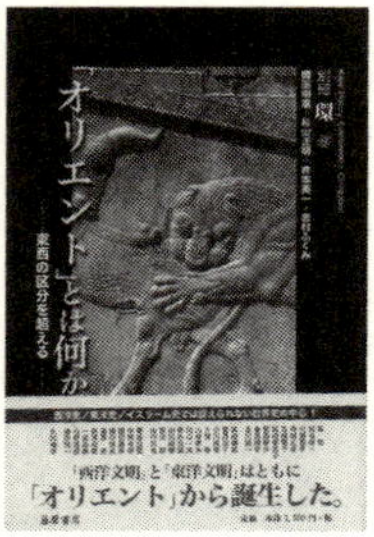

斯界の泰斗によるゴルバチョフ論の決定版

ゴルバチョフ・ファクター

A・ブラウン 木村汎＝解説
小泉直美・角田安正訳

ソ連崩壊時のエリツィンの派手なパフォーマンスの陰で忘却されたゴルバチョフの「意味」を説き起こし、英国学術界の権威ある賞をダブル受賞した、ロシア研究の泰斗によるゴルバチョフ論の決定版。プーチン以後の現代ロシア理解に必須の書。 口絵八頁

A5上製 七六八頁 六八〇〇円（二〇〇八年三月刊） ◇978-4-89434-616-1

THE GORBACHEV FACTOR Archie BROWN